# 天皇家全系図

米田雄介 監修
井筒清次 編著

河出書房新社

# 序

天皇家の歴史は古く長い。『古事記』『日本書紀』によれば、神代の昔にまでさかのぼる。それが事実かどうかは措くとしても、初代神武天皇以来、今日まで百二十五代（徳仁親王が即位して百二十六代）を数える。「万世一系」はともかく、これほどの歴史を持つ国は皆無と言っていい。第二次世界大戦に敗けて発布された「日本国憲法」により、天皇の地位は保証され、その歴史は、これからも長く続くであろう。

それほどの天皇家であるならば、皇后・皇子女等について確たる記録が残っているかというと、はなはだ心許なく、その全貌を明らかにすることは困難をきわめる。

そこで、今日まで解っている皇族の系譜を系図の形にしたのが本書である。どこまでが事実であるかはともかく、一つの到達点として披露する次第である。

なお、本系図と前後して『天皇史年表』（小社刊行予定）を編纂した。この両書を元に、天皇家の歴史、ひいては日本の歴史が一つでも多く解明されれば幸いである。

井筒　清次

# 監修者のことば

皇室関係の図書には大概、歴代天皇の系図が附録的に添えられている。図書の内容を理解するために不可欠のものとはいえ、皇子女や、皇后・妃・夫人、女御・更衣などの配偶関係については、ごく一部の記載はあっても全般的な記載はなく、皇位継承や後宮の調査は限られたものになる。そこで我々は、皇室関係系譜を網羅している『本朝皇胤紹運録《ほんちょうこういんじょううんろく》』（以下『紹運録』と記す）に頼ることになる。ほかにも大小さまざまな系譜類が編輯されてはいるが、人口に膾炙したのはやはり『紹運録』である。

もっとも、『紹運録』は室町時代の著作である。しかし、その後もさまざまな人によって書き継がれ、塙《はなわ》保《ほ》己《き》一《いち》の『群書類従』に収録され、版本や活字本として公刊後も、折に触れて書き継がれてきた。その意味で『紹運録』は、皇室系譜の調査では今も基本的な図書である。

しかし、修正を要する箇所がある。そこで『紹運録』に取り上げられている事項を参照し「歴代天皇全系譜」（『歴史読本』三〇号、のち『天皇皇族人物事典』に再録）が編輯されたが、今般編輯の本書を見ると、既往の系譜類に取り上げている項目のほかに、配偶者、皇子女を網羅的に掲げ、さらに「解説」の部で、天皇の略年譜、年号、皇居、御陵、ゆかりの神社、著作のほか、在位中の事蹟・事件など、皇位継承の歴史的背景の叙述も簡にして要を得ている。

編著者の井筒清次氏は、若い頃から『歴史読本』事典シリーズの刊行に携わってきた。その時どきに、氏は歴史を断面から深掘りするとともに、できるだけ長い目で歴史を見る通史の必要を論じていたが、先般、その方針で『日本宗教史年表』（小社刊）を著された。宗教・宗派の別なく、かつ万遍なく宗教関連事項を蒐集し、年次別に配列したものである。編輯は難行苦行の連続であったと思われる。それにも懲りず、氏はまたもや『天皇史年表』を編輯された（小社刊行予定）。能《あた》う限りの関係史料を採録・配列したもので、本書はその姉妹編に当たる。

私は井筒氏から本書の監修を仰せつかった。はじめに本書の構想を伺ったとき、無謀なことに挑戦する氏に驚いたが、監修者という名目で、刊行直前に一足早く本書を拝見し、もはやこれ以上に詳細な皇室関係系譜を作成することは困難であろうと思わせられた。もとより完璧なものはありえないかもしれないが、本書を手にすることで、歴代天皇の系譜関係を確認することができるとともに、さらに多くの問題を導き出すことができるように思う。私は本書の初校の校正刷りを見ながら、いくつかの問題について先取りさせてもらった。監修者冥利である。最初の読者として多くを教えられるとともに、本書の構想を伺ったときの不安は見事に払拭させられた。本書が広く江湖に受け容れられることを願うばかりである。

米田　雄介

# 天皇家全系図

# 目次

# 凡例

一、本書は、「第一部　天皇系図」として天照大神から第百二十五代「明仁」天皇までを系図の形とし、天皇については父母名を、皇后等については父名を付記した。第二部から第六部までは「皇室系図」として、天皇および皇族の系譜を明らかにし、皇子女等には母名を付記した。また、各時代の皇室と関わり深い氏族・宮家については、各部の末尾に付図として、その系譜を掲載した。なお、系図の═は養子関係を示す。

一、およそ七世紀以前には「天皇」の呼称はなく、王、大王などと呼ばれており、また、第五十八代光孝から第百十九代光格までは「追号＋院」号（例・後白河院）であったが、本書ではすべて「天皇」号を用いた。またその死については、天皇・上皇のみ「崩御」を、他はすべて「没」を用いた。年齢等については原則「数え」で示した。

一、年号については、基本的にその年の一月一日にさかのぼって新年号を用い、年の直後の（　）内にグレゴリオ暦による西暦年を示した。年号の読み方については、代表的なものを振り仮名として示した。

一、人名等難読名詞については、なるべく振り仮名を付したが、他の読み方を排除するものではない。なお振り仮名は原則的に現代仮名づかいを用いた。また、親王が僧職に就いた場合は「法親王」あるいは「入道親王」と称されるが、本書では基本的に「法」「入道」を割愛した。

一、「解説」ページの凡例は扉後の冒頭に、参考文献については「編集後記」のあとに一括掲載した。

一、索引は、系図に記載された人物を中心に、「解説」ページの「皇居」「御陵」および「事蹟・事件」中の事項を採録した。なお、人名については、その読みが不明であったり確定していない場合も多いが、本文中での振り仮名に則して掲出し、また割愛した人名もある。

# 第一部　天皇系図——❶神武天皇——⑫⑤「明仁」天皇

天照大神《あまてらすおおみかみ》
（父・伊弉諾尊、母・伊弉冉尊。＊1）

- 天忍穂耳尊《あめのおしほみみ》
  - 天火明命《あめのほあかり》（母・栲幡千千姫）
    - ……世襲足媛命《よそたらしひめ》（孝昭天皇皇后）
  - 彦火瓊《ひこほのに》瓊杵《にぎ》尊（母同前）
    - 火闌降《ほのすそり》命（母・鹿葦津姫）
    - 彦火《ひこほ》火出見《ほでみ》尊（母同前）
      - 彦波瀲武《ひこなぎさたけ》鸕鶿《うがや》草葺不合《ふきあえず》尊（母・豊玉媛）
        妃・玉依姫《たまよりひめ》命（父・海童）
        - 彦五瀬《ひこいつせ》命（母・玉依姫命）
        - 稲飯《いない》命（母同前）
        - 三毛入野《みけいりの》命（母同前）
        - **1 神武《じんむ》天皇**〔在位 前660〜585〕
          神日本磐余彦《かんやまといわれひこ》尊（父・彦波瀲武鸕鶿草葺不合尊。母同前）
          皇后・媛蹈鞴《ひめたたら》五十《い》鈴《すず》媛《ひめ》命（父・事代主神、一説に三輪大神）
          妃・吾平津《あひらつ》媛（火闌降命後裔。吾田君小橋の妹）
- 天穂日《あめのほひ》命
- 天津《あまつ》彦《ひこ》根《ね》命
- 活津《いきつ》彦《ひこ》根《ね》命
- 熊野《くまの》橡《く》樟《すび》日命

＊1　記紀神話の最高神、皇室の祖神。日の神と仰がれ、伊勢の皇大神宮に祀られ、皇室崇敬の中心的存在となっている。

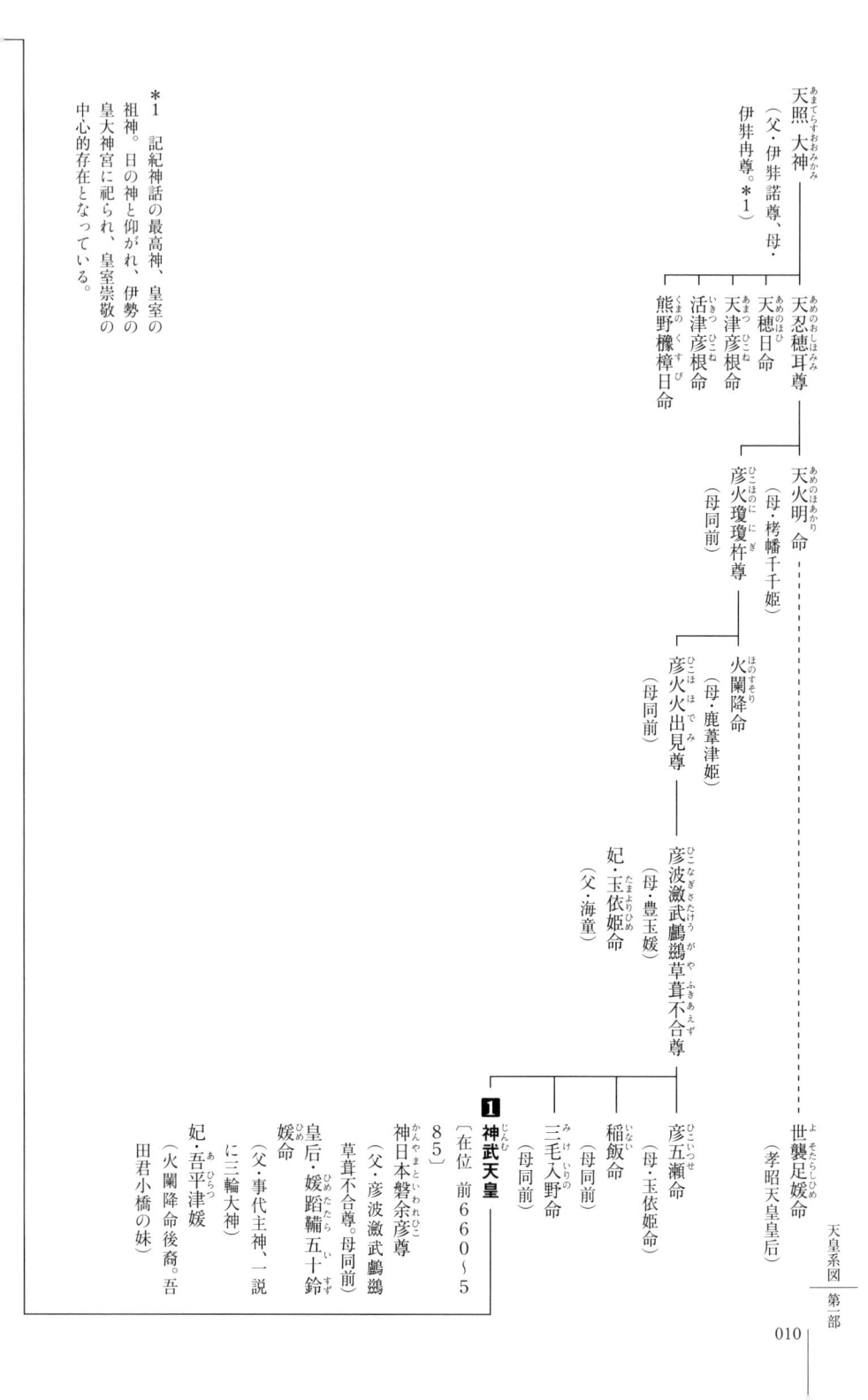

## 2 綏靖《すいぜい》天皇

〔在位 前５８１～５４９〕

神《かん》渟《ぬ》名《な》川耳《かわみみ》尊

（父・神武天皇、母・媛蹈鞴五十鈴媛命）

皇后・五十《い》鈴依媛《すずよりひめ》命

（父・事代主神。＊２）

## 3 安寧《あんねい》天皇

〔在位 前５４９～５１１〕

磯城津《しきつ》彦玉手《ひこたまで》看《み》尊

（父・綏靖天皇、母・五十鈴依媛命）

皇后・渟《ぬ》名底仲媛《なそこなかつひめ》命

（一名・渟名襲媛。父・鴨王。＊３）

## 4 懿徳《いとく》天皇

〔在位 前５１０～４７７〕

大日本《おおやまと》彦耜友《ひこすきとも》尊

（父・安寧天皇、母・渟名底仲媛命）

皇后・天豊津《あまとよつ》媛《ひめ》命

（父・息石耳命。＊４）

## 5 孝昭《こうしょう》 天皇

〔在位 前４７５～３９３〕

観《み》松彦香《まつひこか》殖《え》稲《しね》尊

（父・懿徳天皇、母・天豊津媛命）

皇后・世《よ》襲足媛《そたらしひめ》命

（尾張連の祖瀛津世襲の妹）

＊２ 皇后は一説に川派媛（父・磯城県主）あるいは糸織媛（父・春日県主大日諸）という。

＊３ 皇后は一説に川津媛（父・磯城県主葉江）あるいは糸井媛（父・大間宿禰某）という。

＊４ 皇后は一説に泉媛（父・磯城県主猪手）あるいは飯日媛（父・磯城県主太真稚彦）という。

## 6 孝安《こうあん》天皇

〔在位　前３９２〜２９１〕

日本足彦国押人《やまとたらしひこくにおしひと》尊

（父・孝昭天皇、母・世襲足媛命）

皇后・押媛《おしひめ》命

（父・天足彦国押人命。＊５）

## 7 孝霊《こうれい》天皇

〔在位　前２９０〜２１５〕

大日本根《おおやまとね》子《こ》彦太瓊《ひこふとに》尊

（父・孝安天皇、母・押媛命）

皇后・細《くわし》　媛《ひめ》命

（父・磯城県主大目。＊６）

妃・倭　国香《やまとのくにか》媛

（一名・絙某姉。父・和知都美命）

妃・絙某弟《はえいろと》（父同前）

妃・春日《かすが》之《の》千《ち》千《ち》速真《はやま》若《わか》比売

（春日千乳早山香媛と同一人物か。父母未詳）

## 8 孝元《こうげん》天皇

〔在位　前２１４〜１５８〕

大日本根《おおやまとね》子《こ》彦国牽《ひこくにくる》尊

（父・孝霊天皇、母・細媛命）

皇后・鬱色謎《うちしこめ》命

（父・大矢口宿禰命）

妃・伊《い》香色謎《かがしこめ》命

（父・大綜麻杵命。のち開化天皇皇后）

妃・埴安《はにやす》媛

（父・河内青玉繋）

## 9 開化《かいか》天皇

〔在位　前１５８〜９８〕

稚日本根《わかやまとね》子《こ》彦大日《ひこおおひ》日《ひ》尊

（父・孝元天皇、母・鬱色謎命）

皇后・伊《い》香色謎《かがしこめ》命

（父・大綜麻杵命）

妃・竹野《たかの》媛

（父・丹波大県主由碁理）

妃・姥津《ははつ》媛《ひめ》命

（和珥臣遠祖姥津命の妹）

妃・鸇《たか》比売

（父・葛城之垂見宿禰）

＊５　皇后は一説に長媛（父・磯城県主葉江）あるいは五十坂媛（父・十市県主五十坂彦）という。

＊６　皇后は一説に春日千乳早山香媛、あるいは真舌媛（父・十市県主）という。

## 10 崇神《すじん》天皇

〔在位　前97〜30〕

御間城《みまき》入彦《いりひこ》五十《い》瓊殖《にえ》尊

（父・開化天皇、母・伊香色謎命）

皇后・御間城《みまき》姫

（一名・御真津比売命。父・大彦命）

妃・遠津《とおつ》年魚眼《あゆめ》眼妙《まくわし》媛

（父・紀伊国荒河戸畔）

妃・尾張大海《おわりのおおあま》媛

（父・尾張氏）

## 11 垂仁《すいにん》天皇

〔在位　前29〜70〕

活目《いくめ》入彦《いりひこ》五十《い》狭茅《さち》尊

（父・崇神天皇、母・御間城姫）

皇后・狭穂《さほ》姫《ひめ》命

（一名・佐波遅比売命。父・彦坐王）

皇后・日葉酢媛《ひばすひめ》命

（父・丹波道主命）

妃・渟葉田瓊入媛《ぬばたにいりひめ》命

（父同前）

妃・真砥野媛《まとのひめ》命（父同前）

妃・薊瓊入姫《あざみにいりひめ》命（父同前）

妃・迦具夜比売《かぐやひめ》命

（父・大筒木垂根王）

妃・苅幡戸辺《かりはたとべ》

（父・山背大国不遅）

妃・綺戸辺《かむはたとべ》（父同前）

妃・竹野媛《たかのひめ》命

（父・丹波道主命）

## 12 景行《けいこう》天皇

〔在位　71〜130〕

大足彦忍代別《おおたらしひこおしろわけ》尊

（父・垂仁天皇、母・日葉酢媛命）

皇后・播磨稲日大郎姫《はりまのいなびのおおいらつめ》

（父・稚武彦命）

皇后・八坂入姫《やさかいりひめ》命

（父・八坂入彦命）

妃・伊那毗野若郎女《いなびのわかいらつめ》

（父・稚武彦命）

妃・弟《おと》媛

（父・八坂入彦命）

妃・水歯郎媛《みずはのいらつめ》

（父・磐衝別命）

妃・五十《い》河《かわ》媛

（父母未詳）

妃・高田《たかた》媛

（父・阿倍氏木事）

妃・日向髪長大田根《ひむかのかみながおおたね》媛

（父母未詳）

妃・襲武《そのたけ》媛

（父母未詳）

妃・御刀《みはかし》媛

（父母未詳）

妃・五十《い》琴姫《ごとひめ》命

（父・物部胆咋宿禰）

## 13 成務《せいむ》天皇

〔在位 131~190〕

稚足 彦尊《わかたらしひこ》

（父・景行天皇、母・八坂入姫命）

妃・弟 財 郎女《おとたからのいらつめ》

（父・穂積臣等の祖建忍山垂根）

妃・吉備郎姫《きびのいらつめ》

（父・稚倭根子皇子）

## 14 仲 哀《ちゅうあい》天皇

〔在位 192~200〕

足 仲 彦尊《たらしなかつひこ》

（父・景行天皇皇子日本武尊、母・両道入姫命）

皇后・気長足 姫尊《おきながたらしひめ》

（神功皇后。父・気長宿禰王。＊7）

妃・大中 姫《おおなかつ》

（父・彦人之大兄王）

妃・弟《おと》媛

（父・来熊田造の祖大酒主）

＊7　神功皇后は開化天皇第五世孫。仲哀天皇が香椎宮で崩御後、新羅を攻略、筑紫で応神天皇を出産し、摂政となる。

## 15 応神《おうじん》天皇

〔在位 270~310〕

誉田《ほんだ》別《わけ》尊

（父・仲哀天皇、母・気長足姫尊）

皇后・仲 姫命《なかつひめ》

（父・品陀真若王）

妃・高城入姫命《たかきのいりひめ》（父同前）

妃・弟姫命《おとひめ》（父同前）

妃・宮主宅媛《みやぬしやか》

（父・日触使主）

妃・小《お》甂媛《なめ》（父同前）

妃・息長真若中比売《おきながまわかなかつ》

（父・河泒仲彦王）

妃・糸 媛《いとい》

（父・嶋垂根）

妃・日向泉 長 媛《ひむかのいずみのなが》（父母未詳）

妃・兄《え》媛

（父・吉備武彦命）

妃・迦具漏比売《かぐろひめ》命

（父・須売伊呂大中日子王）

## 16 仁徳《にんとく》天皇

〔在位 313~399〕

大鷦鷯尊《おおさざき》

（父・応神天皇、母・仲姫命）

皇后・磐之媛《いわのひめ》命

（父・葛城襲津彦）

皇后・八田《やた》皇女

（父・応神天皇）

妃・髪長《かみなが》媛

（父・諸縣君牛諸井）

妃・菟《う》道稚郎姫《じのわきいらつめ》皇女

（父・応神天皇）

**17 履中《りちゅう》天皇**
〔在位 400〜405〕

大兄去来穂別尊《おおえのいざほわけ》
（父・仁徳天皇、母・磐之媛命）

皇后・草香幡梭皇女《くさかのはたひ》
（一名・幡日之若郎女。父・応神天皇）

妃・黒媛《くろ》
（父・葦田宿禰）

嬪・太姫郎姫《ふとひめのいらつめ》
（父・鯽魚磯別王）

嬪・高鶴郎姫《たかつるのいらつめ》
（父同前）

**18 反正《はんぜい》天皇**
〔在位 406〜410〕

多遅比瑞歯別尊《たじひみずはわけ》
（父・仁徳天皇、母・磐之媛命）

皇夫人・津野媛《つぬ》
（父・大宅臣の祖木事命）

後宮・弟媛《おと》
（父同前）

**19 允恭《いんぎょう》天皇**
〔在位 412〜453〕

雄朝津間稚子宿禰尊《おあさづまわくごのすくね》
（父・仁徳天皇、母・磐之媛命）

皇后・忍坂大中姫命《おしさかおおなかつひめ》
（父・稚野毛二派皇子）

妃・藤原之琴節郎女《ふじわらのことふしのいらつめ》
（皇后妹。弟姫・衣通郎女か、記紀で異なる。父同前）

**20 安康《あんこう》天皇**
〔在位 453〜456〕

穴穂尊《あなほ》
（父・允恭天皇、母・忍坂大中姫命）

皇后・中蒂姫命《なかしひめ》
（父・履中天皇）

**21 雄略《ゆうりゃく》 天皇**〔在位 456〜479〕

大泊瀬幼武《おおはつせのわかたける》 尊

（父・允恭天皇、母・忍坂大中姫命）

皇后・草香《くさか》幡梭《はたひ》姫《ひめ》皇女

（一名・橘姫、若日下部命、波多毗能若郎女。父・仁徳天皇）

妃・葛城 韓《かつらぎのから》媛

（父・葛城円大臣）

妃・吉備上道 稚《きびのかみつみちのわか》媛

（父・吉備上道臣）

妃・春日和珥童女君《かすがのわにのおみなぎみ》

（父・春日和珥深目）

**22 清寧《せいねい》天皇**〔在位 480〜484〕

白髪武広国押稚日本根子《しらかのたけひろくにおしわかやまとねこ》尊

（父・雄略天皇、母・葛城韓媛）

〈配偶者なし〉

**23 顕宗《けんぞう》天皇**〔在位 485〜487〕

弘計《をけ》王

（父・磐坂市辺押磐皇子、母・荑媛）

皇后・難波小野《なにわのおの》王

（父・丘稚子王）

**24 仁賢《にんけん》天皇**〔在位 488〜498〕

億計《おけ》王

（父・磐坂市辺押磐皇子、母・荑媛）

皇后・春日大 娘《かすがのおおいらつめ》 皇女

（父・雄略天皇）

妃・和珥《わに》糠君 娘《あらきみのいらつめ》

（父・和珥日爪）

**25 武烈《ぶれつ》天皇**〔在位 498〜506〕

小泊瀬稚鷦鷯《おはつせのわかさざき》尊

（父・仁賢天皇、母・春日大娘皇女）

皇后・春日娘子《かすがのいらつめ》

（所系未詳）

**26 継体《けいたい》天皇**〔在位 507〜531〕

男大迹《おおど》尊

（父・彦主人王、母・振媛命）

皇后・手白香《たしらか》皇女

（父・仁賢天皇）

妃・尾張目子《おわりのめのこ》媛

（一名・色部。父・尾張連草香）

妃・稚子《わかこ》媛

（三尾角折君の妹）

妃・広《ひろ》媛（父・坂田大跨王）

妃・麻績娘子《おみのいらつこ》（父・息長真手王）

妃・茨田関《まんだのせき》媛（父・茨田連小望）

妃・倭《やまと》 媛（父・三尾君堅槭）

妃・和珥荑《わにのはえ》媛（父・和珥臣河内）

妃・広《ひろ》媛（父・根王）

## 27 安閑天皇《あんかん》

〔在位 531～535〕
広国押武金日尊《ひろくにおしたけかなひ》
（父・継体天皇、母・尾張目子媛）
皇后・春日山田皇女《かすがのやまだ》
（父・仁賢天皇）
妃・許勢紗手媛《こせのさて》
（父・許勢男人大臣）
妃・許勢香香有媛《こせのかかり》
（父同前）
妃・物部宅媛《もののべのやか》
（父・物部木蓮子大連）

## 28 宣化天皇《せんか》

〔在位 535～539〕
武小広国押盾尊《たけおひろくにおしたて》
（父・継体天皇、母・尾張目子媛）
皇后・橘仲《たちばなのなかつ》皇女
（一名・橘皇女、橘之中比売命。
父・仁賢天皇）
妃・大河内稚子媛《おおこうちのわかご》
（所系未詳）

## 29 欽明天皇《きんめい》

〔在位 539～571〕
天国排開広庭《あめくにおしはるきひろにわ》尊
（父・継体天皇、母・手白香皇女）
皇后・石姫《いしひめ》皇女
（父・宣化天皇）
妃・小石姫《おいしひめ》皇女（父同前）
妃・倉稚綾姫《くらわかやひめ》皇女（父同前）
妃・日影《ひかげ》皇女（父同前）
妃・蘇我堅塩《そがのきたし》媛
（父・蘇我稲目宿禰）
妃・蘇我小姉《そがのおあね》君（父同前）

**30 敏達《びだつ》天皇**
〔在位 572～585〕
訳語《おさ》田渟中《だのぬな》倉太珠敷《くらふとたましき》尊
（父・欽明天皇、母・石姫皇女）
皇后・広姫《ひろ》
（父・息長真手王）
皇后・豊御《とよみ》食《け》炊屋姫《かしきやひめ》尊
（33推古天皇。父・欽明天皇）
夫人・春日老女子《かすがのおみなご》
（父・春日仲君）
夫人・伊《い》勢菟《せのう》名《な》子《こ》
（父・伊勢小熊）

**31 用明《ようめい》天皇**
〔在位 585～587〕
橘豊日《たちばなのとよひ》尊
（父・欽明天皇、母・蘇我堅塩媛）
皇后・泥部穴穂部《はしひとのあなほべ》皇女
（父・欽明天皇）
嬪・蘇《そ》我石寸《がのいしき》名《な》
（父・蘇我稲目）
後宮・葛城広子《かつらぎのひろこ》
（父・葛城磐村。広子は当飯之子の誤りか）

**32 崇峻《すしゅん》天皇**
〔在位 587～592〕
泊瀬《はつせ》部《べ》皇子
（父・欽明天皇、母・蘇我小姉君）
妃・大伴小手《おおとものこて》子《こ》
（父・大伴糠手）
嬪・蘇《そ》我河上《がのかわかみの》娘《いらつめ》
（父・蘇我馬子）

**33 推古《すいこ》天皇**
〔在位 592～628〕
豊御《とよみ》食《け》炊屋姫《かしきやひめ》尊
（父・欽明天皇、母・蘇我堅塩媛）

**34 舒明《じょめい》天皇**
〔在位 629～641〕
田《た》村《むら》皇子
（父・押坂彦人大兄皇子、母・糠手姫皇女）
皇后・宝《たから》皇女
（35皇極天皇。父・茅渟王）
妃・田眼《ため》皇女
（父・敏達天皇）
夫人・蘇《そ》我法提郎《がのほていの》媛《いらつめ》
（父・蘇我馬子）
夫人・粟田香櫛《あわたのかぐしの》娘《いらつめ》
（父・粟田鈴子）
夫人・蘇《そ》我手杯《がのてつきの》娘《いらつめ》
（父・蘇我蝦夷）
采女・蚊《か》屋采女《やのうねめ》姉子《あねこ》
（吉備国蚊屋地方出身か）

## 35 皇極《こうぎょく》天皇

〔在位 642〜645〕

宝《たから》皇女

（父・敏達天皇皇孫茅渟王、母・吉備姫王。初め用明天皇皇孫高向王妃。重祚して37斉明天皇）

## 36 孝徳《こうとく》天皇

〔在位 645〜654〕

軽《かる》皇子

（父・敏達天皇皇孫茅渟王、母・吉備姫王）

皇后・間人《はしひと》皇女

（父・舒明天皇）

妃・阿《あ》倍小足《べのおたらし》媛

（父・阿倍内麻呂）

妃・蘇《そ》我乳《がのち》娘《いらつめ》

（父・蘇我倉山田石川麻呂）

## 37 斉明《さいめい》天皇

〔在位 655〜661〕

宝《たから》皇女

（父・敏達天皇皇孫茅渟王、母・吉備姫王。35皇極天皇重祚）

## 38 天智《てんじ》天皇

〔在位 668〜671〕

葛城《かつらぎ》皇子

（父・舒明天皇、母・宝皇女〈皇極・斉明天皇〉）

皇后・倭《やまと》姫《ひめ》王（父・古人大兄皇子）

嬪・蘇《そ》我遠《がのお》智《ち》娘《のいらつめ》（父・蘇我倉山田石川麻呂）

嬪・蘇《そ》我姪《がのめい》娘《のいらつめ》（父同前）

嬪・阿《あ》倍橘《べのたちばな》娘《のいらつめ》（父・阿倍内麻呂）

嬪・蘇《そ》我常陸《がのひたち》娘《のいらつめ》（父・蘇我赤兄）

采女・宅子《やかこ》娘《のいらつめ》（伊賀国出身）

後宮・忍海《おしうみ》色夫古《のしこふこ》娘《のいらつめ》（父・忍海小龍）

後宮・栗隈《くりくま》黒媛《のくろひめ》娘《のいらつめ》（父・栗隈徳万）

後宮・越《こし》道君伊羅都売《のみちのきみいらつめ》（父母未詳）

後宮・蘇《そ》我造媛《がのみやつこひめ》（父・蘇我倉山田石川麻呂）

後宮・車持与志古《くるまもちのよしこ》娘《のいらつめ》（父・車持国子。のち中臣鎌足室）

後宮・額田《ぬかた》姫《ひめ》王

（父・鏡王）

後宮・鏡《かがみのおおきみ》姫王（父同前）

**39 弘文《こうぶん》天皇**
〔在位 671～672〕
大友《おおとも》皇子
（父・天智天皇、母・宅子娘）
妃・十市《とおち》皇女
（父・天武天皇）
後宮・藤原耳面刀自《ふじわらのみみもとじ》
（父・藤原鎌足）

**40 天武《てんむ》天皇**
〔在位 673～686〕
大海人《おおあま》皇子
（父・舒明天皇、母・宝皇女〈皇極・斉明天皇〉）
皇后・鸕野讚良《うののさらら》皇女
（41持統天皇。父・天智天皇）
妃・大田《おおた》皇女（父同前）
妃・大江《おおえ》皇女（父同前）
妃・新田部《にいたべ》皇女（父同前）
夫人・藤原氷上娘《ふじわらのひがみのいらつめ》
（父・藤原鎌足）
夫人・藤原五百重娘《ふじわらのいおえのいらつめ》
（一名・大原大刀自・父同前）
夫人・石川蕤娘《いしかわのおおぬのいらつめ》（父・蘇我赤兄）
後宮・額田姫王《ぬかたひめ》（父・鏡王）
後宮・胸形尼子娘《むなかたのあまこのいらつめ》
（父・胸形徳善）
後宮・宍人𣝣媛娘《ししひとのかじひめのいらつめ》
（父・宍人大麻呂）

**41 持統《じとう》天皇**
〔在位 690～697〕
鸕野讚良《うののさらら》皇女
（父・天智天皇、母・蘇我遠智娘）

**42 文武《もんむ》天皇**
〔在位 697～707〕
珂瑠《かる》皇子
（父・天武天皇皇子草壁皇子、母・阿閇皇女）
夫人・藤原宮子《ふじわらのみやこ》
（父・藤原不比等。＊8）
後宮・紀竈門娘《きのかまどのいらつめ》
（父母未詳。のち嬪の称を許される）
後宮・石川刀子娘《いしかわのとすのいらつめ》
（父母未詳。のち嬪の称を許される）

＊8 初め大夫人《だいぶにん》と称せられるも、神亀元年（724）3月22日、大夫人を改め、文には皇太夫人《こうたいぶにん》、語には大御祖《おおみおや》とされる。

**43 元明《げんめい》天皇**
〔在位 707～715〕
阿閇《あべ》皇女（父・天智天皇、母・蘇我姪娘。草壁皇子妃）
〈配偶者なし〉

**44 元正《げんしょう》天皇**
〔在位 715～724〕
氷高《ひだか》内親王
（父・草壁皇子、母・元明天皇）
〈配偶者なし〉

**45 聖武天皇《しょうむ》**
〔在位 724~749〕

首《おびと》 親王
(父・文武天皇、母・藤原宮子)

皇后・藤原《ふじわらの》 安宿媛《あすかべ》
(父・藤原不比等、母・県犬養橘三千代。*9)

夫人・県《あがた》 犬養広刀自《いぬかいのひろとじ》
(父・県犬養唐)

夫人・藤原氏
(父・藤原武智麻呂)

夫人・藤原氏
(父・藤原房前)

夫人・橘《たちばなの》 古那《こな》可智《かち》
(父・橘佐為)

*9 名は光明子《こうみょうし》。臣下にして皇后となり、光明皇后となる。

**46 孝謙天皇《こうけん》**
〔在位 749~758〕

阿倍《あべ》内親王
(父・聖武天皇、母・安宿媛)

〈配偶者なし〉

**47 淳 仁天皇《じゅんにん》**
〔在位 758~764〕

大炊《おおい》王
(父・天武天皇皇子舎人親王、母・当麻山背)

後宮・粟田諸姉《あわたのもろね》(父母未詳)

**48 称 徳天皇《しょうとく》**
〔在位 764~770〕

阿倍《あべ》内親王
(46孝謙天皇重祚)

**49 光仁天皇《こうにん》**
〔在位 770~781〕

白壁《しらかべ》王
(父・天智天皇皇子施基親王、母・紀橡姫)

皇后・井上《いのえ》内親王
(父・聖武天皇。*10)

夫人・高野新笠《たかののにいがさ》
(父・高野乙継。贈皇太后、贈太皇太后)

後宮・尾張《おわり》女王
(父・湯原親王)

夫人・藤原曹子《ふじわらのそうし》
(父・藤原永手)

後宮・紀宮子《きのみやこ》
(父・紀氏。一説に父は紀介稲子あるいは紀種子)

後宮・県 主嶋姫《あがたぬししま》
(父・県主毛人)

後宮・県犬養勇耳(男耳か)
(父母未詳)

尚侍・大野仲子《おおののなかこ》(父母未詳)

*10 はじめ伊勢斎王。のち白壁王(光仁天皇)妃。宝亀3年(772)巫蠱《ふこ》大逆の罪に坐して廃后となり、幽閉されて死去(毒殺説も有り)。

## 50 桓武天皇《かんむ》

〔在位 781~806〕

山部親王《やまべ》

（父・光仁天皇、母・高野新笠）

皇后・藤原乙牟漏《ふじわらのおとむろ》

（父・藤原良継）

夫人・藤原旅子《ふじわらのたびこ》

（父・藤原百川。贈皇太后）

妃・酒人《さかひと》内親王

（父・光仁天皇）

夫人・藤原吉子《ふじわらのよしこ》

（父・藤原是公）

夫人・多治比真宗《たじひのまむね》

（父・多治比長野）

夫人・藤原小屎《ふじわらのおくそ》

（父・藤原鷲取）

女御・橘御井子《たちばなのみいこ》

（父・橘入居）

後宮・橘常子《たちばなのつねこ》

（父・橘嶋田麻呂）

後宮・紀若子《きのわかこ》

（父・紀船守）

後宮・坂上春子《さかのうえのはるこ》

（父・坂上田村麻呂）

後宮・藤原河子《ふじわらのかわこ》

（父・藤原大継）

後宮・藤原東子《ふじわらのあづまこ》

（父・藤原種継）

後宮・坂上又子《さかのうえのまたこ》

（父・坂上刈田麻呂）

後宮・藤原上子《ふじわらのじょうし》

（父・藤原小黒麻呂）

後宮・河上真奴《かわかみのまぬ》

（父・錦部春人）

後宮・百済教仁《くだらのきょうにん》

（父・百済武鏡）

後宮・百済貞香《くだらのじょうきょう》

（父・百済教徳）

後宮・藤原平子《ふじわらのへいし》

（父・藤原乙叡）

後宮・中臣豊子《なかとみのとよこ》

（父・中臣大魚）

後宮・橘田村子《たちばなのたむらこ》

（父・橘入居）

尚侍・百済明信《くだらのみょうしん》

（父母未詳）

女御・百済教法《くだらのきょうほう》

（父母未詳）

女嬬・多治比豊継《たじひのとよつぐ》

（父母未詳）

女嬬・百済永継《くだらのながつぐ》

（父・飛鳥部奈止麻呂）

女御・紀乙魚《きのおといお》

（父母未詳）

女御・藤原仲子《ふじわらのなかこ》

（父・藤原家依）

## 51 平城天皇《へいぜい》

〔在位 806~809〕

安殿《あて》親王

（父・桓武天皇、母・藤原乙牟漏）

妃・藤原帯子《ふじわらのたらしこ》

（贈皇后。父・藤原百川）

妃・朝原《あさはら》内親王

（父・桓武天皇）

妃・大宅《おおやけ》内親王（父同前）

後宮・伊勢継子《いせのつぎこ》

（父・伊勢老人）

後宮・葛井藤子《ふじいのふじこ》

（父・葛井道依）

後宮・紀魚員《きのいおかず》

（父・紀木津魚）

尚侍・藤原薬子《ふじわらのくすこ》

（父・藤原種継。初め藤原縄主に嫁し、のち天皇の寵愛を得る）

## 52 嵯峨《さが》天皇

〔在位　809〜823〕

神野《かみの》親王

（父・桓武天皇、母・藤原乙牟漏）

皇后・橘 嘉智《たちばなのかち》子《こ》

（父・橘清友）

妃・高津《たかつ》内親王

（父・桓武天皇。のち妃を廃される）

妃・多《た》治《じ》比高子《ひのたかこ》

（父・多治比氏守）

夫人・藤原産子《ふじわらのなりこ》（父母未詳）

夫人・藤原緒夏《ふじわらのおなつ》

（父・藤原内麻呂）

女御・大原 浄子《おおはらのじょうし》

（父・大原家継）

女御・百済貴命《くだらのきみょう》

（父・百済俊哲）

更衣・秋篠高子《あきしののたかこ》（父母未詳）

更衣・山田近子《やまだのちかこ》（父母未詳）

更衣・飯高宅刀自《いいたかのやかとじ》

（父母未詳）

後宮・百済慶 命《くだらのきょうみょう》

（父・百済教俊）

後宮・大原全子《おおはらのぜんし》（父母未詳）

後宮・交野《かたの》女王（父・山口王）

後宮・高階河子《たかしなのかわこ》

（父・高階浄階）

後宮・文室文子《ふんやのぶんし》

（父・文室久賀麻呂）

後宮・当麻氏

（父・当麻治田麻呂）

後宮・笠継子《かさのつぐこ》（父・笠縫）

後宮・広井氏、布勢氏、上毛野氏、安倍氏、田中氏、粟田氏、惟良氏、長岡氏、紀氏、内蔵影子、甘南備氏、橘春子

（以上父母未詳）

## 53 淳和《じゅんな》天皇

〔在位　823〜833〕

大伴《おおとも》親王

（父・桓武天皇、母・藤原旅子）

皇后・正子《まさこ》内親王

（父・嵯峨天皇）

妃・高《こ》志《し》内親王

（贈皇后。父・桓武天皇）

女御・永原氏

（父母未詳）

後宮・橘 氏子《たちばなのうじこ》

（父・橘永名）

尚蔵・緒《お》継《つぐ》女王

（父母未詳）

後宮・大中臣安子《おおなかとみのやすこ》

（父・大中臣淵魚）

後宮・大野鷹子《おおののたかこ》

（父・大野真雄）

後宮・橘 船子《たちばなのふなこ》

（父・橘清野）

後宮・丹《た》墀池子《じひのいけこ》

（父・丹墀門成）

後宮・清原春子《きよはらのはるこ》

（父・清原夏野）

更衣・藤原 潔子《ふじわらのきよいこ》

（父・藤原長岡）

後宮・某（出自未詳）

## 54 仁明《にんみょう》天皇

〔在位　833〜850〕

正良《まさら》親王
（父・嵯峨天皇、母・橘嘉智子）

女御・藤原順子《ふじわらののぶこ》
（父・藤原冬嗣）

女御・藤原沢子《ふじわらのさわこ》
（贈皇太后。父・藤原総継）

女御・藤原貞子《ふじわらのていし》
（父・藤原三守）

女御・滋野縄子《しげののただこ》
（父・滋野貞主）

更衣・紀種子《きのたねこ》
（父・紀名虎）

後宮・三国《みくに》氏
（父・三国氏）

後宮・高宗《たかむね》女王
（父・岡屋王）

後宮・藤原賀登子《ふじわらのかとこ》
（父・藤原福当麻呂）

後宮・藤原小童子《ふじわらのわらわこ》
（父・藤原道長）

後宮・百済永慶《くだらのえいきょう》
（父・百済教俊）

後宮・山口氏
（父母未詳）

## 55 文徳《もんとく》天皇

〔在位　850〜858〕

道康《みちやす》親王
（父・仁明天皇、母・藤原順子）

女御・藤原　明子《ふじわらのあきらけいこ》
（父・藤原良房）

女御・藤原古子《ふじわらのふるこ》
（父・藤原冬嗣）

女御・東子《あづまこ》女王
（父母未詳）

女御・藤原年子《ふじわらのとしこ》
（父母未詳）

女御・藤原多賀幾子《ふじわらのたかきこ》
（父・藤原良相）

女御・藤原是子《ふじわらのこれこ》
（父母未詳）

後宮・紀静子《きのしずこ》
（父・紀名虎）

後宮・滋野岑子《しげののみねこ》
（父・滋野貞雄）

後宮・滋野奥子《しげののおくこ》
（父・滋野貞主）

後宮・藤原今子《ふじわらのいまこ》
（父・藤原貞守）

後宮・藤原列子《ふじわらのれつし》
（父・藤原是雄）

後宮・橘　忠子《たちばなのちゅうし》
（父・橘氏公）

後宮・橘　房子《たちばなのふさこ》（父同前）

後宮・伴氏、多治氏、清原氏、菅野氏、菅原氏、布勢氏
（以上父母未詳）

## 56 清和《せいわ》天皇

〔在位　858〜876〕

惟仁《これひと》親王

（父・文徳天皇、母・藤原明子）

女御・藤原《ふじわらの》 高子《たかいこ》

（父・藤原長良。＊11）

女御・藤原《ふじわらの》佳珠《かず》子《こ》

（父・藤原基経）

女御・藤原《ふじわらの》多美《たみ》子《こ》

（父・藤原良相）

女御・源《みなもとの》 済子《さいし》

（父・文徳天皇）

女御・源《みなもとの》 厳子《げんし》

（父・源能有）

女御・藤原頼子《ふじわらのよりこ》

（父・藤原基経）

女御・嘉子女王、兼子女王、忠子女王、平寛子、源喧子、源貞子、源宜子

（以上父母未詳）

更衣・藤原氏

（父・藤原良近）

更衣・在原氏

（父・在原行平）

更衣・藤原氏

（父・藤原諸藤）

更衣・藤原氏

（父・藤原真宗）

更衣・佐伯氏

（父・佐伯子房）

更衣・橘氏

（父・橘休蔭）

後宮・藤原氏

（父・藤原仲統）

後宮・王氏

（父・棟貞王）

後宮・藤原氏

（父・藤原諸葛）

後宮・賀茂氏

（父・賀茂峯雄）

後宮・大野氏

（父・大野鷹取）

後宮・隆子《たかこ》女王

（父母未詳）

＊11　貞観19年（877）皇太夫人、元慶6年（882）皇太后となるも、寛平8年（896）醜聞により后位を停められる。天慶6年（943）皇太后の本位に復される。

## 57 陽成《ようぜい》天皇

〔在位　876〜884〕

貞明《さだあきら》 親王

（父・清和天皇、母・藤原高子）

後宮・姉子《あねこ》女王、紀氏、伴氏、佐伯氏

（以上父母未詳）

後宮・藤原氏

（父・藤原遠長）

後宮・綏子《やすこ》内親王

（父・光孝天皇）

## 58 光孝《こうこう》天皇

〔在位　884～887〕

時康《ときやす》親王

（父・仁明天皇、母・藤原沢子）

女御・班子《なかこ》女王

（皇太后。父・仲野親王）

女御・藤原佳美子《ふじわらのかみこ》

（父母未詳）

女御・平　等子《たいらのともこ》（父母未詳）

女御・藤原　元善《ふじわらのもとよし》

（父・藤原山蔭）

更衣・讃岐氏

（父・讃岐永直）

後宮・桂心《けいしん》女王

（父・正和王。あるいは正躬王王女の誤りか）

後宮・布勢氏（父母未詳）

後宮・多治氏（父母未詳）

後宮・藤原氏

（父・藤原門宗）

## 59 宇多《うだ》天皇

〔在位　887～897〕

定省《さだみ》親王

（父・光孝天皇、母・班子女王）

女御・藤原温子《ふじわらのよしこ》

（父・藤原基経）

女御・藤原胤子《ふじわらのたねこ》

（贈皇太后。父・藤原高藤）

女御・橘　義子《たちばなのよしこ》

（父・橘広相）

女御・菅原衍子《すがわらのひろこ》

（父・菅原道真）

女御・橘　房子《たちばなのふさこ》（父母未詳）

更衣・源　貞子《みなもとのていし》（父・源昇）

後宮・藤原褒子《ふじわらのよしこ》

（父・藤原時平）

後宮・王氏

（父・十世王）

後宮・藤原氏

（父・藤原有実）

後宮・藤原氏

（父・藤原継蔭）

## 60 醍醐《だいご》天皇

〔在位　897～930〕

敦仁《あつぎみ》親王

（父・宇多天皇、母・藤原胤子）

皇后・藤原穏子《ふじわらのやすこ》

（父・藤原基経）

妃・為子《ためこ》内親王

（父・光孝天皇）

女御・源　和子《みなもとのわし》

（父同前）

女御・藤原能子《ふじわらののうし》

（父・藤原定方。天皇崩御後、藤原実頼に嫁す）

女御・藤原和香子《ふじわらのわかこ》

（父・藤原定国）

更衣・藤原桑子《ふじわらのそうし》

（父・藤原兼輔）

更衣・藤原　淑姫《ふじわらのよしひめ》

（父・藤原菅根）

更衣・源　周子《みなもとのちかこ》

（父・源唱）

更衣・源　封子《みなもとのかねこ》

（父・源旧鑑）

更衣・藤原鮮子《ふじわらのせんし》

（父・藤原連永）

更衣・満子《みつこ》女王

（父・相輔王）

更衣・源　暖子《みなもとのだんし》

（父母未詳）

更衣・藤原氏

（父・藤原伊衡）

後宮・源氏

（父・源昇）

後宮・源氏

（父・源敏相）

## 61 朱雀《すざく》天皇

〔在位 930〜946〕

寛明《ゆたあきら》 親王
（父・醍醐天皇、母・藤原穏子）

女御・熙子《ひろこ》女王
（父・醍醐天皇皇子保明親王）

女御・藤原慶子《ふじわらのよしこ》
（父・藤原実頼）

## 62 村上《むらかみ》天皇

〔在位 946〜967〕

成明《なりあきら》 親王
（父・醍醐天皇、母・藤原穏子）

皇后・藤原安子《ふじわらのあんし》
（父・藤原師輔）

女御・藤原述子《ふじわらののぶこ》
（父・藤原実頼）

女御・徽子《よしこ》女王
（父・醍醐天皇皇子重明親王）

女御・荘子《たかこ》女王
（父・醍醐天皇皇子代明親王）

女御・藤原芳子《ふじわらのよしこ》
（父・藤原師尹）

更衣・源 計子《みなもとのかずこ》
（父・源庶明）

更衣・藤原 祐姫《ふじわらのすけひめ》
（父・藤原元方）

更衣・藤原 正妃《ふじわらのまさひめ》
（父・藤原在衡）

更衣・藤原脩子《ふじわらのながこ》
（父・藤原朝成）

更衣・藤原 有序《ふじわらのゆうじょ》
（父母未詳）

後宮・藤原登子《ふじわらのなりこ》
（父・藤原師輔。初めは重明親王妃）

## 63 冷泉《れいぜい》天皇

〔在位 967〜969〕

憲平《のりひら》親王
（父・村上天皇、母・藤原安子）

皇后・昌子《まさこ》内親王
（父・朱雀天皇）

女御・藤原懐子《ふじわらのちかこ》
（贈皇太后。父・藤原伊尹）

女御・藤原超子《ふじわらのとおこ》
（贈皇太后。父・藤原兼家）

女御・藤原怤子《ふじわらのよしこ》
（父・藤原師輔）

**64 円融《えんゆう》天皇**

〔在位 969〜984〕

守平《もりひら》親王

（父・村上天皇、母・藤原安子）

皇后・藤原媓子《ふじわらのこうし》

（父・藤原兼通）

皇后・藤原遵子《ふじわらのじゅんし》

（「のぶこ」とも。父・藤原頼忠。*12）

女御・藤原詮子《ふじわらのあきこ》

（父・藤原兼家。院号・東三条院）

後宮・尊子《たかこ》内親王

（父・冷泉天皇）

*12 永祚2年（990）、一条天皇が藤原定子を中宮としたため、それまで中宮と称していた遵子は皇后宮と称される。また、長徳3年（997）に出家したのちも后位を停められず、皇太后・太皇太后と称される。

**65 花山《かざん》天皇**

〔在位 984〜986〕

師貞《もろさだ》親王

（父・冷泉天皇、母・藤原懐子）

女御・藤原忯子《ふじわらのよしこ》

（父・藤原為光）

女御・藤原姚子《ふじわらのよしこ》

（父・藤原朝光）

女御・藤原諟子《ふじわらのただこ》

（父・藤原頼忠）

女御・婉子《よしこ》女王

（父・為平親王。天皇譲位後、藤原実資に嫁す）

後宮・平氏某

（父・平祐之）

後宮・平 平子《たいらのひらこ》

（父・平祐忠）

**66 一条《いちじょう》 天皇**

〔在位 986〜1011〕

懐仁《やすひと》親王

（父・円融天皇、母・藤原詮子）

皇后・藤原定子《ふじわらのていし》

（父・藤原道隆）

皇后・藤原彰子《ふじわらのあきこ》

（父・藤原道長。院号・上東門院）

女御・藤原義子《ふじわらのぎし》

（父・藤原公季）

女御・藤原元子《ふじわらのげんし》

（父・藤原顕光）

女御・藤原尊子《ふじわらのそんし》

（父・藤原道兼。天皇崩御後、藤原通任に嫁す）

**67 三条《さんじょう》 天皇**

〔在位 1011〜16〕

居貞《おきさだ》親王

（父・冷泉天皇、母・藤原超子）

皇后・藤原妍子《ふじわらのけんし》

（父・藤原道長）

皇后・藤原娍子《ふじわらのせいし》

（父・藤原済時）

尚侍・藤原娞子《ふじわらのすいし》

（父・藤原兼家）

後宮・藤原原子《ふじわらのもとこ》

（父・藤原道隆）

**68 後一条《ごいちじょう》天皇**

〔在位 1016〜36〕

敦成《あつひら》親王

（父・一条天皇、母・藤原彰子）

皇后・藤原威子《ふじわらのたけこ》

（父・藤原道長）

## 69 後朱雀《ごすざく》天皇

〔在位 1036〜45〕

敦良《あつなが》親王
（父・一条天皇、母・藤原彰子）

皇后・禎子《よしこ》内親王
（父・三条天皇。院号・陽明門院）

皇后・藤原嫄子《ふじわらのげんし》
（父・敦康親王。嫄子女王、のち藤原頼通養女）

尚侍・藤原嬉子《ふじわらのきし》
（贈皇太后。父・藤原道長）

女御・藤原生子《ふじわらのせいし》
（父・藤原教通）

女御・藤原延子《ふじわらのえんし》
（父・藤原頼宗）

女御・源氏某
（父・源師房）

## 70 後冷泉《ごれいぜい》天皇

〔在位 1045〜68〕

親仁《ちかひと》親王
（父・後朱雀天皇、母・藤原嬉子）

皇后・章子《しょうし》内親王
（父・後一条天皇。院号・二条院）

皇后・藤原寛子《ふじわらのかんし》
（父・藤原頼通）

皇后・藤原歓子《ふじわらのよしこ》
（父・藤原教通）

## 71 後三条《ごさんじょう》天皇

〔在位 1068〜72〕

尊仁《たかひと》親王
（父・後朱雀天皇、母・禎子内親王）

皇后・馨子《けいし》内親王
（父・後一条天皇）

女御・藤原昭子《ふじわらのあきこ》
（父・藤原頼宗）

女御・源 基子《みなもとのきし》
（父・源基平）

後宮・藤原茂子《ふじわらのもし》
（贈皇太后。父・藤原公成）

後宮・藤原氏
（父・藤原実経）

侍従内侍・本姓未詳
（父・美濃守経国）

## 72 白河《しらかわ》天皇

〔在位 1072〜86〕

貞仁《さだひと》親王
（父・後三条天皇、母・藤原茂子）

皇后・藤原賢子《ふじわらのけんし》
（父・源顕房。藤原師実養女）

女御・藤原道子《ふじわらのみちこ》
（父・藤原能長）

典侍・藤原経子《ふじわらのけいし》
（父・藤原経平）

掌侍・源 盛子《みなもとのせいし》（父・源頼綱）

後宮・源師子《もろこ》（父・源顕房。のち藤原忠実妃）、藤原氏（父・藤原師兼）、源氏（父・源政長）、藤原氏（父・藤原季実）、源氏（父・源有宗）、源氏（父・源顕房）。ほかに賀茂宇礼志幾、賀茂伊波比乎など。

## 73 堀河天皇《ほりかわてんのう》

〔在位　１０８６～１１０７〕

善仁《たるひと》親王
（父・白河天皇、母・藤原賢子）

皇后・篤子《とくし》内親王
（父・後三条天皇）

女御・藤原苡子《ふじわらのいし》
（贈皇太后。父・藤原実季）

典侍・源仁子
（父・康資王）

典侍・藤原宗子《ふじわらのそうし》
（父・藤原隆宗）

後宮・藤原氏
（父・藤原時経）

## 74 鳥羽《とば》天皇

〔在位　１１０７～２３〕

宗仁《むねひと》親王
（父・堀河天皇、母・藤原苡子）

皇后・藤原璋子《ふじわらのたまこ》
（父・藤原公実。院号・待賢門院）

皇后・藤原泰子《ふじわらのやすこ》
（父・藤原忠実。院号・高陽院）

皇后・藤原得子《ふじわらのなりこ》
（父・藤原長実。院号・美福門院）

女御・橘氏
（父・橘俊綱）

更衣・藤原氏（三条局）
（父・藤原家政）

更衣・紀氏
（父・紀光清）

後宮・藤原氏
（父・藤原実能）

後宮・藤原氏
（父・藤原実衡）

## 75 崇徳《すとく》天皇

〔在位　１１２３～４１〕

顕仁《あきひと》親王
（父・鳥羽天皇、母・藤原璋子）

皇后・藤原聖子《ふじわらのきよこ》
（父・藤原忠通。院号・皇嘉門院）

更衣・源氏
（父・法印信縁。源行宗養女）

典侍・源氏
（父・源師経）

## 76 近衛《このえ》天皇

〔在位　１１４１～５５〕

体仁《なりひと》親王
（父・鳥羽天皇、母・藤原得子）

皇后・藤原多子《ふじわらのまさるこ》
（父・藤原公能。藤原頼長養女。のち二条天皇後宮）

皇后・藤原呈子《ふじわらのしめこ》
（父・藤原伊通。藤原忠通養女。院号・九条院）

## 77 後《ご》白河《しらかわ》天皇

〔在位 1155～58〕

雅仁《まさひと》親王

（父・鳥羽天皇、母・藤原璋子）

皇后・藤原忻子《よしこ》

（父・藤原公能）

女御・藤原琮子《たまこ》

（父・藤原公教）

女御・平滋子《しげこ》

（皇太后。父・平時信。院号・建春門院）

後宮・藤原懿子《よしこ》

（贈皇太后。父・藤原経実。源有仁養女）

後宮・藤原成子《しげこ》

（父・藤原季成）

後宮・高階栄子《たかしなのえいし》

（父・法印澄雲。初め平業房に嫁す）

後宮・藤原氏

（父・藤原公能）

後宮・源氏

（父・源信宗）

後宮・大江氏

（父・大江信重）

後宮・源氏

（父・権大僧都仁操）

後宮・藤原氏

（父・藤原資隆）

後宮・平氏

（父・平清盛）

## 78 二条《にじょう》天皇

〔在位 1158～65〕

守仁《もりひと》親王

（父・後白河天皇、母・藤原懿子）

皇后・姝子《よしこ》内親王

（父・鳥羽天皇。院号・高松院）

皇后・藤原育子《むねこ》

（父・藤原忠通）

後宮・藤原多子《まさるこ》

（父・藤原公能。初め近衛天皇皇后。「二代の后」と称される）

後宮・伊岐氏

（父・伊岐致遠。藤原実能養女）

後宮・中原氏

（父・中原師元）

後宮・源氏

（父・源光成）

## 79 六条《ろくじょう》天皇

〔在位 1165～68〕

順仁《のぶひと》親王

（父・二条天皇、母・伊岐氏）

〈配偶者なし〉

## 80 高倉《たかくら》天皇

〔在位 1168～80〕

憲仁《のりひと》親王
（父・後白河天皇、母・平滋子）

皇后・平徳子《のりこ》
（父・平清盛。院号・建礼門院）

典侍・藤原殖子《たねこ》
（父・藤原信隆。院号・七条院）

典侍・藤原氏
（父・藤原頼定）

後宮・藤原通子《つうし》
（父・藤原基実）

後宮・藤原氏
（小督局。父・藤原成範）

後宮・藤原氏
（父・藤原公重）

後宮・平氏
（父・平義範）

## 81 安徳《あんとく》天皇

〔在位 1180～85〕

言仁《ときひと》親王
（父・高倉天皇、母・平徳子）

〈配偶者なし〉

## 82 後鳥羽《ごとば》天皇

〔在位 1183～98〕

尊成《たかひら》親王
（父・高倉天皇、母・藤原殖子）

皇后・藤原任子《にんし》
（父・九条兼実。院号・宜秋門院）

後宮・源在子《ありこ》
（父・能円。土御門通親養女。院号・承明門院）

後宮・藤原重子《じゅうし》
（父・高倉範季。院号・修明門院）

後宮・藤原氏
（父・藤原定能）

後宮・藤原氏
（父・坊門信清）

後宮・源氏
（父・源信康）

後宮・尾張
（父・法眼顕清）

後宮・少納言典侍、丹波局、右衛門督、姫法師（以上父母未詳）など。

## 83 土御門《つちみかど》天皇

〔在位 1198〜1210〕

為仁《ためひと》親王
（父・後鳥羽天皇、母・源在子）

皇后・藤原麗子《れいし》
（父・大炊御門頼実。院号・陰明門院）

典侍・源通子《つうし》
（贈皇太后。父・土御門通宗）

掌侍・高階氏
（父・高階仲資）

掌侍・源氏
（父・源貞光）

後宮・源氏
（父・源有雅）

後宮・藤原氏
（父・法印定勝）

後宮・源氏
（父・法印尋恵）

後宮・藤原氏
（父・法眼円誉）

後宮・源氏
（父・僧都證遍）

後宮・藤原氏
（父・藤原範光）

後宮・藤原氏
（父・律師兼尊）

後宮・尾張局
（父・法橋覚宴）

後宮・丹波局
（父・法橋雲顕）

## 84 順徳《じゅんとく》天皇

〔在位 1210〜21〕

守成《もりなり》親王
（父・後鳥羽天皇、母・藤原重子）

皇后・藤原立子《りつし》
（父・九条良経。院号・東一条院）

後宮・藤原氏
（父・坊門信清）

後宮・藤原氏
（父・藤原清季）

後宮・藤原氏
（父・藤原範光）

後宮・源氏
（父・法印公雅）

## 85 仲恭《ちゅうきょう》天皇

〔在位 1221〕

懐成《かねなり》親王
（父・順徳天皇、母・藤原立子）

後宮・藤原氏
（父・法印性慶）

## 86 後堀河天皇《ごほりかわ》

〔在位 1221~32〕
茂仁《ゆたひと》親王
（父・高倉天皇皇子守貞親王、母・藤原陳子）
皇后・藤原有子《ゆうし》（父・三条公房。院号・安喜門院）
皇后・藤原長子《ながこ》（父・近衛家実。院号・鷹司院）
皇后・藤原竴子《しゅんし》（父・九条道家。院号・藻壁門院）
後宮・藤原氏（父・藤原兼良）
後宮・藤原氏（父・持明院家行）

## 87 四条天皇《しじょう》

〔在位 1232~42〕
秀仁《みつひと》親王
（父・後堀河天皇、母・藤原竴子）
女御・藤原彦子《ひろこ》（父・九条教実。院号・宣仁門院）
尚侍・藤原佺子《せんし》（父・九条道家）

## 88 後嵯峨天皇《ごさが》

〔在位 1242~46〕
邦仁《くにひと》親王
（父・土御門天皇、母・源通子）
皇后・藤原姞子《よしこ》（父・西園寺実氏。院号・大宮院）
典侍・平棟子《むねこ》（父・平棟基）
掌侍・藤原博子（父・藤原孝時）
掌侍・藤原氏（父・四条隆衡）
後宮・体子《たいし》内親王（父・後堀河天皇。院号・神仙門院）
後宮・藤原公子《こうし》（父・西園寺公経）
後宮・藤原氏（父・三条公房）
後宮・藤原氏（父・藤原俊盛）
後宮・源氏（父・中院通方）
後宮・藤原氏（父・藤原実世）
後宮・藤原氏（父・藤原能保）
後宮・藤原氏（父・藤原良平）
後宮・源氏（源頼政曾孫女）
後宮・一条殿局（父・法眼証円）
後宮・藤原氏（父母未詳）

## 89 後《ご》深草《ふかくさ》天皇

〔在位 1246〜59〕

久仁《ひさひと》親王

（父・後嵯峨天皇、母・藤原姞子）

皇后・藤原公子《きみこ》（父・西園寺実氏。院号・東二条院）

後宮・藤原愔子《いんし》（父・洞院実雄。院号・玄輝門院）

後宮・藤原相子《そうし》（父・西園寺公相）

後宮・三善《みよし》忠子（父・三善康衡）

後宮・藤原房子《ふさこ》（父・三条公親）

後宮・藤原成子《せいし》（父・西園寺公経）

後宮・藤原氏（父・藤原茂通）

## 90 亀山《かめやま》天皇

〔在位 1259〜74〕

恒仁《つねひと》親王

（父・後嵯峨天皇、母・藤原姞子）

皇后・藤原佶子《さねこ》（父・洞院実雄。院号・京極院）

皇后・藤原嬉子《きし》（父・西園寺公相。院号・今出河院）

女御・藤原位子《いし》（父・近衛基平。院号・新陽明門院）

典侍・藤原雅子《まさこ》（父・法性寺雅平）

典侍・藤原氏（父・藤原実平）

典侍・平氏（父・平時仲）

後宮・藤原瑛子《えいし》（父・西園寺実兼。院号・昭訓門院）

後宮・懌子《えきし》内親王（父・後嵯峨天皇。院号・五条院）

後宮・藤原禖子《ばいし》（父・洞院実雄）

後宮・源親子《しんし》（父・北畠師親。のち後醍醐天皇後宮）

後宮・藤原寿子《じゅし》（父・藤原景房）

後宮・藤原氏（父・三条公親）

後宮・藤原氏（父・日野俊光）

後宮・藤原氏（父・藤原雅藤）

後宮・藤原氏（父・小倉公雄）

後宮・藤原氏（父・藤原実任）

後宮・源氏（父・久我通能）

後宮・資子（父母未詳）

後宮・下野局（父・玄駒法師）

後宮・貫川（父母未詳）

後宮・督局（父母未詳）

ほか

## 91 後宇多天皇《ごうだ》

〔在位 1274〜87〕

世仁《よひと》親王
（父・亀山天皇、母・藤原佶子）

典侍・藤原忠子《ちゅうし》
（父・五辻忠継。院号・談天門院）

後宮・瑞子《ずいし》女王
（父・宗尊親王。院号・永嘉門院）

後宮・源基子《もとこ》
（父・堀川具守。院号・西華門院）

後宮・掄子女王
（父・宗尊親王）

後宮・藤原氏
（父・藤原長雅）

後宮・藤原氏
（父・藤原宗親）

後宮・藤原氏
（父・藤原実俊）

後宮・姈子《さとこ》内親王
（尊称皇后。父・後深草天皇。院号・遊義門院）

後宮・某（父未詳）

## 92 伏見天皇《ふしみ》

〔在位 1287〜98〕

煕仁《ひろひと》親王
（父・後深草天皇、母・藤原愔子）

皇后・藤原鏱子《しょうし》
（父・西園寺実兼。院号・永福門院）

典侍・藤原経子《つねこ》
（父・五辻経氏）

掌侍・三善衡子
（父・三善俊衡）

後宮・藤原季子《すえこ》
（父・洞院実雄。院号・顕親門院）

後宮・藤原守子《もりこ》
（父・正親町実明。のち後伏見天皇後宮）

後宮・藤原英子《えいし》
（父・洞院公宗）

後宮・源氏
（父・中院具氏）

後宮・藤原氏
（父・高倉茂通）

後宮・春日局
（父・法印任快）

後宮・西御方
（父・法印深源）

**93 後伏見《ごふしみ》天皇**
〔在位 1298〜1301〕
胤仁《たねひと》親王
（父・伏見天皇、母・藤原経子）
女御・藤原寧子《ねいし》
（父・西園寺公衡。院号・広義門院）
後宮・藤原守子《もりこ》
（父・正親町実明。先に伏見天皇に仕える）
後宮・藤原氏
（父同前）
後宮・高階邦子《たかしなのくにこ》
（父・高階邦経）
後宮・治部卿局
（父・法印泰豪）
後宮・右京大夫局
（父母未詳）

**94 後二条《ごにじょう》天皇**
〔在位 1301〜08〕
邦治《くにはる》親王
（父・後宇多天皇、母・源基子）
皇后・藤原忻子《きんし》
（父・徳大寺公孝。院号・長楽門院）
尚侍・藤原頊子《ぎょくし》
（父・一条実経。院号・万秋門院）
典侍・藤原宗子《そうし》
（父・五辻宗親）
掌侍・平氏
（父・平棟俊）
後宮・藤原氏
（父・三条公親）
後宮・藤原氏
（父・三条公泰）
後宮・平氏
（父・平信輔）
後宮・藤原氏
（父・法眼良珍）

**95 花園《はなぞの》天皇**
〔在位 1308〜18〕
富仁《とみひと》親王
（父・伏見天皇、母・藤原季子）
典侍・藤原頼子《よりこ》
（父・葉室頼任）
後宮・藤原実子《じつし》
（父・正親町実明。院号・宣光門院）
後宮・藤原氏
（父同前）

**96 後醍醐《ごだいご》天皇**
〔在位 1318〜39〕
尊治《たかはる》親王
（父・後宇多天皇、母・藤原忠子）
皇后・藤原禧子《よしこ》
（父・西園寺実兼。院号・礼成門院。贈院号・後京極院）
皇后・珣子《じゅんし》内親王
（父・後伏見天皇。院号・新室町院）
女御・藤原栄子《よしこ》
（父・二条道平）
典侍・藤原親子《ちかこ》
（父・花山院〈五辻〉宗親）
掌侍・菅原氏
（父・菅原在仲）
後宮・藤原廉子《やすこ》
（父・阿野公廉。院号・新待賢門院）
〈後醍醐天皇の後宮、次ページに続く〉

後宮・源親子《しんし》（父・北畠師親）
後宮・藤原為子《いし》（父・藤原為世）
後宮・藤原実子（父・洞院実雄）
後宮・藤原守子《しゅし》（父・洞院実泰）
後宮・王氏（父・亀山天皇）
後宮・藤原氏（父・藤原為道）
後宮・藤原氏（父・藤原〈橋本〉実俊）
後宮・藤原氏（父・四条隆資）
後宮・藤原氏（父・正親町実明）
後宮・源氏（父・源基時）
後宮・近衛局（父母未詳）

後宮・左衛門督局（父・二条為忠）
後宮・権中納言局（父母未詳）
後宮・坊門局（父母未詳）

**97 後《ご》村上《むらかみ》天皇**
〔在位　1339〜68〕
義良《のりよし》親王
（父・後醍醐天皇、母・藤原〈阿野〉廉子）
女御・藤原氏
（父母未詳。院号・嘉喜門院）
（母未詳の皇子女が何人かいるため、外にも女御・後宮がいたものと思われる）

**98 長慶《ちょうけい》天皇**
〔在位　1368〜83〕
寛成《ゆたなり》親王
（父・後村上天皇、母・藤原氏〈嘉喜門院〉）
皇后・某（父母未詳）
後宮・某氏教子（父未詳）

**99 後《ご》亀山《かめやま》天皇**〈40ページに続く〉
〔在位　1383〜92〕
熙成《ひろなり》親王
（父・後村上天皇、母・藤原氏〈嘉喜門院〉）
〈配偶者氏名未詳〉

**北❶ 光厳《こうごん》天皇**
〔在位　１３３１〜３３〕
量仁《かずひと》親王（父・後伏見天皇、母・藤原寧子）
典侍・藤原秀子《ひでこ》（父・三条公秀。院号・陽禄門院）
後宮・懽子《よしこ》内親王（父・後醍醐天皇。院号・宣政門院）
後宮・寿子《ひさこ》内親王（父・花園天皇。院号・徽安門院）
後宮・藤原氏（父・正親町実明）
後宮・藤原氏（父・西園寺実衡）
後宮・藤原氏（父・正親町公蔭）

**❷ 光明《こうみょう》天皇**
〔在位　１３３６〜４８〕
豊仁《とよひと》親王（父・後伏見天皇、母・藤原寧子）
後宮・藤原氏（父・三条実躬）

**❸ 崇《す》光《こう》天皇**
〔在位　１３４８〜５１〕
興仁《おきひと》親王（父・光厳天皇、母・藤原秀子）
典侍・源資子《しし》（父・庭田重資）
後宮・治部卿局（父母未詳）
後宮・三条局（父母未詳）

**❹ 後光厳《ごこうごん》天皇**
〔在位　１３５２〜７１〕
彌仁《いやひと》親王（父・光厳天皇、母・藤原秀子）
典侍・紀仲子《ちゅうし》（父・紀通清。院号・崇賢門院）
典侍・藤原氏（父・法印長快）
掌侍・橘氏（父・橘知繁）
後宮・右衛門佐局（父未詳）

**❺ 後円融《ごえんゆう》天皇**
〔在位　１３７１〜８２〕
緒仁《おひと》親王（父・後光厳天皇、母・紀仲子）
典侍・藤原今子《いまこ》（父・四条隆郷）
後宮・藤原厳子《たかこ》（父・三条公忠。院号・通陽門院）
後宮・藤原氏（父・正親町三条実音）
後宮・橘氏（父・橘知繁）

## 100 後《ご》小《こ》松《まつ》天皇

〔在位 1382～1412〕

幹仁《もとひと》親王

（父・後円融天皇、母・藤原厳子）

典侍・藤原資子《すけこ》

（父・日野西資国。院号・光範門院）

典侍・藤原経子

（父・甘露寺兼長）

後宮・藤原氏

（父・日野西資国）

後宮・源氏

（父・土岐某）

後宮・藤原氏

（父母未詳）

後宮・源氏

（父・白川資忠）

## 101 称光《しょうこう》天皇

〔在位 1412～28〕

実仁《みひと》親王

（父・後小松天皇、母・藤原資子）

典侍・藤原光子

（父・日野有光）

掌侍・源氏

（父・五辻朝仲）

後宮・藤原氏

（父・持明院基親）

後宮・鴨氏

（父・鴨祐有）

## 102 後《ご》花園《はなぞの》天皇

〔在位 1428～64〕

彦仁《ひこひと》王

（父・崇光天皇皇孫貞成親王〈後崇光院〉、母・源幸子）

典侍・藤原郷子

（父・日野秀光）

後宮・藤原信子《のぶこ》

（父・藤原孝長。院号・嘉楽門院）

## 103 後《ご》土御《つちみ》門《かど》天皇

〔在位 1464～1500〕

成仁《ふさひと》親王

（父・後花園天皇、母・藤原信子）

典侍・源朝子《あさこ》

（贈皇太后。父・庭田長賢）

典侍・藤原房子《ふさこ》

（父・勧修寺教秀）

後宮・藤原兼子《かねこ》

（父・花山院持忠）

## 104 後柏原《ごかしわばら》天皇

〔在位 1500〜26〕

勝仁《かつひと》親王
（父・後土御門天皇、母・源朝子）

典侍・藤原藤子《ふじこ》
（父・勧修寺教秀。院号・豊楽門院）

典侍・源源子《もとこ》
（父・庭田雅行）

掌侍・藤原継子《つぐこ》
（父・高倉永継）

## 105 後奈良《ごなら》天皇

〔在位 1526〜57〕

知仁《ともひと》親王
（父・後柏原天皇、母・藤原藤子）

典侍・藤原国子《くにこ》
（父・広橋兼秀）

典侍・藤原量子
（父・藤原以緒）

後宮・藤原栄子《えいこ》
（贈皇太后。父・万里小路賢房。院号・吉徳門院）

後宮・小槻氏
（父・小槻晴富）

後宮・藤原具子
（父・水無瀬季兼）

後宮・王氏
（父・恒直親王）

後宮・藤原氏
（父・持明院基春）

## 106 正親町《おおぎまち》天皇

〔在位 1557〜86〕

方仁《みちひと》親王
（父・後奈良天皇、母・藤原栄子）

典侍・藤原房子《ふさこ》
（父・万里小路秀房）

典侍・藤原氏
（父・飛鳥井雅綱）

典侍・藤原氏
（父・万里小路賢房）

## 107 後陽成《ごようぜい》天皇

〔在位 1586〜1611〕

和仁《かずひと》親王
（父・正親町天皇皇子誠仁親王〈陽光院〉、母・藤原晴子）

女御・藤原前子《さきこ》
（父・近衛前久。院号・中和門院）

典侍・藤原輝子《てるこ》
（父・日野輝資）

典侍・藤原親子《ちかこ》
（父・中山親綱）

典侍・源具子《ともこ》
（父・庭田重具）

典侍・藤原宣子《のぶこ》
（父・葉室頼宣）

掌侍・藤原孝子《たかこ》
（父・持明院基孝）

掌侍・平時子《ときこ》
（父・西洞院時慶）

後宮・清原胤子《たねこ》
（父・清原胤栄）

後宮・大中臣氏
（父・中東時広）

## 108 後水尾《ごみずのお》天皇

〔在位 1611〜29〕

政仁《ことひと》親王
（父・後陽成天皇、母・藤原前子）

皇后・源和子《まさこ》
（「かずこ」とも。父・徳川秀忠。院号・東福門院）

典侍・藤原与津子《よつこ》
（父・四辻公遠）

典侍・藤原氏
（父・葉室頼宣）

掌侍・藤原隆子《たかこ》
（父・櫛笥隆致。院号・逢春門院）

後宮・藤原光子《みつこ》
（父・園基任。院号・壬生院）

後宮・藤原国子《くにこ》
（父・園基音。院号・新広義門院）

後宮・藤原継子《つぐこ》
（父・四辻季継）

後宮・藤原氏子《うじこ》
（父・水無瀬氏成）

109 明正《めいしょう》天皇
〔在位 1629～43〕
興子《おきこ》内親王
（父・後水尾天皇、母・源和子）
〈配偶者なし〉

110 後光明《ごこうみょう》天皇
〔在位 1643～54〕
紹仁《つぐひと》親王
（父・後水尾天皇、母・藤原光子）
典侍・源秀子《ひでこ》
（父・庭田重秀）

111 後西《ごさい》天皇
〔在位 1654～63〕
良仁《ながひと》親王
（父・後水尾天皇、母・藤原隆子）
女御・明子《あきこ》女王
（父・高松宮好仁親王）
典侍・藤原共子《ともこ》
（父・清閑寺共綱）
典侍・源氏
（父・岩倉具起）
掌侍・藤原氏
（父・富小路頼直）
後宮・藤原定子《さだこ》
（父・光源寺僧智秀）
後宮・菅原氏
（父・高辻豊長）
後宮・藤原条子《ながこ》
（父・松木宗条）

112 霊元《れいげん》天皇
〔在位 1663～87〕
識仁《さとひと》親王
（父・後水尾天皇、母・藤原国子）
皇后・藤原房子《ふさこ》
（父・鷹司教平。院号・新上西門院）
典侍・藤原房子《ふさこ》
（父・坊城俊広）
典侍・藤原氏
（父・小倉実起）
典侍・藤原宗子《むねこ》
（父・松木宗条。院号・敬法門院）
掌侍・源福子《とみこ》
（父・愛宕通福）
掌侍・菅原庸子《ようこ》
（父・五条為庸）
掌侍・源博子《ひろこ》
（父・東久世通廉）
〈霊元天皇の後宮、次ページへ続く〉

後宮・平氏
（父・西洞院時良）
後宮・菅原経子《つねこ》
（父・五条為庸）
後宮・秦仲子《はたのなかこ》
（父・松室重仲）
後宮・藤原氏
（父・今城定淳）
後宮・秦敦子《あつこ》
（父・松室重敦）
後宮・安倍氏
（父・倉橋泰貞）
後宮・藤原氏
（父・入江相尚）
後宮・秦氏
（父・秦相忠）

## 113 東山《ひがしやま》天皇

〔在位 1687～1709〕

朝仁《あさひと》親王
（父・霊元天皇、母・藤原宗子）
皇后・幸子《ゆきこ》女王
（父・有栖川宮幸仁親王。院号・承秋門院）
典侍・藤原賀子《よしこ》
（父・櫛笥隆賀。贈院号・新崇賢門院）
典侍・藤原経子《つねこ》
（父・冷泉為経）
掌侍・菅原氏
（父・高辻長量）

## 114 中御門《なかみかど》天皇

〔在位 1709～35〕

慶仁《やすひと》親王
（父・東山天皇、母・藤原賀子）
女御・藤原尚子《ひさこ》
（父・近衛家熙。院号・新中和門院）
典侍・藤原石子《いわこ》
（父・清水谷実業）
典侍・藤原常子《つねこ》
（父・園基勝）
掌侍・源夏子《なつこ》
（父・久世通夏）
掌侍・菅原寛子《ひろこ》
（父・五条為範）
後宮・丹波氏
（父・小森頼季）

## 115 桜町《さくらまち》天皇

〔在位 1735～47〕

昭仁《てるひと》親王
（父・中御門天皇、母・藤原尚子）
女御・藤原舎子《いえこ》
（父・二条吉忠。院号・青綺門院）
典侍・藤原定子《さだこ》
（父・姉小路実武。院号・開明門院）
典侍・藤原資子《すけこ》
（父・日野資時）

**116 桃園天皇**《ももぞの》
〔在位 1747〜62〕
遐仁親王《とおひと》
（父・桜町天皇、母・藤原定子）
女御・藤原富子《とみこ》
（父・一条兼香。院号・恭礼門院）

**117 後桜町天皇**《ごさくらまち》
〔在位 1762〜70〕
智子内親王《としこ》
（父・桜町天皇、母・藤原舎子）
〈配偶者なし〉

**118 後桃園天皇**《ご ももぞの》
〔在位 1770〜79〕
英仁親王《ひでひと》
（父・桃園天皇、母・藤原富子）
女御・藤原維子《これこ》
（父・近衛内前。院号・盛化門院）

**119 光格天皇**《こうかく》
〔在位 1779〜1817〕
師仁親王《もろひと》
（父・閑院宮典仁親王〈慶光天皇〉、母・大江磐代）
皇后・欣子《よしこ》内親王
（父・後桃園天皇。院号・新清和院）
典侍・藤原婧子《ただこ》
（父・勧修寺経逸。贈院号・東京極院）
典侍・藤原聡子《さとこ》
（父・姉小路公聡）
典侍・藤原正子《まさこ》
（父・高野保香）
典侍・藤原頼子《よりこ》
（父・葉室頼熙）
掌侍・菅原和子《かずこ》
（父・東坊城益良）
掌侍・藤原明子《てるこ》
（父・富小路貞直）
掌侍・長橋局（父母未詳）

**120 仁孝天皇**《にんこう》
〔在位 1817〜46〕
恵仁親王《あやひと》
（父・光格天皇、母・藤原婧子）
女御・藤原繋子《つなこ》
（贈皇后。父・鷹司政熙。院号・新皇嘉門院）
女御・藤原祺子《やすこ》
（父同前。院号・新朔平門院）
典侍・藤原雅子《なおこ》
（父・正親町実光。院号・新待賢門院）
典侍・藤原妍子《きよこ》
（父・甘露寺国長）
典侍・藤原績子《いさこ》
（父・中山愛親）
典侍・藤原経子《つねこ》
（父・橋本実久）
掌侍・藤原媋子
（父・今城定成）

**121 孝明天皇**《こうめい》
〔在位 1846〜66〕
→次ページへ
統仁親王《おさひと》
（父・仁孝天皇、母・藤原雅子）
女御・藤原夙子《あさこ》
（父・九条尚忠）
典侍・藤原慶子《よしこ》
（父・中山忠能）
典侍・藤原伸子《ただこ》
（父・坊城俊明）
掌侍・藤原紀子《もとこ》
（父・堀河康親）

**122 明治《めいじ》天皇**

〔在位 1867〜1912〕

睦仁《むつひと》・祐宮《さちのみや》

（父・孝明天皇、母・藤原慶子）

皇后・一条美子《はるこ》（昭憲皇太后）

（父・一条忠香）

典侍・葉室光子《はむろみつこ》

（父・葉室長順）

典侍・橋本夏子《なつこ》

（父・橋本実麗）

典侍・柳原愛子《やなぎわらなるこ》

（父・柳原光愛）

権典侍・千種任子《ちぐさことこ》

（父・千種有任）

典侍・園祥子《そのさちこ》

（父・園基祥）

**123 大正《たいしょう》天皇**

〔在位 1912〜26〕

嘉仁《よしひと》・明宮《はるのみや》

（父・明治天皇、母・柳原愛子）

皇后・九条節子《さだこ》（貞明皇后）

（父・九条道孝）

**124 昭和《しょうわ》天皇**

〔在位 1926〜89〕

裕仁《ひろひと》・迪宮《みちのみや》

（父・大正天皇、母・貞明皇后）

皇后・良子《ながこ》女王（香淳皇后）

（父・久邇宮邦彦王）

**125 「明仁《あきひと》」天皇**

〔在位 1989〜2019〕

明仁《あきひと》・継宮《つぐのみや》

（父・昭和天皇、母・香淳皇后）

皇后・正田美智子《しょうだみちこ》

（父・正田英三郎）

# 第二部　皇室系図——❶神武天皇——㉙欽明天皇

1 神武《じんむ》天皇

- 手研耳《たぎしみみ》命（母・吾平津媛）
- 神八井《かむやい》耳《みみ》命（母・媛蹈鞴五十鈴媛命）
- 2 綏靖《すいぜい》天皇
  - 3 安寧《あんねい》天皇
    - 天豊津《あまとよつ》媛《ひめ》命（懿徳天皇皇后）
    - 息石《おきそ》耳《みみ》命（一名・常根津日子伊呂泥命。母・渟名底仲媛命）
    - 4 懿徳《いとく》天皇
    - 磯城《しき》津《つ》彦《ひこ》命（母・渟名底仲媛命）
      - 和知津美《わちつみ》命
        - 倭国香《くにか》媛（一名・絙某姉。孝霊天皇妃）
        - 絙某弟《はえいろと》（孝霊天皇妃）
      - 某
- 岐須美美《きすみみ》命（母・吾平津媛）

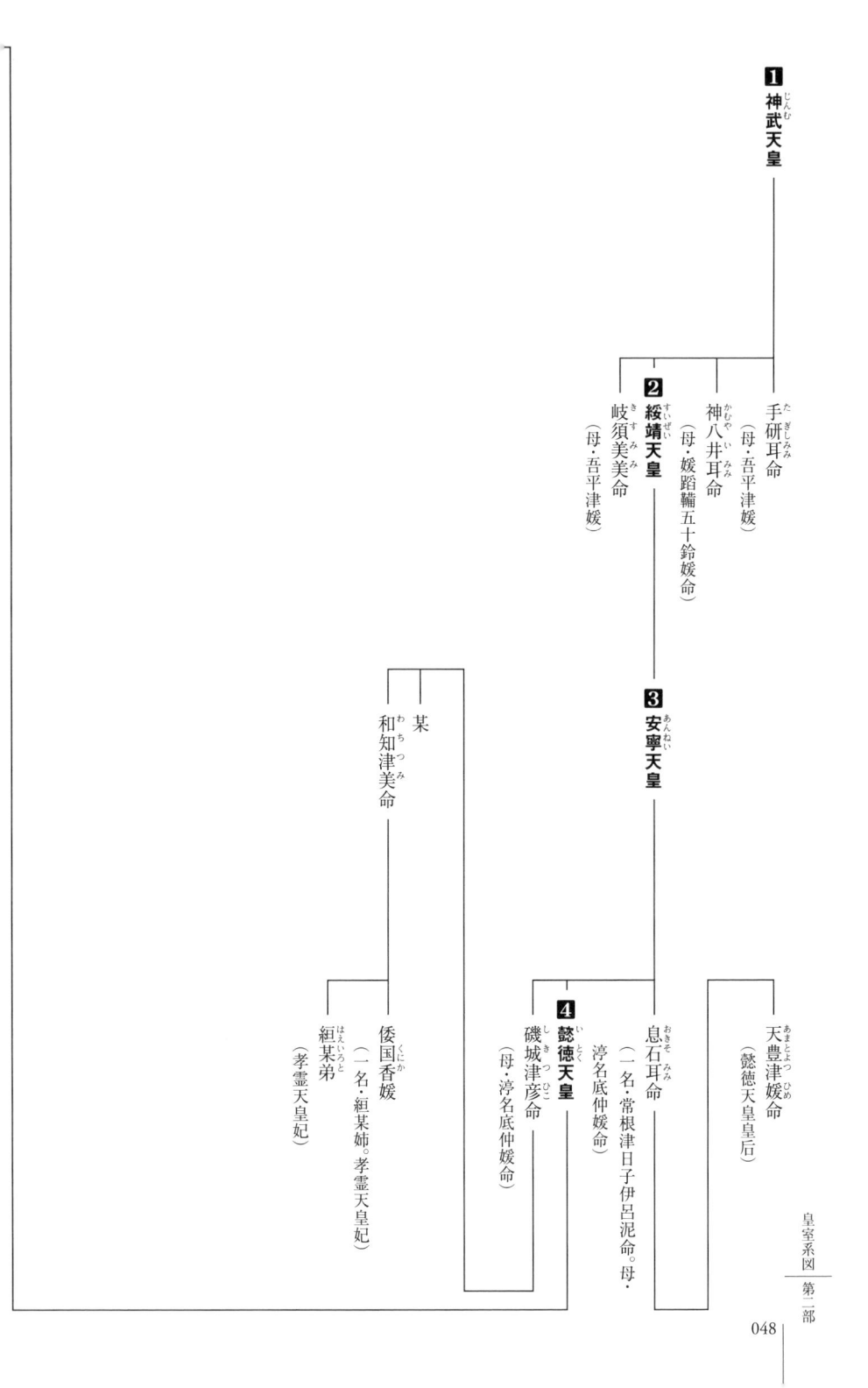

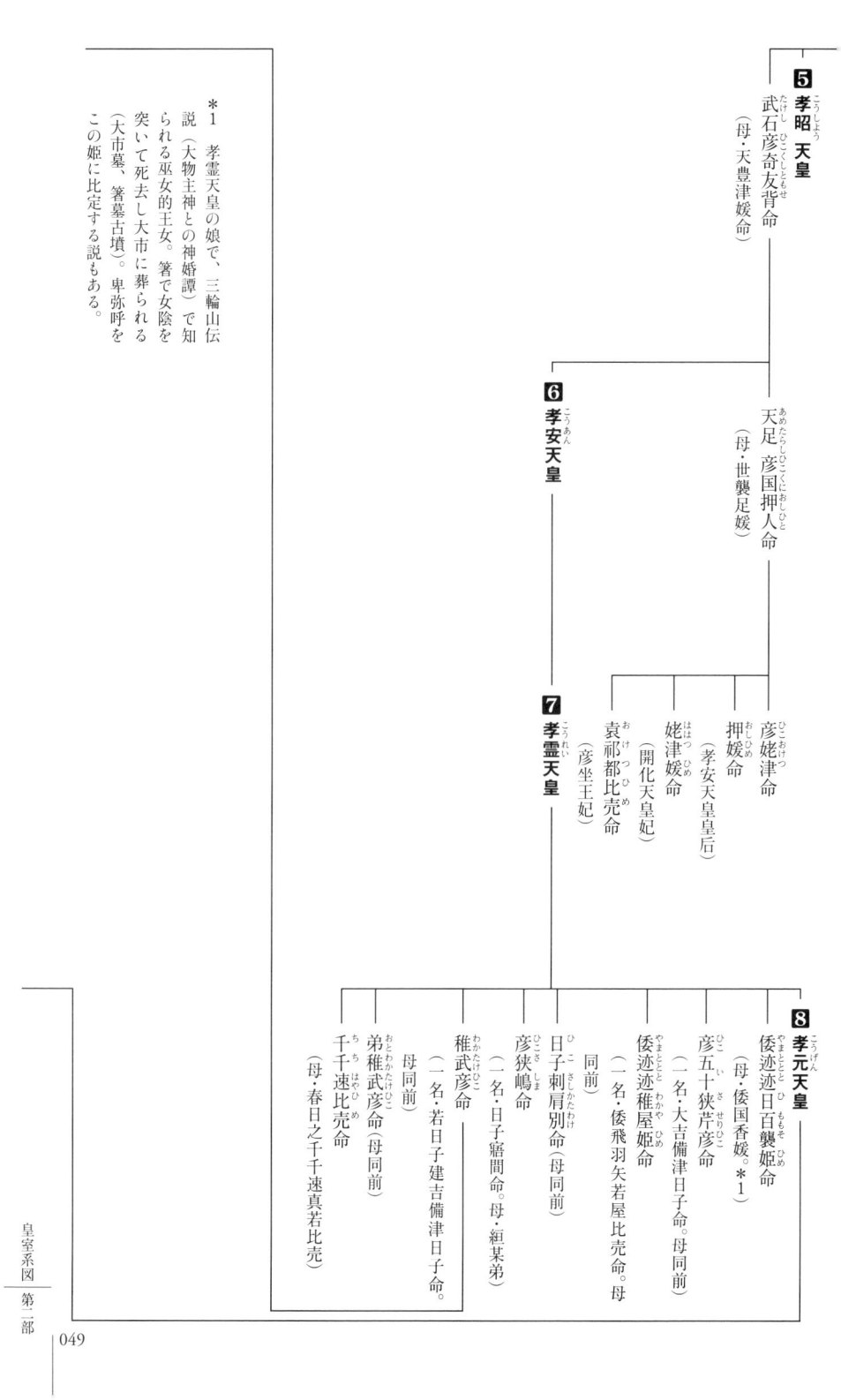

**5** **孝昭《こうしょう》 天皇**

武石《たけし》彦奇友背《ひこくしともせ》命
（母・天豊津媛命）

天足《あめたらし》 彦国押人《ひこくにおしひと》命
（母・世襲足媛）

**6** **孝安《こうあん》天皇**

彦姥津《ひこおけつ》命

押媛《おしひめ》命
（孝安天皇皇后）

姥津《ははつ》媛《ひめ》命
（開化天皇妃）

袁《お》祁《け》都《つ》比《ひ》売《め》命
（彦坐王妃）

**7** **孝霊《こうれい》天皇**

**8** **孝元《こうげん》天皇**

倭迹迹《やまとととと》日《ひ》百襲《ももそ》姫《ひめ》命
（母・倭国香媛。＊1）

彦《ひこ》五《い》十狭《さ》芹彦《せりひこ》命
（一名・大吉備津日子命。母同前）

倭迹迹《やまとととと》稚屋《わかや》姫《ひめ》命
（一名・倭飛羽矢若屋比売命。母同前）

日子《ひこ》刺肩別《さしかたわけ》命（母同前）

彦狭《ひこさ》嶋《しま》命
（一名・日子寤間命。母・絙某弟）

稚武彦《わかたけひこ》命
（一名・若日子建吉備津日子命。母同前）

弟稚武彦《おとわかたけひこ》命（母同前）

千千《ちち》速比売《はやひめ》命
（母・春日之千千速真若比売）

＊1　孝霊天皇の娘で、三輪山伝説（大物主神との神婚譚）で知られる巫女的王女。箸で女陰を突いて死去し大市に葬られる（大市墓、箸墓古墳）。卑弥呼をこの姫に比定する説もある。

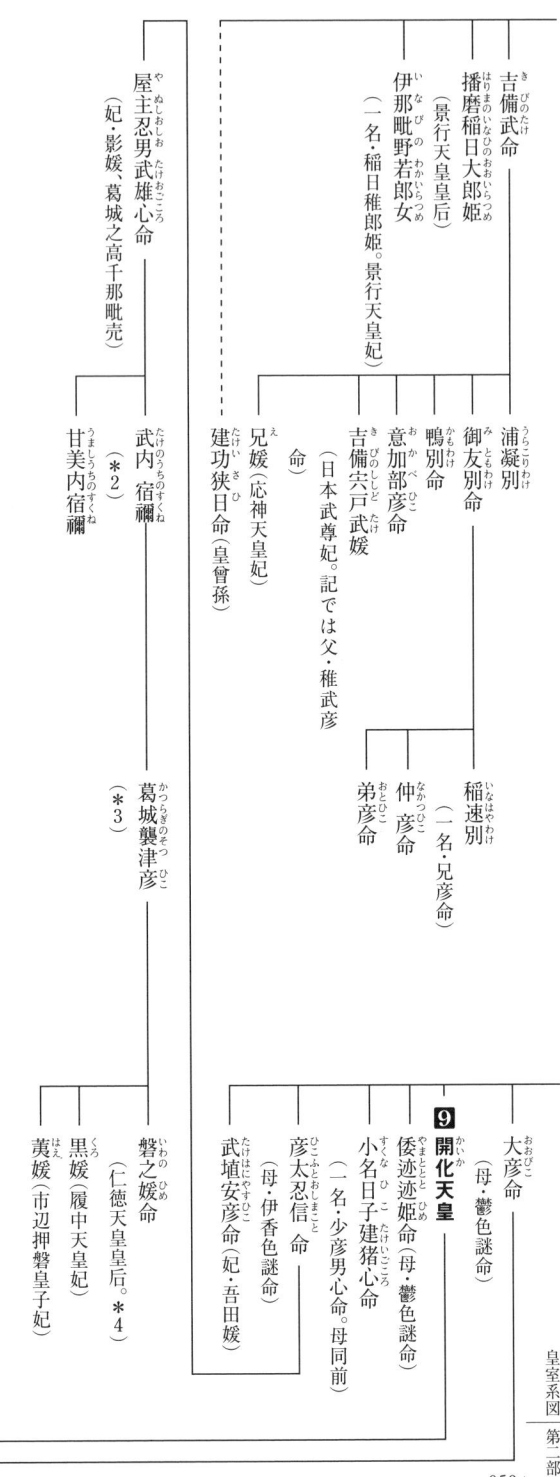

吉備武《きびのたけ》命

播磨稲日大郎姫《はりまのいなひのおおいらつめ》（景行天皇皇后）

伊那毗野若郎女《いなびのわかいらつめ》（一名・稲日稚郎姫。景行天皇妃）

屋主忍男《やぬしおしお》武雄心《たけおごころ》命（妃・影媛、葛城之高千那毗売）

浦凝別《うらこりわけ》

御友別《みともわけ》命

稲速別《いなはやわけ》（一名・兄彦命）

仲彦《なかつひこ》命

弟彦《おとひこ》命

鴨別《かもわけ》命

意加部《おかべ》彦《ひこ》命

吉備宍戸《きびのししど》武《たけ》媛（日本武尊妃。記では父・稚武彦命）

兄《え》媛（応神天皇妃）

建功《たけい》狭《さ》日《ひ》命（皇曾孫）

武内宿禰《たけのうちのすくね》（＊2）

葛城襲津彦《かつらぎのそつひこ》（＊3）

磐之媛《いわのひめ》命（仁徳天皇皇后。＊4）

黒《くろ》媛（履中天皇妃）

荑《はえ》媛（市辺押磐皇子妃）

甘美内宿禰《うましうちのすくね》

大彦《おおびこ》命（母・鬱色謎命）

**9 開化天皇《かいか》**

倭迹迹《やまとととと》姫《ひめ》命（母・鬱色謎命）

小名《すくな》日《ひ》子《こ》建猪心《たけいごころ》命（一名・少彦男心命。母同前）

彦太忍信《ひこふとおしまこと》命（母・伊香色謎命）

武埴安彦《たけはにやすひこ》命（妃・吾田媛）

＊2　孝元天皇曾孫。244年にわたり景行・成務・応神・仁徳各天皇に仕え、蘇我、葛城、巨勢、平群等諸氏の祖先と伝わる。

＊3　葛城氏等の祖といわれ、娘の磐之媛命が仁徳天皇皇后となり、履中、反正、允恭各天皇をもうけ、葛城氏隆盛を築く。

＊4　記では石之比売命。父が葛城氏で、皇后は皇族出身という慣例を破る。

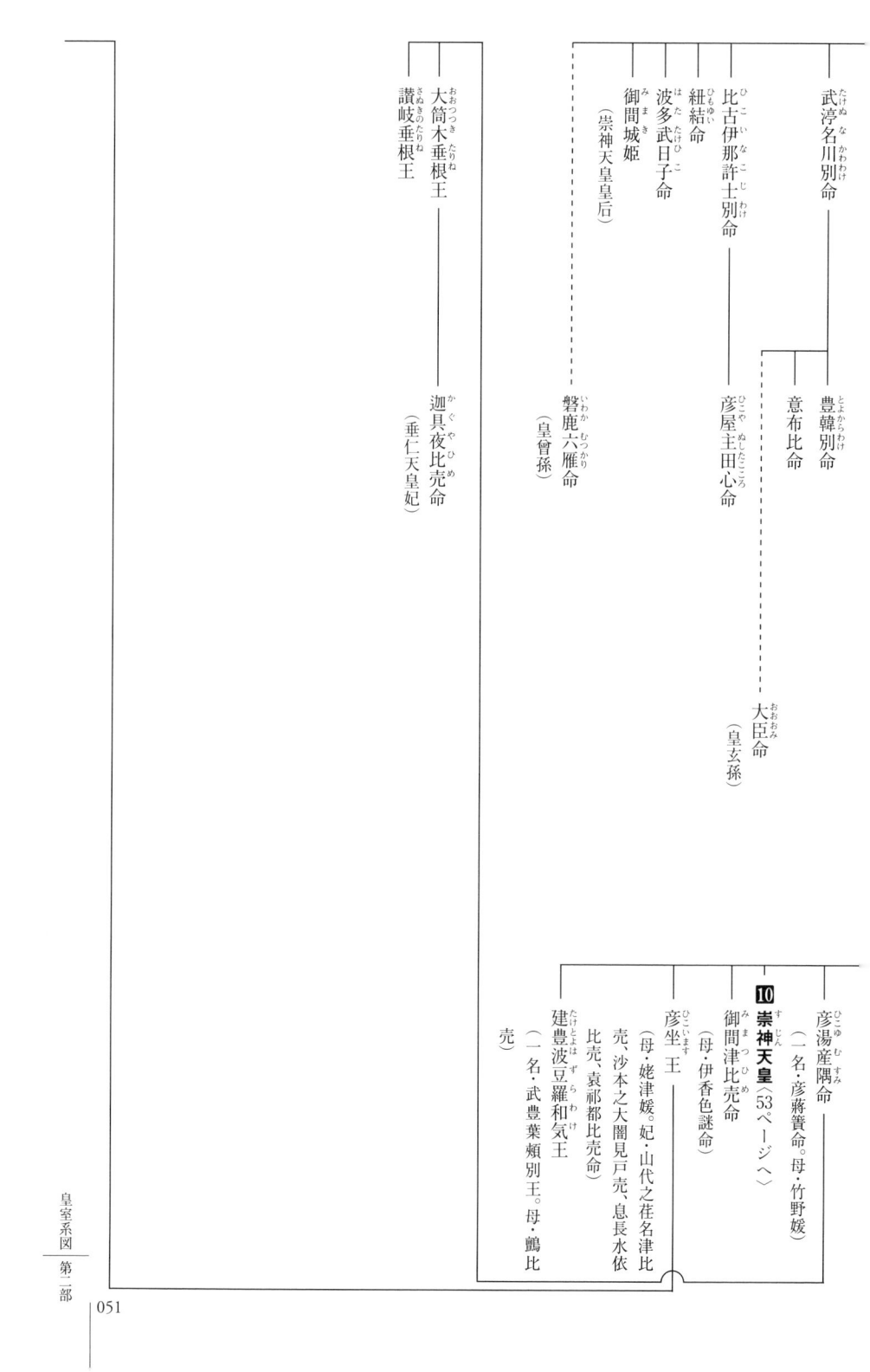

武渟名川別命《たけぬなかわわけ》

比古伊那許士別命《ひこいなこじわけ》

紐結命《ひもゆい》

波多武日子命《はたたけひこ》

御間城姫《みまき》
（崇神天皇皇后）

大筒木垂根王《おおつつきたりね》

讃岐垂根王《さぬきのたりね》

豊韓別命《とよからわけ》

意布比命

彦屋主田心命《ひこやぬしたこころ》

磐鹿六雁命《いわかむつかり》
（皇曾孫）

迦具夜比売命《かぐやひめ》
（垂仁天皇妃）

大臣命《おおおみ》
（皇玄孫）

彦湯産隅命《ひこゆむすみ》
（一名・彦蒋簀命。母・竹野媛）

**10** **崇神天皇《すじん》**〈53ページへ〉

御間津比売命《みまつひめ》
（母・伊香色謎命）

彦坐王《ひこいます》
（母・姥津媛。妃・山代之荏名津比売、沙本之大闇見戸売、息長水依比売、袁祁都比売命）

建豊波豆羅和気王《たけとよはずらわけ》
（一名・武豊葉頽別王。母・鸇比売）

- 大俣王《おおまた》
  - 曙立王《あけたつ》
  - 菟上王《うなかみ》
- 小俣王《こまた》
- 志夫美宿禰王《しぶみのすくね》
- 狭穂彦王《さほひこ》
- 袁邪本王《おざほ》
- 狭穂姫命《さほひめ》（垂仁天皇皇后）
- 室毗古王《むろびこ》
- 丹波道主命《たんばのみちぬし》（妃・丹波之河上之摩須郎女）
  - 日葉酢媛命《ひばすひめ》（垂仁天皇皇后）
  - 渟葉田瓊入姫命《ぬばたにいりひめ》（垂仁天皇妃）
  - 真砥野媛命《まとのひめ》（同前）
  - 薊瓊入媛命《あざみにいりひめ》（同前）
  - 竹野媛命《たかのひめ》（同前）
  - 朝廷別王《みかどわけ》
- 水穂之真若王《みずほのまわか》
- 神骨王《かむほね》
  - 兄遠子《えとおこ》（大碓皇子妃）
  - 弟遠子《おととおこ》（同前）
- 水穂五百依比売《みずほのいおより》
- 御井津比売《みいつ》
- 山代之大筒木真若王《やましろのおおつつきまわか》（妃・丹波能阿治佐波毗売）
  - 迦邇米雷王《かにめいかずち》（妃・高杙比売）
    - 気長宿禰王《おきながのすくね》（妃・葛城高額媛、河俣稲依毗売）
      - 気長足姫尊《おきながのたらしひめ》（仲哀天皇皇后）
- 比古意須王《ひこおす》
- 伊理泥王《いりね》
  - 丹波能阿治佐波毗売《たにわのあじさわ》（山代之大筒木真若王妃）
- 彦多都彦命《ひこたつひこ》
- ┆ 意富多牟和気《おおたむわけ》（皇玄孫）

**10 崇神《すじん》天皇**

- 豊城入彦命《とよきいりひこ》（母・遠津年魚眼眼妙媛）
  - 倭日向武日向彦八綱田命《やまとひむかたけひむかひこやつなた》
  - 彦狭島王《ひこさしま》（皇曾孫）――御諸別王《みもろわけ》
  - 赤麻呂《あかまろ》（皇玄孫）
- **11 垂仁《すいにん》天皇**
- 彦五十狭茅命《ひこいさち》（母・御間城姫）
- 伊邪能真若命《いざのまわか》（母同前）
- 国方姫命《くにかたひめ》（母同前）
- 千千衝倭姫命《ちちつくやまとひめ》（母同前）
- 倭 彦命《やまとひこ》（母同前）
- 五十日鶴彦命《いかつるひこ》（母同前）
- 豊鍬入姫命《とよすきいりひめ》（母・遠津年魚眼眼妙媛。＊5）
- 大入杵命《おおいりき》（母・尾張大海媛）
- 八坂入彦命《やさかいりひこ》（母同前）
  - 八坂入姫命《やさかいりひめ》（景行天皇皇后）
  - 弟媛《おと》（景行天皇妃）
- 渟名城入姫命《ぬなきいりひめ》（一名・渟名城稚姫命。母同前）
- 十市瓊入姫命《とおちにいりひめ》（母同前）

＊5　崇神天皇6年（前92）、豊鍬入姫命は、天照大神を大和の笠縫邑に祭移したと伝わる。

誉津別命《ほむつわけ》（母・狭穂姫命）

五十瓊敷入彦命《いにしきいりひこ》（母・日葉酢媛命）

**12 景行天皇《けいこう》**〈次ページへ〉

大中姫命《おおなかつひめ》（母・日葉酢媛命）

倭姫命《やまとひめ》（母同前。＊6）

稚城瓊入彦命《わかきにいりひこ》（母同前）

鐸石別命《ぬでしわけ》（母・渟葉田瓊入媛命）—稚鐸石別命《わかぬでしわけ》—田守別王《たもりわけ》—弟彦王《おとひこ》

胆香足姫命《いかたらしひめ》（母同前）

池速別命《いけはやわけ》（母・薊瓊入媛命）

稚浅津姫命《わかあさつひめ》（母同前。稲背入彦皇子妃）

袁那弁王《おなべ》（母・迦具夜比売命）

祖別命《おおじわけ》（母・苅幡戸辺）……武伊賀都別命《たけいがつわけ》（皇玄孫）

五十日足彦命《いかたらしひこ》（母同前）

胆武別命《いたけわけ》（一名・伊登志別王。母同前）

＊6　垂仁天皇25年（前5）、倭姫命が天照大神を伊勢に祀り、これが神宮および斎宮の起源といわれる。また、日本武尊の東征のとき草薙剣を授け、難を救ったとされる。

- 磐衝別命《いわつくわけ》（母・綺戸辺）
  - 磐城別王《いわきわけ》
    - 伊波己里和気《いわこりわけ》
      - 麻和加介《まわかけ》
  - 水歯郎媛《みつはのいらつめ》（景行天皇妃）
- 両道入姫命《ふたじいりひめ》（一名・石衝姫命。母同前。日本武尊妃）
- 葦嗽別命（母未詳）
- 大入束命（母未詳）

**12 景行天皇《けいこう》**

- 櫛角別王《くしつぬわけ》（母・播磨稲日大郎姫）
- 大碓皇子《おおうす》〈次ページⒶへ〉
- 日本武尊《やまとたける》〈次ページⒷへ〉
- **13 成務天皇《せいむ》**〈次ページⒸへ〉
- 五百城入彦皇子《いおきいりひこ》〈次ページⒹへ〉
- 忍之別皇子《おしのわけ》（母・八坂入彦姫命）
- 稚倭根子皇子《わかやまとねこ》〈57ページⒺへ〉
- 大酢別皇子《おおすわけ》（母・八坂入姫命）
- 渟熨斗皇女《ぬのし》（一名・沼代郎女。母同前）
- 渟名城皇女《ぬなき》（母同前）
- 五百城入姫皇女《いおきいりひめ》（母同前）
- 麛依姫皇女《かごよりひめ》（母同前）
- 若木之入日子王《わかきのいりひこ》（母同前）
- 吉備兄彦皇子《きびのえひこ》（母同前）
- 高城入姫皇女《たかきいりひめ》（母同前）
- 弟姫皇女《おとひめ》（母同前）
- 五百野皇女《いおの》（母・水歯別郎媛。*7）
- 神櫛皇子《かみくし》〈57ページⒻへ〉
- 稲背入彦皇子《いなせいりひこ》〈57ページⒼへ〉
- 武国凝別皇子《たけくにこりわけ》〈57ページⒽへ〉
- 日向襲津彦皇子《ひむかのそつひこ》（母・日向髪長大田根媛）
- 国乳別皇子《くにちわけ》（母・襲武媛）
- 国背別皇子《くにせわけ》（一名・宮道別皇子。母同前）
- 豊戸別皇子《とよとわけ》（母同前）
- 豊国別皇子《とよくにわけ》〈57ページⒾへ〉
- 真若王《まわか》（母・伊那毗能若郎女）
- 彦人大兄王《ひこひとのおおえ》〈57ページⒿへ〉
- 銀王《しろがね》（母未詳。異母兄彦人大兄王妃）
- 五十功彦命《いことひこ》（母・五十琴姫命）
- 稚屋彦命／天帯根命
- 大曾色別命／石社別命
- 曾能目別命／十市入彦命
- 襲小橋別命／色己焦別命
- 熊津彦命／熊忍津彦命
- 武弟別命／草木命
- 手事別命／大我門別命
- 豊日別命／三川宿禰命
- 倭宿禰命／豊津彦命
- 大焦別命
〈以上十九方、母未詳〉

*7　五百野皇女は、景行天皇20年（90）倭姫命に代わり、天照大神を祀る伊勢に派遣された。

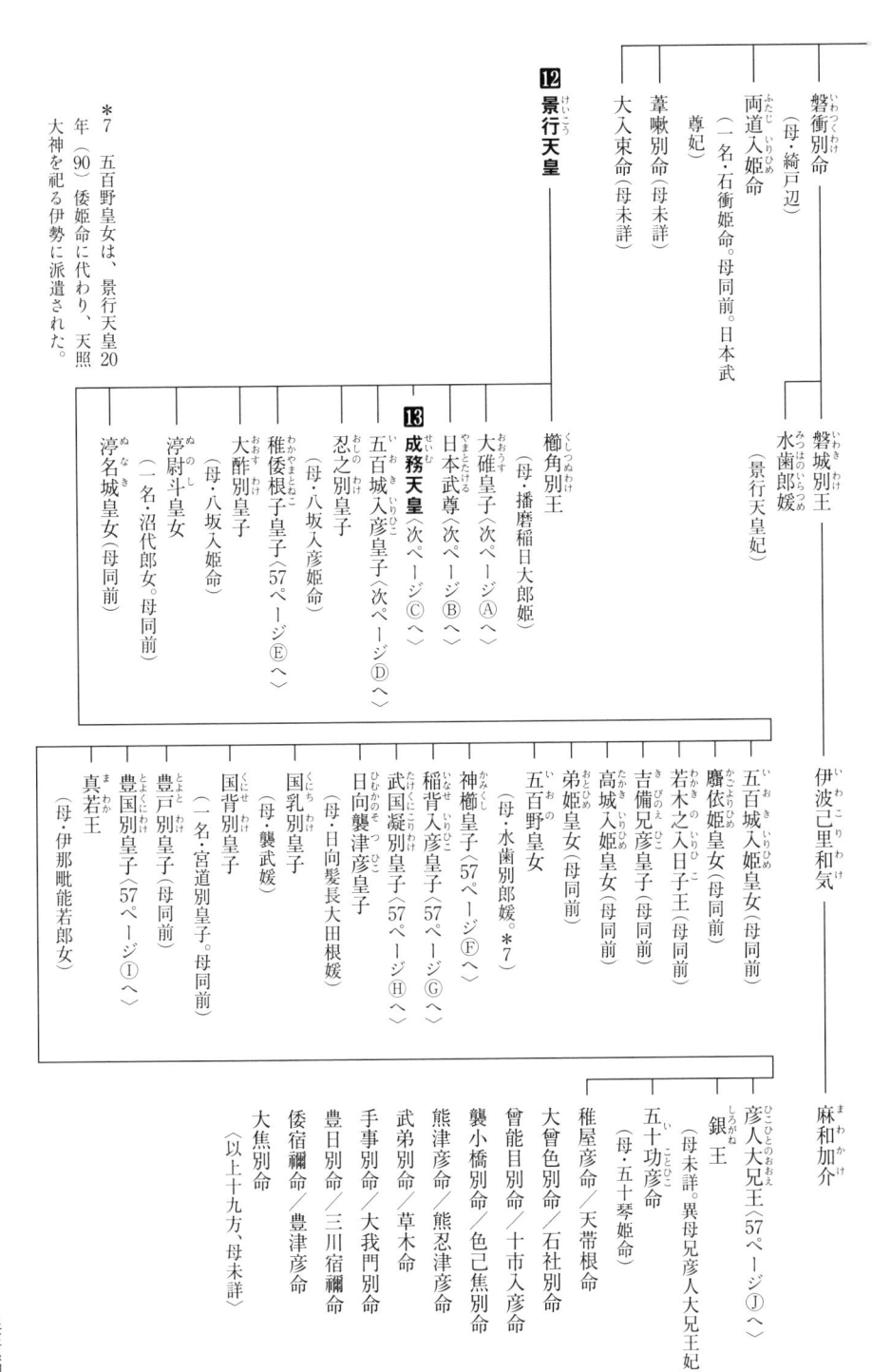

Ⓐ 大碓皇子《おおうす》（母・播磨稲日大郎姫。妃・兄遠子、弟遠子）
- 押黒之《おしぐろの》兄《え》日子《ひこ》王
- 押黒弟日子《おしぐろのおとひこ》王

Ⓑ 日本武尊《やまとたける》（一名・小碓命、日本童男。母・播磨稲日大郎姫。妃・両道入姫命、吉備穴戸武媛、弟橘媛命、山代之玖玖麻毛理比売、宮簀媛、某）
- 稲依別《いなよりわけ》王
  - 倉《くら》見《み》別《わけ》王
- **14 仲哀天皇《ちゅうあい》**〈58ページへ〉
- 布忍《ぬのし》入姫《いりひめ》命
- 稚武《わかたけ》王
- 武卵《たけかいご》王
- 十城《とおき》別《わけ》王
- 稚武彦《わかたけひこ》王（妃・飯野真黒比売命）
  - 須売伊呂大中日子《すめいろおおなかつひこ》王（妃・柴野比売）
- 芦髪蒲見別《あしかみのかまみわけ》王
- 息長田《おきながた》別《わけ》王
  - 河泒仲彦《かわまたのなかつひこ》王
    - 飯野真《いいのま》黒比売《ぐろひめ》命（稚武彦王妃）
    - 息長真若中《おきながまわかなかつ》比売（一名・弟媛。応神天皇妃）
    - 百師《ももし》木伊《きのい》呂弁《ろべ》（稚野毛二泒皇子妃）

Ⓒ **13 成務天皇《せいむ》**
- 和訶奴気《わかぬけ》王

Ⓓ 五百城入彦《いおきいりひこ》皇子（母・八坂入姫命。妃・志理都紀斗売）
- 品陀《ほんだ》真《ま》若《わか》王（妃・金田屋野姫命）
  - 高城入姫《たかきのいりひめ》命（応神天皇妃）
  - 仲姫《なかつひめ》命（応神天皇皇后）
  - 弟姫《おとひめ》命（応神天皇妃）
- 佐伯命

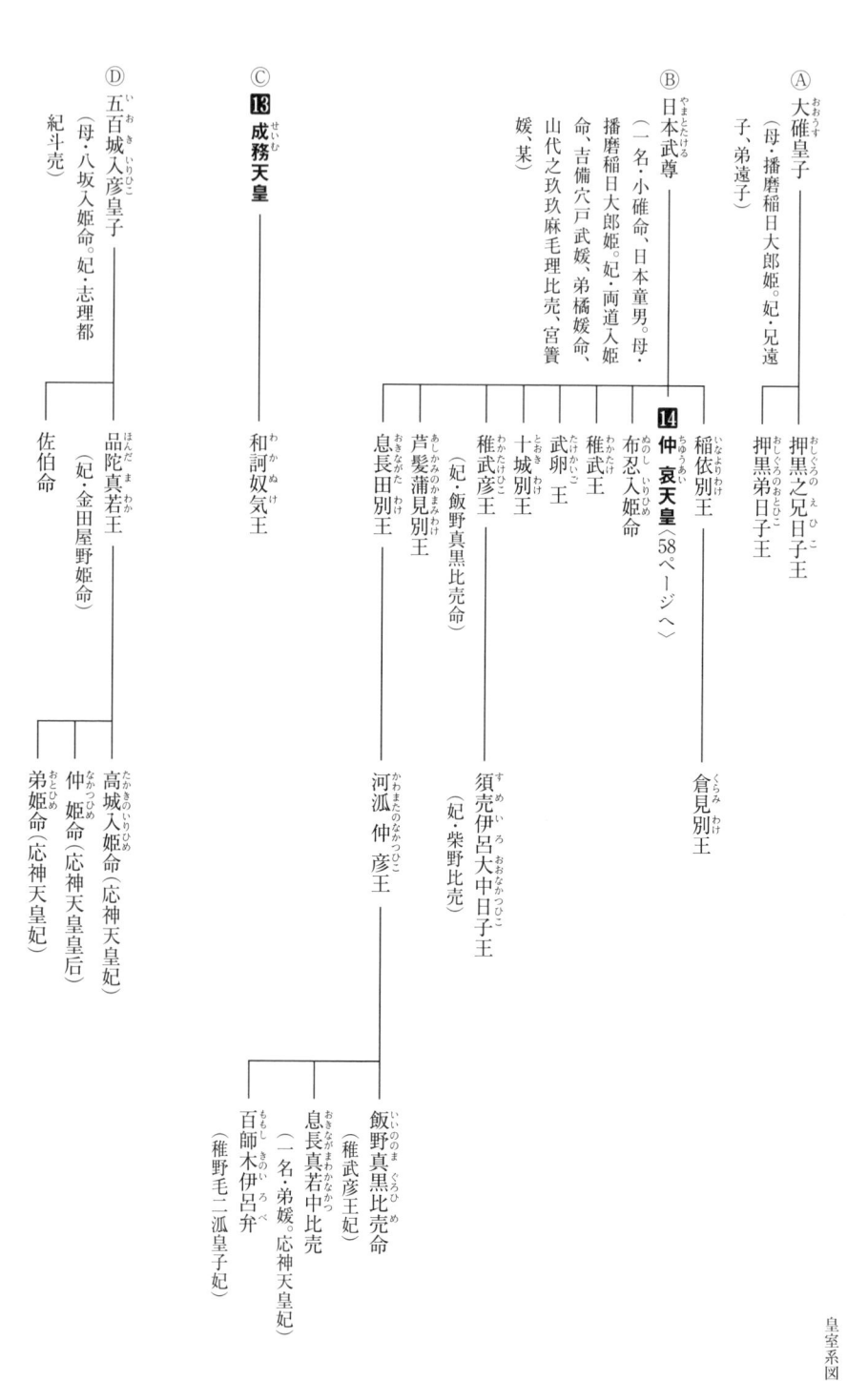

Ⓔ
稚倭根子《わかやまとねこ》皇子（母・八坂入姫命）
— 吉備郎姫《きびのいらつめ》（成務天皇妃）

Ⓕ
神櫛《かみくし》皇子（一名・神櫛別命。妃・五十河媛）
— 五十日《いか》彦主《ひこぬし》命
- - - 須売保礼命《すめほれ》（皇玄孫）
- - - 兄《え》彦大兄《ひこおおえ》王（皇玄孫）

Ⓖ
稲背《いなせ》入彦《いりひこ》皇子（一名・大稲背別命。母・五十河媛。妃・稚浅津姫命）
— 御諸別命《みもろわけ》 — 阿良都命《あらつ》

Ⓗ
武国凝別《たけくにこりわけ》皇子（母・高田媛。妃・都夫良媛）
— 水別命《みずわけ》 — 某命（妃・萸姫）
— 津守王《つもり》
— 津守別命《つもりわけ》 — 和儞乃別命 — 波奈陋乃別君
　　　　　　　　　　　　　　　　　 — 阿佐乃別命《あさのわけ》
— 阿加佐乃別命《あかさのわけ》
— 某女命
— 百日女命

Ⓘ
豊国別《とよくにわけ》皇子（母・御刀媛）
- - - 老男（皇玄孫）

Ⓙ
彦人大兄王《ひこひとのおおえ》
— 大名方王
— 大中姫《おおなかつ》（仲哀天皇妃）

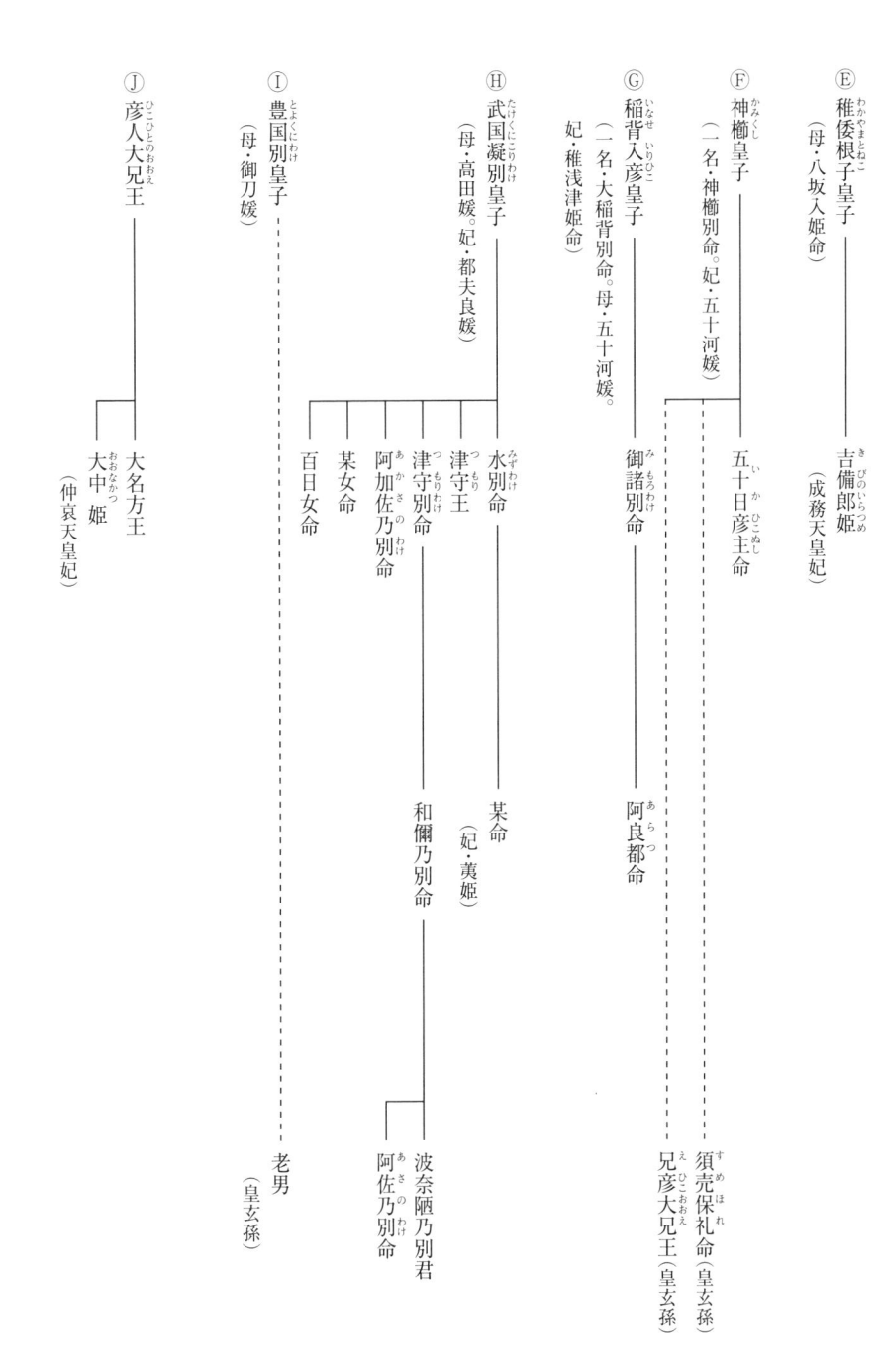

14 仲哀《ちゅうあい》天皇

- 麛坂《かごさか》皇子（母・大中姫命）
- 忍熊《おしくま》皇子（母同前）
- 誉屋《ほむや》別《わけ》皇子（母・弟媛）
- 15 応神《おうじん》天皇
  - 額田大中彦《ぬかたのおおなかつひこ》皇子（母・高城入姫）
  - 大山守《おおやまもり》皇子（母同前）
  - 去来真《いざのま》若《わか》皇子（母同前）
  - 大原《おおはら》皇女（母同前）
  - 澇来田《こむくだ》皇女（一名・高目郎女。母同前）
  - 荒田《あらた》皇女（母・仲姫命）
  - 16 仁徳《にんとく》天皇〈60ページへ〉
  - 根鳥《ねとり》皇子〈次ページⒶへ〉
  - 阿倍《あべ》皇女（母・弟姫命）
  - 淡路《あわじのみ》御原《はら》皇女（母同前。異母兄根鳥皇子妃）
  - 紀之菟野《きのうの》皇女（母同前）
  - 三野《みの》郎女《いらつめ》（母同前）
  - 滋原《しげはら》皇女（母同前）
  - 菟道稚郎子《うじのわきいらつこ》皇子（母・宮主宅媛。＊8）
  - 八田《やた》皇女（一名・矢田皇女。仁徳天皇皇后。母同前）
  - 雌鳥《めとり》皇女（母同前）
  - 菟道稚郎姫《うじのわかいらつめ》皇女（母・小甂媛。仁徳天皇妃）
  - 稚野《わかの》毛《け》二派《ふたまた》皇子〈次ページⒷへ〉
  - 隼総別《はやぶさわけ》皇子（母・糸姫）
  - 大葉枝《おおはえ》皇子（母・日向泉長媛）
  - 小葉枝《おはえ》皇子（母同前）
  - 草香幡梭《くさかのはたひ》皇女（一名・幡日之若郎。母同前。履中天皇后）
  - 川原田郎女《かわらだのいらつめ》（母・迦具漏比売）
  - 玉郎女《たまのいらつめ》（母同前）
  - 忍坂大中《おしさかのおおなかつ》比売（母同前）
  - 登富志郎女《とおしのいらつめ》（母同前）
  - 迦多遅《かたじ》王（母同前）――久奴《くぬ》王
  - ┆阿居乃《あけの》王（皇曾孫）

＊8　応神天皇の寵愛を受け皇太子となるも、父崩御後、異母兄大鷦鷯尊（仁徳天皇）に皇位を譲ろうとして自決したといわれる（記では単に夭折。他書には「宇治天皇」の表現があり、また大鷦鷯尊による謀殺説も）。

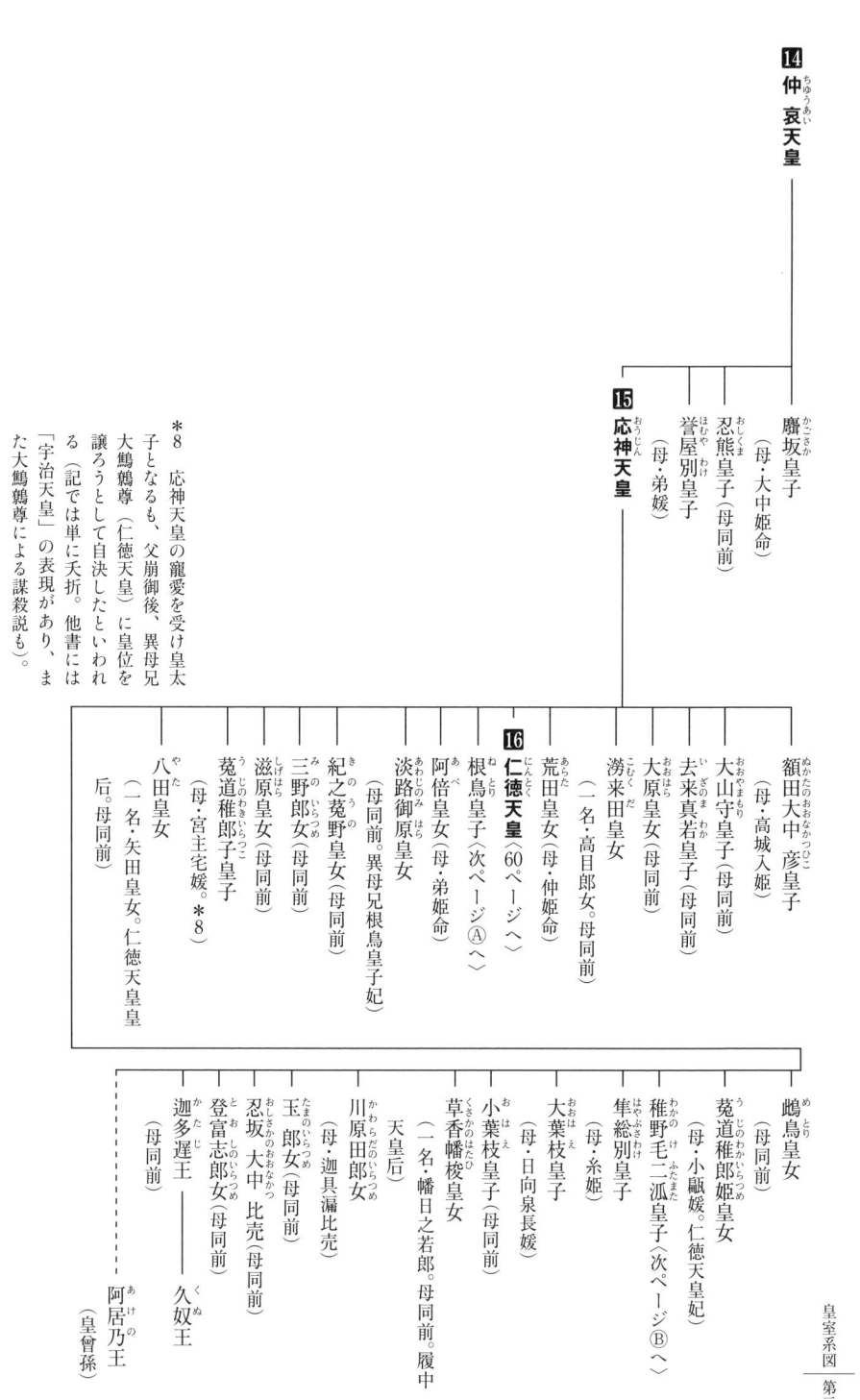

Ⓐ 根鳥《ねとり》皇子（母・仲姫命。妃・淡路御原皇女）
- 中日子《なかつひこ》王
- 伊和嶋《いわしま》女王

Ⓑ 稚野《わかの》毛《け》二派《ふたまた》皇子（若野毛二俣とも。母・息長真若中比売。妃・百師木伊呂弁）
- 意富富杼《おおほど》王（一名・大郎子。妃・中斯知命）
  - 乎非《おい》王（妃・久留比売命）
    - 彦主人《ひこうし》王（妃・振媛命）
      - **26 継体《けいたい》天皇**〈62ページへ〉
- 忍坂大中姫《おしさかおおなかつひめ》命（允恭天皇皇后）
- 田井《たい》之中《のなかつ》比売
- 田《た》宮之中《みやのなかつ》比売
- 藤原之琴節郎女《ふじわらのことふしのいらつめ》（書紀になし。衣通郎姫《そとおりのいらつめ》か。允恭天皇妃）
- 取売《とりめ》王
- 沙禰《さね》王
- ┆ 都紀女加《つきめか》（皇曾孫）

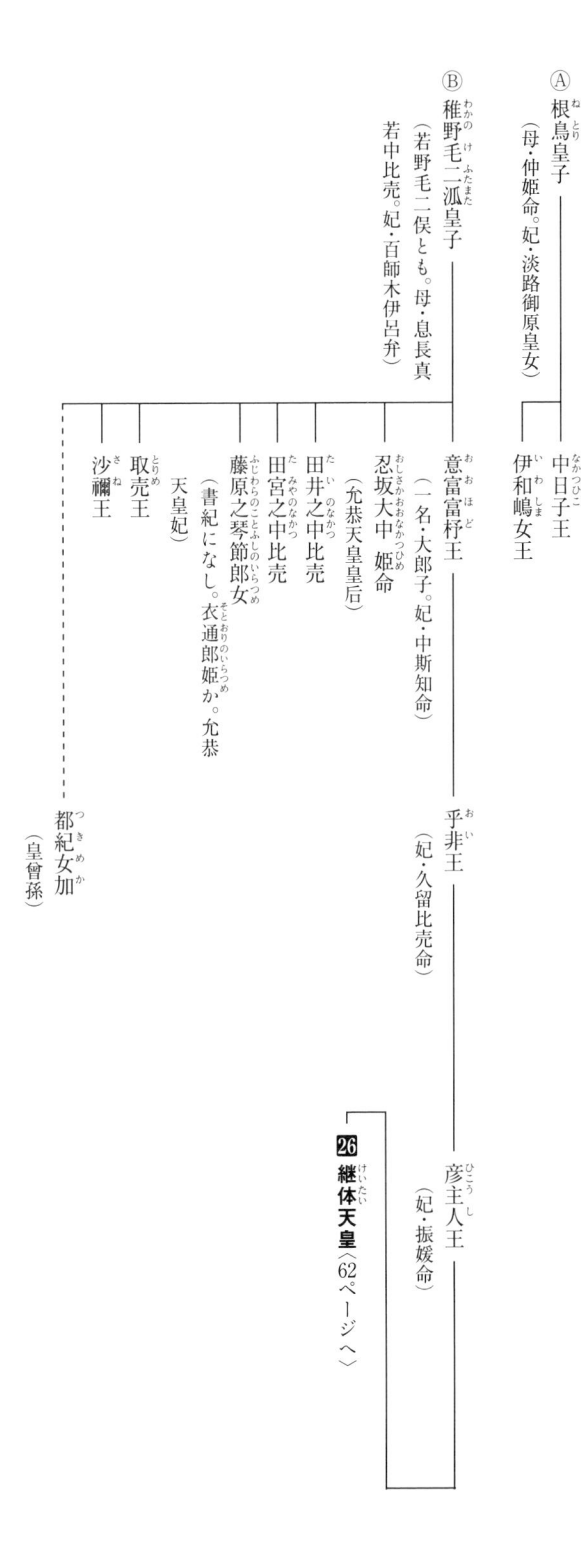

**16 仁徳《にんとく》天皇**

- **17 履中《りちゅう》天皇**
  - 中蒂姫命《なかしひめ》（一名・長田大娘皇女、中磯皇女。大草香皇子妃、のち安康天皇皇后。母・草香幡梭皇女）
  - 磐坂市辺押磐《いわさかのいちのべのおしわ》皇子（母・黒媛。妃・荑媛）
    - 居夏《いなつ》姫
    - 忍海飯豊青《おしぬみいいとよあお》尊
    - **24 仁賢《にんけん》天皇**〈62ページへ〉
    - **23 顕宗《けんぞう》天皇**（皇子女なし）
    - 橘《たちばな》王
  - 御馬《みま》皇子（母同前）
  - 青海《あおみ》皇女（母同前。＊9）
- 住吉仲《すみのえのなかつ》皇子（母・磐之媛命）
- **18 反正《はんぜい》天皇**
  - 香火姫《かほひめ》皇女（母・津野媛）
  - 円《つぶら》皇女（母同前）
  - 財《たから》皇女（母・弟媛）
  - 高部《たかべ》皇子（母同前）
- **19 允恭《いんぎょう》天皇**〈次ページへ〉
- 大草香《おおくさか》皇子（一名・波多毘大郎子。母・髪長媛。妃・中蒂姫命）
  - 眉輪《まよわ》王（母・中蒂姫命）
- 草香《くさか》幡梭《はたひ》姫《ひめ》皇女（一名・橘姫、若日下部命、波多毘能若郎女。雄略天皇皇后。母同前）

＊9　一名・飯豊皇女。清寧天皇5年（484）死去したとき、崩・陵の言葉が用いられ、『扶桑略記』では即位したことになっており、天皇に準じた扱いを受けたことがわかる。なお、市辺押磐皇子王女（仁賢・顕宗両天皇の姉）ともされる。

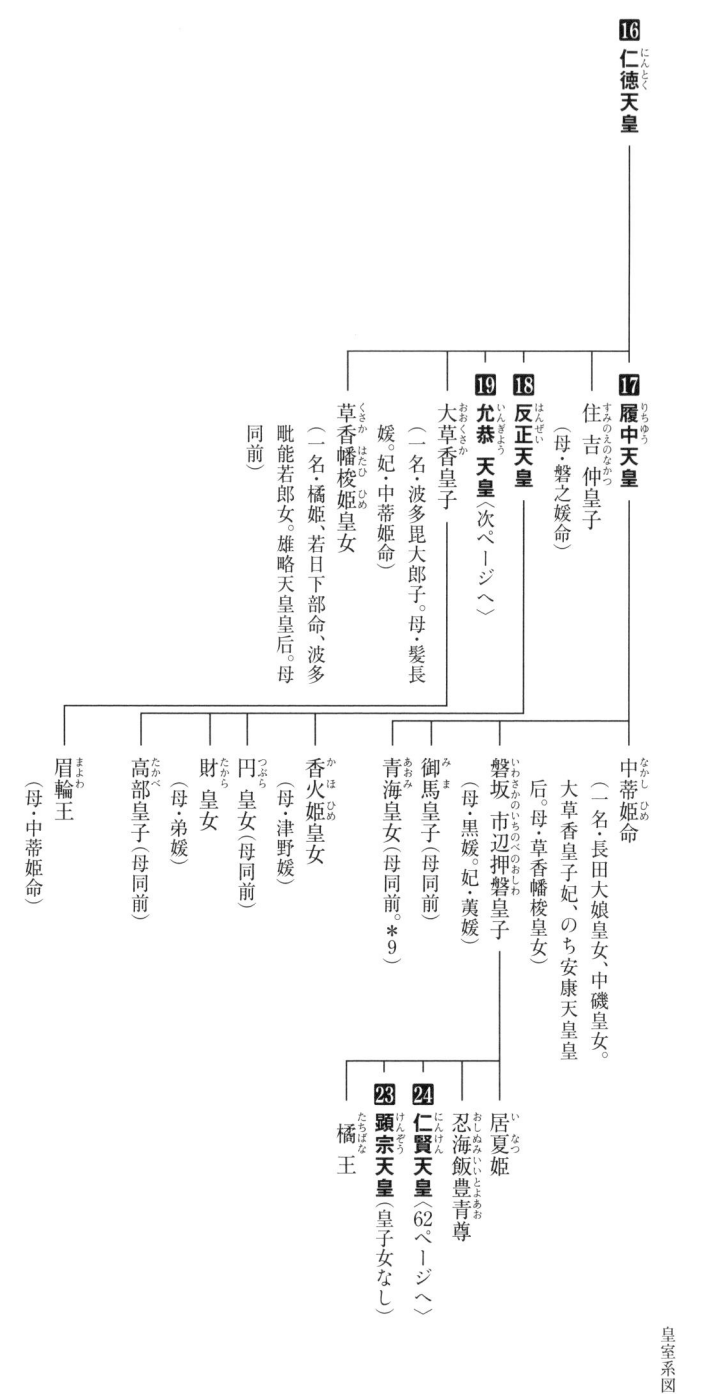

**19** **允恭《いんぎょう》 天皇**

- 木梨軽《きなしのかる》皇子（母・忍坂大中姫命。＊10）
- 名形大娘《ながたのおおいらつめ》皇女（母同前）
- 境黒彦《さかいのくろひこ》皇子（母同前）
- **20** **安康《あんこう》天皇**（皇子女なし）
- 軽大娘《かるのおおいらつめ》皇女（母・忍坂大中姫命）
- 八釣白彦《やつりのしらひこ》皇子（母同前）
- **21** **雄略《ゆうりゃく》 天皇**
  - 磐城《いわき》皇子（母・吉備上道稚媛）
    - 丘稚子《おかのわくご》王
      - 難波小《なにわのお》野《の》王（顕宗天皇皇后）
  - 星川稚宮《ほしかわのわかみや》皇子（母同前）
  - **22** **清寧《せいねい》天皇**（皇子女なし）
  - 稚足姫《わかたらしひめ》皇女（一名・栲幡娘姫皇女。母・葛城韓媛）
  - 春日大娘《かすがのおおいらつめ》皇女（一名・高橋。仁賢天皇皇后。母・春日和珥童女君）
- 但馬橘大娘《たじまのたちばなのおおいらつめ》皇女（母・忍坂大中姫命）
- 酒見《さかみ》皇女（母同前）

＊10　紀によれば、皇太子であったものの同母妹軽大娘皇女と情を通じたため、皇女は伊予国に流され、允恭天皇崩御後、木梨軽皇子は穴穂部皇子（安康天皇）に討たれる。記では、廃太子となり、伊予で皇女とともに自害したという。

**24 仁賢《にんけん》天皇**

高橋大娘《たかはしのおおいらつめ》皇女（一名・高木郎女。母・春日大娘皇女）

朝嬬《あさづま》皇女（一名・財郎女。母同前）

手白香《たしらか》皇女（継体天皇皇后。母同前）

樟氷《くすび》皇女（母同前）

橘仲《たちばなのなかつ》皇女（一名・橘皇女、橘之中比売命。宣化天皇皇后。母同前）

**25 武烈《ぶれつ》天皇**（皇子女なし）

真稚《まわか》皇女（母・春日大娘皇女）

春日山田《かすがのやまだ》皇女（一名・赤見皇女、山田赤見皇女。安閑天皇皇后。母・和珥糠娘）

**26 継体《けいたい》天皇**

**27 安閑《あんかん》天皇**（皇子女なし）

**28 宣化《せんか》天皇**

**29 欽明《きんめい》天皇**〈次ページへ〉

大郎《おおいらつこ》皇子（母・稚子媛）

出雲《いずも》皇女（母同前）

神前《かむさき》皇女（母・広媛）

茨田《まんだ》皇女（母同前）

馬来田《むまくだ》皇女（母同前）

荳角《ささげ》皇女（母・麻績娘子）

茨田大娘《まんだのおおいらつめ》皇女（母・茨田関媛）

白坂活日姫《しらさかいくひひめ》皇女（母同前）

小野稚娘《おののわかいらつめ》皇女（母同前）

大娘子《おおいらつめ》皇女（母・倭媛）

椀子《まりこ》皇子（母同前）

耳《みみ》皇子（母同前）

赤姫《あかひめ》皇女（母同前）

稚綾姫《わかあやひめ》皇女（母・和珥荑媛）

円娘《つぶらのいらつめ》皇女（母同前）

厚《あつ》皇子（母同前）

兎《うさぎ》皇子（一名・鸕鷀皇子。母・根王王女広媛）

中《なかつ》皇子（母同前）

石姫《いしひめ》皇女（欽明天皇皇后。母・橘仲皇女）

小《お》石姫《いしひめ》皇女（欽明天皇妃。母同前）

倉稚綾《くらわかや》姫《ひめ》皇女（欽明天皇妃。母同前）

上殖葉《かみつうえは》皇子（一名・椀子皇子、恵波王。母同前）――十市《とおち》王――多治比古《たじひこ》王

日影《ひかげ》皇女（欽明天皇妃。母同前）

某（母同前）

火焔《ほのお》皇子（母・大河内稚子媛）

**29 欽明《きんめい》天皇**

箭田珠勝大兄《やたのたまかつのおおえ》皇子（一名・八田王。母・石姫皇女）

**30 敏達《びだつ》天皇**〈第三部へ〉

笠縫《かさぬい》皇女（一名・狭田毛皇女。母・石姫皇女）

石上《いそのかみ》皇子（母・倉稚綾姫皇女〈母は小石姫皇女とも〉）

倉《くら》皇子（一名・宗賀倉王。母・日影皇女）

**31 用明《ようめい》天皇**〈第三部へ〉

磐隈《いわくま》皇女（一名・夢皇女。母・蘇我堅塩媛）

臘嘴鳥《あとり》皇子（一名・虫取王。母同前）

**33 推古《すいこ》天皇**〈第三部へ〉

椀子《まりこ》皇子（一名・麻呂子王。母・蘇我堅塩媛）

大宅《おおやけ》皇女（母同前）

石上部《いそのかみべ》皇子（一名・伊美賀古王。母同前）

山背《やましろ》皇子（母同前）

大伴《おおとも》皇女（母同前）

桜井《さくらい》皇子（母同前）――吉備姫《きびひめ》王（茅渟王妃）

肩野《かたの》皇女（母同前）

橘本稚《たちばなもとのわくご》皇子（母同前）

舎人《とねり》皇女（母同前。麻呂子王妃）

茨城《むばらき》皇子（一名・馬木王。母・蘇我小姉君）

葛城《かつらぎ》皇子（母同前）

泥部穴穂部《はしひとのあなほべ》皇女（一名・穴穂部間人皇女。用明天皇皇后。母同前）

泥部穴穂部《はしひとのあなほべ》皇子（一名・三枝部穴太部王。母同前）

宅部《やかべ》皇子（母同前）――上《かみつ》女《ひめ》王

**32 崇峻《すしゅん》天皇**〈第三部へ〉

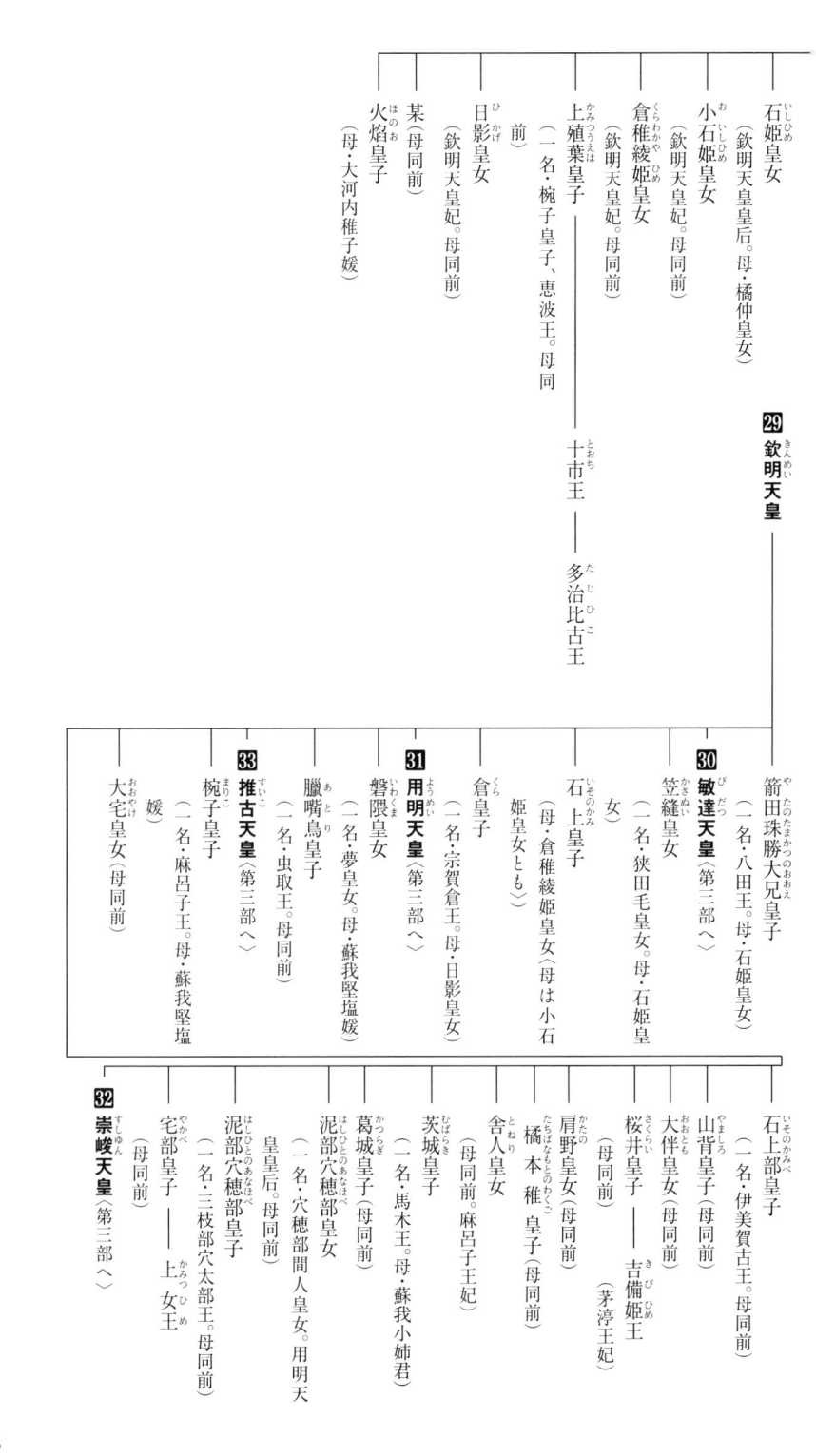

## 付図＝葛城氏略系図

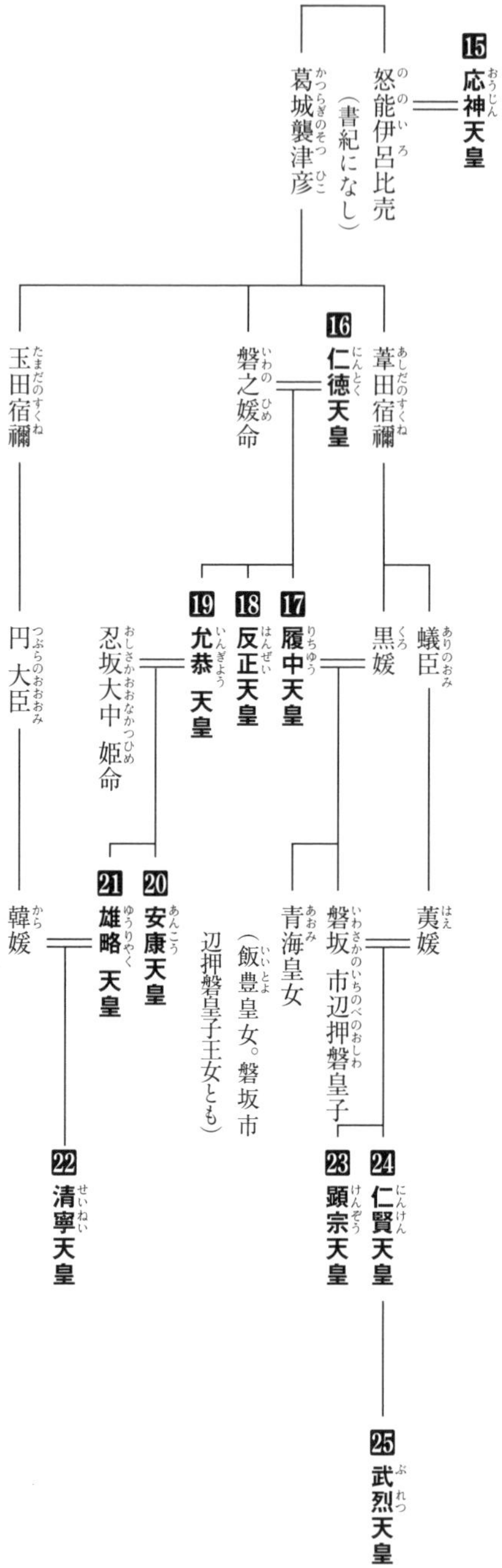

15 応神《おうじん》天皇
怒能伊呂《ののいろ》比売
（書紀になし）
葛城襲津《かつらぎのそつ》彦《ひこ》
葦田宿禰《あしだのすくね》
16 仁徳《にんとく》天皇
磐之《いわの》媛《ひめ》命
玉田宿禰《たまだのすくね》
蟻臣《ありのおみ》
黒媛《くろ》
17 履中《りちゅう》天皇
18 反正《はんぜい》天皇
19 允恭《いんぎょう》天皇
忍坂大中姫《おしさかおおなかつひめ》命
円大臣《つぶらのおおおみ》
荑媛《はえ》
磐坂市辺押磐《いわさかのいちのべのおしわ》皇子
青海《あおみ》皇女
（飯豊《いいとよ》皇女。磐坂市辺押磐皇子王女とも）
20 安康《あんこう》天皇
21 雄略《ゆうりゃく》天皇
韓媛《から》
22 清寧《せいねい》天皇
23 顕宗《けんぞう》天皇
24 仁賢《にんけん》天皇
25 武烈《ぶれつ》天皇

付図＝蘇我氏略系図

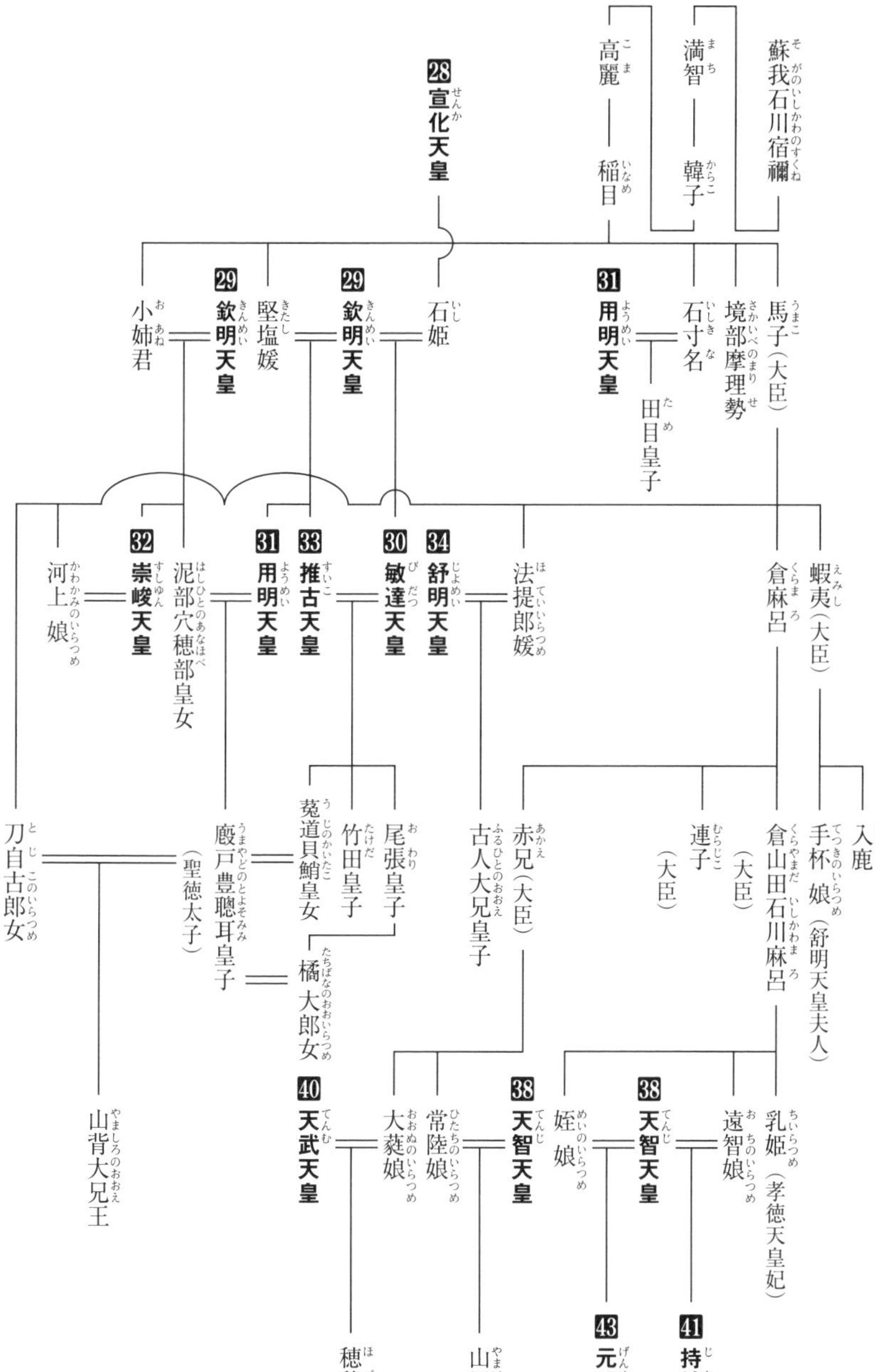
蘇我石川宿禰《そがのいしかわのすくね》
満智《まち》
韓子《からこ》
高麗《こま》
稲目《いなめ》
28 宣化天皇《せんか》
馬子《うまこ》（大臣）
境部摩理勢《さかいべのまりせ》
石寸名《いしきな》
31 用明天皇《ようめい》
田目皇子《ため》
石姫《いし》
29 欽明天皇《きんめい》
堅塩媛《きたし》
29 欽明天皇《きんめい》
小姉君《おあね》
蝦夷《えみし》（大臣）
倉麻呂《くらまろ》
法提郎媛《ほていいらつめ》
34 舒明天皇《じょめい》
30 敏達天皇《びだつ》
33 推古天皇《すいこ》
31 用明天皇《ようめい》
泥部穴穂部皇女《はしひとのあなほべ》
32 崇峻天皇《すしゅん》
河上娘《かわかみのいらつめ》
入鹿《いるか》
手杯娘《てつきのいらつめ》（舒明天皇夫人）
倉山田石川麻呂《くらやまだいしかわまろ》（大臣）
連子《むらじこ》（大臣）
赤兄《あかえ》（大臣）
古人大兄皇子《ふるひとのおおえ》
尾張皇子《おわり》
竹田皇子《たけだ》
菟道貝鮹皇女《うじのかいたこ》
廐戸豊聰耳皇子《うまやどのとよそみみ》（聖徳太子）
刀自古郎女《とじこのいらつめ》
橘大郎女《たちばなのおおいらつめ》
乳姫《ちいらつめ》（孝徳天皇妃）
遠智娘《おちのいらつめ》
38 天智天皇《てんじ》
姪娘《めいのいらつめ》
38 天智天皇《てんじ》
常陸娘《ひたちのいらつめ》
大蕤娘《おおぬのいらつめ》
40 天武天皇《てんむ》
山背大兄王《やましろのおおえ》
41 持統天皇《じとう》
43 元明天皇《げんめい》
山辺皇女《やまべ》
穂積皇子《ほづみ》

# 第三部　皇室系図――30敏達天皇――76近衛天皇

**30 敏達《びだつ》天皇**（妃・**33 推古天皇**）

- 押坂彦人大兄《おしさかひこひとのおおえ》皇子（一名・麻呂子王。母・広姫。妃・糠手姫皇女、大俣女王、小墾田皇女、桜井弓張皇女）
  - **34 舒明《じょめい》天皇**〈70ページへ〉
  - 中津《なかつ》王
  - 多良《たら》王
  - 茅渟《ちぬ》王（妃・吉備姫王）
    - **35 皇極《こうぎょく》天皇**（舒明天皇皇后）（重祚して**37 斉明天皇**）
    - **36 孝徳《こうとく》天皇** ―― 有間《ありま》皇子（母・阿倍小足媛）
  - 桑田《くわた》女王
  - 山代《やましろ》王
  - 笠縫《かさぬい》王
- 逆登《さかのぼり》皇女（母同前）
- 菟道磯津貝《うじしつかい》皇女（母同前）
- 難波《なにわ》皇子（母・春日老女君）
  - 栗隈《くりくま》王（栗前王）
    - 三野《みの》王（美努王。妃・県犬養三千代）
      - 葛城《かずらき》王（橘諸兄。＊1）―― 橘奈良《たちばなのなら》麻呂《まろ》
      - 佐為《さい》王（橘佐為）
      - 牟漏《むろ》女王
    - 武家《たけいえ》王
- 春日《かすが》皇子（母同前）
- 桑田《くわた》皇女（母同前）
- 大派《おおまた》皇子（母同前）
- 太姫《ふとひめ》皇女（一名・桜井皇女。母・伊勢菟名子）
- 糠手《ぬかで》姫《ひめ》皇女（一名・田村皇女。母同前。異母兄押坂彦人大兄皇子妃）

＊1　敏達天皇五世孫三野王妃県犬養三千代が和銅元年（708）に橘宿禰姓を与えられ、その子葛城王（橘諸兄）と佐為王が臣籍降下して橘姓を名のる。橘諸兄は左大臣にまで昇る。

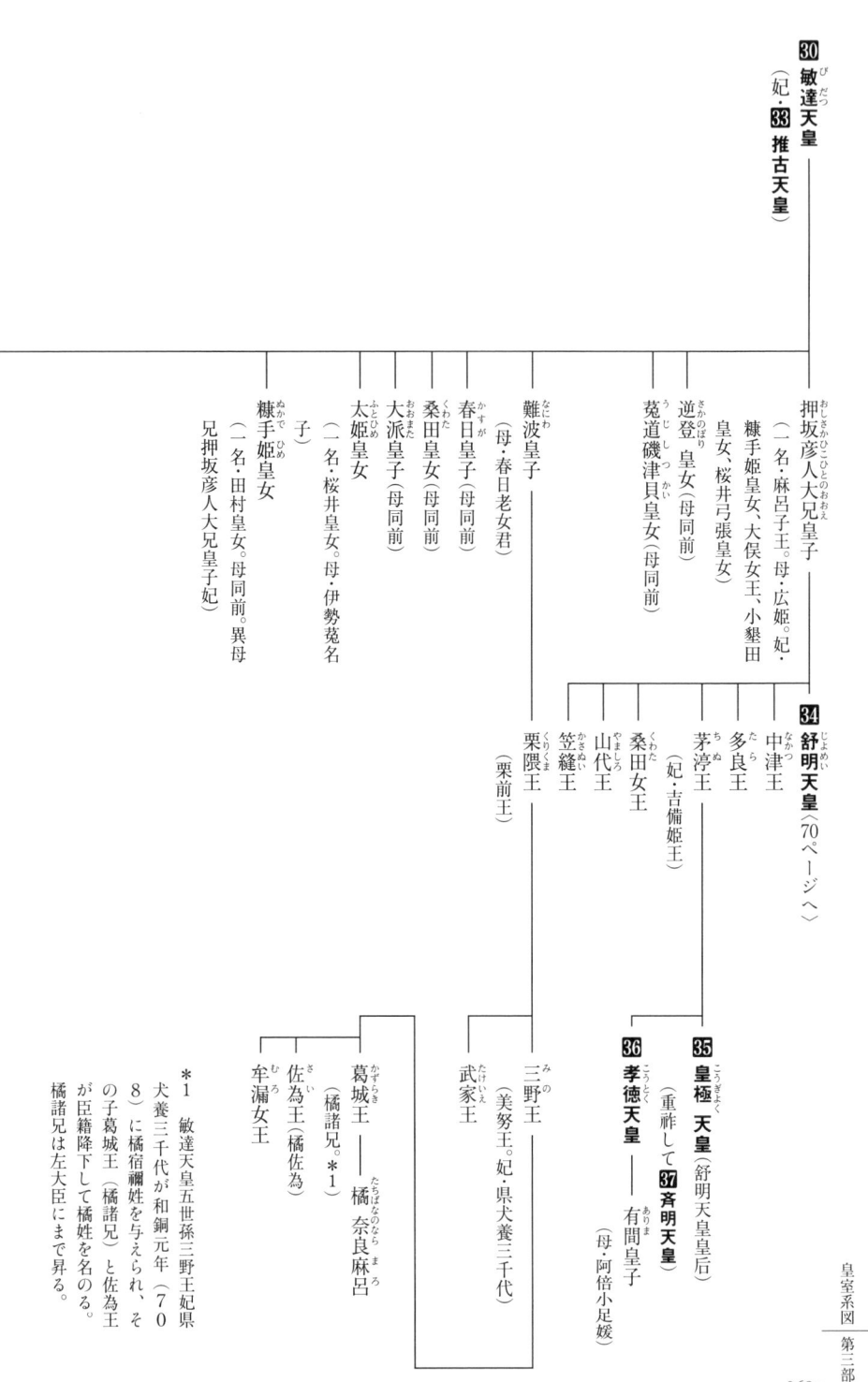

- 菟道貝鮹《うじのかいたこ》皇女（母・豊御食炊屋姫尊〈推古天皇〉。用明天皇皇子廏戸豊聰耳皇子妃）
- 竹田《たけだ》皇子（一名・小貝王。母同前）
- 小墾田《おわりだ》皇女（母同前。異母兄押坂彦人大兄皇子妃）
- 葛城《かずらき》皇子（母同前）
- 鸕鷀守《うもり》皇女（一名・軽守皇女。母同前）
- 尾張《おわり》皇子（母同前）―― 位奈部《いなべ》橘《たちばな》女王（一名・橘大郎女。廏戸豊聰耳皇子妃）
- 田眼《ため》皇女（舒明天皇妃。母同前）
- 桜井弓張《さくらいのゆみはり》皇女（母同前。異母兄押坂彦人大兄皇子妃）
- ┆ 百済《くだら》王（皇孫）

**31 用明《ようめい》天皇**

- 田目《ため》皇子（一名・豊浦皇子。母・蘇我石寸名）―― 佐富《さとみ》女王
- 廏戸豊聰耳《うまやどのとよそみみ》皇子（摂政。一名・上宮聖徳法王、聖徳太子。母・泥部穴穂部皇女。妃・膳部菩岐岐美郎女、蘇我負古郎女、位奈部橘女王、菟道貝鮹皇女）
- 当麻《たぎま》皇子（一名・麻呂子皇子。母・葛城広子あるいは葛木伊比古郎女）
- 来目《くめ》皇子（母・泥部穴穂部皇女）┄┄ 山村《やまむら》王（皇末孫）
- 殖栗《えくり》皇子（母同前）
- 茨田《まんだ》皇子（母同前）
- 酢香手姫《すかでひめ》皇女（一名・須加志呂古郎女。母・葛城広子）
- ┆ 高向《たかむく》王（皇孫。妃・宝皇女）―― 漢《あや》皇子

- 山背大兄王《やましろのおおえ》（妃・春米女王）
  - 難波麻呂古王《なにわのまろこ》
  - 末呂古王《まろこ》
  - 弓削王《ゆげ》
  - 佐佐女王《ささ》
  - 三嶋女王《みしま》
  - 甲可王《こうが》
  - 尾治王《おわり》
- 財王《たから》
- 日置王《ひおき》
- 片岡女王《かたおか》
- 春米女王《つきしね》（異母兄山背大兄王妃）
- 泊瀬王《はつせ》
- 久波太女王《くはだ》
- 波止利女王《はとり》
- 三枝王《さきくさ》
- 伊止志古王《いとしこ》
- 麻呂子王《まろこ》
- 馬屋古女王《うまやこ》
- 白髪部王《しらかべ》
- 手嶋女王《てしま》

**32 崇峻天皇《すしゅん》**
- 蜂子皇子《はちこ》（母・大伴小手子）
- 錦代皇女《にしきて》（母同前）

**33 推古天皇《すいこ》**〈30 敏達天皇を見よ〉

**34 舒明天皇《じょめい》**
- 古人大兄皇子《ふるひとのおおえ》（母・蘇我法提郎媛）
- **38 天智天皇《てんじ》**
- 間人皇女《はしひと》（孝徳天皇皇后。母・宝皇女〈皇極天皇・斉明天皇〉）
- **40 天武天皇《てんむ》**〈73ページへ〉
- 蚊屋皇子《かや》（母・蚊屋采女姉子娘）
- 布敷皇女《ぬのしき》（母・蘇我法提郎媛）
- 押坂錦向皇女（母・粟田香櫛娘）
- 箭田皇女《やた》（母・蘇我手杯娘）

某
- 倭姫王《やまとひめ》（天智天皇皇后）

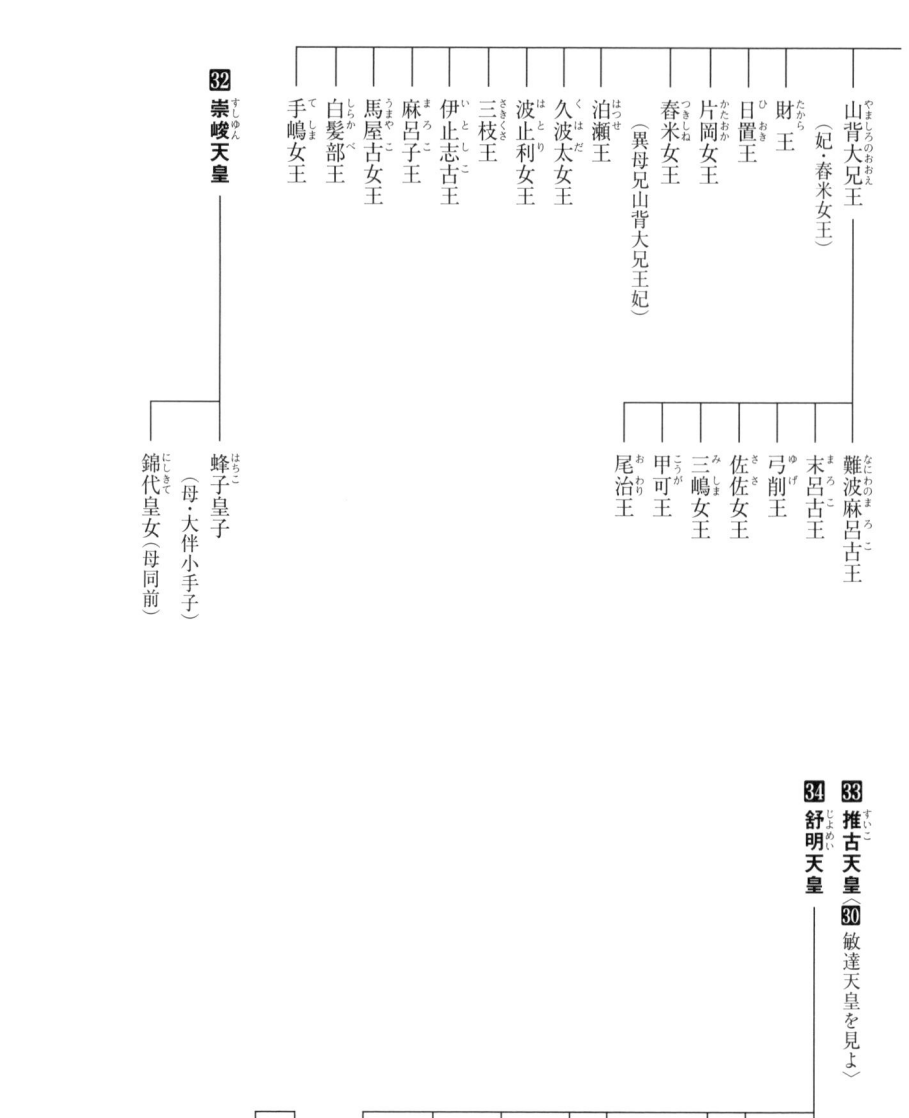

- 大田《おおた》皇女（天武天皇妃。母・蘇我遠智娘）
- **41 持統《じとう》天皇**（天武天皇皇后）
- **39 弘文《こうぶん》天皇**
  - 葛野《かどの》王（母・十市皇女）
    - 池部《いけべ》王
      - 三船《みふね》王（淡海三船）
  - 壹志《いちし》姫王（母・藤原耳面刀自）
  - 与多《よた》王（母未詳）
- 建《たける》皇子（母・蘇我遠智娘）
- 御名部《みなべ》内親王（母・蘇我姪娘。高市皇子妃）
- 大江《おおえ》皇女（天武天皇妃。母・忍海色夫古娘）
- 川嶋《かわしま》皇子（母同前。妃・泊瀬部内親王）
- **43 元明《げんめい》天皇**（草壁皇子妃）
- 飛鳥《あすか》皇女（母・阿倍橘娘）
- 新田部《にいたべ》皇女（天武天皇妃。母同前）
- 山辺《やまべ》皇女（母・蘇我常陸娘。大津皇子妃）

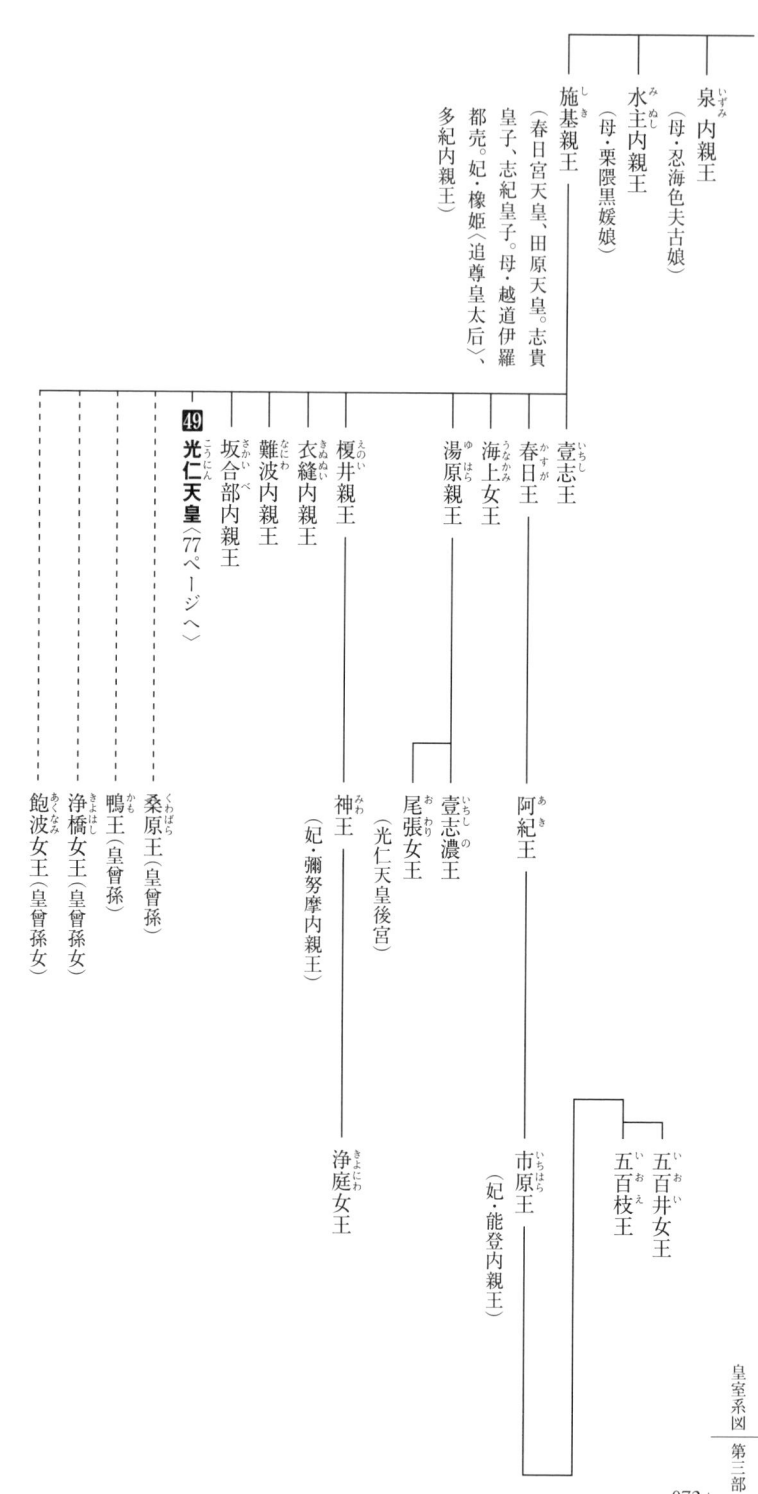

泉《いずみ》内親王（母・忍海色夫古娘）

水主《みぬし》内親王（母・栗隈黒媛娘）

施基《しき》親王（春日宮天皇、田原天皇。志貴皇子、志紀皇子。母・越道伊羅都売。妃・橡姫〈追尊皇太后〉、多紀内親王）

壹志《いちし》王

春日《かすが》王

阿紀《あき》王

市原《いちはら》王（妃・能登内親王）

五百井《いおい》女王

五百枝《いおえ》王

海上《うなかみ》女王

湯原《ゆはら》親王

壹志濃《いちしの》王

尾張《おわり》女王（光仁天皇後宮）

榎井《えのい》親王

神《みわ》王（妃・彌努摩内親王）

浄庭《きよにわ》女王

衣縫《きぬぬい》内親王

難波《なにわ》内親王

坂合部《さかいべ》内親王

**49** **光仁《こうにん》天皇**〈77ページへ〉

桑原《くわばら》王（皇曾孫）

鴨《かも》王（皇曾孫）

浄橋《きよはし》女王（皇曾孫女）

飽波《あくなみ》女王（皇曾孫女）

**40 天武《てんむ》天皇**

十市《とおち》皇女（弘文天皇妃。母・額田姫王）

高市《たけち》皇子〈75ページⒶへ〉（母・胸形尼子娘。妃・御名部内親王）

大伯《おおく》内親王（母・大田皇女）

草壁《くさかべ》皇子（岡宮御宇天皇。一名・日並知皇子。母・鸕野讃良皇女〈持統天皇〉。妃・阿閇皇女〈元明天皇〉。＊2）

- **44 元正《げんしょう》天皇**（配偶者なし）
- **42 文武《もんむ》天皇**〈77ページへ〉
- 吉備《きび》内親王（長屋王妃）

大津《おおつ》皇子（母・大田皇女。妃・山辺皇女。）

- 粟津《あわづ》王
  - 豊原公連《とよはらのきみつら》

忍壁《おさかべ》親王（母・宍人擬媛娘）

室・石川郎女）

- 山前《やまくま》王（妃・栗前氏）
  - 葦原《あしはら》王
  - 池原《いけはら》女王
- 小長谷《おはせ》女王

穂積《ほづみ》親王（母・石川大蕤娘。妃・大伴坂上郎女）

- 上道《かみつみち》王
  - 広河《ひろかわ》女王
- 坂合部《さかいべ》王
- ……酒人《さかひと》女王（皇曾孫女）

＊2　天武天皇第一皇子で皇太子となり、天皇崩御後、皇后（持統天皇）とともに後を委ねられたものの、鸕野讃良皇后（称制）3年（689）、皇太子のまま没した。天平宝字2年（758）岡宮御宇天皇の尊号が贈られる。

- 長《なが》親王（母・大江皇女）
  - 長田《ながた》王
    - 清原《きよはら》王
      - 直世《なおよ》王
    - 広川《ひろかわ》王
      - 雄河《おかわ》王
        - 広井《ひろい》女王
  - 栗栖《くるす》王
  - 智努《ちぬ》王（文室浄三。妃・茨田女王）
    - 某女（岡屋王妃）
  - 広瀬《ひろせ》女王
  - 智努《ちぬ》女王
  - 大市《おおち》王（文室大市）
  - 川内《かわち》王
    - 門部《かどべ》王
    - 高安《たかやす》王
      - 高田《たかだ》女王
    - 桜井《さくらい》王
- 弓削《ゆげ》皇子（母同前）
- 舎人《とねり》親王〈76ページⒷへ〉（崇道尽敬皇帝。母・新田部皇女。妃・当麻山背）
- 新田部《にいたべ》親王（母・藤原五百重娘）
  - 塩焼《しおやき》王（妃・不破内親王）
    - 氷上志計志麻呂《ひかみのしけしまろ》
    - 氷上川継《ひかみのかわつぐ》
  - 道祖《ふなど》王（孝謙天皇皇太子となるも天平勝宝9年〈757〉廃太子）
    - 某女王
- 但馬《たじま》内親王（母・藤原氷上娘）
- 紀《き》皇女（母・石川大蕤娘）
- 田形《たかた》内親王（母同前。六人部王妃）
- 磯城《しき》皇子（母・宍人櫰媛娘）
- 泊瀬部《はつせべ》内親王（母同前。川島皇子妃）
- 多紀《たき》内親王（母同前。施基親王妃）
- 某（母未詳）
- ……貞代《さだよ》王（皇玄孫）
  - 有雄《ありお》王（臣籍降下し清原氏）

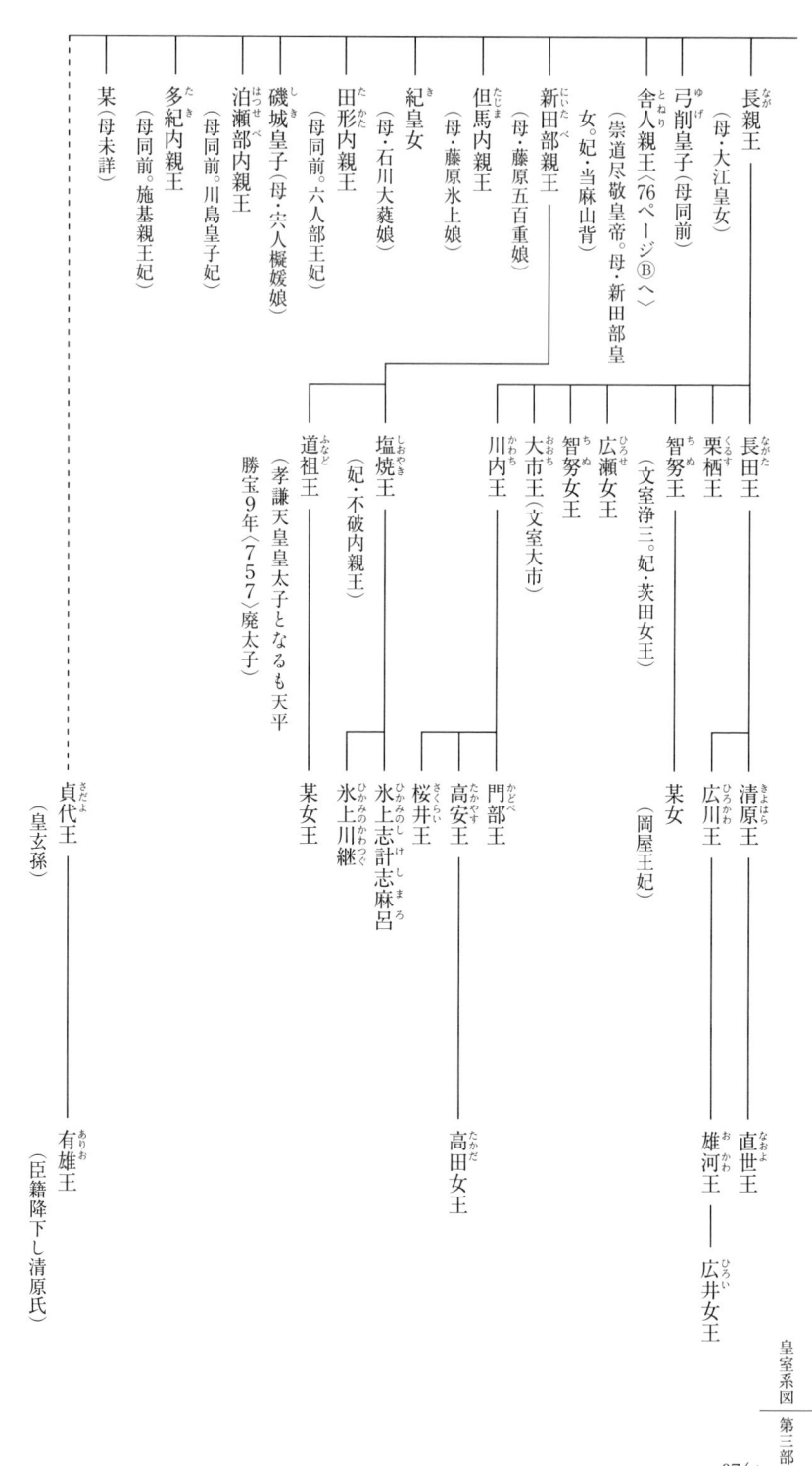

Ⓐ 高市皇子《たけち》

- 長屋王《ながや》（母・御名部内親王。妃・吉備内親王、藤原氏。室・石川氏、阿倍氏）
  - 膳夫王《かしわで》
  - 桑田王《くわた》（妃・田辺氏）
    - 磯部王《いそべ》（妃・山於女王）
  - 葛木王《かつらぎ》
  - 鉤取王《かぎとり》
  - 某女
  - 安宿王《あすかべ》
  - 円方女王《まどかた》
  - 山背王《やましろ》
  - 教勝《きょうしょう》
  - 賀茂女王《かも》
  - 朝妻王《あさづま》
- 鈴鹿王《すずか》
  - 出雲王《いずも》（以下五方、臣籍降下して豊野姓）
  - 篠原王《しのはら》
  - 尾張王《おわり》
  - 奄智王《あんち》
  - 猪名部王《いなべ》
- 六人部王《むとべ》（妃・田形内親王）
  - 笠縫女王《かさぬい》
- 山形女王《やまかた》
- 河内女王《かわち》
- 岡屋王《おかや》（皇曾孫。妃・王氏）［点線］
  - 次田王《つぎた》
  - 高宗女王《たかむね》（仁明天皇後宮）
- 仲嗣王《なかつぐ》（皇玄孫）［点線］

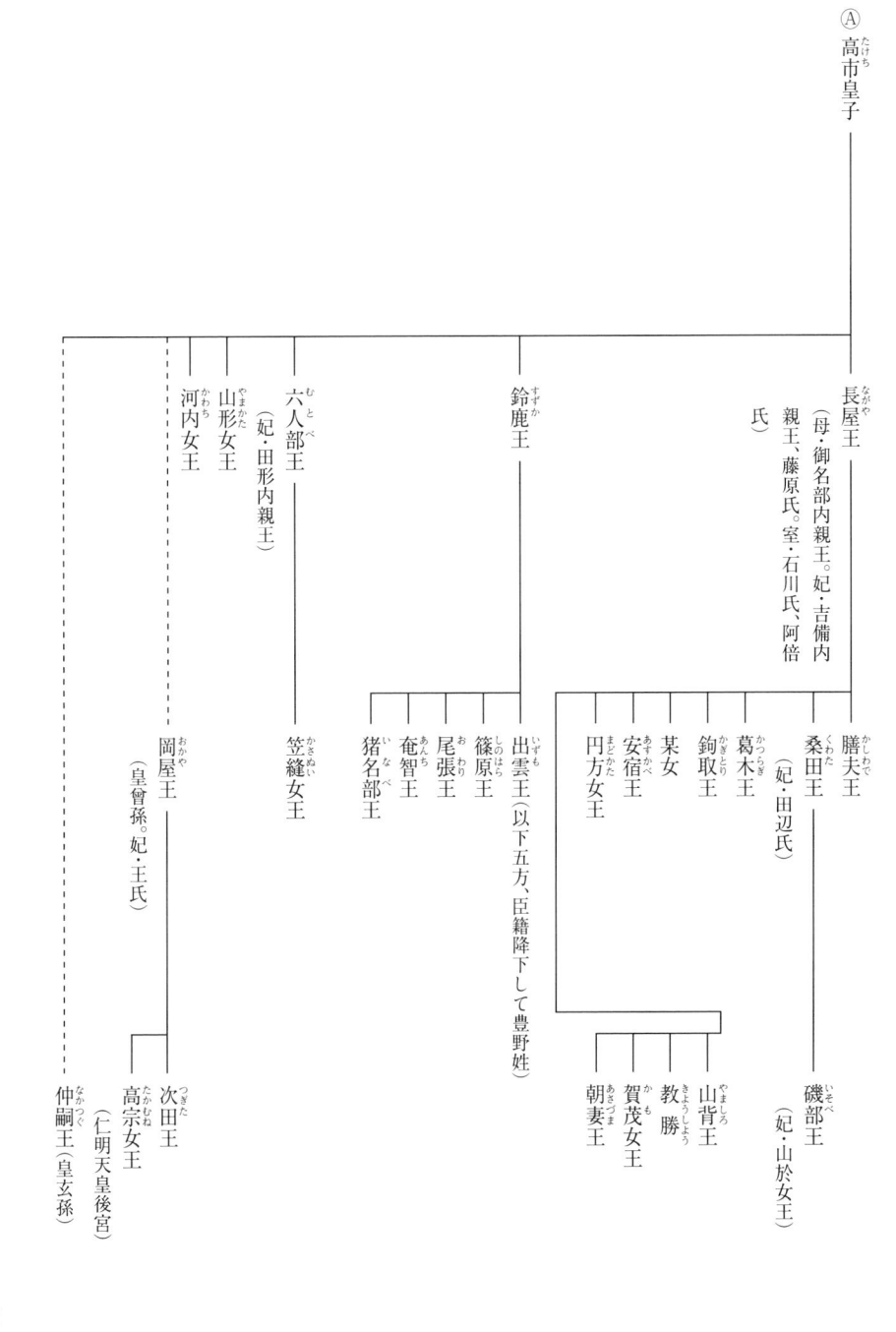

- Ⓑ 舎人《とねり》親王
  - 三原《みはら》王
    - 和気《わけ》王
      - 大伴《おおとも》王
      - 長岡《ながおか》王
      - 名草《なぐさ》王
      - 山階《やましな》王
      - 采女王
    - 弓削《ゆげ》女王（御方王妃）
    - 細川《ほそかわ》王
    - 山口《やまぐち》王
      - 交野《かたの》女王（嵯峨天皇後宮）
    - 長津《ながつ》王
    - 小倉《おぐら》王（妃・小野家主）
      - 繁野《しげの》王
    - 石浦《いしうら》王
      - 長谷《はせ》（清原姓）
    - 小宅《おやけ》女王
  - 三嶋《みしま》王
    - 林《はやし》王
    - 河辺《かわべ》女王
    - 葛《かずら》女王
  - 船《ふね》王
    - 葦田《あしだ》王
      - 池田《いけだ》王
      - 津守《つもり》王
      - 豊浦《とゆら》王
      - 宮子《みやこ》王
  - 池田《いけだ》王
  - 守部《もりべ》王
    - 笠《かさ》王
    - 何鹿《いかるが》王
    - 為奈《いな》王
      - 弟村《おとむら》王
  - 飛鳥田《あすかだ》女王
  - 御浦《みうら》王
  - 47 淳仁《じゅんにん》天皇
    - 山於《やまのうえ》女王
  - 室《むろ》内親王
  - ┆ 御方《みかた》王（皇曾孫。妃・弓削女王）
  - ┆ 御使《みつかい》王（皇曾孫）
    - 三原《みはら》王
    - 鷹取《たかとり》王
    - 三宅《みやけ》王
    - 畝火《うねび》女王
    - 石部《いしべ》女王
  - ┆ 宗形《むなかた》王（皇曾孫）

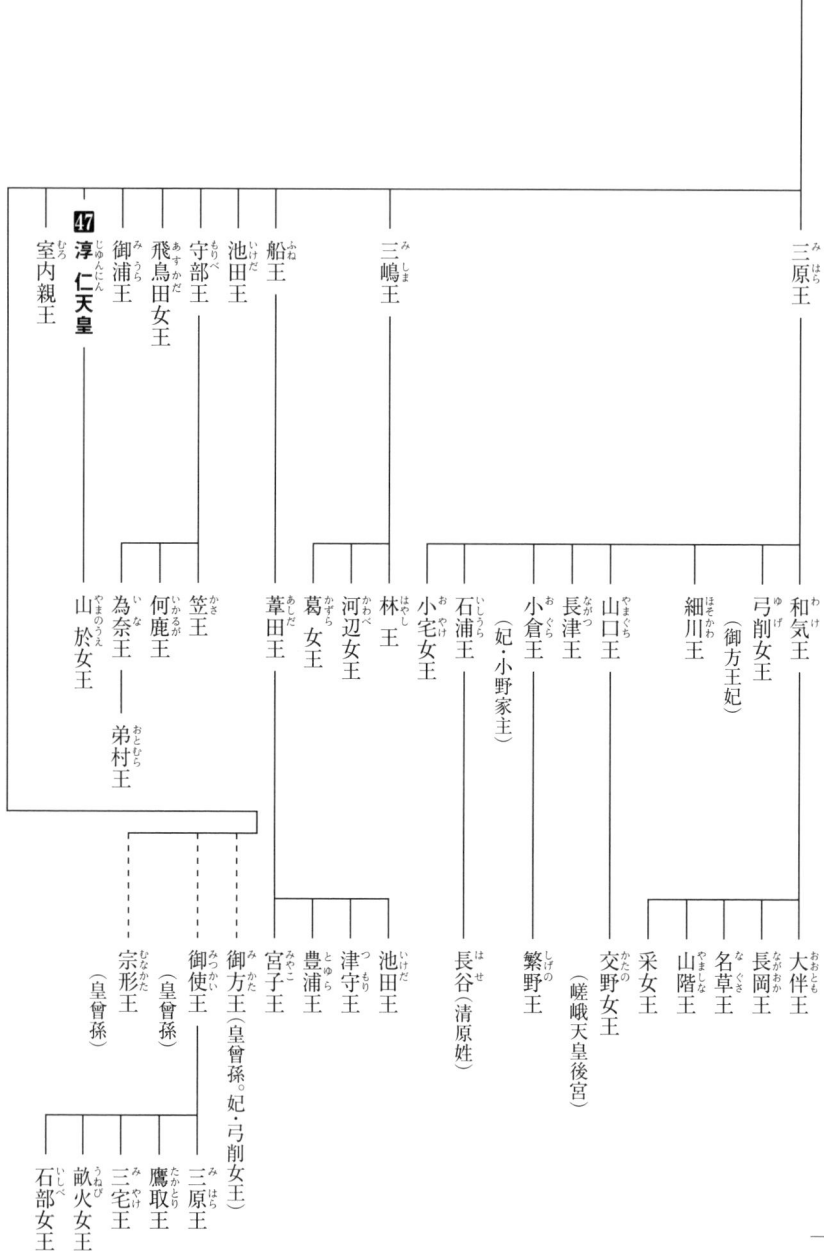

**42 文武《もんむ》天皇** ― **45 聖武《しょうむ》天皇** ― **46 孝謙《こうけん》天皇**（**48 称徳《しょうとく》天皇**、配偶者なし）
- 基《き》王（某王《ぼうおう》か。母・藤原安宿媛。皇太子となるも夭折）
- 井上《いのえ》内親王（光仁天皇皇后。母・県犬養広刀自。＊5）
- 安積《あさか》親王（母同前）
- 不破《ふわ》内親王（母同前。塩焼王妃）

**49 光仁《こうにん》天皇**
- 開成《かいせい》（母未詳。早くに出家）
- 能登《のと》内親王（母・高野新笠。市原王妃）
- **50 桓武《かんむ》天皇**
- 彌努摩《みぬま》内親王（母・県主嶋姫。神王妃）
- 諸勝《もろかつ》（母・県犬養勇耳）
- 薭田《ひえだ》親王（母・尾張女王）
- 早良《さわら》親王（崇道天皇。母・高野新笠。＊3）
- 酒人《さかひと》内親王（桓武天皇妃。母・井上内親王）
- 他戸《おさど》親王（母未詳。＊4）

＊3　天応元年（781）立太子も、延暦4年（785）の藤原種継の変に連坐して廃太子。同19年、追尊して崇道天皇。

＊4　皇后井上内親王養子。宝亀2年（771）皇太子となるも、皇后の巫蠱《ふこ》の事に連坐し廃太子となる。

＊5　宝亀元年（770）皇后となるも、同3年巫蠱の事に坐して廃皇后。延暦19年（800）皇后に復される。

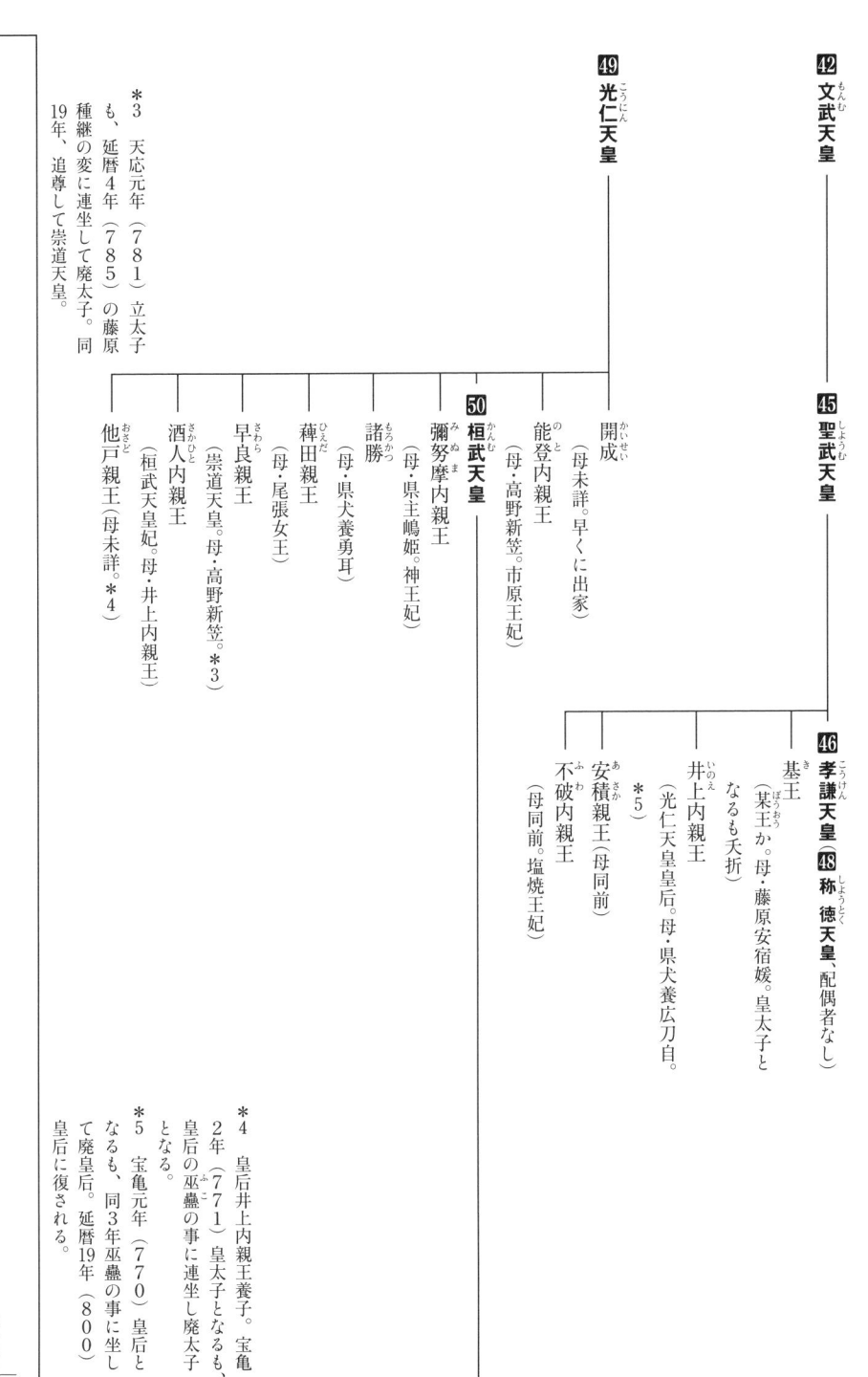

51 平城《へいぜい》天皇〈81ページへ〉

朝原《あさはら》内親王（平城天皇妃。母・酒人内親王）

岡成《おかなり》（母・多治比豊継）

安世《やすよ》（母・百済永継。良岑姓）

伊予《いよ》親王（母・藤原吉子）
- 継枝《つぐえ》王
- 高枝《たかえ》王

葛原《かずらわら》親王（母・多治比真宗）
- 高棟《たかむね》王（平姓。＊6）
- 善棟《よしむね》王（平姓）
- 高見《たかみ》王
  - 高望《たかもち》王（平姓）

52 嵯峨《さが》天皇〈82ページへ〉

53 淳和《じゅんな》天皇〈83ページへ〉

万多《まんだ》親王（母・藤原小屎）
- 正躬《まさみ》王
  - 住世《すみよ》王
  - 継世《つぐよ》王
  - 基世《もとよ》王
  - 家世《いえよ》王
  - 益世王
  - 助世《すけよ》王
  - 是世《これよ》王
  - 経世王
  - 並世王
  - 尚世王
  - 行世王
  - 保世王（以上十二方平姓）
  - 某女王（光孝天皇後宮）
- 正行《まさゆき》王
  - 高蹈王
  - 高居王
  - 高平王（以上三方平姓）
- 雄風《おかぜ》王
  - 定相《さだみ》王
  - 有相《ありみ》王（以上二方平姓）

高志《こし》内親王（淳和天皇妃。母・藤原牟漏）

大宅《おおやけ》内親王（平城天皇妃。母・橘常子）

＊6　桓武天皇の皇子を祖とする平姓氏族を桓武平氏という。高棟王流、高望王流等に分かれ、特に武家の高望流は有名で、伊勢平氏や東国諸氏（北条など）につながっていく。

- 明日香《あすか》親王（母・紀若子）
  - 三夏《みなつ》王（久賀姓）
  - 三常《みつね》王（久賀姓）
  - 某女王
- 仲野《なかの》親王（母・藤原河子。室・当宗氏）
  - 茂世《しげよ》王
    - 好風《よしかぜ》王（平姓）
    - 貞文《さだふん》王（平姓）
  - 房世《ふさよ》王（平姓）
  - 季世王
  - 当世《まさよ》王
  - 輔世《すけよ》王
  - 秀世《ひでよ》王
    - 安典《やすのり》王（平姓）
    - 某女
  - 潔世《きよよ》王
    - 遂良王（平姓）
  - 基世《もとよ》王
    - 某女
  - 実世《さねよ》王（平姓）
    - 某女王
    - 景行
    - 秋雪
    - 申如
    - 廉応（以上四方平姓）
    - 某女
  - 宜子《ぎし》女王
  - 十世《とおよ》王
    - 時世《ときよ》王
    - 時相《ときすけ》王
    - 某女
  - 班子《なかこ》女王（光孝天皇女御。皇太后）
  - 在世王
  - 康世《やすよ》王
  - 胤世《たねよ》王
    - 楊雄王
  - 惟世《これよ》王（平姓）
  - 利世《としよ》王（平姓）
- 坂本《さかもと》親王（母・河上真奴）
- 佐味《さみ》親王（母・多治比真宗）
- 太田《おおだ》親王（母・百済教仁）

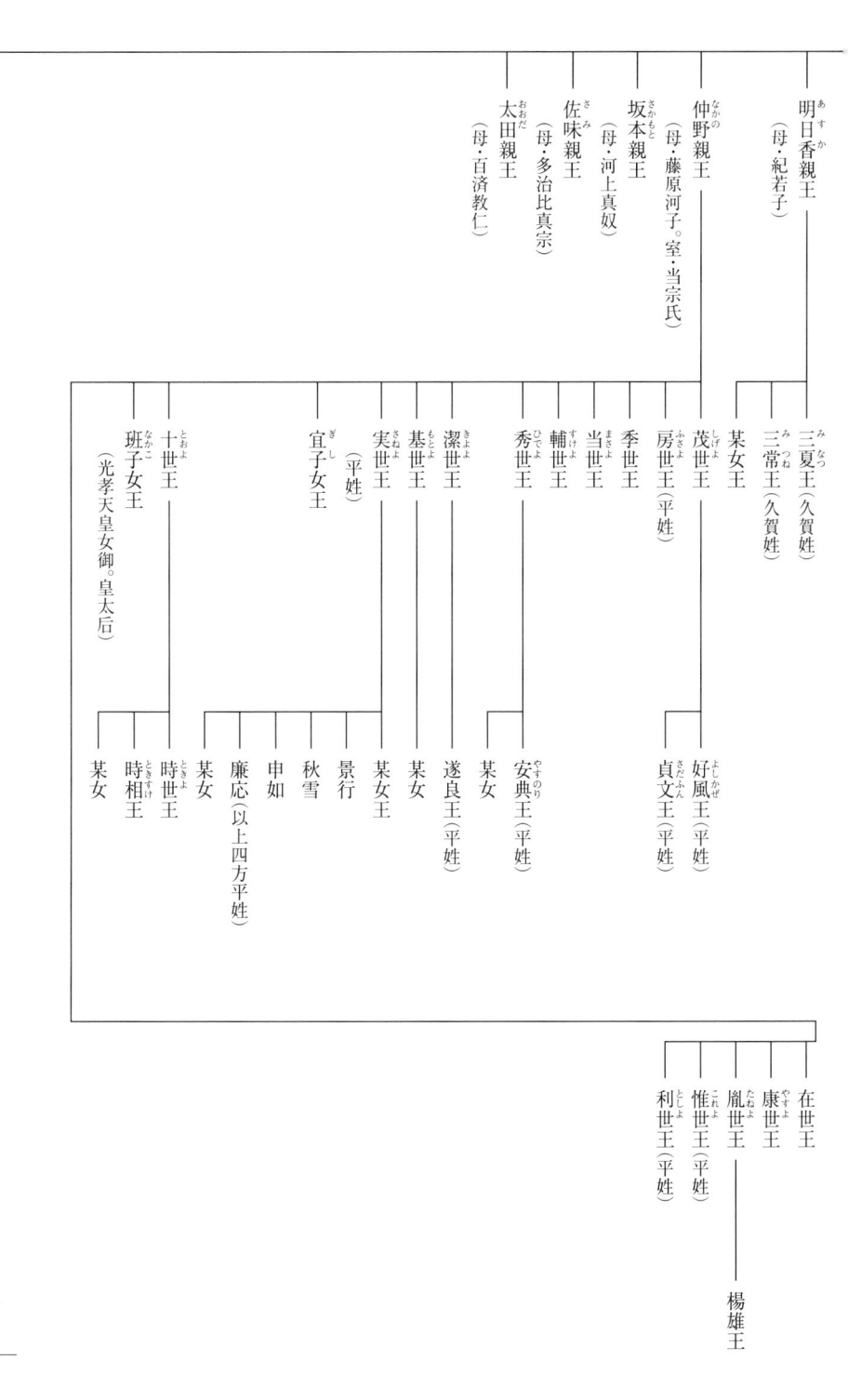

- 賀陽《かや》親王（母・多治比真宗）
  - 道野《みちの》王
  - 忠貞《ただざだ》王
  - 利基《としもと》王
    - 潔行《きよゆき》王
  - 忠範《ただのり》王
  - ┄ 幸身《ゆきみ》王
  - ┄ 時身《ときみ》王
- 高津《たかつ》内親王（嵯峨天皇妃。母・坂上又子）
- 布勢《ふせ》内親王（母・中臣豊子）
- 大徳《だいとく》親王（母・多治比真宗）
- 紀《き》内親王（母・藤原河子）
- 甘南備《かんなび》内親王（母・藤原東子）
- 葛井《ふじい》親王（母・坂上春子。妃・斉子内親王）
  - 基兄《もとえ》王
  - 棟氏《むねうじ》王
  - 棟良《むねなが》王
    - 某女
  - 棟貞《むねさだ》王
    - 某女（清和天皇後宮）
- 駿河《するが》内親王（母・百済貞香）
- 滋野《しげの》内親王（母・藤原上子）
- 安濃《あの》内親王（母・多治比真宗）

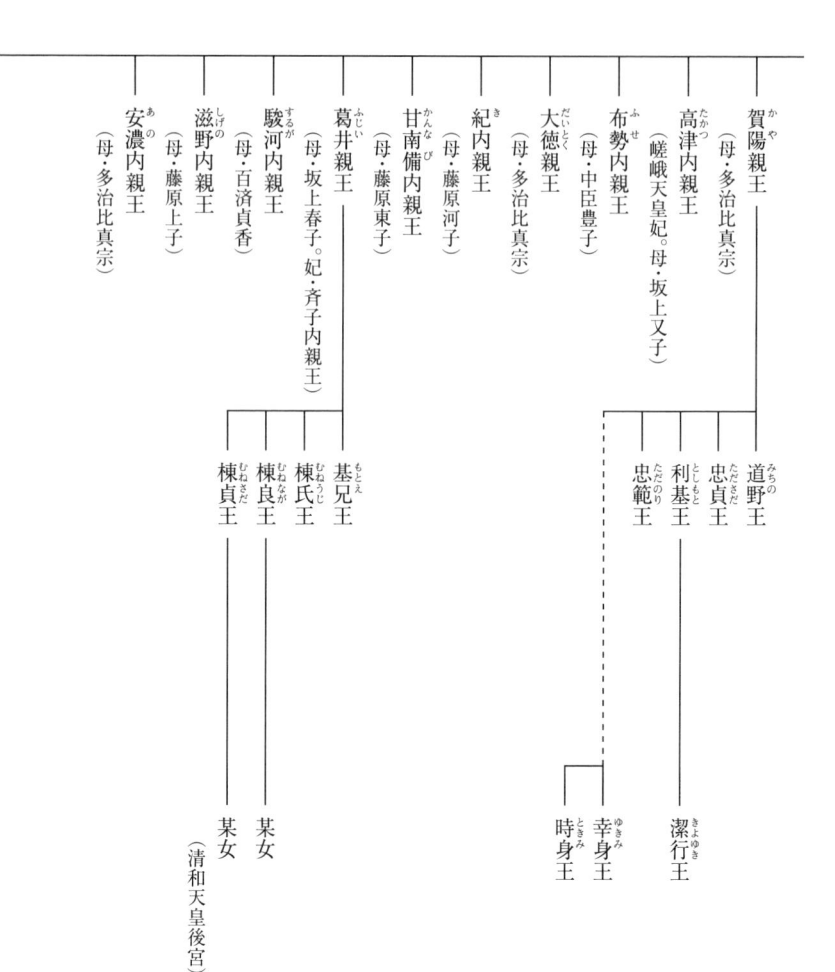

- 因幡《いなば》内親王（母・多治比真宗）
- 安勅《あて》内親王（母・藤原河子）
- 大井《おおい》内親王（母同前）
- 菅原《すがわら》内親王（母・橘御井子）
- 賀楽《からく》内親王（母同前）
- 春日《かすが》内親王（母・坂上春子）
- 善原《よしはら》内親王（母・藤原河子）
- 伊都《いと》内親王（母・藤原平子。阿保親王妃）
- 池上《いけがみ》内親王（母・橘田村子）
- 堪久《たんきゅう》（僧。母未詳）

**51 平城《へいぜい》天皇**

- 阿保《あぼ》親王（母・葛井藤子。妃・伊都内親王）
  - 仲平《なかひら》
  - 行平《ゆきひら》
  - 守平《もりひら》
  - 業平《なりひら》（以上四方、在原姓）
  - 某
- 高丘《たかおか》親王（母・伊勢継子。＊7）
  - 善淵《よしぶち》
  - 安貞《やすさだ》
  - 某
- 巨勢《こせ》親王（母同前）
- 上毛野《かみつけの》内親王（母同前）
- 叡努《えぬ》内親王（母・紀魚員）
- 石上《いそのかみ》内親王（母・伊勢継子）
- 大原《おおはら》内親王（母同前）

＊7　高岳親王とも。嵯峨天皇の皇太子だったが、弘仁元年（810）薬子の変に連坐して廃される。のち出家して入唐後、西域に赴いて羅越国で亡くなったといわれる。

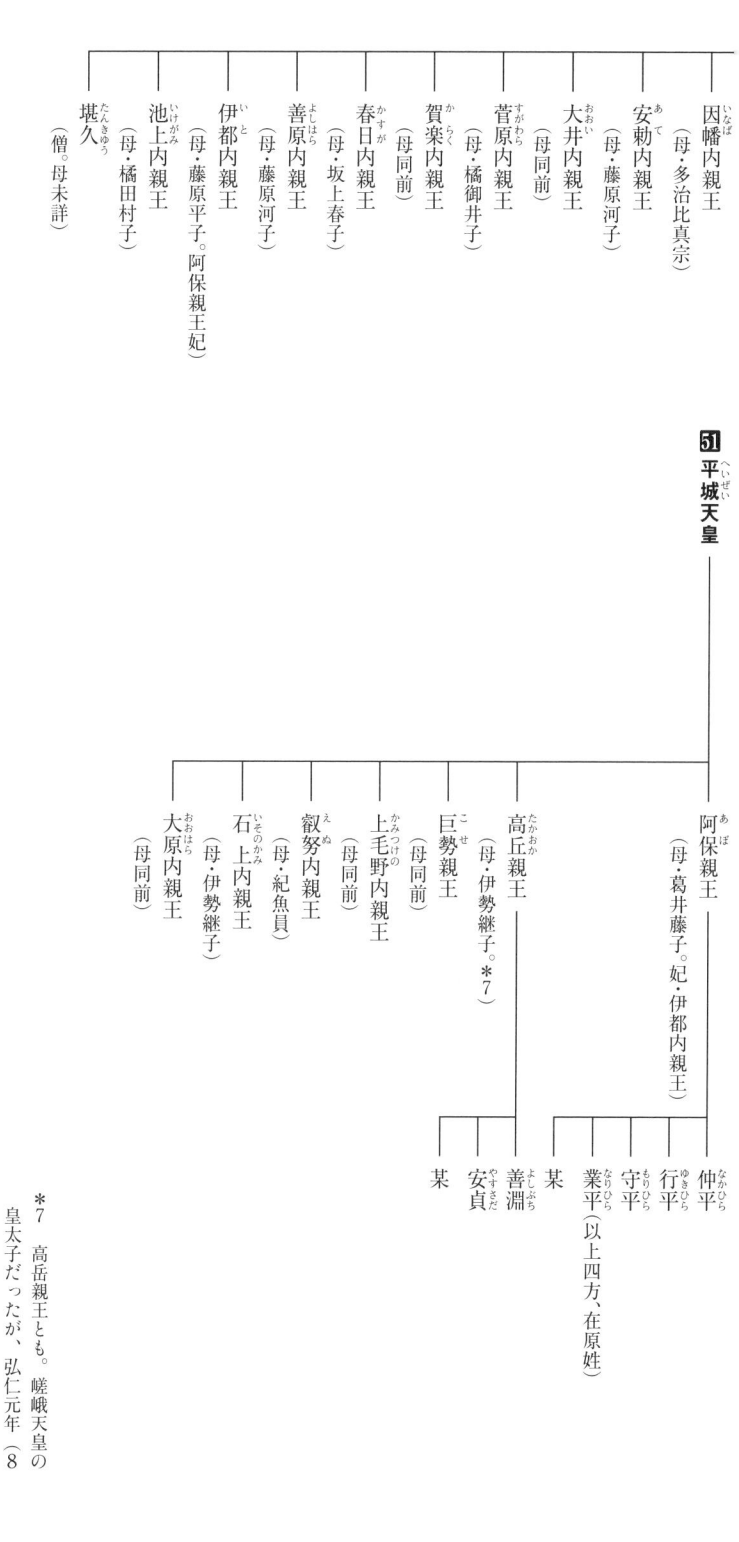

**52 嵯峨《さが》天皇** ——

- 業子《なりこ》内親王（母・高津内親王）
- 仁子《じんし》内親王（母・大原浄子）
- 業良《なりよし》親王（母・高津内親王）—— 正内王
- 有智子《うちこ》内親王（母・交野女王）
- 正子《せいし》内親王（淳和天皇皇后。母・橘嘉智子）
- **54 仁明《にんみょう》 天皇**〈次ページへ〉
- 俊子《としこ》内親王（母・橘嘉智子）
- 秀子《ひでこ》内親王（母同前）
- 繁子《はんし》内親王（母同前）
- 芳子《よしこ》内親王（母同前）
- 宗子《むねこ》内親王（母・高階河子）
- 純子《じゅんし》内親王（母・文室文子）
- 斉子《せいし》内親王（母同前。葛井親王妃）
- 基子《もとこ》内親王（母・百済貴命）
- 信《まこと》（母・広井氏。源姓。＊8）
- 貞《さだ》姫（母・布勢氏。源姓）
- 潔《きよ》姫（母・当麻氏。源姓）
- 弘《ひろむ》（母・上毛野氏。源姓）
- 常《ときわ》（母・飯高宅刀自。源姓）
- 全《また》姫（母・当麻氏。源姓）
- 寛《ひろし》（母・安倍楊津女。源姓）
- 明《あきら》（母・飯高宅刀自。源姓）
- 善《よし》姫（母・百済慶命。源姓）
- 基良《もとよし》親王（母・百済貴命）
- 定《さだむ》（母・百済慶命。源姓）
- 秀良《ひでよし》親王（母・橘嘉智子）
- 忠良《ただよし》親王（母・百済貴命）—— 某女
- 鎮《しずむ》（母・百済慶命。源姓）
- 生《いける》（母・笠継子。源姓）
- 融《とおる》（母・大原全子。源姓）
- 安《やすし》（母・粟田氏。源姓）
- 勤《つとむ》（母・大原全子。源姓）
- 勝《まさる》（母・惟良氏。源姓）
- 啓《ひらく》（母・山田近子。源姓）
- 更《さら》姫（母・紀氏。源姓）
- 声《こえ》姫（母・甘南備氏。源姓）
- 良《よし》姫（母未詳。源姓）
- 盈《みつ》姫（母・大原全子。源姓）
- 端《はし》姫（母・布勢氏。源姓）
- 吾《あが》姫（母・内蔵影子。源姓）
- 年《とし》姫（母未詳。源姓）
- 賢（母・長岡氏。源姓）
- 澄《すめる》（母・田中氏。源姓）
- 清《きよし》（母・秋篠高子。源姓）
- 継（母未詳。源姓）
- 若《わか》姫（母・百済慶命。源姓）
- 神《かみ》姫（母・内蔵影子。源姓）
- 容《かた》姫（母同前。源姓）
- 密《みつ》姫（母・山田近子。源姓）
- 淳《あつし》王（母未詳）

＊8　信以下嵯峨天皇の多くの皇子女は、臣籍降下して源姓を賜ったため、嵯峨源氏といわれる。本系図では、信以下では基良・秀良・忠良親王、淳王を除き源姓を賜った。

**53 淳和《じゅんな》天皇**

恒世《つねよ》親王（母・高志内親王）— 正道《まさみち》王
氏子《うじこ》内親王（母同前）
有子《ありこ》内親王（母同前）
貞子《さだこ》内親王（母同前）
恒貞《つねさだ》親王（＊9）（母・正子内親王。妃・藤原氏）— 某／某
基貞《もとさだ》親王（母同前）
恒統《つねむね》親王（母同前）
某（母同前）
某（母同前）
良貞《よしさだ》親王（母・大中臣安子）
寛子《ひろこ》内親王（母・大野鷹子）
崇子《たかこ》内親王（母・橘船子）
同子《ひとし》内親王（母・丹墀池子）
明子《あきらけいこ》内親王（母・清原春子）
忠子《ちゅうし》（母未詳。統姓）

＊9　仁明天皇の皇太子となるも、承和9年（842）の承和の変に連坐して廃され、のち出家して恒寂という。

**54 仁明《にんみょう》天皇**

**55 文徳《もんとく》天皇**〈85ページへ〉
時子《ときこ》内親王（母・滋野縄子）
宗康《むねやす》親王（母・藤原沢子）
某（母・滋野縄子）
久子《きゅうし》内親王（母・高宗女王）
高子《たかいこ》内親王（母・百済永慶）
**58 光孝《こうこう》天皇**〈87ページへ〉
人康《さねやす》親王〈次ページⒶへ〉
多《まさる》（母・百済王豊俊女。源姓）
親子《しんし》内親王（母・藤原貞子）
柔子《やすこ》内親王（母・滋野縄子）
本康《もとやす》親王〈次ページⒷへ〉
登《みのる》（母・三国氏。源姓）
冷《すずし》（母未詳。源姓）
国康《くにやす》親王（母・藤原賀登子）

＊仁明天皇皇子の中には臣籍降下して源姓を賜った方がおり、その子孫を仁明源氏という。多・光は右大臣に昇った。

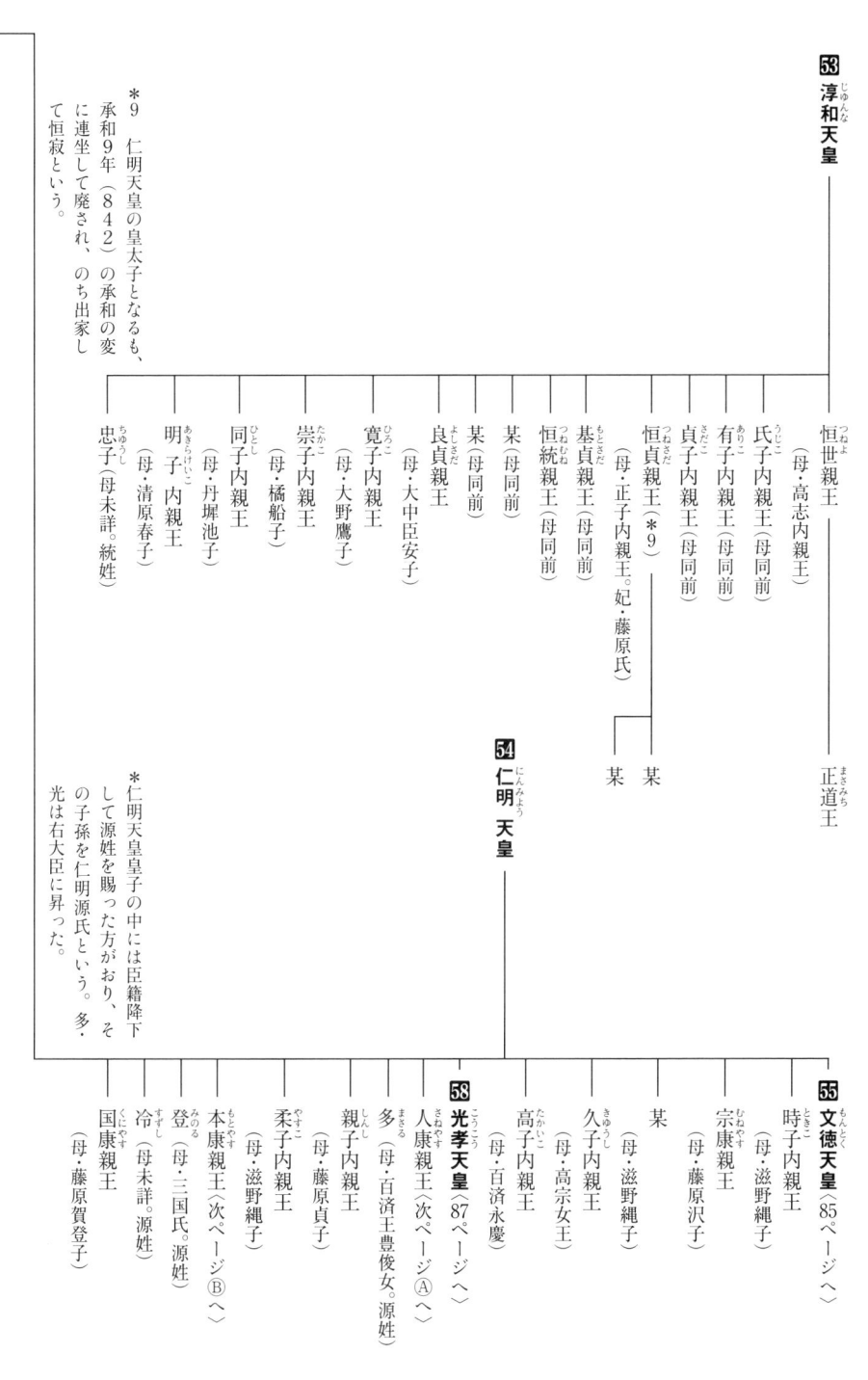

- 常康親王《つねやす》（母・紀種子）
- 成康親王《なりやす》（母・藤原貞子）
- 新子内親王《にいこ》（母・藤原沢子）
- 光《ひかる》（母・百済王豊俊女。源姓）
- 覚《さとる》（母・山口氏。源姓）
- 效《いたる》（母未詳。源姓）
- 重子内親王《しげこ》（母・藤原小童子）
- 真子内親王《さねこ》（母・紀種子）
- 平　子内親王《たいらけいこ》（母・藤原貞子）

Ⓐ人康親王《さねやす》（母・藤原沢子）
- 興基王《おきもと》（源姓）
  - 忠相王（源姓）
  - 敏相王（源姓）
  - 宜子女王《よしこ》（清和天皇女御。源姓）
- 興範王《おきのり》（源姓）
- 興扶王《おきすけ》（源姓）
- 操子女王
- 某女

Ⓑ本康親王《もとやす》（母・滋野縄子）
- 雅望王《まさもち》（室・藤原氏）
  - 希世《まれよ》（平姓）
  - 随時《よりとき》（平姓）
- 行忠王
  - 佐幹（平姓）
  - 佐忠（平姓）
- 修平王
- 惟時王（平姓）
  - 佐寛（平姓）
- 廉子女王
- 元子女王
- 兼似（源姓）
- 兼仁（源姓）
- 朝鑑（源姓）
- 朝憲（源姓）
- 保望（源姓）
- 由道（源姓）

＊本康親王王子の雅望王、行忠王、惟時王を祖とする平姓氏族を仁明平氏という。

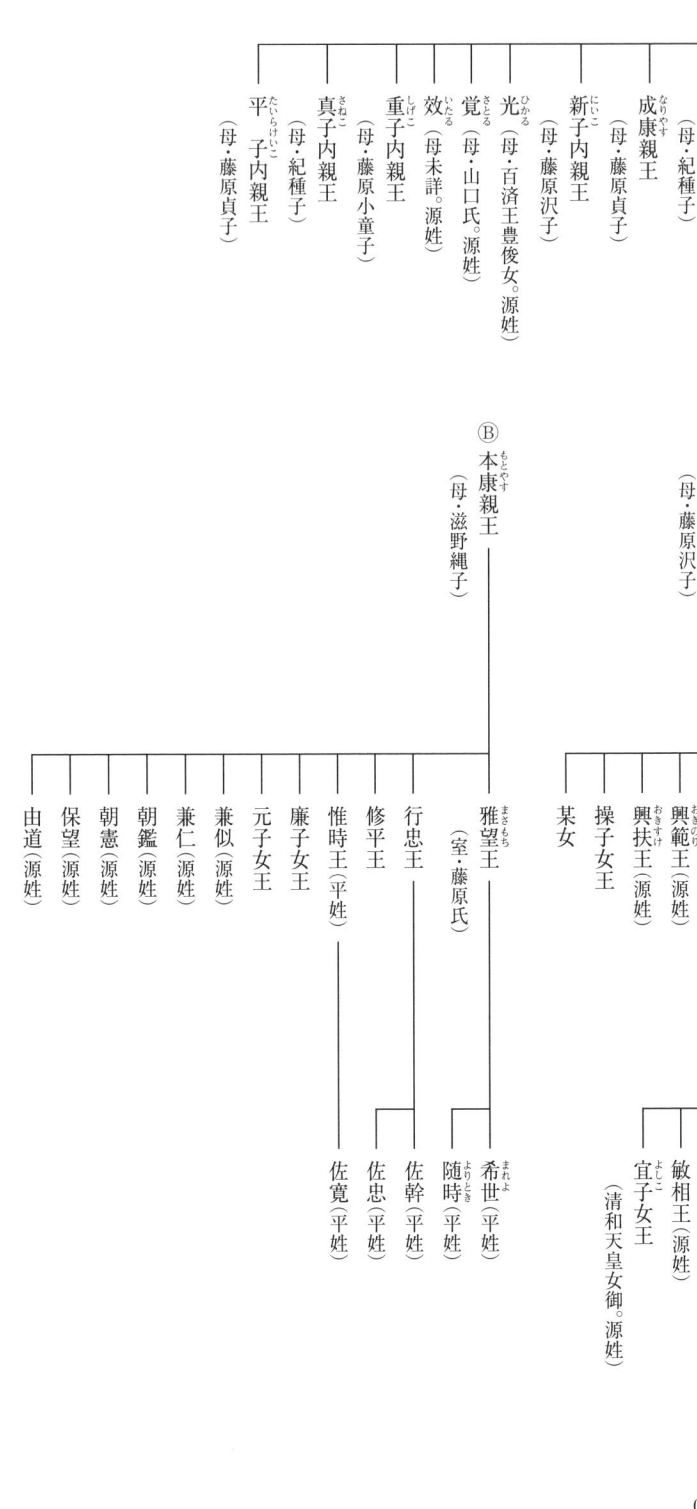

**55 文徳天皇《もんとく》**

- 惟喬親王《これたか》（母・紀静子）
  - 兼覧王《かねみ》（源姓）
    - 某女
- 能有《よしあり》（母・紀氏。源姓）
  - 厳子《げんし》（清和天皇女御。源姓）
- 惟條親王《これえだ》（母・紀静子）
  - 景式王《かげのり》
- 晏子内親王《やすこ》（母・藤原列子）
- 慧子《あきらけいこ》 内親王（母同前）
- 惟彦親王《これひこ》（母・滋野奥子）
  - 惟世王《これよ》（平姓。仲野親王王子か）
    - 寧幹（平姓）
  - 直子女王《なおこ》
- **56 清和天皇《せいわ》**〈次ページへ〉
- 毎有《つねあり》（母・多治氏。源姓）
- 時有《ときあり》（母・清原氏。源姓）
- 本有《もとあり》（母・滋野岑子。源姓）
- 定有《さだあり》（母・菅野氏。源姓）
- 載有《ことあり》（母・滋野岑子。源姓）
- 憑子《ひょうし》（母未詳。源姓）
- 謙子《けんし》（母未詳。源姓）
- 列子《れつし》（母未詳・源姓）
- 済子《せいし》（清和天皇女御。母未詳。源姓）
- 奥子《おくこ》（母未詳。源姓）
- 述子内親王《じゅつし》（母・記静子）
- 珍子内親王《よしこ》（母同前）
- 行有《ゆきあり》（母・布勢氏。源姓）
- 惟恒親王《これつね》（母・藤原今子）
- 恬子内親王《やすこ》（母・紀静子）
- 儀子内親王《よしこ》（母・藤原明子）
- 富有《とみあり》（母・布勢氏。源姓）
- 礼子内親王《あやこ》（母・藤原今子）
- 富子《とみこ》（母・菅原氏。源姓）
- 淵子《ふちこ》（母・滋野岑子。源姓）
- 濃子内親王《あつこ》（母・滋野奥子）
- 勝子内親王《しょうし》（母同前）
- 掲子内親王《ながこ》（母・藤原今子）
- 脩子《ながこ》（母未詳。源姓）

＊文徳天皇皇子を祖とする源氏氏族を文徳源氏という。また、惟彦親王の子孫を文徳平氏という。

**56 清和《せいわ》天皇**

- **57 陽成《ようぜい》天皇**
- 貞固《さだかた》親王（母・橘休蔭）
  - 国淵（源姓）
- 貞元《さだもと》親王（母・藤原仲統女。妃・藤原氏）
  - 兼忠《かねただ》（源姓）
  - 兼信《かねのぶ》（源姓）
- 貞保《さだやす》親王（母・藤原高子）
  - 国忠（源姓）
  - 国珍（源姓）
  - 某女
- 貞平《さだひら》親王（母・藤原良近女）
  - 某女
- 貞純《さだずみ》親王（母・棟貞王王女。妃・源能有女）
  - 経基《つねもと》王（源姓）
  - 経生《つねお》王（源姓）
- 孟子《もうし》内親王（母・藤原諸葛女）
- 包子《ほうし》内親王（母・在原行平女）
- 敦子《あつこ》内親王（母・藤原高子）
- 長猷《ながかず》（母・賀茂峯雄女。源姓）
- 長淵《ながぶち》（母・大野鷲取女。源姓）
- 長鑑《ながみ》（母・佐伯子房女。源姓）
- 載子《さいし》（母・賀茂峯雄女。源姓）
- 貞辰《さだたつ》親王（母・藤原佳珠子）
- 識子《しきし》内親王（母・藤原良近女）
- 貞数《さだかず》親王（母・在原行平女）
  - 為善《ためよし》（源姓）
- 長頼《ながより》（母・佐伯子房女。源姓）
- 貞真《さだざね》親王（母・藤原諸藤女）
  - 蕃基《しげもと》
  - 蕃平《しげひら》
  - 蕃固《しげかた》
  - 元亮《もとすけ》（以上四方源姓）
- 貞頼《さだより》親王（母・藤原真宗女）

＊清和天皇の皇子・諸王を祖とする源氏氏族を清和源氏という。

- 清蔭《きよかげ》（母・紀氏。源姓）
- 清鑑《きよみ》（母・伴氏。源姓）
- 元良《もとよし》親王（母・藤原遠長女。妃・修子内親王、誨子内親王。室・藤原邦隆女）
  - 佐材王
  - 佐時《すけとき》王
  - 佐頼《すけより》王 ―― 良子女王
  - 佐兼《すけかね》王
  - 明子《めいし》女王（源姓）
  - 佐芸《さげい》（源姓）
  - 佐平《すけひら》（源姓）
  - 佐親《すけちか》（源姓）
- 元平《もとひら》親王（母同前）
  - 兼名（源姓）
  - 某女
- 元長《もとなが》親王（母・姉子女王）
  - 兼明（源姓）
- 元利《もととし》親王（母同前）
  - 平子《へいし》女王
  - 忠時《ただとき》（源姓）
- 清遠《きよとお》（源姓）（母・佐伯氏）
- 長子《ながこ》内親王（母・姉子女王）
- 儼子《げんし》内親王（母同前）

*陽成天皇の皇子を祖とする源氏氏族を陽成源氏という。

**58 光孝《こうこう》天皇**
- 元長《もとなが》王（母・班子女王。源姓）
- 兼善《かねよし》王（母未詳。源姓）
- 名実《かたざね》王（同前）
- 篤行《あつゆき》王（同前）
- 最善《いろよし》王（同前）
- 近善《ちかよし》王（同前）
- 音恒《おとつね》王（同前）
- 是恒《これつね》王（同前）
- 旧鑑《もとみ》王（母・讃岐永直女。源姓）
- 貞恒《さだつね》王（母未詳。源姓）
- 成蔭《なりかげ》王（同前）
- 清実《きよざね》王（母・布勢氏。源姓、次に滋水姓）
- 是忠《これただ》親王〈次ページⒶへ〉
- 是貞《これさだ》親王（母・班子女王。源姓を賜るも、のち親王） ―― 直幹
- 繁子《はんし》内親王（母・滋野直子）
- 穆子《ぼくし》内親王（母・桂心女王）

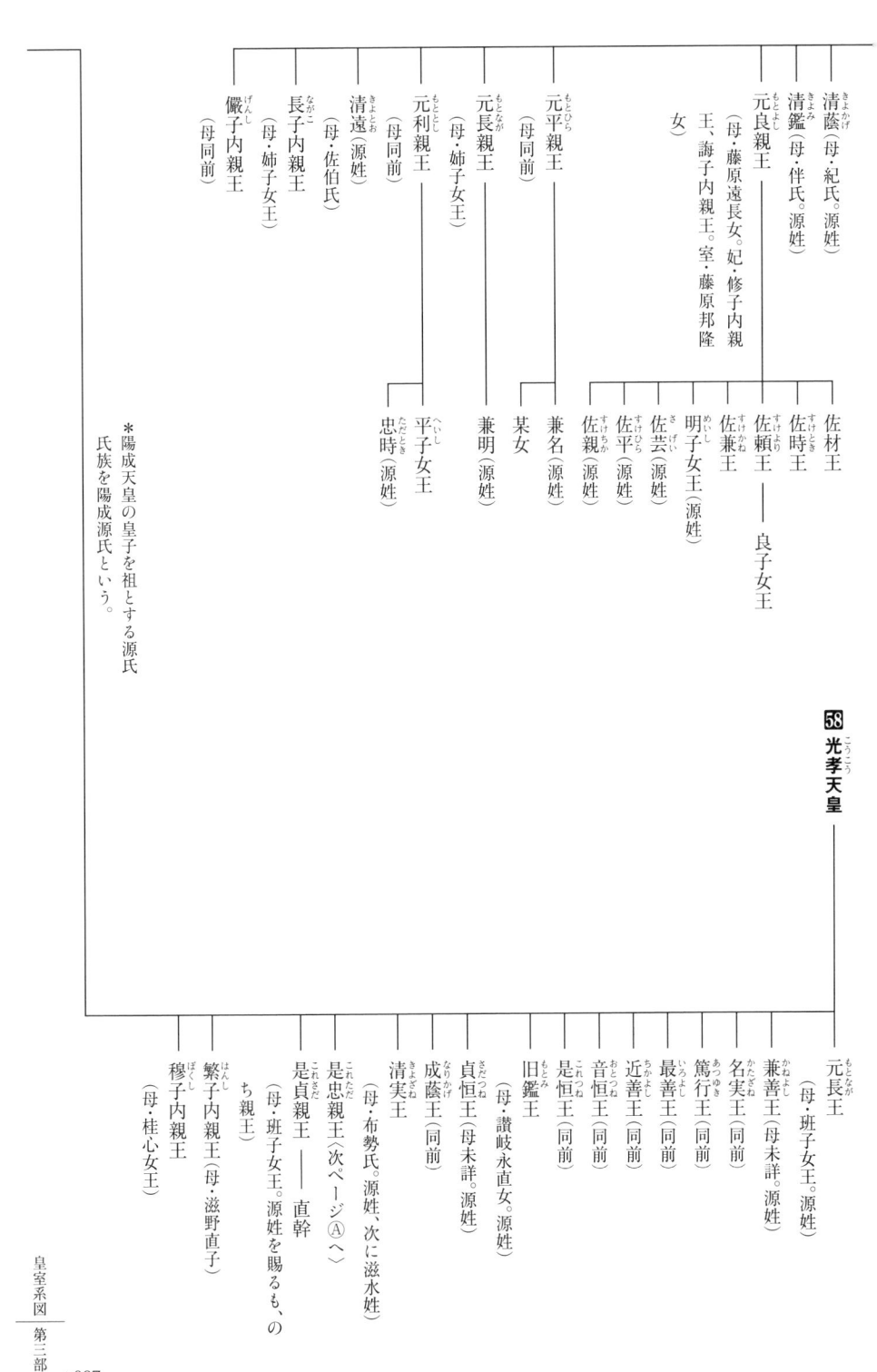

空性（母未詳。僧）
国紀《くにのり》（母未詳。源姓）
**59 宇多天皇《うだ》**〈次ページへ〉
香泉《こうせん》（母未詳。源姓）
友貞《ともさだ》（同前）
遅子（同前）
緩子《かんし》（同前）
麗子《れいし》（同前）
奇子《きし》（同前）
忠子内親王《ただこ》（母・班子女王。源姓を賜うも、のち内親王）
簡子内親王《かんし》（同前）
崇子《たかいこ》（母未詳。源姓）
連子《れんし》（同前）
綏子内親王《やすこ》（陽成天皇後宮。母・班子女王）
礼子《れいし》（母未詳。源姓）
最子《さいし》（同前）
偕子《かいし》（同前）
黙子《もくし》（同前）
是子（母未詳。源姓）
並子《へいし》（同前）
謙子《けんし》（同前）
為子内親王《ためこ》（醍醐天皇妃。母・班子女王。源姓を賜うも、のち内親王）
深子《しんし》（母未詳。源姓）
周子《しゅうし》（同前）
密子《みつこ》（同前）
和子《わし》（醍醐天皇女御。母未詳。源姓）
快子《かいし》（母未詳。源姓）
秩子（同前）
善子《ぜんし》（同前）
是茂《これしげ》（母・藤原門宗女。源姓）

Ⓐ是忠親王《これただ》（母・班子女王。源姓を賜うも、のち親王）
- 式順王《しきじゅん》 ― 室明（源姓）
- 式瞻王《しきたん》 ― 季明（平姓）
- 興我王《こうが》
  - 安平（平姓。以下七方同）
  - 篤行
  - 有本
  - 内行
  - 潔矩
  - 方正
  - 季方
- 忠望王《ただもち》 ― 偕行（平姓）
- 和王（源姓）
- 今扶王
- 英我王《えいが》 ― 康行《やすゆき》（源姓）
- 宗于《むねゆき》（源姓）
- 清平《きよひら》（源姓）
- 正明《まさあき》（源姓）
- 某女

＊光孝天皇皇子を祖とする源氏氏族を光孝源氏という。

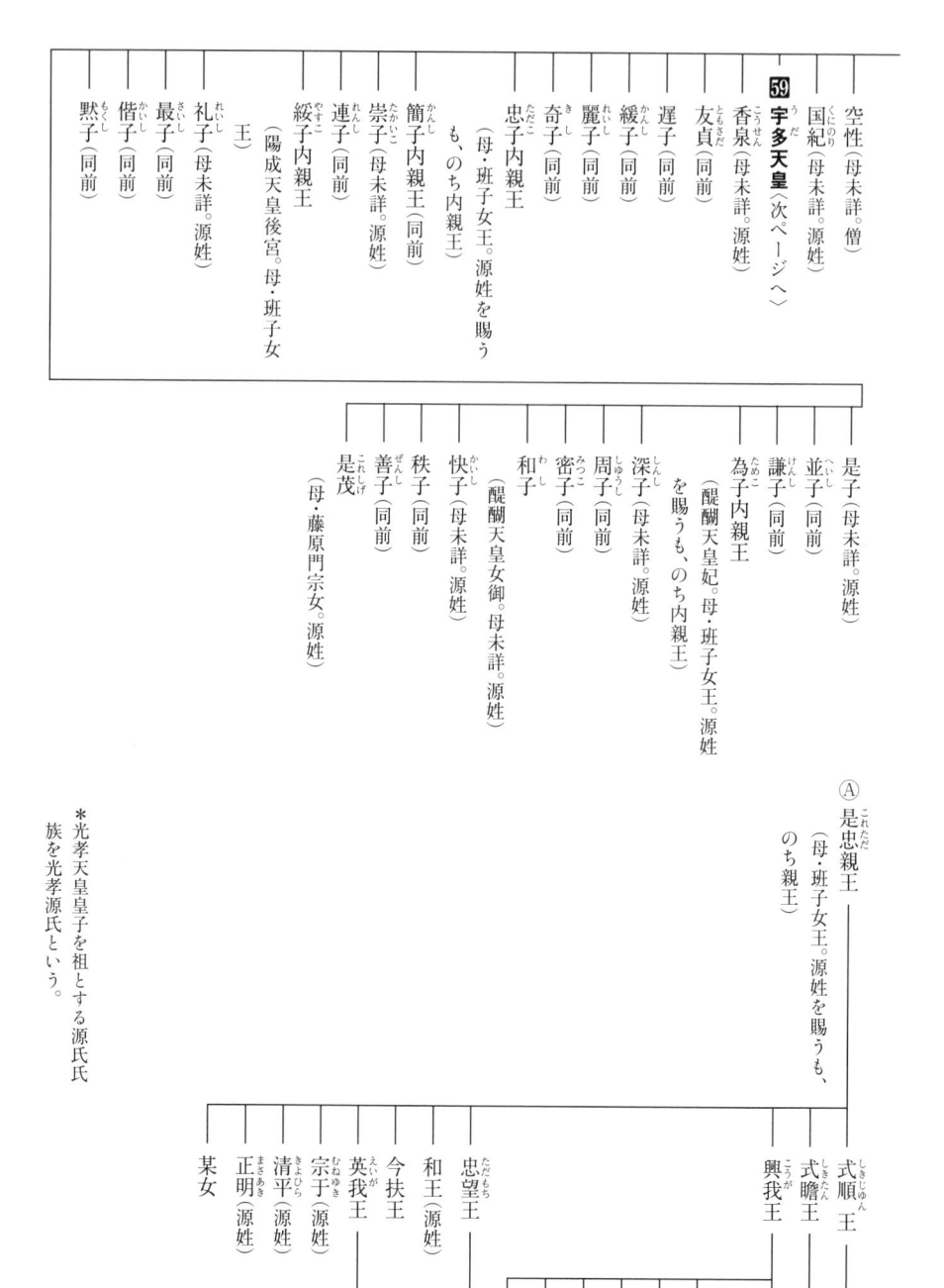

59 宇多天皇《うだ》

- 60 醍醐天皇《だいご》
  - 斉中親王《ときなか》（母・橘義子）
  - 斉世親王《ときよ》（母同前。妃・菅原道真女。室・橘公廉女）
    - 英明《ふさあきら》（源姓）
    - 某
    - 庶明《もろあきら》（源姓）
  - 敦慶親王《あつよし》（母・藤原胤子。妃・均子内親王。室・藤原継蔭女）
    - 後古《ここ》（源姓）
    - 方古《ほこ》（源姓）
    - 某女
  - 敦固親王《あつかた》（母同前。妃・慶子内親王）
    - 宗室（源姓）
    - 宗成王《むねなり》（源姓）
    - 某女
    - 長信（源姓）
  - 斉邦親王《ときくに》（母・橘義子）
  - 均子内親王《ひろこ》（母・藤原温子。異母兄敦慶親王妃）
  - 柔子内親王《やすこ》（母・藤原胤子）
  - 君子内親王《くんし》（母・橘義子）
  - 敦実親王《あつざね》（母・藤原胤子。妃・藤原時平女）
    - 寛信《ひろのぶ》（源姓）
    - 寛朝《かんちょう》（僧）
    - 雅信《まさのぶ》（源姓）
    - 重信《しげのぶ》（源姓）
    - 雅慶《がけい》（僧）
  - 孚子内親王《さねこ》（母・十世王女）
  - 成子内親王《しげこ》（母未詳）
  - 若子（母未詳）
  - 依子内親王《よりこ》（母・源貞子）
  - 行中親王《ゆきなか》（母未詳。源姓、のち親王）
  - 誨子内親王《のりこ》（母・藤原有実女。元良親王妃）
  - 季子内親王《すえこ》（母同前）
  - 順子《よりこ》（母・菅原衍子。源姓）
  - 臣子《しんし》（母未詳。源姓）
  - 雅明親王《まさあき》（母・藤原褒子）
  - 載明親王《ことあき》（母同前）
  - 行明親王《ゆきあき》（母同前）
    - 重熙（源姓）
  - 某

＊宇多天皇皇子を祖とする源氏氏族を宇多源氏という。

- 勧子《かんし》内親王（母・為子内親王）
- 宣子《せんし》内親王（母・源封子）
- 恭子《きょうし》内親王（母・藤原鮮子）
- 克明《かつあきら》　親王（母・源封子。妃・藤原時平女）
  - 妍子《けんし》女王
  - 博雅《ひろまさ》（源姓）
  - 正雅《ただまさ》（源姓）
  - 清雅《きよまさ》（源姓）
  - 助雅《すけまさ》（源姓）
- 慶子《けいし》内親王（母・源和子。宇多天皇皇子敦固親王妃）
- 保明《やすあきら》　親王（母・藤原穏子。妃・藤原仁善子《にさこ》、藤原貴子《たかこ》、藤原寛子。室・藤原玄上女。皇太子のまま没）
  - 慶頼《よしより》王（皇太子となるも夭折）
  - 煕子《ひろこ》女王（朱雀天皇女御）
- 代明《しろあきら》　親王（母・藤原鮮子。妃・藤原定方女）
  - 重光《しげみつ》（源姓）
  - 保光《やすみつ》王（源姓）
  - 恵子《けいし》女王
  - 延光《のぶみつ》王（源姓）
  - 荘子《たかこ》女王（村上天皇女御）
  - 厳子《げんし》女王
  - 遠光《とおみつ》（源姓）

＊醍醐天皇皇子を祖とする源氏氏族を醍醐源氏という。

- 勤子《ゆきこ》内親王（母・源周子。藤原師輔妃）
- 婉子《よしこ》内親王（母・藤原鮮子）
- 都子《みやこ》内親王（母・源周子）
- 重明《しげあきら》　親王（母・源昇女。妃・藤原寛子、藤原登子）
  - 徽子《よしこ》女王（村上天皇女御）
  - 旅子《たびこ》女王（悦子女王とも）
  - 麗子《れいし》女王
  - 邦正《くにまさ》（源姓）
  - 某女
  - 某女
  - 行正《ゆきまさ》（源姓）
  - 信正《のぶまさ》（源姓）
- 常明《つねあきら》　親王（母・源和子。妃・藤原恒佐女）
  - 茂親《しげちか》（源姓）
- 修子《なおこ》内親王（母・満子女王。陽成天皇皇子元良親王妃）
- 敏子《びんし》内親王（母・源周子、または藤原鮮子）
- 式明《のりあきら》　親王（母・源和子。妃・藤原玄上女）
  - 親頼《ちかより》（源姓）
  - 親繁《ちかしげ》（源姓）
- 有明《ありあきら》　親王（母同前。妃・藤原暁子）
  - 馨子《けいし》女王
  - 昭子《しょうし》女王
  - 某女
  - 忠清《ただきよ》（源姓）
  - 正清《まさきよ》（源姓）
  - 泰清《やすきよ》（源姓）
  - 守清《もりきよ》（源姓）
  - 明救《みょうぐ》（僧）
- 雅子《まさこ》内親王（母・源周子。藤原師輔妃）

- 普子《ひろこ》内親王（母・満子女王。源清平妃。清平没後、藤原俊連妃）
- 時明《ときあきら》親王（母・源周子）
- 長明《ながあきら》親王（母・藤原淑姫）
- 高明《たかあきら》（母・源周子。源姓）
- 兼明《かねあきら》親王（母・藤原淑姫。妃・源衆望女）
  - 某
  - 伊陟《これただ》（源姓）
  - 伊行《これゆき》（源姓）
- 兼子《けんし》（母・源周子。源姓）
- 靖子《せいし》内親王（母・源封子。源姓を賜うも、のち内親王。藤原師氏妃）
- 厳子《げんし》（母未詳。源姓）
- 韶子《あきこ》内親王（母・源和子。源清蔭妃）
- 自明《よりあきら》（母・藤原淑姫。源姓）
- 允明《のぶあきら》（母・源敏相女。源姓）
- 康子《やすこ》内親王（母・藤原穏子。藤原師輔妃）
- 斉子《ただこ》内親王（母・源和子）
- 英子《ひでこ》内親王（母・藤原淑姫）
- **61 朱雀《すざく》天皇**
  - 昌子《まさこ》内親王（冷泉天皇皇后。母・熙子女王）
- 章明《のりあきら》親王（母・藤原桑子。妃・藤原敦敏女）
  - 隆子《たかこ》女王
  - 済子《なりこ》女王
  - 慶子女王
  - 近光（源姓）
  - 尊光（源姓）
  - 尊仁（源姓）
- **62 村上《むらかみ》天皇**
- 盛明《もりあきら》親王（母・源周子。源姓を賜るも、のち親王。妃・菅原在躬女）
  - 斯忠王
  - 則忠《のりただ》（源姓）
  - 教忠《のりただ》（則忠と同一人物か）
- 為明《ためあきら》（母・藤原氏。源姓）

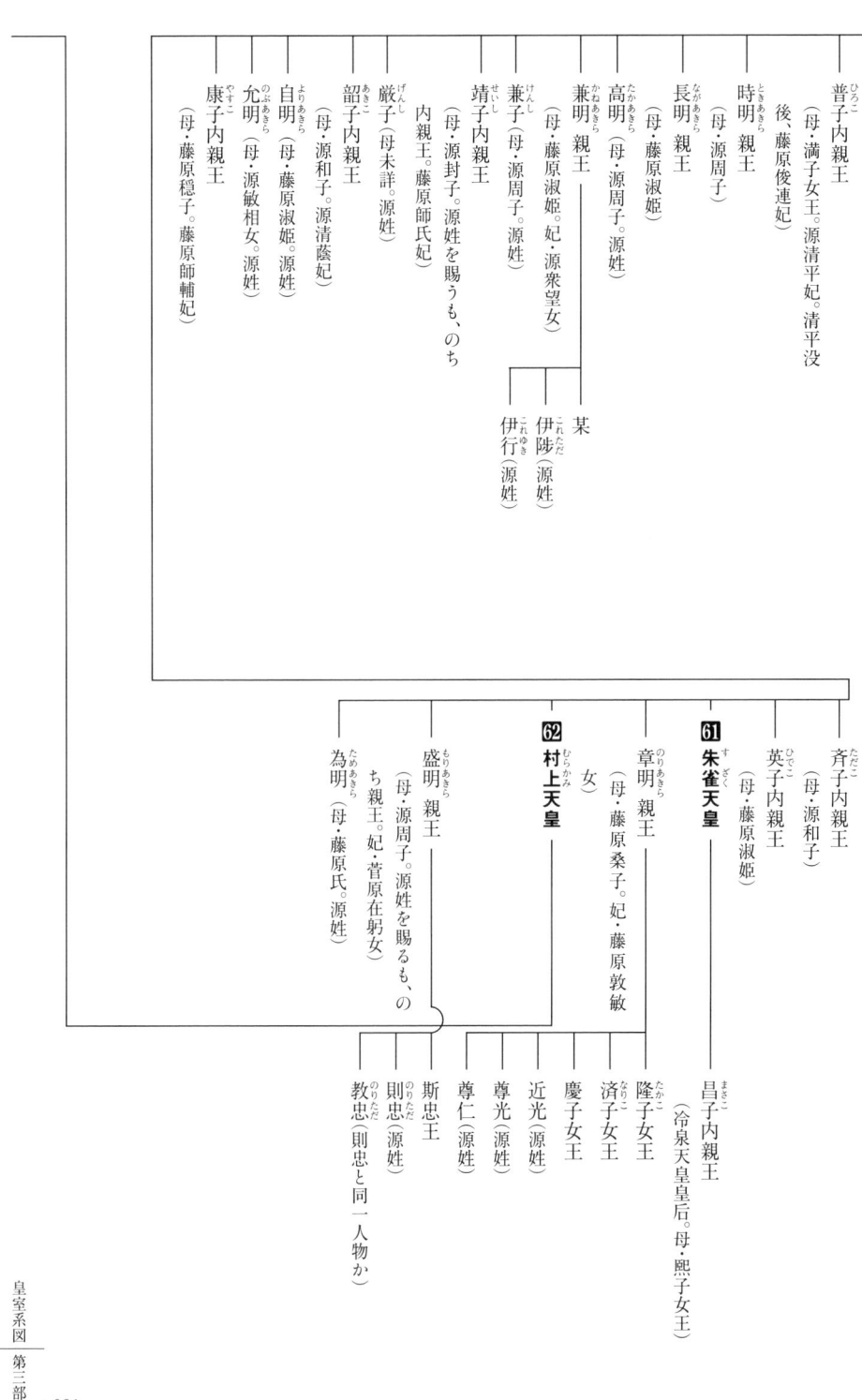

- 承子《よしこ》内親王（母・藤原安子）
- 理子《まさこ》内親王（母・源計子）
- 保子《やすこ》内親王（母・藤原正妃）
- 規子《のりこ》内親王（母・徽子女王）
- 広平《ひろひら》親王（母・藤原祐姫）
- 63 **冷泉《れいぜい》天皇**
- 致平《むねひら》親王（母・藤原正妃。妃・源雅信女）
  - 致信《むねのぶ》（源姓）
  - 成信《なりのぶ》（源姓。藤原道長養子）
  - 永円《えいえん》（僧）
- 盛子《もりこ》内親王（母・源計子。藤原顕光妃）
- 為平《ためひら》親王（母・藤原安子。妃・源高明女）
  - 婉子《よしこ》女王（花山天皇女御）
  - 某女（具平親王妃）
  - 恭子女王《きょうし》
  - 憲定《のりさだ》（源姓）
  - 頼定《よりさだ》（源姓）
  - 為定《ためさだ》（源姓）
  - 顕定《あきさだ》（源姓）
  - 教定《のりさだ》（源姓）
  - 敦定《あつさだ》（源姓）
- 楽子《やすこ》内親王（母・荘子女王）

＊村上天皇皇子を祖とする源氏氏族を村上源氏という。

- 輔子《すけこ》内親王（母・藤原安子）
- 昭平《あきひら》親王（母・藤原正妃。妃・藤原高光女）
  - 某女
- 緝子《つぐこ》内親王（母・藤原祐姫）
- 資子《すけこ》内親王（母・藤原安子）
- 昌平《まさひら》親王（母・藤原芳子）
- 64 **円融《えんゆう》天皇**
  - 66 **一条《いちじょう》天皇**〈次ページへ〉
- 皇子某
- 皇女某
- 選子《のぶこ》内親王（母・藤原安子）
- 具平《ともひら》親王（母・荘子女王。妃・為平親王王女）
  - 隆子《たかこ》女王
  - 祇子《しし》女王（敦康親王妃）
  - 嫥子《せんし》女王
  - 資定《すけさだ》（源師房。右大臣）
  - 頼成《よりなり》（源姓。藤原伊祐養子）
- 永平《ながひら》親王（母・藤原芳子）

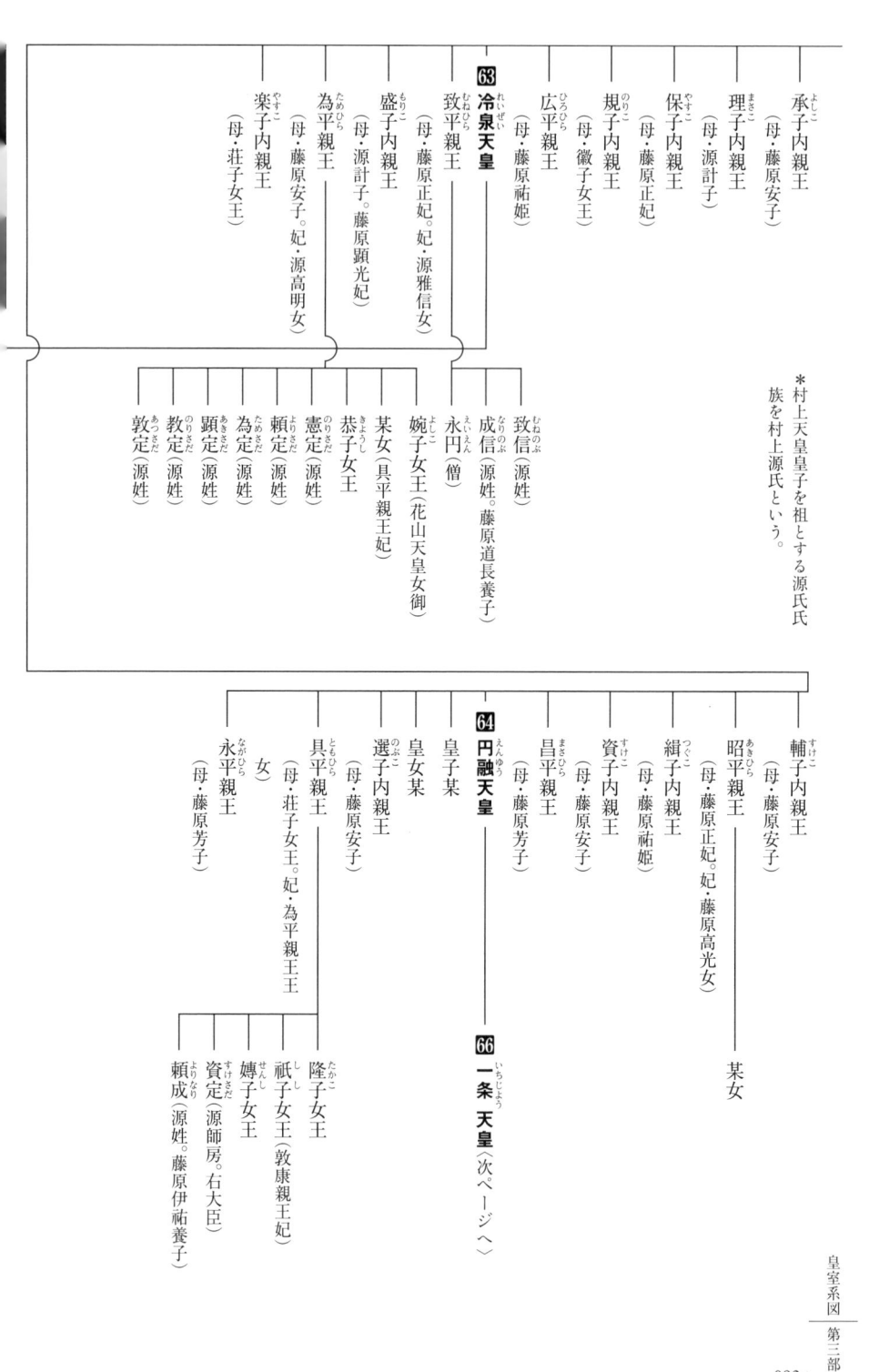

- 宗子《そうし》内親王（母・藤原懐子）
- 尊子《たかこ》内親王（円融天皇後宮。母同前）
- 65 **花山《かざん》天皇**
  - 清仁《きよひと》親王
    - 延信《のぶざね》王（神祇伯。白川伯王家の祖。妃・高階氏）
      - 康資《やすすけ》王
        - 源仁子（堀河天皇典侍）
    - 永子女王
    - 信子《のぶこ》女王
    - 兼文《かねぶみ》王
      - 兼長王
  - 昭登《あきなり》親王
    - 良深《りょうしん》（僧）
  - 覚源《かくげん》（僧）
  - 深観《じんかん》（僧）
  - 皇女某
  - 皇女某
  - 皇女某
  - 皇女某
- 光子《みつこ》内親王（母・藤原超子）
- 67 **三条《さんじょう》天皇**〈次ページへ〉
- 為尊《ためたか》親王（母・藤原超子。妃・藤原伊尹女）
- 敦道《あつみち》親王（母同前。妃・藤原道隆女、藤原済時女）
  - 永覚
- 66 **一条《いちじょう》天皇**
  - 脩子《ながこ》内親王（母・藤原定子）
  - 敦康《あつやす》親王（母同前。妃・具平親王王女）
    - 嫄子《げんし》女王（後朱雀天皇皇后。母・具平親王王女。藤原頼通養女）
  - 媄子《よしこ》内親王（母同前）
  - 68 **後一条《ごいちじょう》天皇**
    - 章子《しょうし》内親王（後冷泉天皇皇后。母・藤原威子。院号・二条院）
    - 馨子《けいし》内親王（後三条天皇皇后。母同前）
  - 69 **後朱雀《ごすざく》天皇**〈95ページへ〉

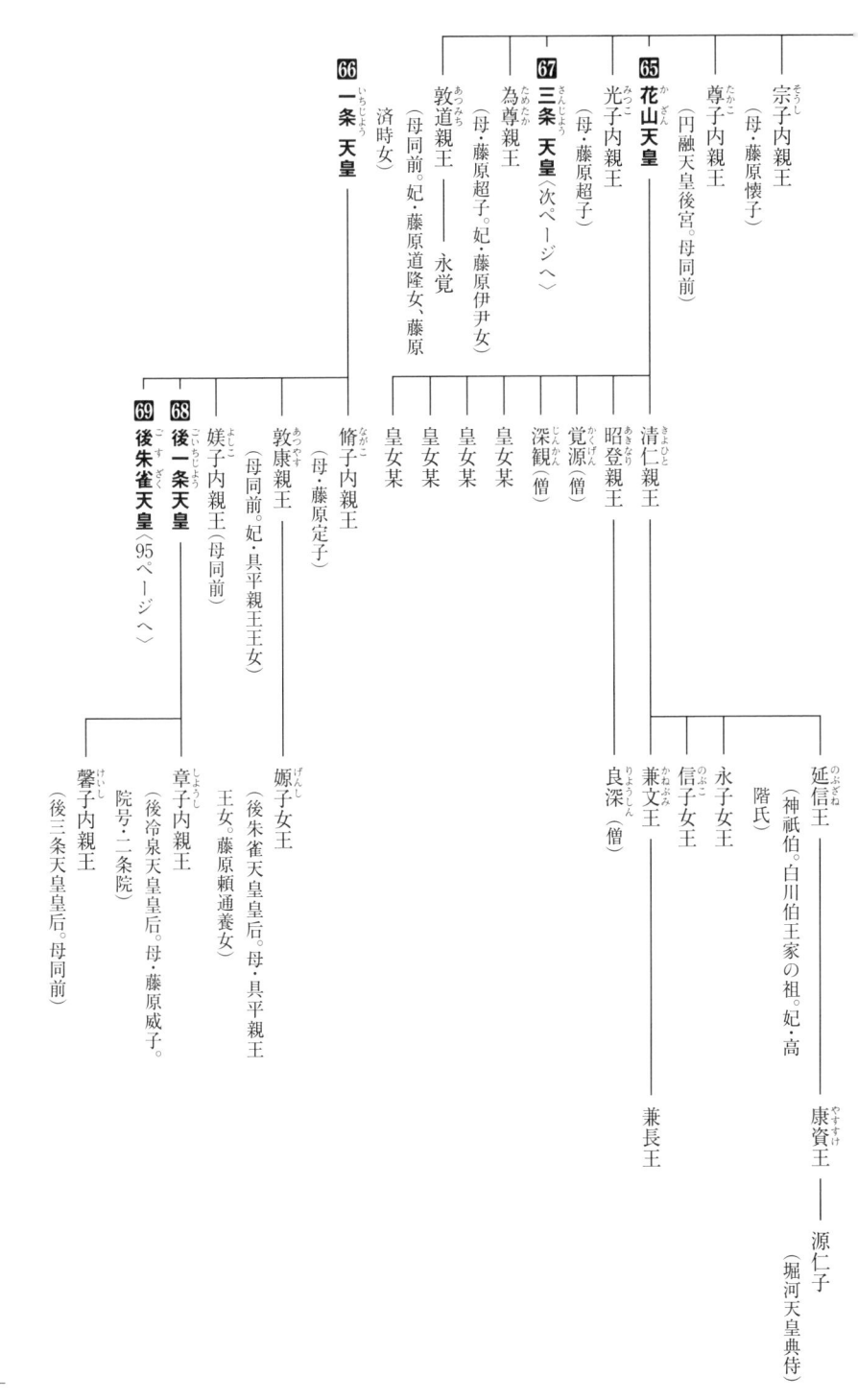

## 67 三条《さんじょう》天皇

- 敦明《あつあきら》親王（母・藤原娍子。妃・藤原延子、藤原寛子、藤原頼宗女。室・源長経女、源政隆女、某。＊10）
  - 行観《ぎょうかん》（僧）
  - 敦貞《あつさだ》親王（母・藤原延子。三条天皇養子。妃・源氏。室・某）
    - 宗家（源姓。藤原信家養子）
    - 敦輔《あつすけ》王（敦平親王養子。妃・藤原氏）
      - 通季《みちすえ》（源姓）
      - 仁子（源姓）
    - 行勝《ぎょうしょう》（僧）
    - 寛意《かんい》（僧）
  - 栄子《ひでこ》内親王
  - 儇子《としこ》内親王
  - 敦昌《あつまさ》親王
  - 某
  - 某
  - 敦元《あつもと》親王
  - 基平《もとひら》（源姓）
    - 源基子《きし》（後三条天皇女御）
  - 敦賢《あつかた》親王（室・源氏）
    - 淳子《じゅんし》女王
    - 居子《きよし》女王
    - 増賢（僧）
  - 嘉子《よしこ》内親王
  - 信子《のぶこ》女王
  - 信宗《のぶむね》（源姓）
  - 斉子《せいし》女王
  - 顕宗《あきむね》（源姓）
  - 当宗《まさむね》（源姓）
  - 聖珍《しょうちん》（僧）
  - 珍明（僧）
- 敦儀《あつよし》親王（母同前。妃・藤原隆家女）
  - 覚證
- 敦平《あつひら》親王（母同前。妃・藤原兼隆女。室・源則理女、藤原定頼女）
- 当子《まさこ》内親王（母同前）
- 禔子《やすこ》内親王（母同前）
- 師明《もろあき》親王（性信親王。仁和寺御室。母同前）
- 禎子《よしこ》内親王（後朱雀天皇皇后。母・藤原妍子。院号・陽明門院）

＊三条天皇皇子を祖とする源氏氏族を三条源氏という。

＊10　皇太子であったが、寛仁元年（１０１７）、藤原道長の圧力等により皇太子を辞退、その見返りに、尊号・小一条院を称し、准太上天皇の待遇を得る。

- **69 後朱雀天皇《ごすざく》**
  - **70 後冷泉天皇《ごれいぜい》**
    - 某
  - 良子《ながこ》内親王（母・禎子内親王）
  - 娟子《よしこ》内親王（母同前）
  - **71 後三条天皇《ごさんじょう》**
    - 聰子《としこ》内親王（母・藤原茂子）
    - 某女
    - **72 白河天皇《しらかわ》**
    - 俊子《としこ》内親王（母・藤原茂子）
    - 佳子《かし》内親王（母同前）
    - 某
    - 篤子《とくし》内親王（堀河天皇皇后。母・藤原茂子）
    - 某
    - 実仁《さねひと》親王（母・源基子。皇太子となるも夭折）
    - 輔仁《すけひと》親王（母同前。妃・源師忠女、源行宗女。室・源政長女、源義家女）
      - 信證《しんしょう》（僧）
      - 有仁《ありひと》（源姓。左大臣）
      - 守子《しゅし》内親王
      - 怡子《はるこ》内親王
      - 仁操（僧）
        - 某女（後白河天皇後宮）
      - 行恵（僧）
        - 円暁
    - 有佐《ありすけ》（母・美濃守経国女。藤原顕綱養子）
    - 某女（母・馨子内親王）
  - 祐子《すみこ》内親王（母・藤原嫄子）
  - 禖子《みわこ》内親王（母同前）
  - 正子《まさこ》内親王（母・藤原延子）

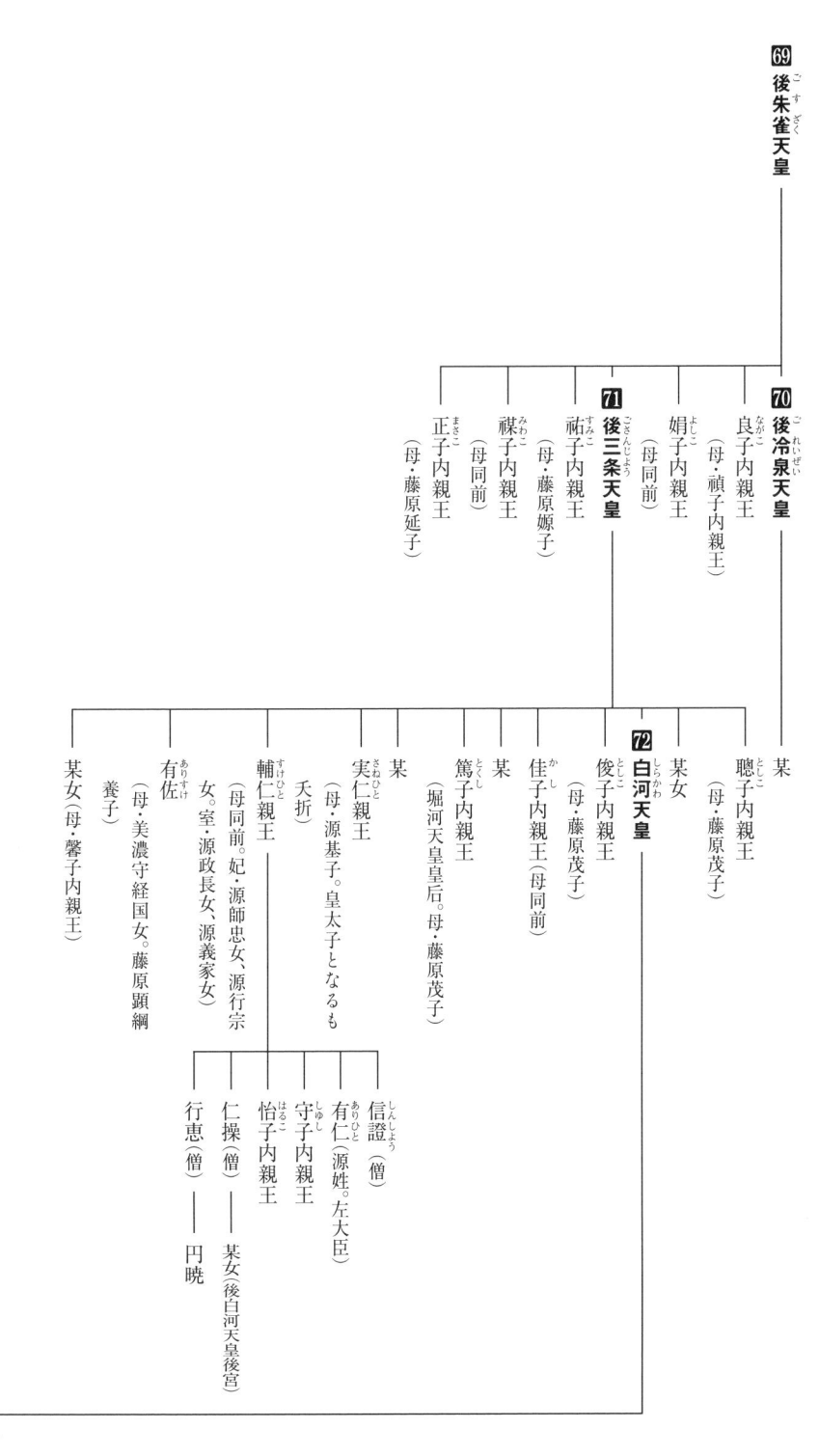

敦文《あつふみ》親王（母・藤原賢子）

覚行《かくぎょう》 親王（母・藤原経子）

媞子《ていし》内親王（母・藤原賢子。同母弟堀河天皇准母・中宮。院号・郁芳門院）

善子《よしこ》内親王（母・藤原道子）

令子《よしこ》内親王（母・藤原賢子。＊11）

**73 堀河《ほりかわ》天皇**

禎子《さねこ》内親王（母・藤原賢子）

官子《かんし》内親王（母・源盛子）

覚法《かくほう》親王（母・源師子）

侚子《あやこ》内親王（恂子、姰子とも。母・藤原季実女）

悰子《やすこ》内親王（母・源仁子）

**74 鳥羽《とば》天皇**

寛暁《かんぎょう》（母・藤原宗子。僧）

最雲《さいうん》親王（母・藤原時経女）

喜子《よしこ》内親王（母未詳）

懐子《かいし》内親王（母未詳）

聖恵《せいけい》親王（母・藤原師兼女）

行慶《ぎょうけい》（母・源政長女。僧）

円行《えんぎょう》（母・源有宗女。僧）

静證《じょうしょう》（母・源顕房女。僧）

**75 崇徳《すとく》天皇**

禧子《よしこ》内親王（母・藤原璋子）

通仁《みちひと》親王（母同前）

君仁《きみひと》親王（母同前）

統子《むねこ》内親王（母同前。後白河天皇准母として皇后宮と称される。院号・上西門院）

本仁《もとひと》親王（覚性親王。母・藤原璋子）

**77 後白河《ごしらかわ》天皇**〈第四部へ〉

道恵《どうえ》親王（母・紀光清女）

姸子《よしこ》内親王（母・藤原家政女）

覚快《かくかい》親王（母・紀光清女）

叡子《としこ》内親王（母・藤原得子）

真誉《しんよ》（母・橘俊綱女。僧）

重仁《しげひと》親王（母・源行宗養女）

覚恵《かくえ》（母・源師経女。僧）

暲子《あきこ》内親王（母・藤原得子。院号・八条院）

**76 近衛《このえ》天皇**（皇子女なし）

姝子《よしこ》内親王（二条天皇皇后。母・藤原得子。院号・高松院）

頌子《のぶこ》内親王（母・藤原実能女）

最忠《さいちゅう》 親王（母・藤原璋子）

某女

某女

＊11 嘉承2年（1107）鳥羽天皇即位にともない、准母として尊称皇后となる。のち太皇太后。

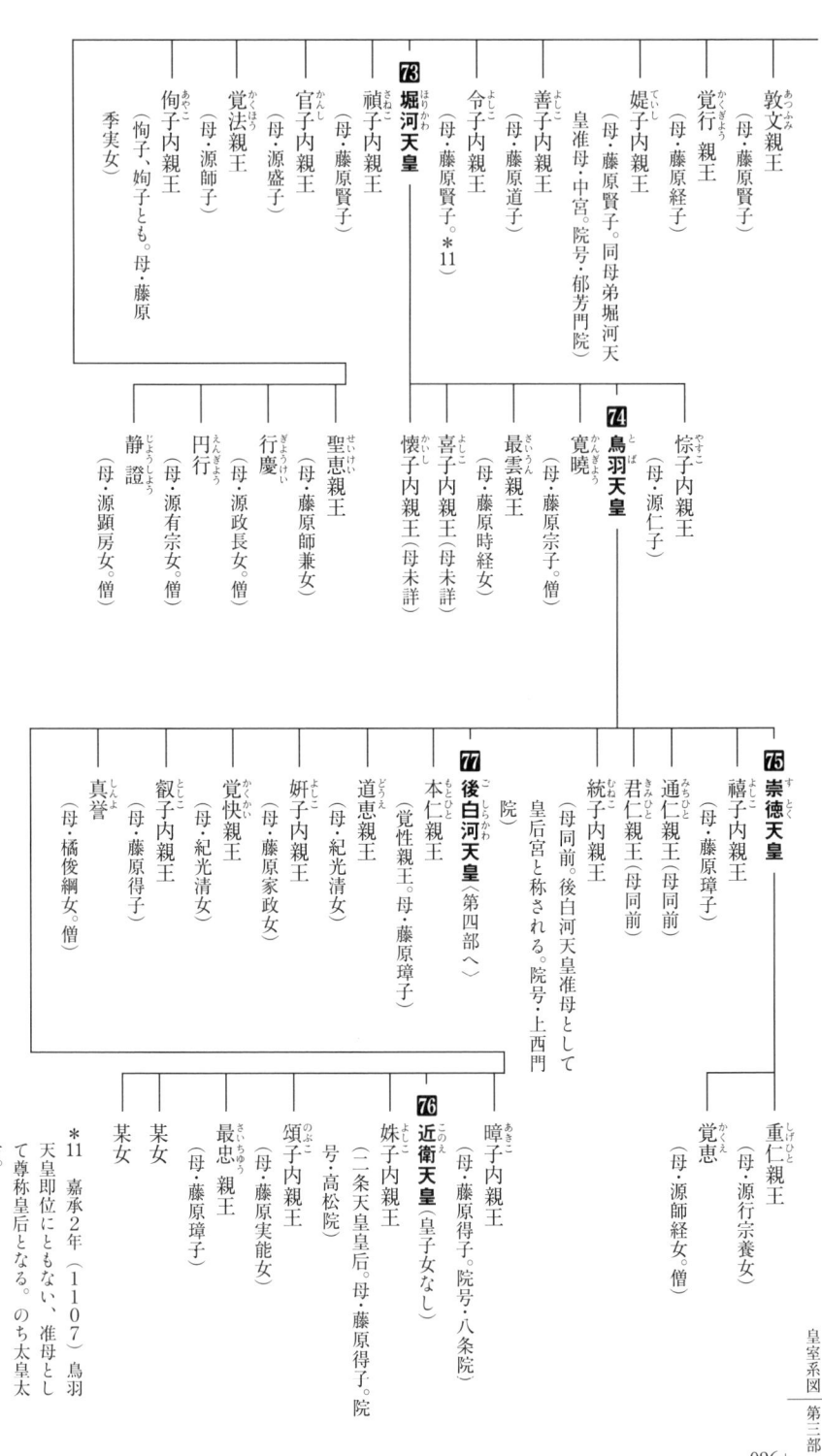

# 付図＝藤原氏略系図

- 藤原鎌足《ふじわらのかまたり》（内大臣）
  - 不比等《ふひと》（右大臣）
    - 武智麻呂《むちまろ》（南家。左大臣）
      - 豊成《とよなり》（右大臣）
        - 継縄《つぐただ》（右大臣）
          - 乙叡《おとあき》
            - 貞雄《さだお》（貞頎）
              - 清貫《きよつら》
              - 保則《やすのり》
            - 平子《へいし》（桓武天皇後宮）
        - 乙縄《おとただ》
        - 縄麻呂《ただまろ》
      - 仲麻呂《なかまろ》（恵美押勝。大師）
      - 巨勢麻呂《こせまろ》
        - 真作《まつくり》
          - 三守《みもり》（右大臣）
            - 仲統《なかむね》
            - 貞子《ていし》（仁明天皇女御）
        - 黒麻呂《くろまろ》
          - 春継《はるつぐ》
            - ○
              - 菅根《すがね》
                - 元方《もとかた》
                  - 祐姫《すけひめ》（村上天皇更衣）
                - 淑姫《よしひめ》（醍醐天皇更衣）
        - 貞嗣《さだつぐ》
          - 高仁《たかひと》
            - 保蔭《やすかげ》
              - 道明《みちあき》
                - 尹文《まさふみ》
                  - 永頼《ながより》
                    - 能通《よしみち》
                      - 実範《さねのり》
                        - 季綱《すえつな》
                          - 実兼《さねかね》
                            - 通憲《みちのり》（信西）
                              - 成範《しげのり》
                                - 小督局《こごうのつぼね》（高倉天皇後宮）
      - 乙麻呂《おとまろ》
        - 是公《これきみ》
          - 吉子《よしこ》（桓武天皇夫人）
    - 房前《ふささき》（北家。内臣）
      - 鳥養《とりかい》
        - 小黒麻呂《おぐろまろ》（右大臣）
          - 葛野麻呂《かどのまろ》
            - 常嗣《つねつぐ》
            - 氏宗《うじむね》（右大臣）
          - 上子《じょうし》（桓武天皇後宮）
      - 永手《ながて》（左大臣）
        - 曹子《そうし》（光仁天皇夫人）
      - 真楯《またて》
        - 内麻呂《うちまろ》（右大臣）
          - 緒夏《おなつ》（嵯峨天皇夫人）
          - 真夏《まなつ》
          - 冬嗣《ふゆつぐ》（左大臣）
          - 大津《おおつ》
            - 良縄《よしただ》
          - 愛発《ちかなり》
      - 清河《きよかわ》
      - 魚名《うおな》（左大臣）〈１０２ページⒶへ〉
      - 御楯《みたて》
      - 楓麻呂《かえでまろ》
        - 園人《そのひと》（右大臣）
      - 某女（聖武天皇夫人）
  - 定恵《じょうえ》（僧）
  - 氷上娘《ひかみのいらつめ》（天武天皇夫人）
  - 五百重娘《いおえのいらつめ》（天武天皇夫人）

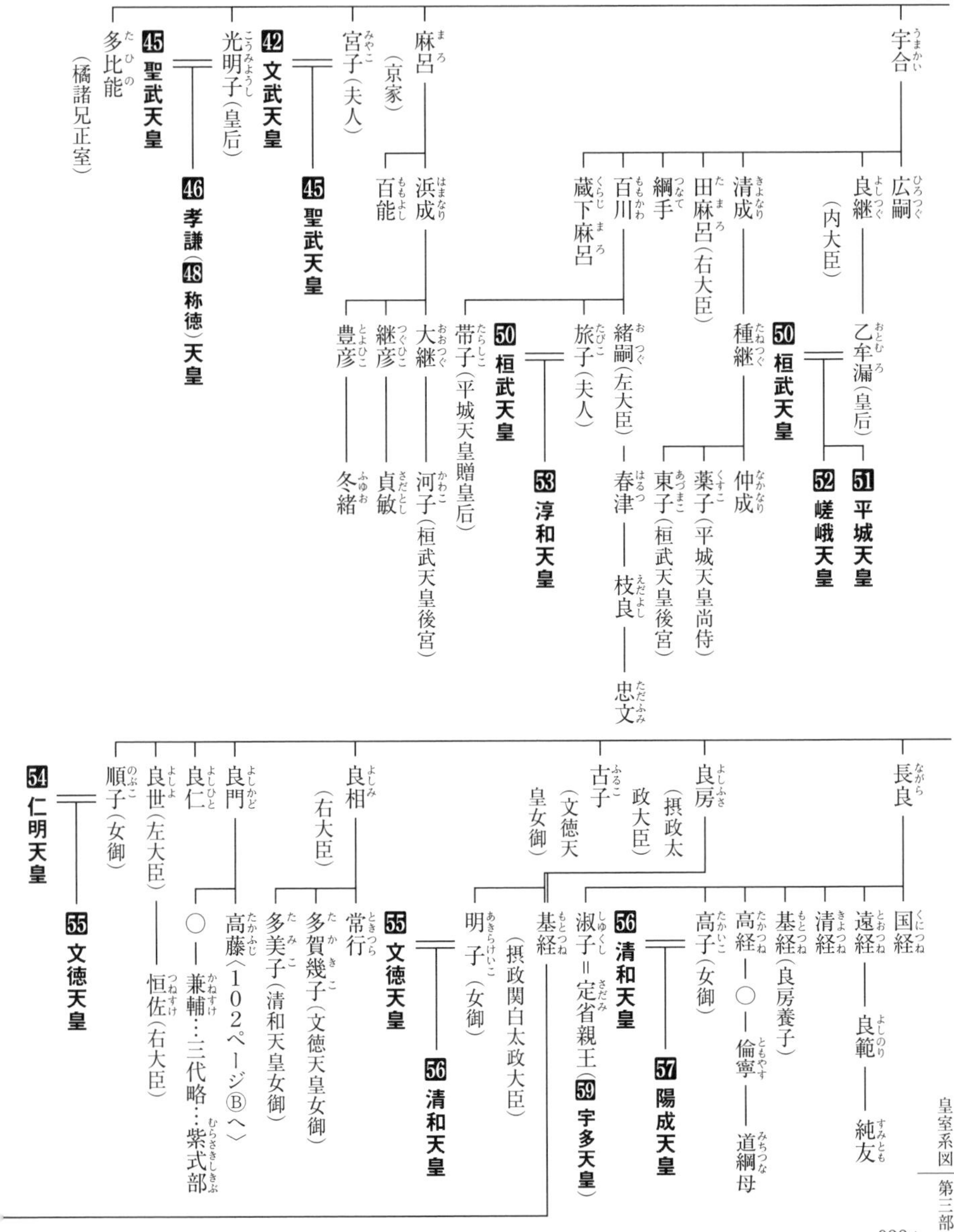
宇合《うまかい》
広嗣《ひろつぐ》
良継《よしつぐ》（内大臣）
乙牟漏《おとむろ》（皇后）
50 桓武天皇
51 平城天皇
52 嵯峨天皇
清成《きよなり》
種継《たねつぐ》
仲成《なかなり》
薬子《くすこ》（平城天皇尚侍）
東子《あづまこ》（桓武天皇後宮）
田麻呂《たまろ》（右大臣）
綱手《つなて》
百川《ももかわ》
緒嗣《おつぐ》（左大臣）
春津《はるつ》
枝良《えだよし》
忠文《ただふみ》
旅子《たびこ》（夫人）
50 桓武天皇
53 淳和天皇
帯子《たらしこ》（平城天皇贈皇后）
蔵下麻呂《くらじまろ》
麻呂《まろ》（京家）
浜成《はまなり》
大継《おおつぐ》
河子《かわこ》（桓武天皇後宮）
継彦《つぐひこ》
貞敏《さだとし》
豊彦《とよひこ》
冬緒《ふゆお》
百能《ももよし》
宮子《みやこ》（夫人）
42 文武天皇
45 聖武天皇
光明子《こうみょうし》（皇后）
45 聖武天皇
46 孝謙（48 称徳）天皇
多比能《たひの》（橘諸兄正室）
長良《ながら》
国経《くにつね》
遠経《とおつね》
良範《よしのり》
純友《すみとも》
清経《きよつね》
基経《もとつね》（良房養子）
高経《たかつね》
○
倫寧《ともやす》
道綱母《みちつな》
高子《たかいこ》（女御）
56 清和天皇
57 陽成天皇
淑子《しゅくし》＝定省親王《さだみ》（59 宇多天皇）
良房《よしふさ》（摂政太政大臣）
基経《もとつね》（摂政関白太政大臣）
明子《あきらけいこ》（女御）
55 文徳天皇
56 清和天皇
古子《ふるこ》（文徳天皇女御）
良相《よしみ》（右大臣）
常行《ときつら》
多賀幾子《たかきこ》（文徳天皇女御）
多美子《たみこ》（清和天皇女御）
良門《よしかど》
高藤《たかふじ》〈102ページⒷへ〉
○
兼輔《かねすけ》…三代略…紫式部《むらさきしきぶ》
良仁《よしひと》
良世《よしよ》（左大臣）
恒佐《つねすけ》（右大臣）
順子《のぶこ》（女御）
54 仁明天皇
55 文徳天皇

- 時平《ときひら》（左大臣）
  - 敦忠《あつただ》
  - 女（敦実親王室）
  - 保忠《やすただ》＝頼忠《よりただ》
  - 顕忠《あきただ》（右大臣）
  - 褒子《よしこ》（宇多天皇後宮）
- 兼平《かねひら》
- 仲平《なかひら》（左大臣）
- 忠平《ただひら》（摂政関白太政大臣）
  - 実頼《さねより》（摂政関白太政大臣）
    - 敦敏《あつとし》
      - 佐理《すけまさ》
    - 頼忠《よりただ》（関白太政大臣。保忠養子）
      - 公任《きんとう》
        - 定頼《さだより》
          - 経家《つねいえ》
      - 遵子《じゅんし》（円融天皇皇后）
      - 諟子《ただこ》（花山天皇女御）
    - 慶子《よしこ》（朱雀天皇女御）
    - 斉敏《ただとし》
      - 実資《さねすけ》（右大臣）
      - 懐平《かねひら》
        - 経任《つねとう》
        - 経通《つねみち》
        - 資平《すけひら》（実資養子）
    - 述子《のぶこ》（村上天皇女御）
  - 師輔《もろすけ》（右大臣）
    - 伊尹《これただ》（摂政太政大臣）
      - 義孝《よしたか》
        - 行成《ゆきなり》
          - 行経《ゆきつね》
      - 義懐《よしちか》
      - 懐子《ちかこ》（女御）＝ **63 冷泉天皇**
        - **65 花山天皇**
    - 兼通《かねみち》（関白太政大臣）
      - 顕光《あきみつ》
        - 元子《げんし》（一条天皇女御）
        - 延子《えんし》（小一条院女御）
      - 時光《ときみつ》
      - 朝光《あさてる》
        - 姚子《よしこ》（花山天皇女御）
      - 媓子《こうし》（円融天皇皇后）
    - 兼家《かねいえ》（摂政関白太政大臣）
    - 為光《ためみつ》（太政大臣）
      - 斉信《ただのぶ》
        - 経任《つねとう》
      - 公信《きんのぶ》
      - 忯子《よしこ》（花山天皇女御）
    - 高光《たかみつ》
    - 公季《きんすえ》〈102ページⒸへ〉
    - 遠量《とおかず》
    - 安子《あんし》（皇后）＝ **62 村上天皇**
      - **63 冷泉天皇**
      - 為平《ためひら》親王
      - **64 円融天皇**
    - 登子《なりこ》（村上天皇後宮）
    - 怤子《よしこ》（冷泉天皇女御）
  - 女（保明親王室）
  - 師氏《もろうじ》
  - 師尹《もろただ》（左大臣）
    - 済時《なりとき》
      - 娍子《せいし》（皇后）＝ **67 三条天皇**
        - 敦明《あつあきら》親王
        - 敦儀《あつのり》親王
        - 敦平《あつひら》親王
        - 師明《もろあきら》親王（性信親王）
    - 芳子《よしこ》（村上天皇女御）
    - 定時《さだとき》
      - 実方《さねかた》
- 頼子《よりこ》（清和天皇女御）
- 佳珠子《かずこ》（清和天皇女御）
- 温子《よしこ》（宇多天皇女御）
- 穏子《やすこ》（皇后）＝ **60 醍醐天皇**
  - 保明《やすあきら》親王（皇太子）
  - **61 朱雀天皇**
  - **62 村上天皇**

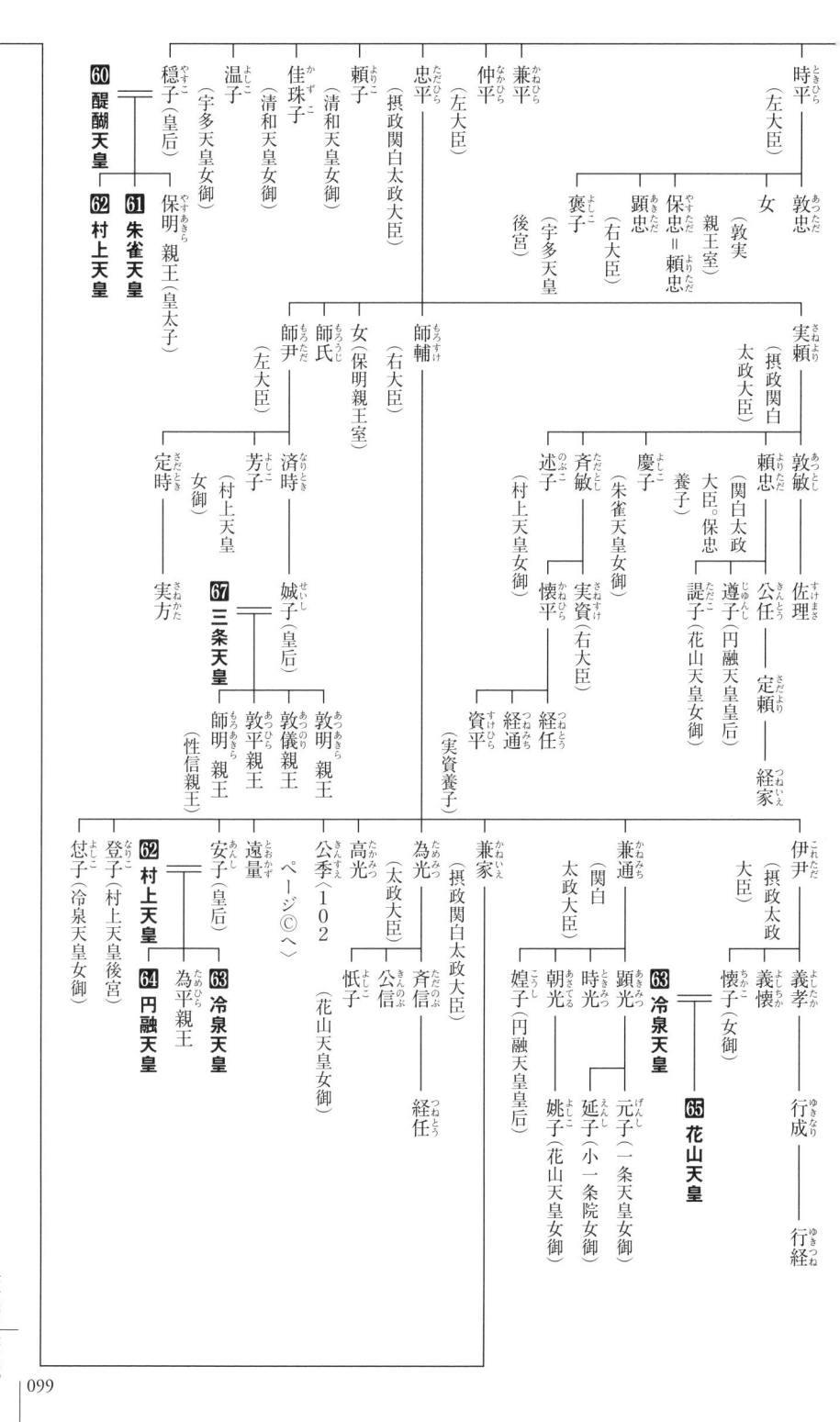

- 道隆《みちたか》（摂政関白太政大臣）
  - 伊周《これちか》（内大臣）― 道雅
  - 隆家《たかいえ》〈103ページⒹへ〉
  - 定子《ていし》（皇后）＝ 66 一条天皇
    - 敦康親王
  - 原子《もとこ》（三条天皇後宮）
- 道兼《みちかね》（関白右大臣）
  - 兼隆《かねたか》
  - 尊子《そんし》（一条天皇女御）
- 道綱《みちつな》
- 道長《みちなが》（摂政太政大臣）
  - 頼通《よりみち》（摂政関白太政大臣）
    - 師実《もろざね》（摂政関白太政大臣）
      - 師通《もろみち》（関白内大臣）
        - 忠実《ただざね》（摂政関白太政大臣）
          - 忠通《ただみち》（摂政関白太政大臣）
          - 頼長《よりなが》（左大臣）
            - 兼長《かねなが》
            - 師長《もろなが》（太政大臣）
            - 多子《まさるこ》（近衛天皇皇后、ついで二条天皇後宮）
          - 泰子《やすこ》（鳥羽天皇皇后）
        - 家政《いえまさ》― 三条局（鳥羽天皇更衣）
      - 家忠《いえただ》〈103ページⒻへ〉
      - 経実《つねざね》（大炊御門祖）
        - 経宗《つねむね》（左大臣）― 頼実《よりざね》（太政大臣）
        - 懿子《よしこ》（贈皇太后。源有仁養女）＝ 77 後白河天皇
          - 78 二条天皇
      - 忠教《ただのり》（難波飛鳥井祖）
      - 賢子《けんし》（皇后）＝ 72 白河天皇
        - 73 堀河天皇
      - 能実《よしざね》
    - 通房《みちふさ》
    - 寛子《かんし》（後冷泉天皇皇后）
    - 嫄子《げんし》（後朱雀天皇皇后）
  - 頼宗《よりむね》（右大臣）
    - 兼頼《かねより》
    - 俊家《としいえ》〈103ページⒺへ〉
    - 能長《よしなが》（能信養子）
    - 延子《えんし》（後朱雀天皇女御）
    - 昭子《あきこ》（後三条天皇女御）
  - 能信《よしのぶ》
    - 能長《よしなが》（内大臣）― 道子《みちこ》（白河天皇女御）
    - 茂子《もし》（贈皇太后）＝ 71 後三条天皇
      - 72 白河天皇
      - 篤子《とくし》内親王（堀河天皇皇后）
- 超子《とおこ》（女御）＝ 63 冷泉天皇
  - 67 三条天皇
- 詮子《あきこ》（女御）＝ 64 円融天皇
  - 66 一条天皇
- 綏子《すいし》（三条天皇東宮時代の妃）

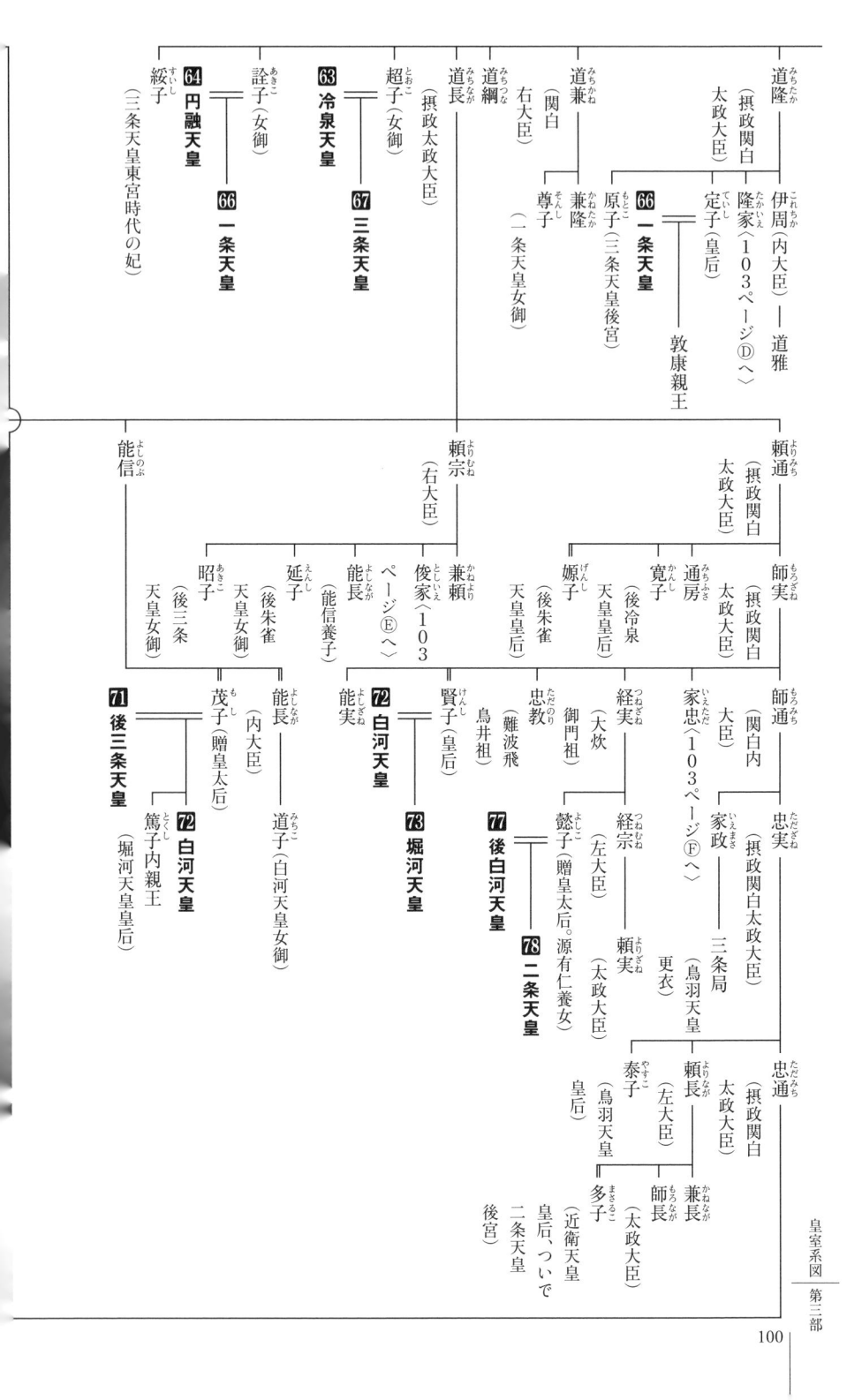

基実《もとざね》（近衛祖。摂政関白 太政大臣）― 基通《もとみち》（摂政関白 内大臣）― 家実《いえざね》（摂政関白 太政大臣）
　― 忠良《ただよし》（粟田口祖）― 家良《いえよし》（内大臣）

慈円《じえん》（僧）

基房《もとふさ》（松殿祖。摂政関白 太政大臣）
　― 隆忠《たかただ》（左大臣）
　― 師家《もろいえ》（摂政内大臣）
　― 忠房《ただふさ》
　― 家房《いえふさ》

兼実《かねざね》（九条祖。摂政関白 太政大臣）― 任子《にんし》（後鳥羽天皇皇后。院号・宜秋門院）

兼房《かねふさ》（太政大臣）― 兼長《かねなが》

聖子《きよこ》（崇徳天皇皇后）

育子《むねこ》（二条天皇皇后）

呈子《しめこ》（近衛天皇皇后）

顕信《あきのぶ》

教通《のりみち》（関白太政大臣）
　― 信長《のぶなが》（太政大臣）
　― 真子《しんし》
　― 生子《せいし》（後朱雀天皇女御）
　― 歓子《よしこ》（後冷泉天皇皇后）

長家《ながいえ》― 忠家《ただいえ》― 俊忠《としただ》― 俊成《としなり》― 定家《さだいえ》― 為家《ためいえ》

彰子《あきこ》（皇后）＝ **66 一条天皇**
　― **68 後一条天皇**
　― **69 後朱雀天皇**

妍子《けんし》（皇后）＝ **67 三条天皇**
　― 禎子内親王《よしこ》（皇后）＝ **69 後朱雀天皇**
　　― **71 後三条天皇**

威子《たけこ》（皇后）＝ **68 後一条天皇**
　― 章子内親王《しょうし》（後冷泉天皇皇后）
　― 馨子内親王《けいし》（後三条天皇皇后）

嬉子《きし》（尚侍）＝ **69 後朱雀天皇**
　― **70 後冷泉天皇**

寛子《かんし》（小一条院女御）

尊子《そんし》

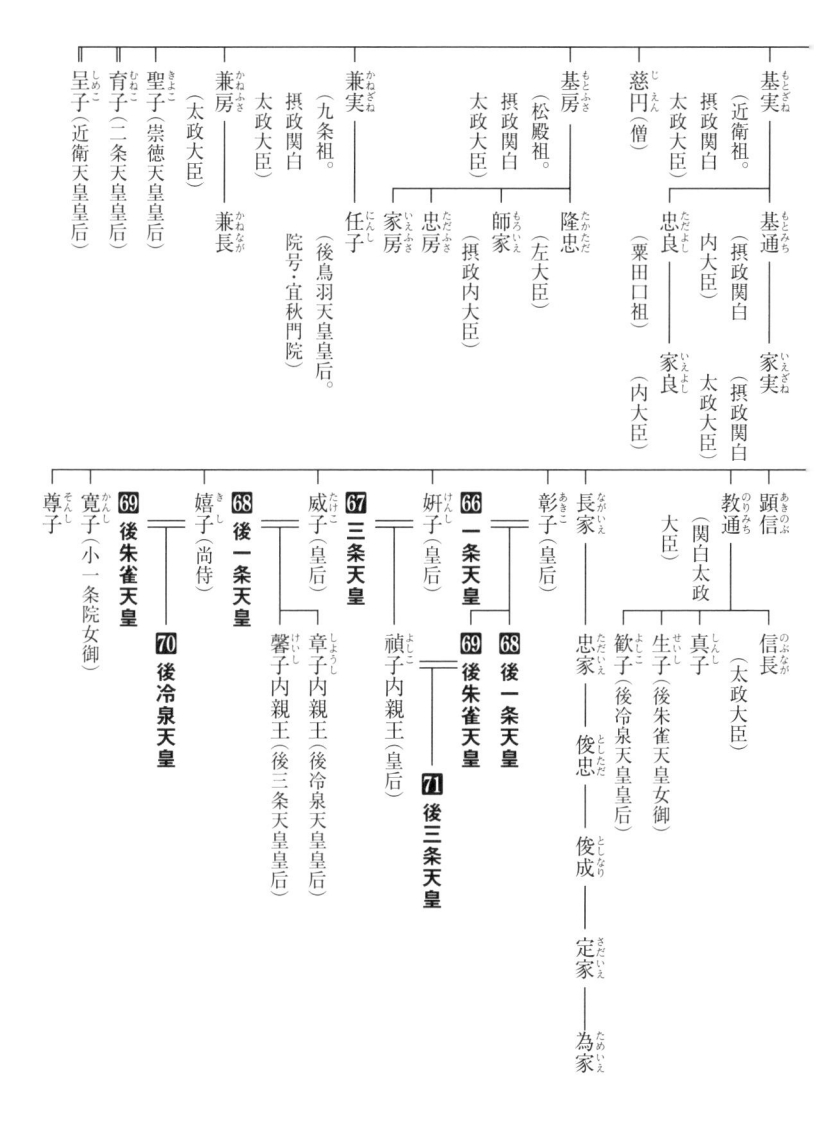

- Ⓐ魚名《うおな》
  - 鷲取《わしとり》
    - 藤嗣《ふじつぐ》……三大略……在衡《ありひら》（左大臣）
    - 小屎《おくそ》（桓武天皇夫人）
  - 末茂《すえしげ》（四条流祖）
    - 総継《ふさつぐ》
      - 直道《なおみち》
        - 連永《つらなが》
          - 鮮子《せんし》（醍醐天皇更衣）
        - 連茂《つらしげ》……四代略……顕季《あきすえ》
          - 長実《ながざね》
            - 得子《なりこ》（皇后）＝**74 鳥羽天皇**
          - 家保《いえやす》
            - 家成《いえなり》
              - 成親《なりちか》
                - 成経《なりつね》
              - 隆季《たかすえ》
              - 師光《もろみつ》（僧西光）
          - 顕輔《あきすけ》
            - 清輔《きよすけ》
      - 沢子《さわこ》（女御）＝**54 仁明天皇**
        - **58 光孝天皇**

- Ⓑ高藤《たかふじ》（勧修寺祖。内大臣）
  - 定国《さだくに》
    - 和香子《わかこ》（醍醐天皇女御）
  - 定方《さだかた》（右大臣）
    - 朝忠《あさただ》
    - 朝頼《あさより》
      - 為輔《ためすけ》
        - 宣孝《のぶたか》
          - 隆光《たかみつ》
            - 隆方《たかかた》
              - 光子《みつこ》
              - 為房《ためふさ》
                - 為隆《ためたか》
                - 顕隆《あきたか》
                  - 顕頼《あきより》
                    - 光頼《みつより》
                    - 惟方《これかた》
                  - 顕長《あきなが》
                    - 長方《ながかた》
    - 能子（醍醐天皇女御、のち実頼室）
  - 胤子《たねこ》（贈皇太后）＝**59 宇多天皇**
    - **60 醍醐天皇**

- Ⓒ公季《きんすえ》（閑院祖。太政大臣）
  - 実成
    - 公成
      - 実季《さねすえ》
        - 公実《きんざね》
          - 実行《さねゆき》（太政大臣）
            - 公教《きんのり》（内大臣）
              - 実国《さねくに》
              - 実房《さねふさ》（左大臣）
                - 公房《きんふさ》（太政大臣）
              - 琮子《たまこ》（後白河天皇女御）
          - 実能《さねよし》（徳大寺祖。左大臣）
            - 公能《きんよし》（右大臣）
              - 実定《さねさだ》（左大臣）
              - 忻子《よしこ》（後白河天皇皇后）
              - 多子《まさるこ》（近衛天皇皇后、のち二条天皇後宮）
            - 育子《むねこ》（二条天皇皇后）
          - 璋子《たまこ》（皇后）＝**74 鳥羽天皇**
            - **75 崇徳天皇**
        - 苡子《いし》（女御）＝**73 堀河天皇**
          - **74 鳥羽天皇**
      - 茂子《もし》（贈皇太后。能信養女）＝**71 後三条天皇**
        - **72 白河天皇**
  - 義子《ぎし》（一条天皇女御）

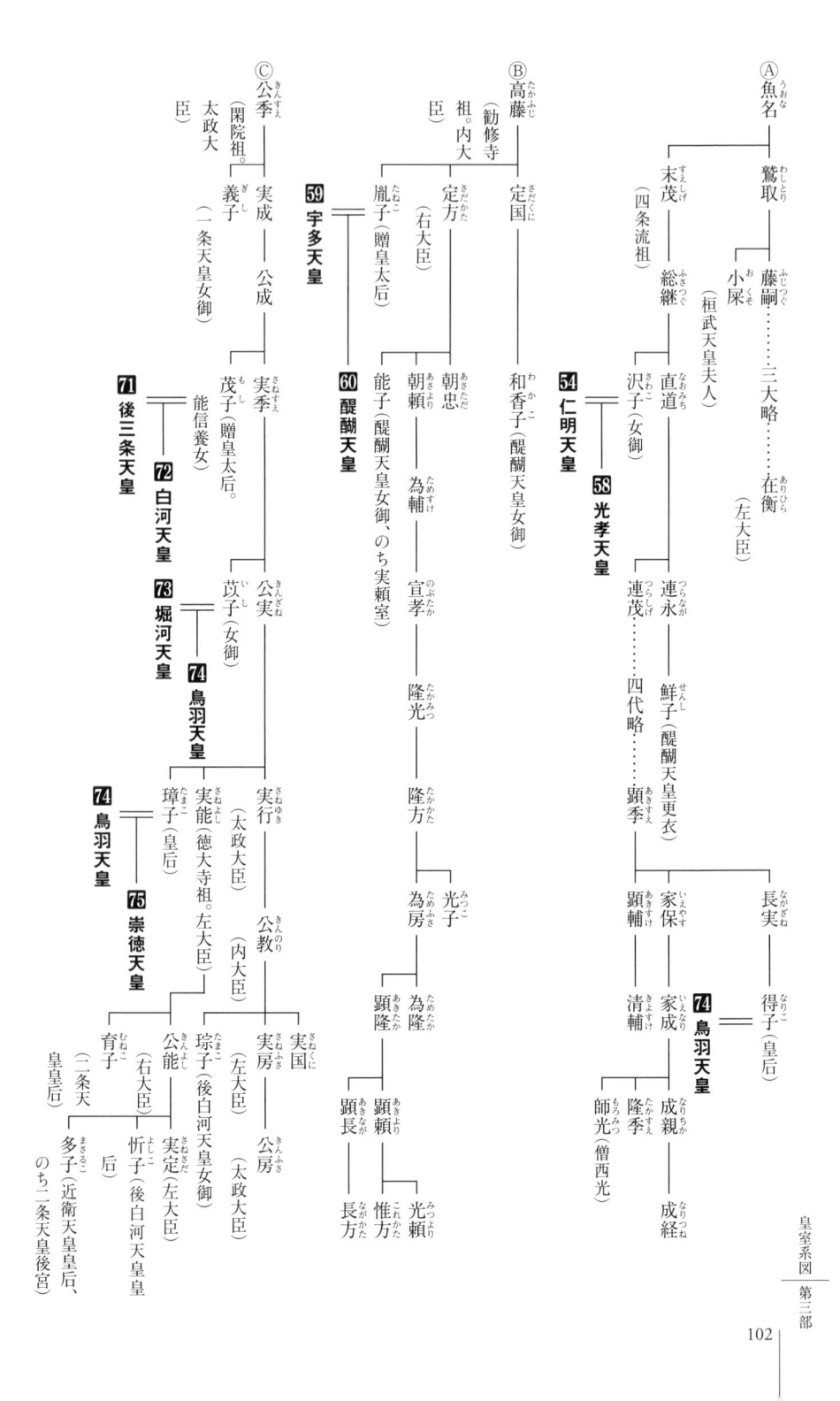

- Ⓓ 隆家《たかいえ》
  - 経輔《つねすけ》
    - 師家《もろいえ》
      - 家範《いえのり》
        - 基隆《もとたか》
          - 忠隆《ただたか》
            - 信頼《のぶより》
    - 師信《もろのぶ》
      - 経忠《つねただ》
        - 信輔《のぶすけ》
          - 信隆《のぶたか》
            - 殖子《たねこ》（典侍）＝ **80 高倉天皇**
              - **82 後鳥羽天皇**
            - 信清《のぶきよ》（内大臣）
              - 忠信

- Ⓔ 俊家《としいえ》（右大臣）
  - 宗俊《むねとし》（中御門祖）
    - 宗忠《むねただ》（右大臣）
      - 宗能《むねよし》（内大臣）
    - 宗輔《むねすけ》（太政大臣）
  - 宗通《むねみち》
    - 伊通《これみち》（太政大臣）
      - 呈子《しめこ》（近衛天皇皇后。藤原忠通養女）
    - 重通《しげみち》

- Ⓕ 家忠《いえただ》（花山院祖。左大臣）
  - 忠宗《ただむね》
    - 忠雅《ただまさ》（太政大臣）
      - 兼雅《かねまさ》（左大臣）
        - 忠経《ただつね》（右大臣）
    - 忠親《ただちか》（内大臣）

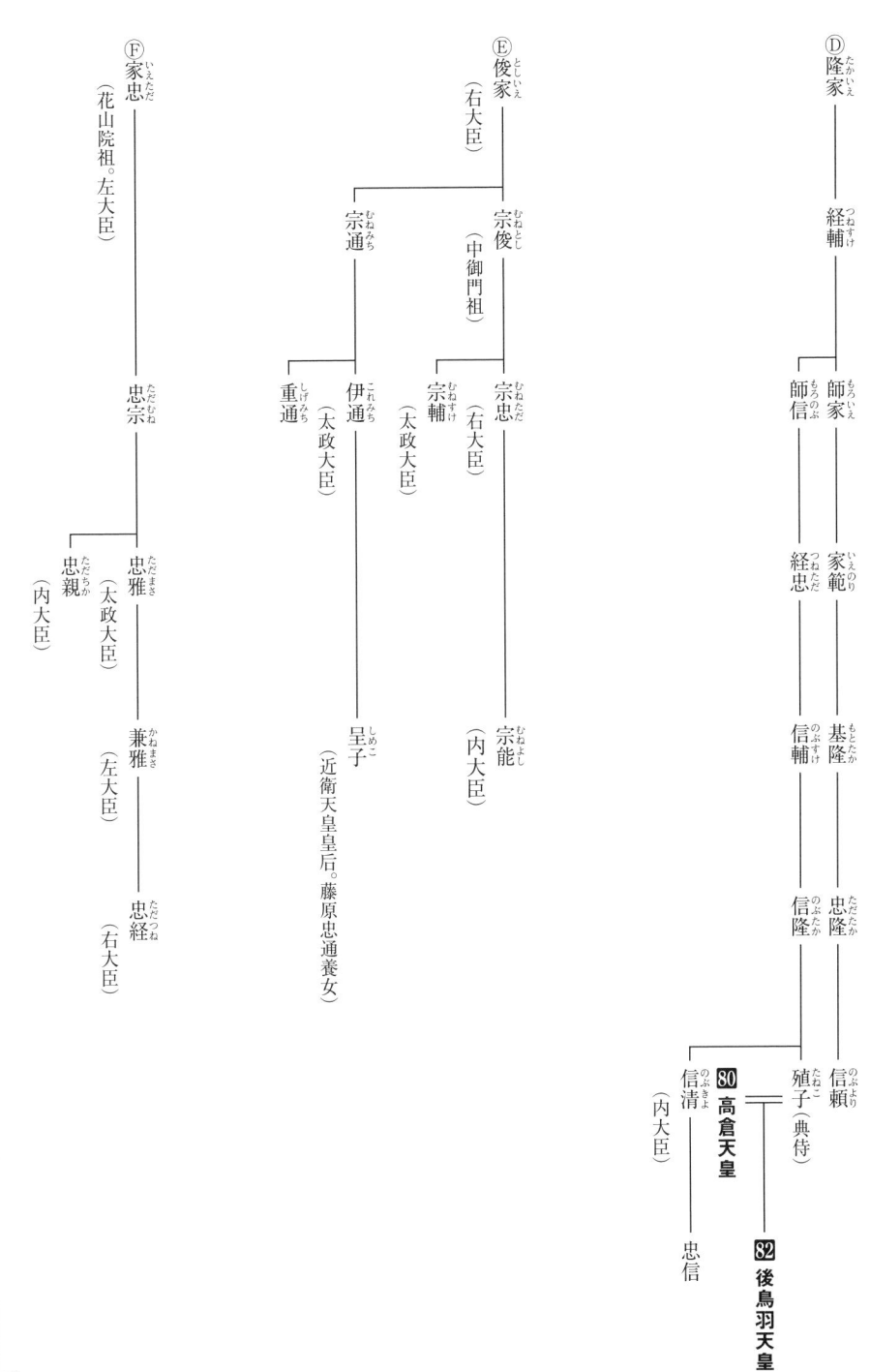

# 第四部　皇室系図――77後白河天皇――106正親町天皇

**77 後白河《ごしらかわ》天皇**

- **78 二条《にじょう》天皇**
  - 僐子《よしこ》内親王（母・中原師元女）
  - 尊恵《そんえ》（母・源光成女。僧）
  - **79 六条《ろくじょう》天皇**（配偶者なし）
- 亮子《すけこ》内親王（安徳・後鳥羽天皇の准母・皇后宮。母・藤原成子。院号・殷富門院）
- 好子《よしこ》内親王（母同前）
- 守覚《しゅかく》親王（母同前）
- 以仁王《もちひとおう》（母同前。妃・藤原氏、平氏、藤原氏）
  - 某（妃・藤原氏）
  - 真性（僧）
  - 道性（僧）
  - 某女
  - 道尊（僧）
  - 法円（僧）
  - 仁誉（僧）
- 式子《のりこ》内親王（母同前）
- 円恵《えんえ》親王（母・大江重信女）
- 定恵《じょうえ》親王（母同前）
- 休子《やすこ》内親王（母・源信宗女）
- 惇子《あつこ》内親王（母・藤原公能女）
- 恒恵《ごうえ》（母・大江信重女。僧）
- **80 高倉《たかくら》天皇**
- 静恵《じょうえ》親王（母・丹波局）
- 道法《どうほう》親王（母・仁操女）
- 承仁《しょうにん》親王（母同前）
- 真禎《しんてい》（母同前。僧）
- 覲子《あきこ》内親王（母・高階栄子。院号・宣陽門院）

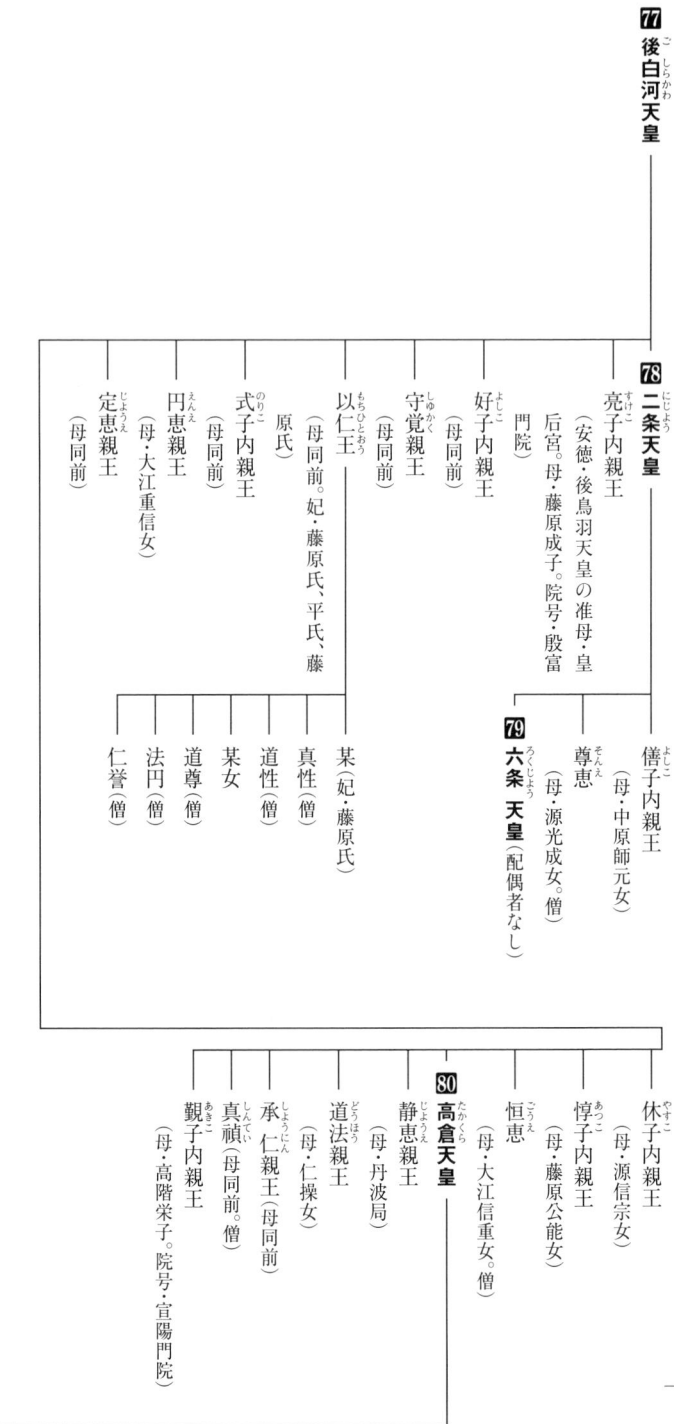

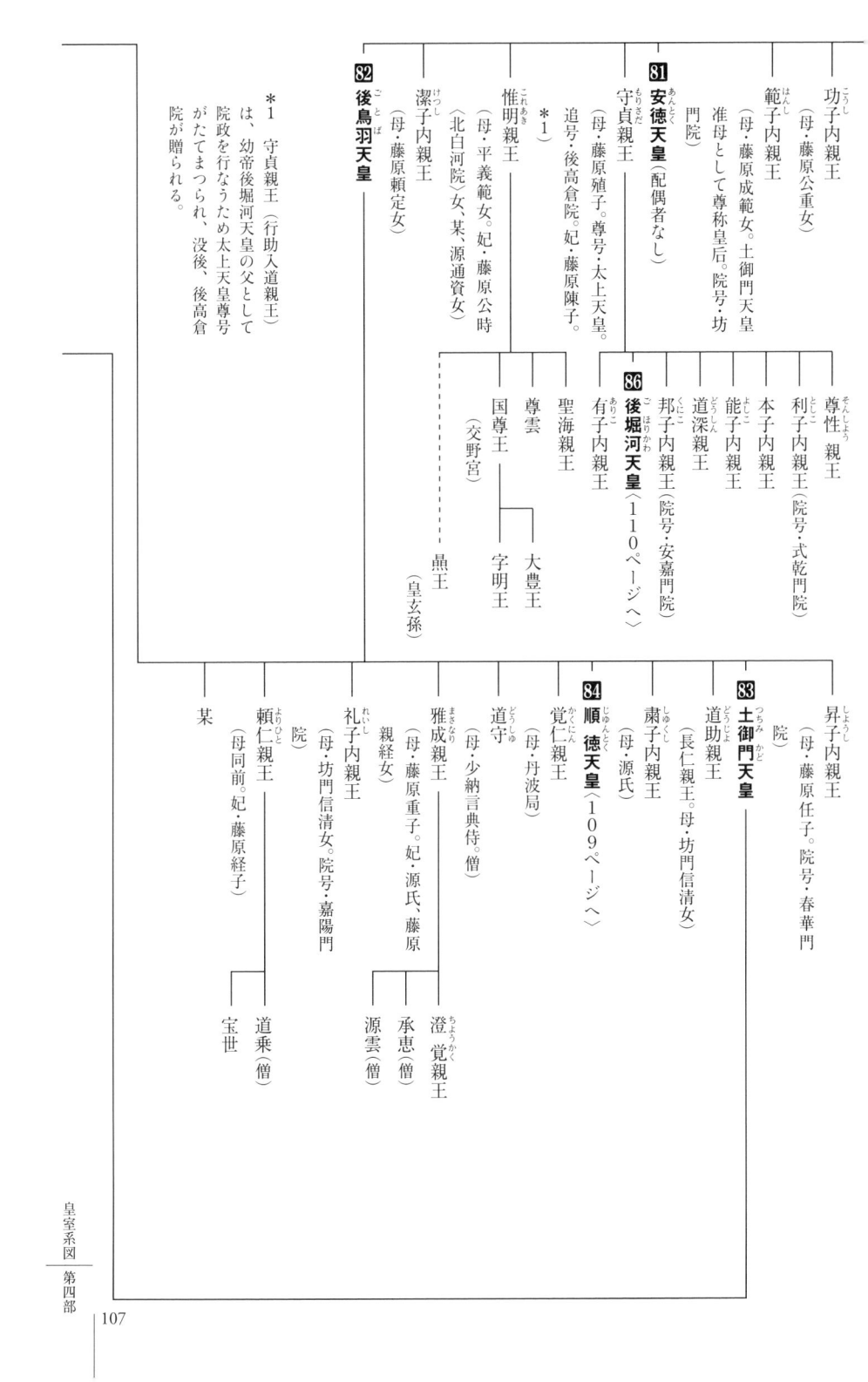

功子《こうし》内親王（母・藤原公重女）

範子《はんし》内親王（母・藤原成範女。土御門天皇准母として尊称皇后。院号・坊門院）

**81** **安徳《あんとく》天皇**（配偶者なし）

守貞《もりさだ》親王（母・藤原殖子。尊号・太上天皇。追号・後高倉院。妃・藤原陳子。＊1）

尊性《そんしょう》親王

利子《としこ》内親王（院号・式乾門院）

本子内親王

能子《よしこ》内親王

道深《どうしん》親王

邦子《くにこ》内親王（院号・安嘉門院）

**86** **後堀河《ごほりかわ》天皇**〈110ページへ〉

有子《ありこ》内親王

惟明《これあき》親王（母・平義範女。妃・藤原公時〈北白河院〉女、某、源通資女）

聖海親王

尊雲

国尊王（交野宮）

大豊王

字明王

鼎王（皇玄孫）

潔子《けつし》内親王（母・藤原頼定女）

**82** **後鳥羽《ごとば》天皇**

＊1　守貞親王（行助入道親王）は、幼帝後堀河天皇の父として院政を行なうため太上天皇尊号がたてまつられ、没後、後高倉院が贈られる。

昇子《しょうし》内親王（母・藤原任子。院号・春華門院）

**83** **土御門《つちみかど》天皇**

道助《どうじょ》親王（長仁親王。母・坊門信清女）

粛子《しゅくし》内親王（母・源氏）

**84** **順徳《じゅんとく》天皇**〈109ページへ〉

覚仁《かくにん》親王（母・丹波局）

道守《どうしゅ》（母・少納言典侍。僧）

雅成《まさなり》親王（母・藤原重子。妃・源氏、藤原親経女）

澄覚《ちょうかく》親王

承恵（僧）

源雲（僧）

礼子《れいし》内親王（母・坊門信清女。院号・嘉陽門院）

頼仁《よりひと》親王（母同前。妃・藤原経子）

道乗（僧）

宝世

某

某女（母未詳）
尊快《そんかい》親王（母・藤原重子）
道覚《どうかく》親王（母・尾張）
煕子《ひろこ》内親王（母・右衛門督）
尊円《そんえん》親王（母・藤原定能女）
覚誉《かくよ》（母・姫法師。僧）
道伊《どうい》（母同前。僧）
道縁《どうえん》（母同前。僧）
行超《ぎょうちょう》（母・藤原定能女。僧）

道仁《どうにん》親王（母・高階氏）
尊守《そんしゅ》親王（母・尾張局）
春子《はるこ》女王（母・源通子）
覚子《あきこ》内親王（母同前。院号・正親町院）
仁助《にんじょ》親王（母同前）
静仁《ちかひと》親王（母同前）
尊助《そんじょ》親王（母・法印尋恵女）
88 **後嵯峨《ごさが》天皇**〈110ページへ〉
諄子《あつこ》内親王（母・僧都証遍女）
道円《どうえん》親王（母・法印定勝女）

曦子《てるこ》内親王（後嵯峨天皇准母として尊称皇后。母・源有雅女。院号・仙華門院）
最仁《さいにん》親王（母・法眼円誉女）
増仁（母・律師証遍女。僧）
秀子《ひでこ》女王（母・源貞光女）
知子《ともこ》女王（母・藤原範光女）
信子《のぶこ》女王（母・法印定勝女）
是子女王（母・尾張局）
某女（母・高階氏）

懐尊（母未詳。僧）
寂恵（母未詳）

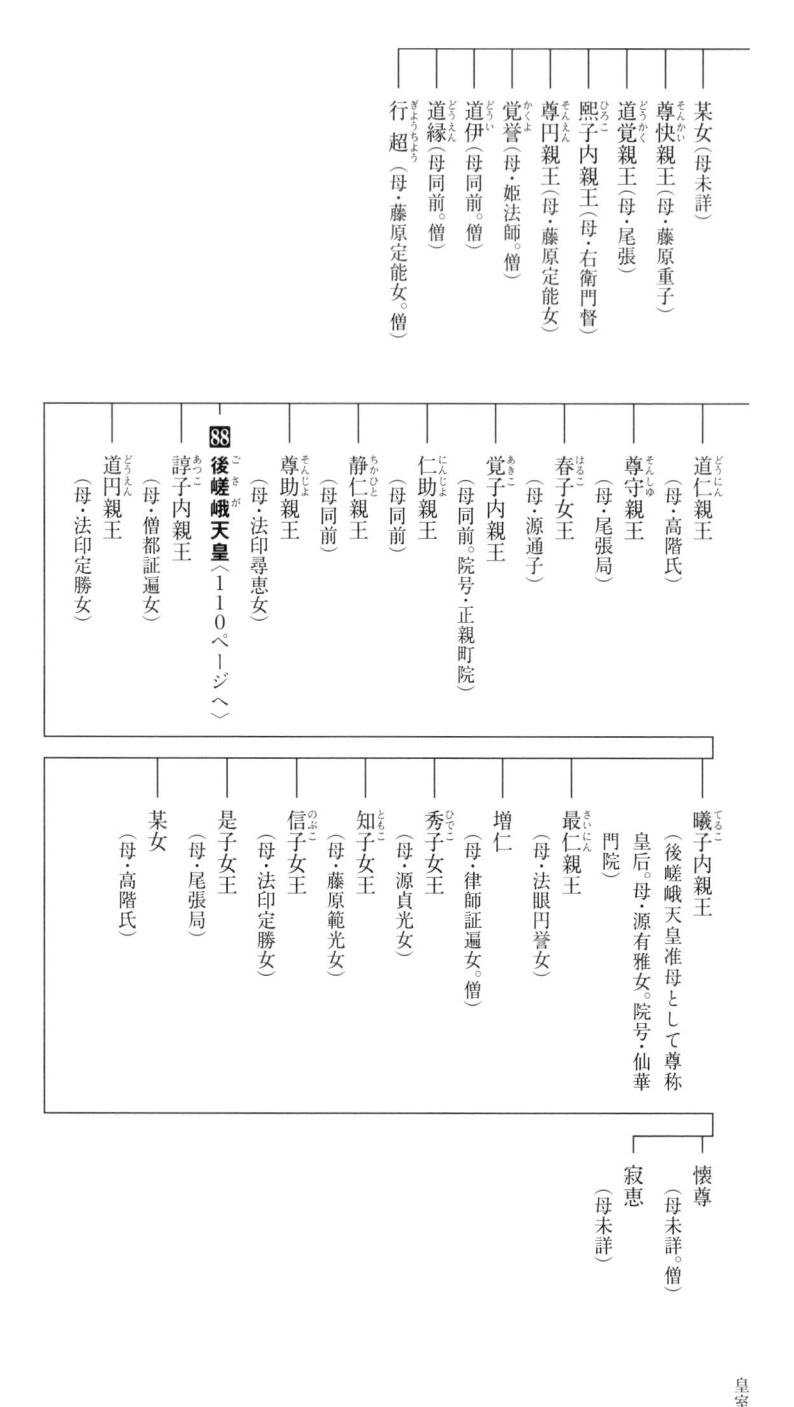

**84 順徳天皇《じゅんとく》**

- 尊覚親王《そんかく》（母・藤原清季女）
- 穠子内親王《しげこ》（母・坊門信清女。院号・永安門院）
- 義尹《ぎいん》（禅僧寒巌義尹。母・法印公雅女）
- 諦子内親王《あきこ》（母・藤原立子。院号・明義門院）
- 覚恵親王《かくえ》（母・藤原清季女）
- **85 仲恭天皇《ちゅうきょう》**
  - 義子内親王《ぎし》（母・藤原氏。院号・和徳門院）
- 忠成王《ただなり》（岩倉宮。母・藤原清季女。妃・藤原範茂女、藤原範能女）
  - 尊忠《そんちゅう》（僧）
  - 益助（僧）
  - 彦豊王《ひことよ》（源姓）
  - 彦仁王《ひこひと》（妃・藤原氏、藤原氏。源姓）
    - 忠房親王《ただふさ》（一時源姓）
    - 承鎮親王《しょうちん》
    - 守子内親王《もりこ》
    - 玄覚《げんかく》（僧）
  - 承恵（僧）
  - 某女
- 善統親王《よしむね》（四辻宮初代。母・藤原範光女）
  - 尊雅王《たかまさ》
  - 深恵（僧）
  - 行助（僧）
  - 仁昭
- 慶子《よしこ》（母未詳）
- 忠子《ただこ》（母未詳）
- 某（母未詳）

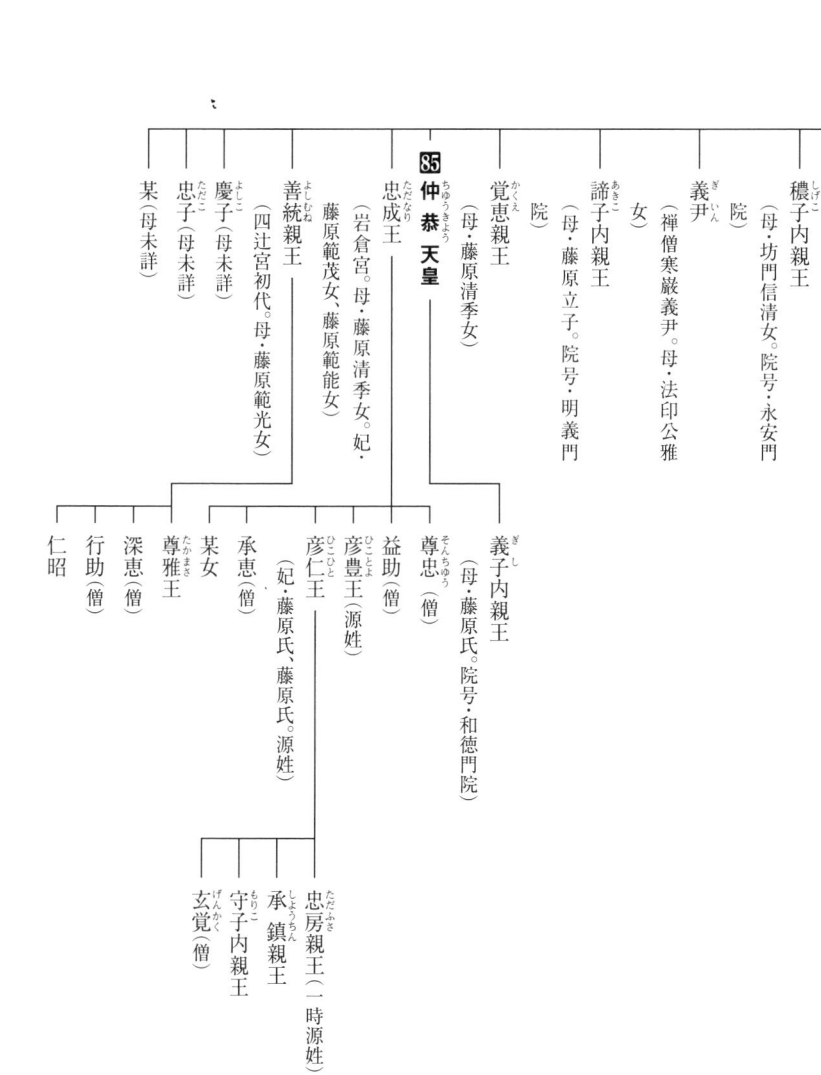

**86 後《ご》堀河《ほりかわ》天皇**

- 暉子《てるこ》内親王（母・持明院家行女。院号・室町院）
- **87 四条《しじょう》天皇**（皇子女なし）
- 体子《もとこ》内親王（後嵯峨天皇後宮。母・持明院家行女。院号・神仙門院）
- 昱子《てるこ》内親王（母・藤原兼良女）
- 暲子《あきこ》内親王（母・藤原蹲子）
- 某（母同前）
- 順子内親王（母未詳）

**88 後《ご》嵯《さ》峨《が》天皇**

- 円助《えんじょ》親王（母・藤原能保女）
- 顕日《けんにち》（禅僧高峰顕日。母・藤原氏）
- 宗尊《むねたか》親王（鎌倉第六代将軍。母・平棟子。妃・近衛宰子。室・源氏）
  - 惟康《これやす》親王（鎌倉第七代将軍）
    - 仁澄（僧）
    - 某女（久明親王妃）
    - 増恵（僧）
    - 増珍（僧）
  - 掄子女王（後宇多天皇後宮）
  - 真覚《しんかく》（僧宮）
    - 宗治《むねはる》（源姓）
    - 某女
  - 瑞子《ずいし》女王（後宇多天皇後宮）
- **89 後《ご》深草《ふかくさ》天皇**
- 某（母・中院通方女）
- 仁恵《にんえ》親王（母・法眼証円女）
- 性助《しょうじょ》親王（母・三条公房女）
- 綜子《そうし》内親王（母・藤原姞子。院号・月華門院）
- **90 亀山《かめやま》天皇**〈112ページへ〉
- 覚助《かくじょ》親王（母・藤原博子）
- 某女（母未詳）
- 愷子《がいし》内親王（母・藤原俊盛女）

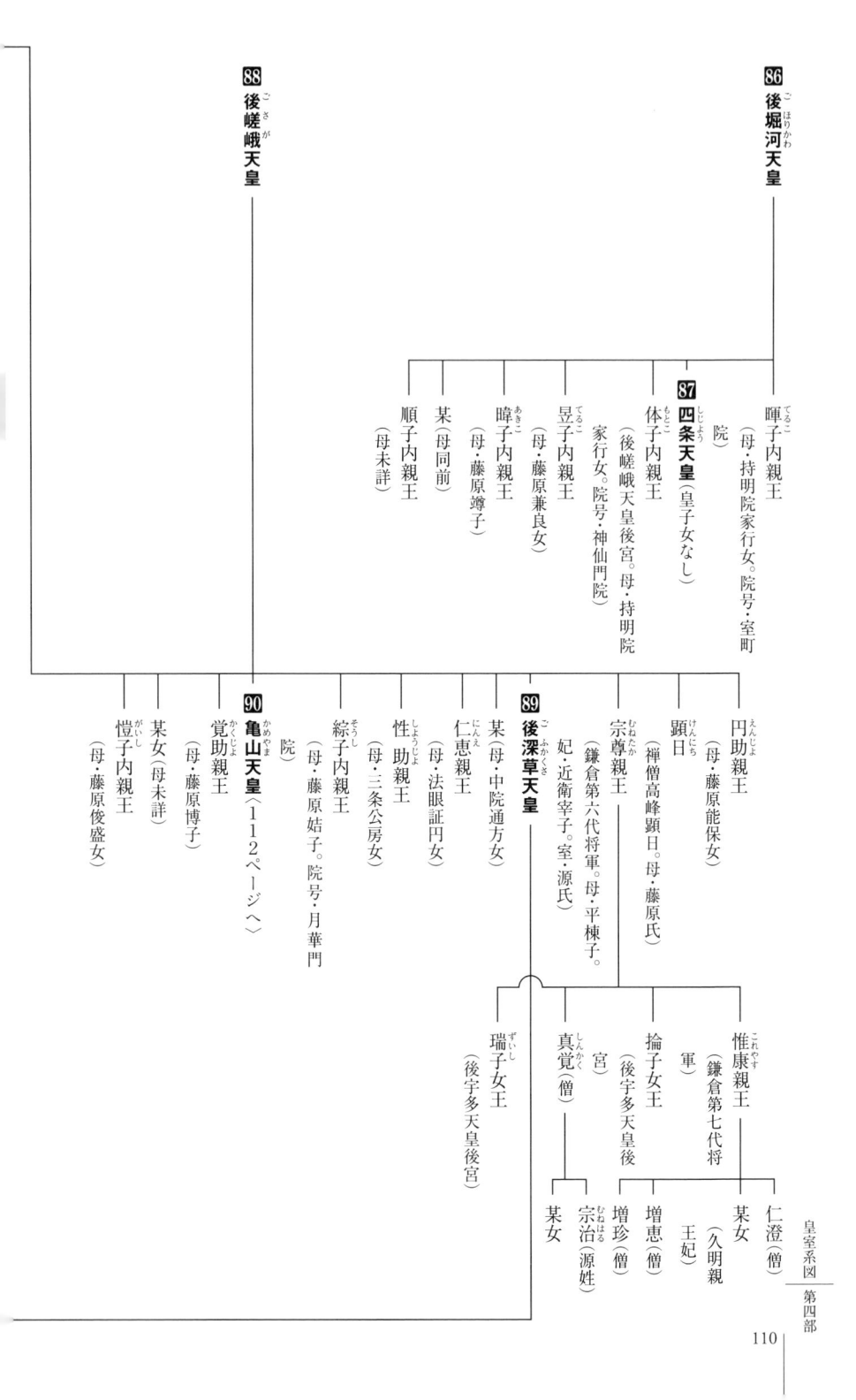

最助《さいじょ》親王（母・四条隆衡女）
浄助《じょうじょ》親王（母・藤原実世女）
雅尊《まさたか》親王（母・藤原姞子）
慈助《じじょ》親王（母・藤原公子）
貞良《さだよし》親王（母・藤原姞子）
悦子《えつし》内親王（母・藤原公子。院号・延政門院）
皇女某（母・藤原姞子）
忠助《ちゅうじょ》親王（母・藤原良平女）
懌子《えきし》内親王（亀山天皇後宮。母・藤原博子。院号・五条院）
勝助《しょうじょ》（母・源頼政曾孫女。僧）
皇女某（母・体子内親王）
皇女某（母・藤原博子）

貴子《たかこ》内親王（母・藤原公子）
皇子某（母・藤原愔子）
**92 伏見《ふしみ》天皇**〈113ページへ〉
皇女某（母・藤原公子）
性仁《しょうにん》親王（母・藤原愔子）
幸仁《こうじん》親王（母・藤原成子）
姈子《さとこ》内親王（後宇多天皇後宮。後二条天皇准母として尊称皇后。母・藤原公子。院号・遊義門院）
久子《ひさこ》内親王（母・藤原愔子。院号・永陽門院）
行覚《ぎょうかく》親王（母・藤原房子）
深性《じんしょう》親王（母・三善忠子）
久明《ひさあき》親王（鎌倉第八代将軍。母・藤原房子。妃・惟康親王王女）
媖子《えいし》内親王（母・藤原相子。院号・陽徳門院）

恒助《こうじょ》親王（母・藤原氏）
永子《ながこ》内親王（母・藤原房子。院号・章善門院）
増覚《ぞうかく》親王（母未詳）
某女

（久明親王の子）
聖恵（僧）
某
守邦《もりくに》親王（鎌倉第九代将軍）
久良《ひさよし》親王
某親王
某女

（守邦親王の子）
守恵（僧）

（久明親王の後裔）
周勝（僧）
久世
宗璨

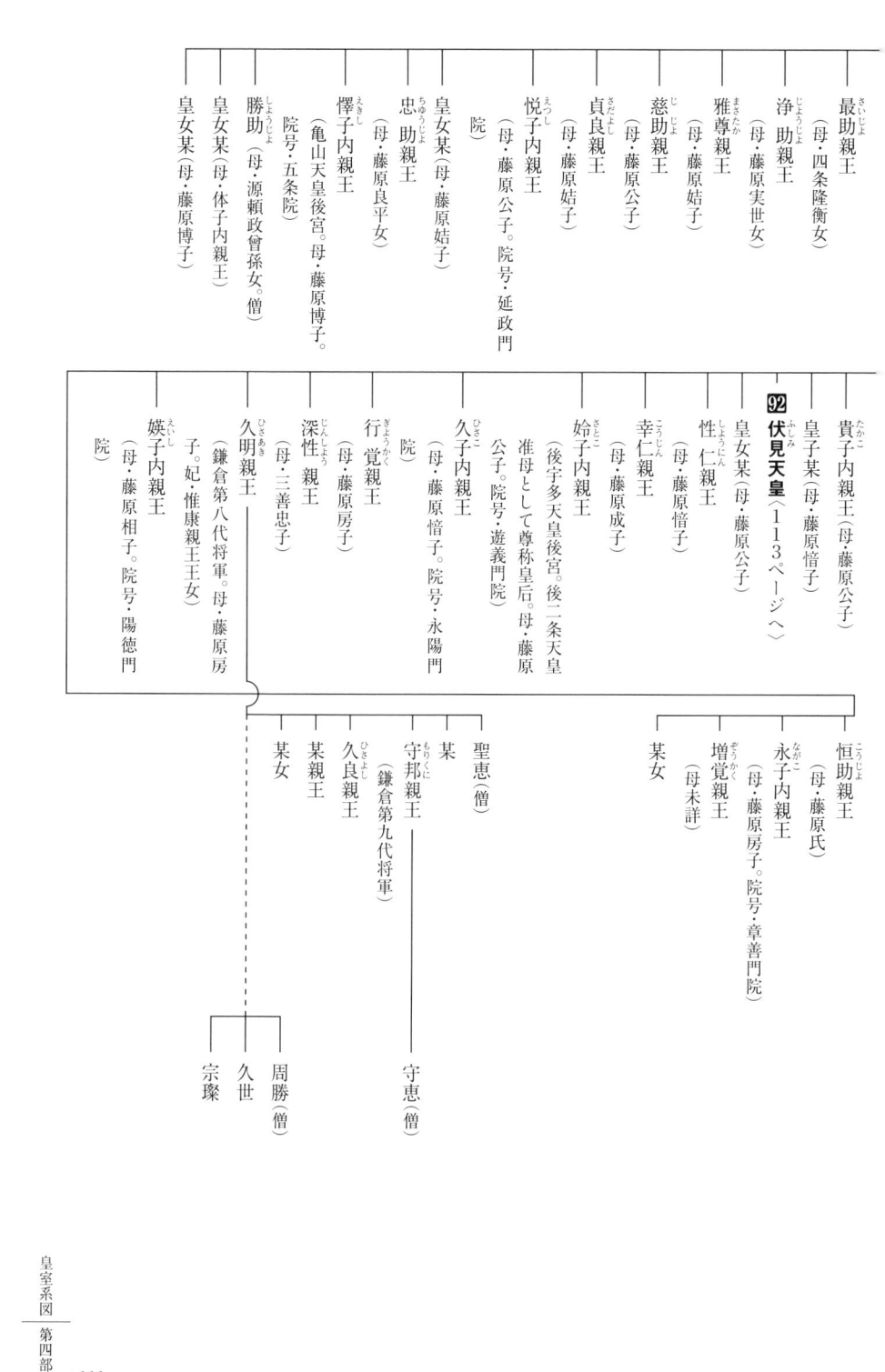

90 **亀山《かめやま》天皇**

- 睍子内親王（母・藤原佶子）
- 知仁《ともひと》親王（母同前）
- 91 **後宇多《ごうだ》天皇**〈次ページへ〉
- 性覚《しょうかく》親王（母・源氏）
- 良助《りょうじょ》親王（母・藤原実平女）
- 性恵《しょうえ》親王（母・三条公親女）
- 皇女某（母・貫川）
- 聖雲《しょううん》親王（母・藤原実平女）
- 覚雲《かくうん》親王（母同前）
- 憙子《きし》内親王（母・藤原雅子。院号・昭慶門院）
- 理子《りし》内親王（母・藤原禖子）
- 啓仁《よしひと》親王（母・藤原位子）
- 順助《じゅんじょ》親王（母・平氏）
- 継仁《つぐひと》親王（母・藤原位子）
- 慈道《じどう》親王（母・平氏）
- 兼良親王（母・下野局）
- 寛尊《かんそん》親王（母・日野俊光女）
- 恒明《つねあき》親王（常盤井宮家祖。母・藤原瑛子。妃・西園寺公衡女、洞院実泰女）
- 尊珍《そんちん》親王（母・日野俊光女）
- 守良《もりよし》親王（母・藤原実任女）
  - 某女
- 道性（母・督局。僧）
- 叡雲親王（定良親王。母・藤原寿子）
- 性融《しょうゆう》親王（母・源氏）
- 行円《ぎょうえん》親王（母・平氏）
- 恒雲《こううん》親王（母・小倉公雄女）
- 益性親王（母未詳）
- 道澄《どうちょう》親王（母・藤原雅藤女）
- 尊誓（母未詳。僧）
- 某女（母・藤原実平女）
- 某女（母・憚子内親王）
- 某女（王氏。後醍醐天皇後宮、母未詳）
- 某女（母未詳）
- 某女（母未詳）
- 某女（母未詳）
- 某女（母未詳）
- ほか

全仁《ぜんじん》親王（妃・王氏）
尊信《そんしん》親王
慈明
聖助（僧）
仁誉《にんよ》親王
尊観《そんかん》親王
尊守《そんしゅ》親王
深勝《しんしょう》親王
恒鎮《こうちん》親王
恒守《こうしゅ》親王
乗朝《じょうちょう》親王
恒助《こうじょ》親王

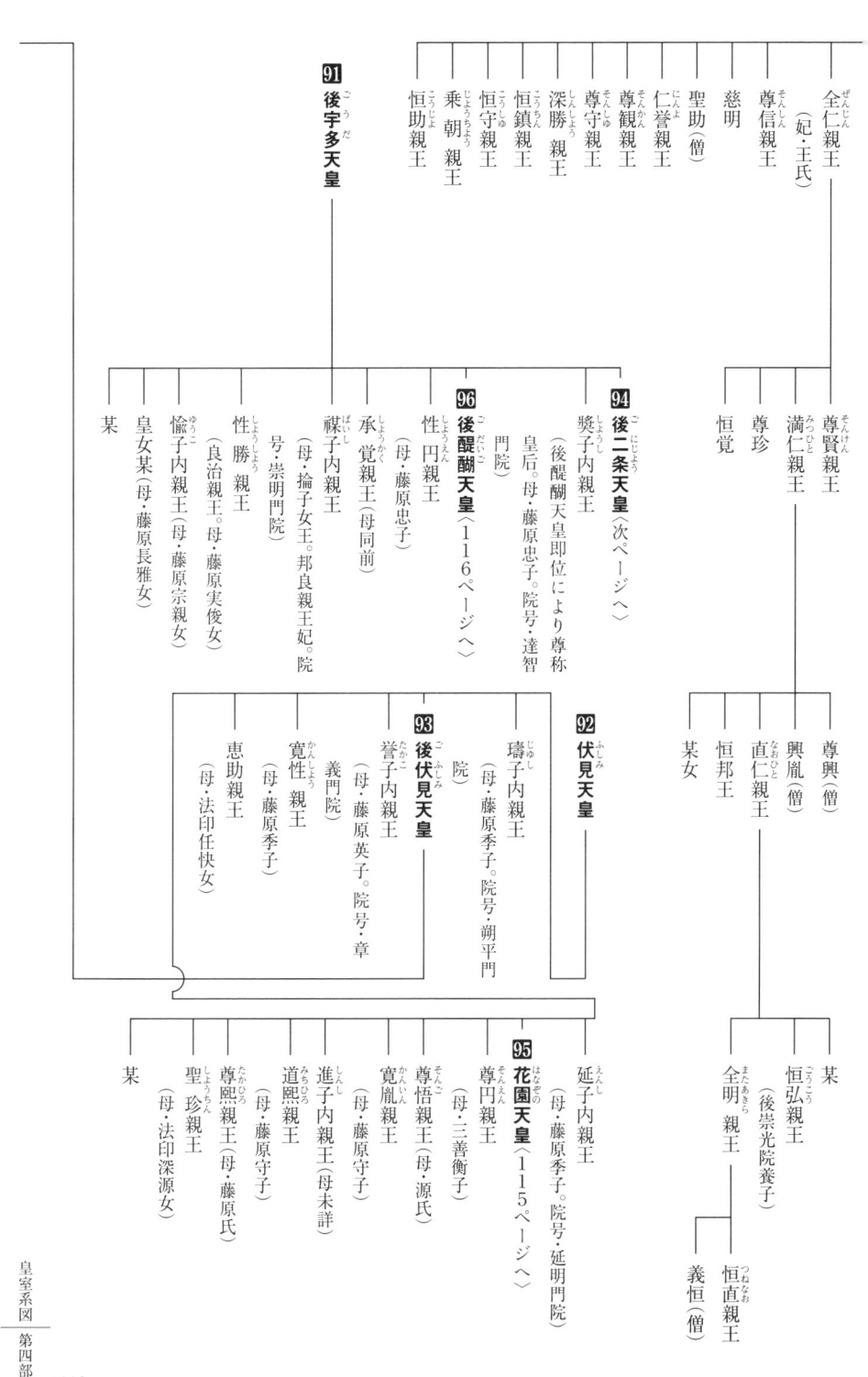

**91 後宇多《ごうだ》天皇**

尊賢《そんけん》親王
満仁《みつひと》親王
尊珍
恒覚

尊興（僧）
興胤（僧）
直仁《なおひと》親王
恒邦王
某女

某
恒弘《ごうこう》親王（後崇光院養子）
全明《またあきら》親王

恒直《つねなお》親王
義恒（僧）

**94 後二条《ごにじょう》天皇**〈次ページへ〉
奨子《しょうし》内親王（後醍醐天皇即位により尊称皇后。母・藤原忠子。院号・達智門院）
**96 後醍醐《ごだいご》天皇**〈116ページへ〉
性円《しょうえん》親王（母・藤原忠子）
承覚《しょうかく》親王（母同前）
禖子《ばいし》内親王（母・掄子女王。邦良親王妃。院号・崇明門院）
性勝《しょうしょう》親王（良治親王。母・藤原実俊女）
愉子《ゆうこ》内親王（母・藤原宗親女）
皇女某（母・藤原長雅女）
某

**92 伏見《ふしみ》天皇**

璹子《じゅし》内親王（母・藤原季子。院号・朔平門院）
**93 後伏見《ごふしみ》天皇**
誉子《たかこ》内親王（母・藤原英子。院号・章義門院）
寛性《かんしょう》親王（母・藤原季子）
恵助親王（母・法印任快女）

延子《えんし》内親王（母・藤原季子。院号・延明門院）
**95 花園《はなぞの》天皇**〈115ページへ〉
尊円《そんえん》親王（母・三善衡子）
尊悟《そんご》親王（母・源氏）
寛胤《かんいん》親王（母・藤原守子）
進子《しんし》内親王（母未詳）
道熙《みちひろ》親王（母・藤原守子）
尊熙《たかひろ》親王（母・藤原氏）
聖珍《しょうちん》親王（母・法印深源女）
某

尊胤《そんいん》親王（母・治部卿局）

法守《ほうしゅ》親王（母・高階邦子）

珣子《じゅんし》内親王（後醍醐天皇皇后。母・藤原寧子。院号・新室町院）

**北1 光厳《こうごん》天皇**〈118ページへ〉

尊実《そんじつ》親王（慈真親王。母・藤原氏）

景仁《かげひと》親王（母・藤原寧子）

承胤《しょういん》親王（母・藤原守子）

長助《ちょうじょ》親王（母同前）

亮性《りょうしょう》親王（母同前）

璜子《こうし》内親王（母同前。院号・章徳門院）

皇女某（母・藤原寧子）

**北2 光明《こうみょう》天皇**〈118ページへ〉

皇女某（母・右京大夫局）

皇女某（母同前）

尊道《そんどう》親王（母・藤原氏）

進子《ますこ》内親王（自本覚公。母・藤原氏）

**94 後二条《ごにじょう》天皇**

邦良《くによし》親王（木寺宮祖。母・藤原宗子。妃・禖子内親王、中院通重女。室・藤原氏、源重子、某、某。皇太子のまま逝去）

- 康仁《やすひと》親王（初代木寺宮。妃・源氏、藤原氏。＊2）
- 邦世《くによ》親王
  - 某
  - 寛海（僧）
  - 理長（尼僧）
  - 寿陵（皇玄孫）― 邦満
- 弘覚《こうかく》
- 深守《しんしゅ》親王
- 某
- 媋子内親王
- 某
- 某
- 某女
- 某女

邦省《くにみ》親王（花町宮。母同前）

- 廉仁王
- 禅守

祐助《ゆうじょ》親王（母・三条公泰女）

媖子《よしこ》内親王（母・平棟俊。院号・寿成門院）

聖尊《しょうそん》親王（母・三条公泰女）

尊済《そんさい》親王（母・三条公親女）

珉子《たまこ》内親王（母・法眼良珍女）

栄子《よしこ》内親王（母・三条公泰女）

瑒子内親王（母・平信輔女）

皇女某（母・三条公泰女）

＊2　皇太子となるも、後醍醐天皇により光厳天皇とともに廃位となる。

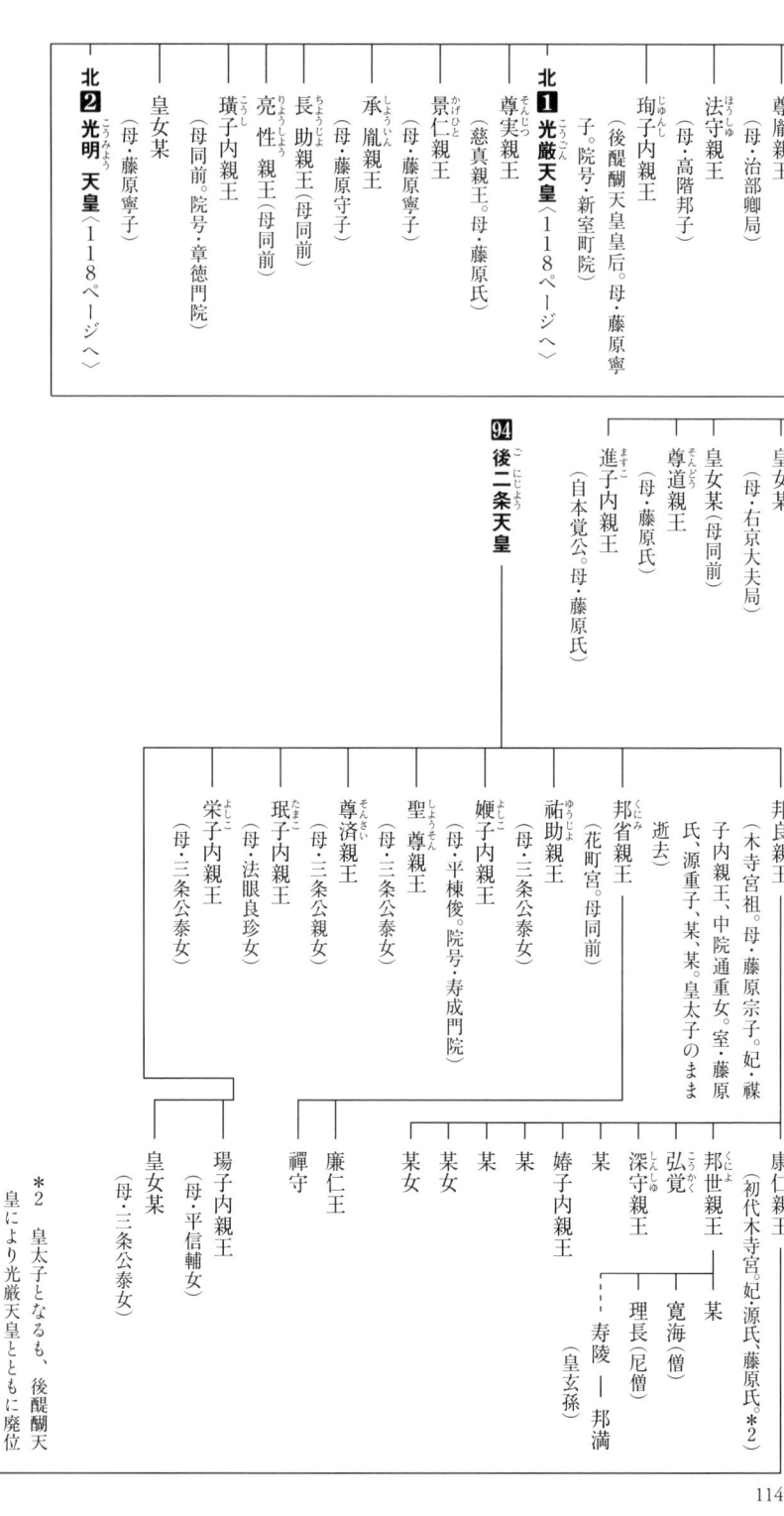

邦恒王《くにつね》
竟円（僧）
寛法（僧）
仁恵（僧）
寿命（僧）
明恵（尼僧）
理範（尼僧）

邦恒王の子：
世平王（妃・某）
某
中会（僧）
某
某
某女

世平王の子：
承道親王
明仁親王
某
邦康親王《くにやす》

邦康親王の子：
静《じょう》覚《かく》親王（師熙親王）
某

**95 花園天皇《はなぞの》**

寿子内親王《ひさこ》（光厳天皇後宮。母・藤原実子。院号・徽安門院）
覚誉親王《かくよ》（母・藤原氏）
源性《げんしょう》 親王（業永親王。母・藤原実子）
直仁親王《なおひと》（母・藤原実子。＊3）
儀子内親王《よしこ》（母同前）
祝子内親王《しゅくし》（母・藤原頼子）
皇子某（母・藤原実子）
皇女某（母同前）
皇女某（母・藤原頼子）

直仁親王の子：
周高
某
某
某女

＊3　直仁親王は、光厳天皇猶子。崇光天皇皇太子となるも、正平一統（1351）の際に廃位。

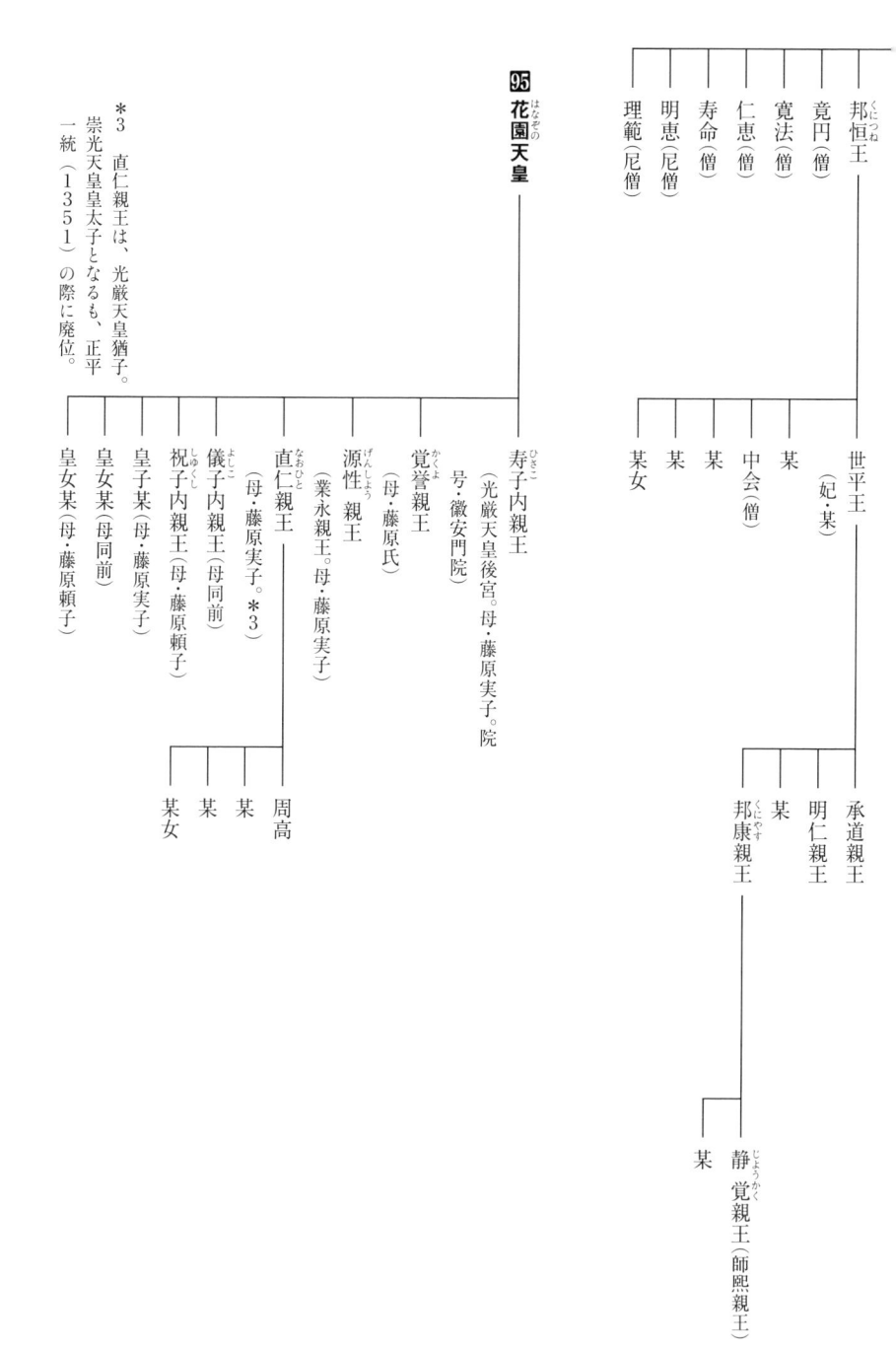

**96 後醍醐《ごだいご》天皇**

- 護良《もりよし》親王（母・源親子）
  - 興良《おきよし》親王
- 尊良《たかよし》親王（母・藤原為子。妃・今出川公顕女、藤原為世女）
  - 某
  - 某女
  - 良恵
- 世良《よよし》親王（母・藤原実俊女）
  - 某女
- 宗良《むねよし》親王（尊澄親王。母・藤原為子）
  - 某
- 皇女某（母・藤原禧子）
- 懽子《よしこ》内親王（光厳天皇後宮。母同前。院号・宣政門院）
- 祥子《しょうし》内親王（母・藤原廉子）
- 瓊子《たまこ》内親王（母・藤原為子）
- 欣子《きんし》内親王（母・藤原実俊女）
- 恵尊《えそん》親王（静尊親王。母同前）
- 恒性《こうしょう》（母・王氏。僧）
- 聖助《しょうじょ》親王（母・菅原氏）
- 元選《げんせん》（禅僧無文元選。母未詳）
- 恒良《つねよし》親王（母・藤原廉子。皇太子となるも戦乱により横死）
- 法仁《ほうにん》親王（躬良親王。母・藤原為道女）
- 成良《なりよし》親王（母・藤原廉子。光明天皇皇太子となるも戦乱により廃位）
- 懐良《かねよし》親王（母・藤原為道女）
- **97 後村上《ごむらかみ》天皇**
- 満良《みつよし》親王（母・藤原親子）
- 惟子《いし》内親王（母・藤原廉子）
- 妣子《ひし》内親王（母・源親子）
- 玄円《げんえん》親王（母・藤原守子）
- 尊真《そんしん》（母・四条隆資女。僧）
- 用堂《ようどう》（母未詳。僧）
- 皇女某（母・珣子内親王）
- 皇女某（母・藤原実子）
- 皇子某（母・源親子）
- 皇女某（母同前）
- 皇女某（母・正親町実明女）
- 皇女某（母・源氏）
- 皇女某（母・藤原為道女）
- 皇子某（母・近衛局）
- 皇女某（母・左衛門督局）
- 皇女某（母・権中納言局）
- 皇女某（母・坊門局）

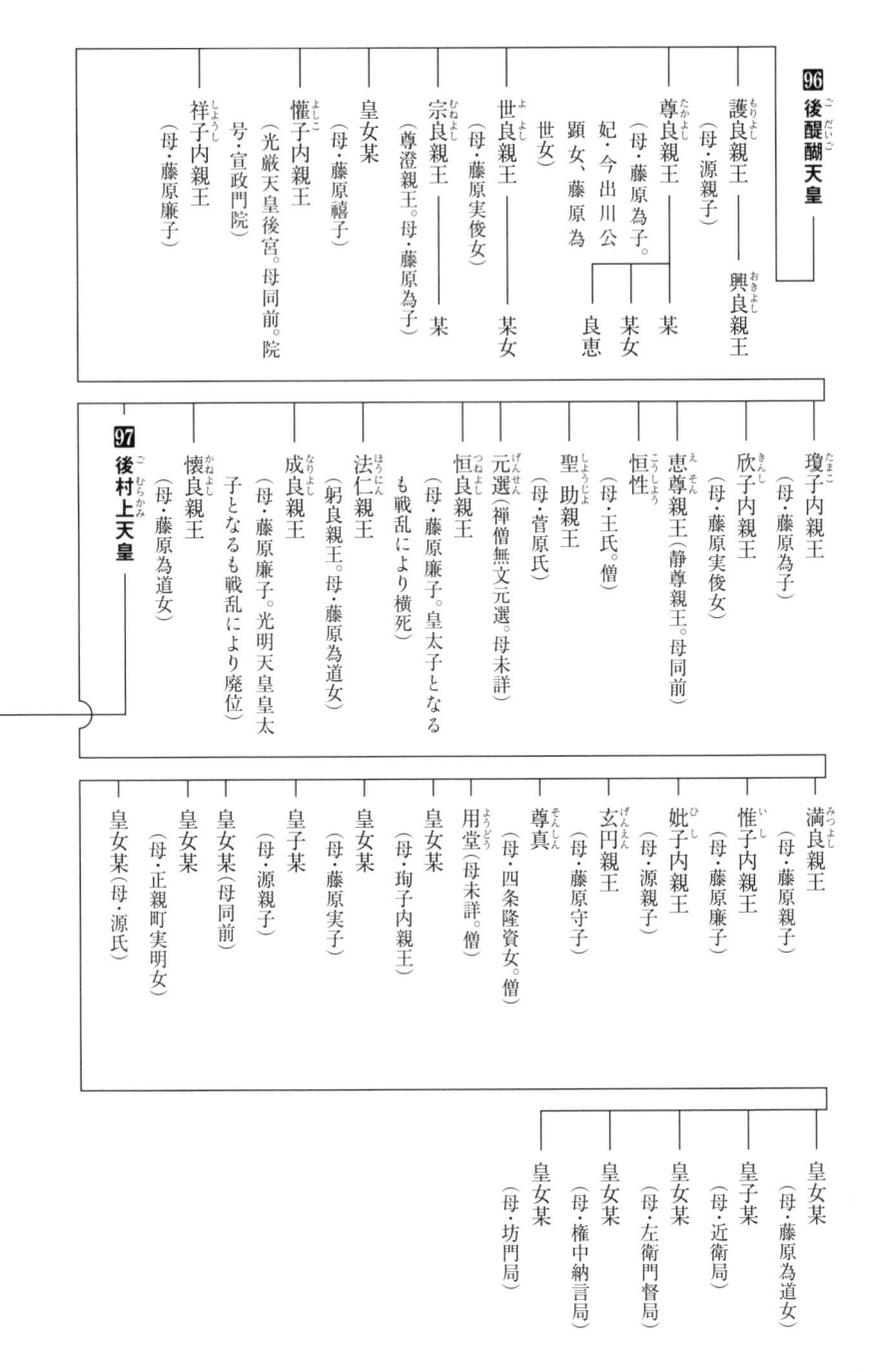

**98 長慶《ちょうけい》天皇** ― 世泰《よやす》親王（母未詳）

**99 後亀山《ごかめやま》天皇**
- 承朝《じょうちょう》（禅僧海門承朝。母未詳）
- 尊聖《そんしょう》（母未詳。僧）
- 行悟《ぎょうご》（母・西園寺公重女。僧）
- 某 ― 某女
  - ……梵勝（皇末孫）
  - ……梵仲（皇末孫）
- 恒敦《つねあつ》（小倉宮） ― 聖承《せいしょう》（小倉宮） ― 教尊《きょうそん》（小倉宮）

惟成《これなり》親王（母未詳） ― 成仁

師成《もろなり》親王（母未詳）

泰成《やすなり》親王（母未詳。後亀山天皇皇太子になるも、南北朝合一により廃される）

説成《ときなり》親王（母未詳）
- 円悟（僧）
- 円胤（僧）
- 聖淳（僧）
- 世明（僧）
  - 某
  - 某
- 某女

良成《よしなり》親王（母未詳）

皇女某（憙子内親王か。母未詳。院号・新宣陽門院）

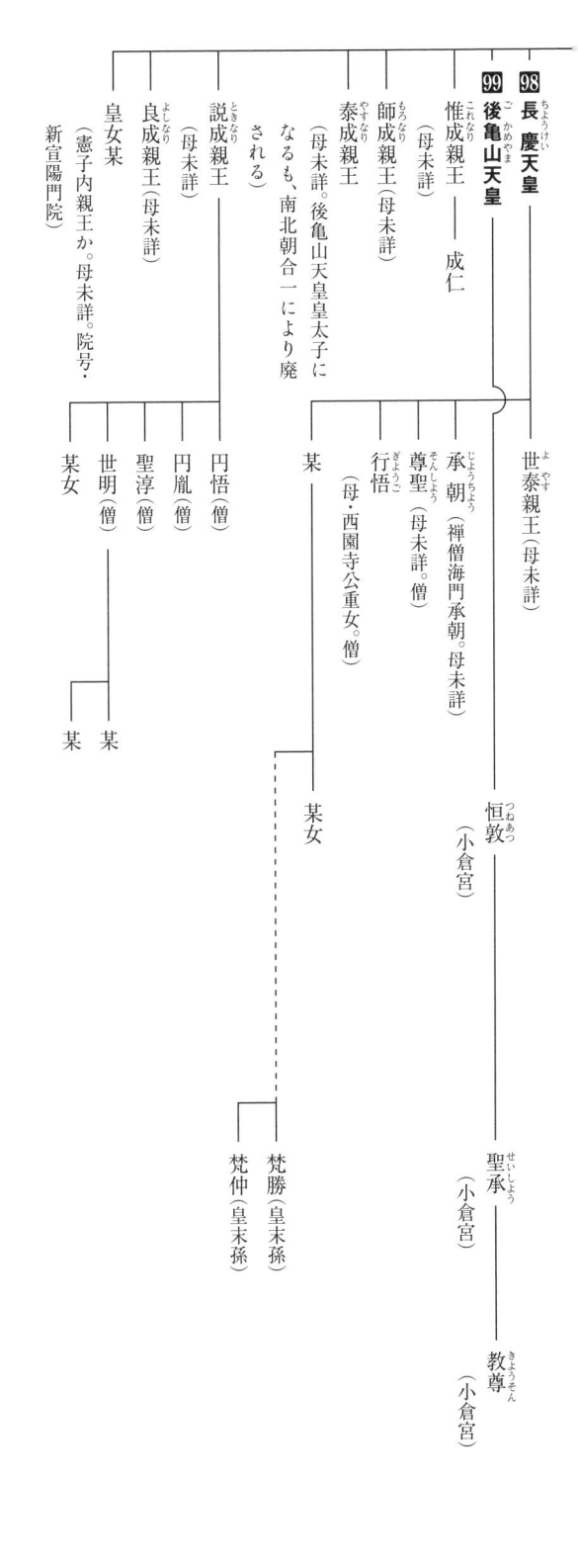

**北1 光厳《こうごん》天皇**

- 皇女某（母・藤原秀子）
- **北3 崇光《すこう》天皇**
  - 栄仁《よしひと》親王（伏見宮初代。母・源資子）
    - 治仁《はるひと》王（伏見宮2代）
    - 貞成《さだふさ》親王（伏見宮3代）
  - 興信《おきのぶ》親王（母同前）
- 皇女某（母・懽子内親王）
- **北4 後光厳《ごこうごん》天皇**
  - 弘助《こうじょ》親王（母・三条局）
  - 皇女某（入江殿、今御所。母同前）
  - 瑞室《ずいしつ》（瑞宝か。母同前。尼僧）
  - 阿栄蔵主（母同前。僧）
  - 皇子某（叡蔵主。母同前）
  - 皇女某（栄寿院。母・治部卿局）
  - 皇子某（法泉寺方丈。母未詳）
  - 亮仁《りょうにん》親王（尊貞親王。母・右衛門佐局）
  - **北5 後円融《ごえんゆう》天皇**
  - 治子《はるこ》内親王（母未詳）
  - 行助《ぎょうじょ》親王（煕平親王。母未詳）
  - 覚叡《かくえい》親王（母・法印長快女）
  - 永助《えいじょ》親王（煕永親王。母・紀仲子）
  - 皇子某（母・右衛門佐局）
  - 尭仁《ぎょうにん》親王（母・紀仲子）
  - 覚増《かくぞう》親王（母・右衛門佐局）
  - 道円《どうえん》親王（久尊親王。母・法印長快女）
- 尊朝《そんちょう》親王（母・正親町実明女）
- 義仁《よしひと》親王（母・正親町公蔭女）
  - 観覚親王
- 光子《みつこ》内親王（母未詳）
- 恵厳《えごん》（母未詳。尼僧）

**北2 光明《こうみょう》天皇**

- 周尊（母未詳。僧）
- 皇女某（長照院殿。母・藤原氏）
- 皇女某（母・藤原氏）

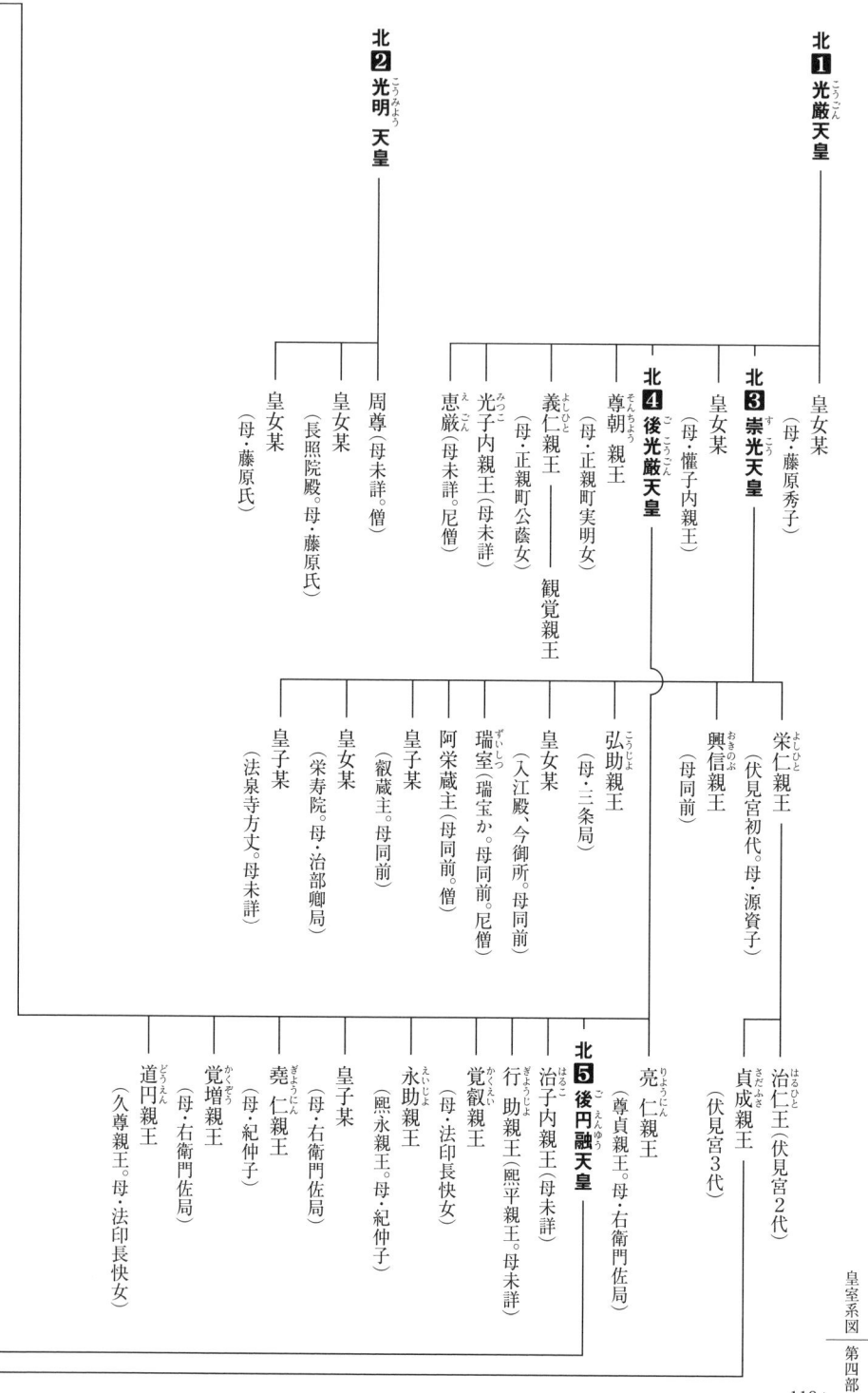

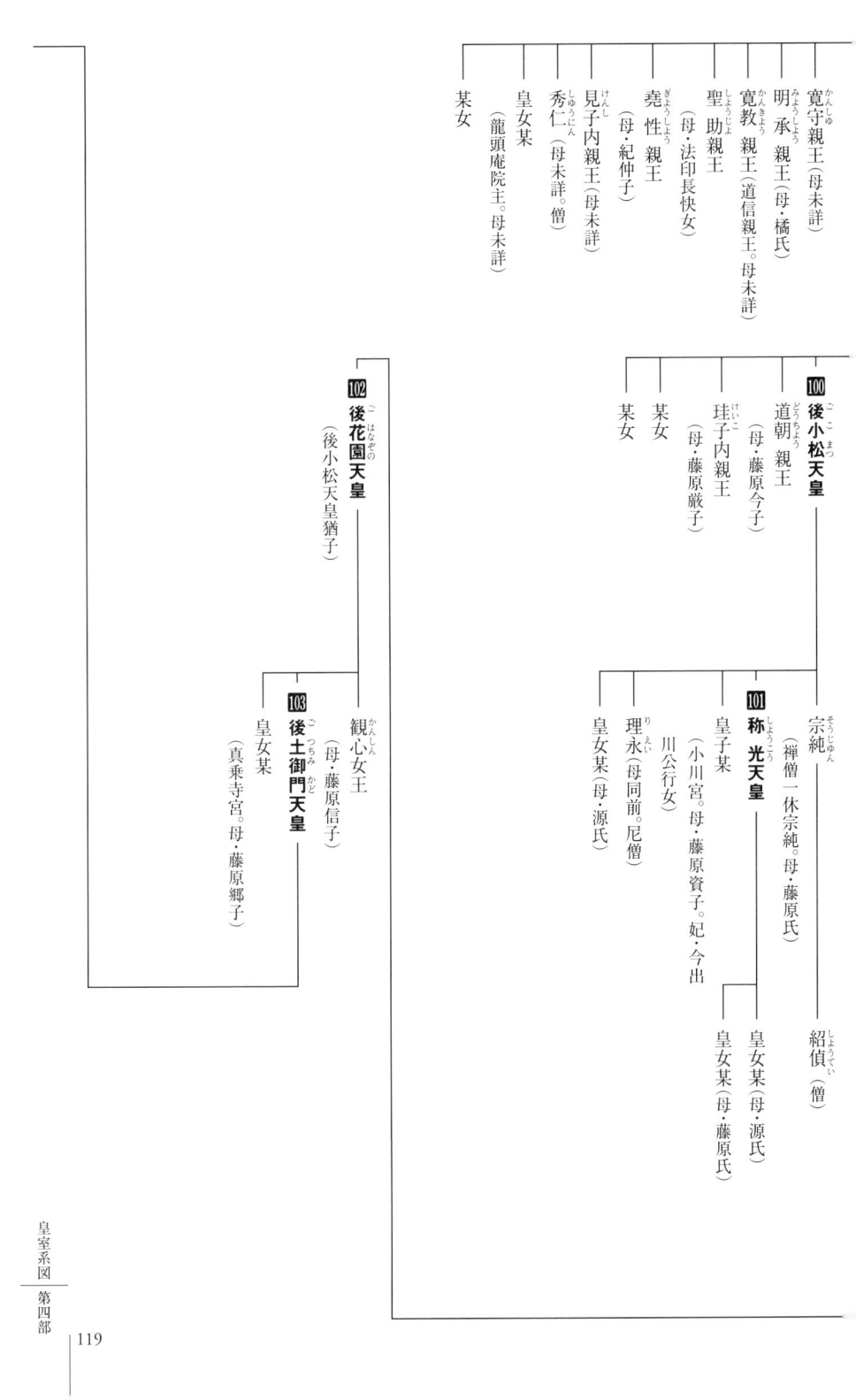

寛守《かんしゅ》親王（母未詳）

明承《みょうしょう》親王（母・橘氏）

寛教《かんきょう》親王（道信親王。母未詳）

聖助《しょうじょ》親王（母・法印長快女）

尭性《ぎょうしょう》親王（母・紀仲子）

見子《けんし》内親王（母未詳）

秀仁《しゅうにん》（母未詳。僧）

皇女某（龍頭庵院主。母未詳）

某女

**100** **後《ご》小《こ》松《まつ》天皇**

道朝《どうちょう》親王（母・藤原今子）

珪子《けいこ》内親王（母・藤原厳子）

某女

某女

宗純《そうじゅん》（禅僧一休宗純。母・藤原氏）

紹偵《しょうてい》（僧）

**101** **称光《しょうこう》天皇**

皇女某（母・源氏）

皇女某（母・藤原氏）

皇子某（小川宮。母・藤原資子。妃・今出川公行女）

理永《りえい》（母同前。尼僧）

皇女某（母・源氏）

**102** **後《ご》花園《はなぞの》天皇**（後小松天皇猶子）

観心《かんしん》女王（母・藤原信子）

**103** **後《ご》土御《つちみ》門《かど》天皇**

皇女某（真乗寺宮。母・藤原郷子）

104 **後柏原《ごかしわばら》天皇**

尊伝《そんでん》親王（尊敦親王。母・源朝子）
皇女某（保安寺宮。母・藤原兼子）
皇子某（母・源朝子）
応善《おうぜん》女王（母・藤原兼子）
仁悟《にんご》親王（仁尊親王。母同前）
皇女某（母・藤原房子）
智円《ちえん》女王（母同前）
理琇《りしゅう》女王（母同前）

後柏原天皇の子

覚鎮《かくちん》女王（母・藤原藤子）
皇子某（母同前）
105 **後奈良《ごなら》天皇**
覚道《かくどう》親王（母・源源子）
道喜《どうき》（母・藤原継子。僧）
尊鎮《そんちん》親王（清彦親王。母同前）
覚音《かくおん》女王（母・源源子）
彦胤親王（寛恒親王。母同前）

後奈良天皇の子

皇女某（母・藤原栄子）
覚恕《かくじょ》（母・小槻氏）
106 **正親町《おおぎまち》天皇**
永寿《えいじゅ》女王（母・藤原栄子）
皇女某（母・藤原氏）
皇女某（母・藤原氏）
皇子某（母・藤原栄子）
普光《ふこう》女王（母・藤原量子）
聖秀《しょうしゅう》女王（母・藤原国子）
某
某

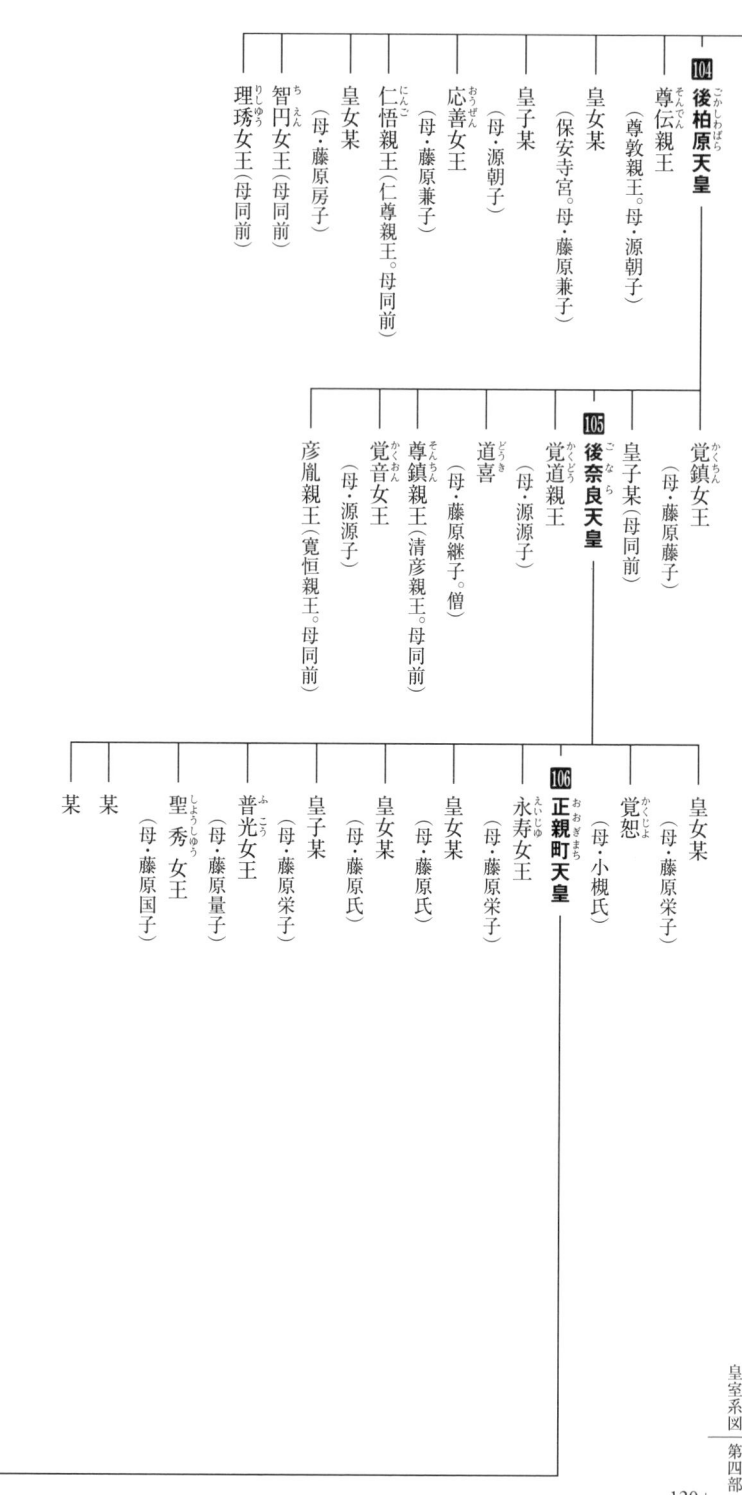

皇女某（母・万里小路賢房女）

永高女王（母・藤原房子）

皇女某（母同前）

誠仁《さねひと》親王（陽光院。贈太上天皇。母同前。妃・藤原晴子、冷泉為益女。＊4）

皇女某（母・飛鳥井雅綱女）

- 永邵女王
- 107 **後陽成《ごようぜい》天皇**〈第五部へ〉
- 空性《くうしょう》 親王
- 良 恕《りょうじょ》親王
- 某
- 興意《こうい》親王
- 某女
- 智仁《としひと》親王（桂宮〈八条宮〉初代。母・藤原晴子。豊臣秀吉猶子）
  - 智忠《としただ》親王（桂宮〈八条宮〉第二代）
  - 梅宮（珠光院。西本願寺良如継室）
  - 良 尚《りょうしょう》 親王（天台座主）
  - 広幡忠幸《ひろはたただゆき》（広幡家始祖）
- 某
- 某女
- 某女
- 某女
- 某女
- 某女

＊4　誠仁親王は正親町天皇の長男であったが、若くして亡くなった。しかし子の和仁親王（後陽成天皇）が皇位に即いたため、太上天皇尊号が贈られる（追号は陽光院）。

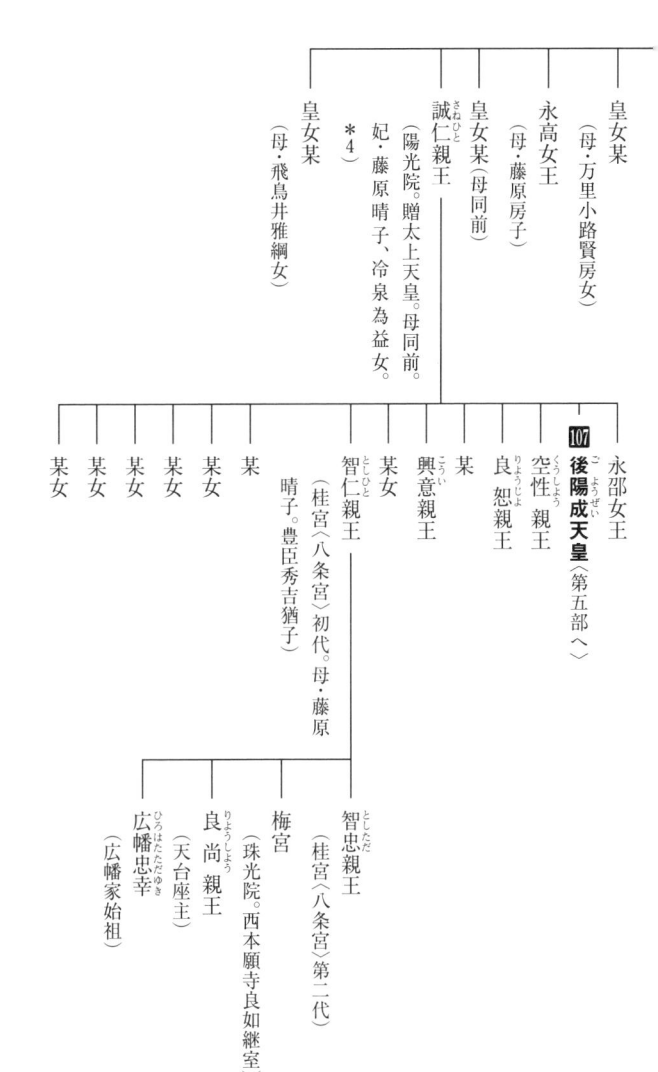

# 付図＝鎌倉将軍関係図

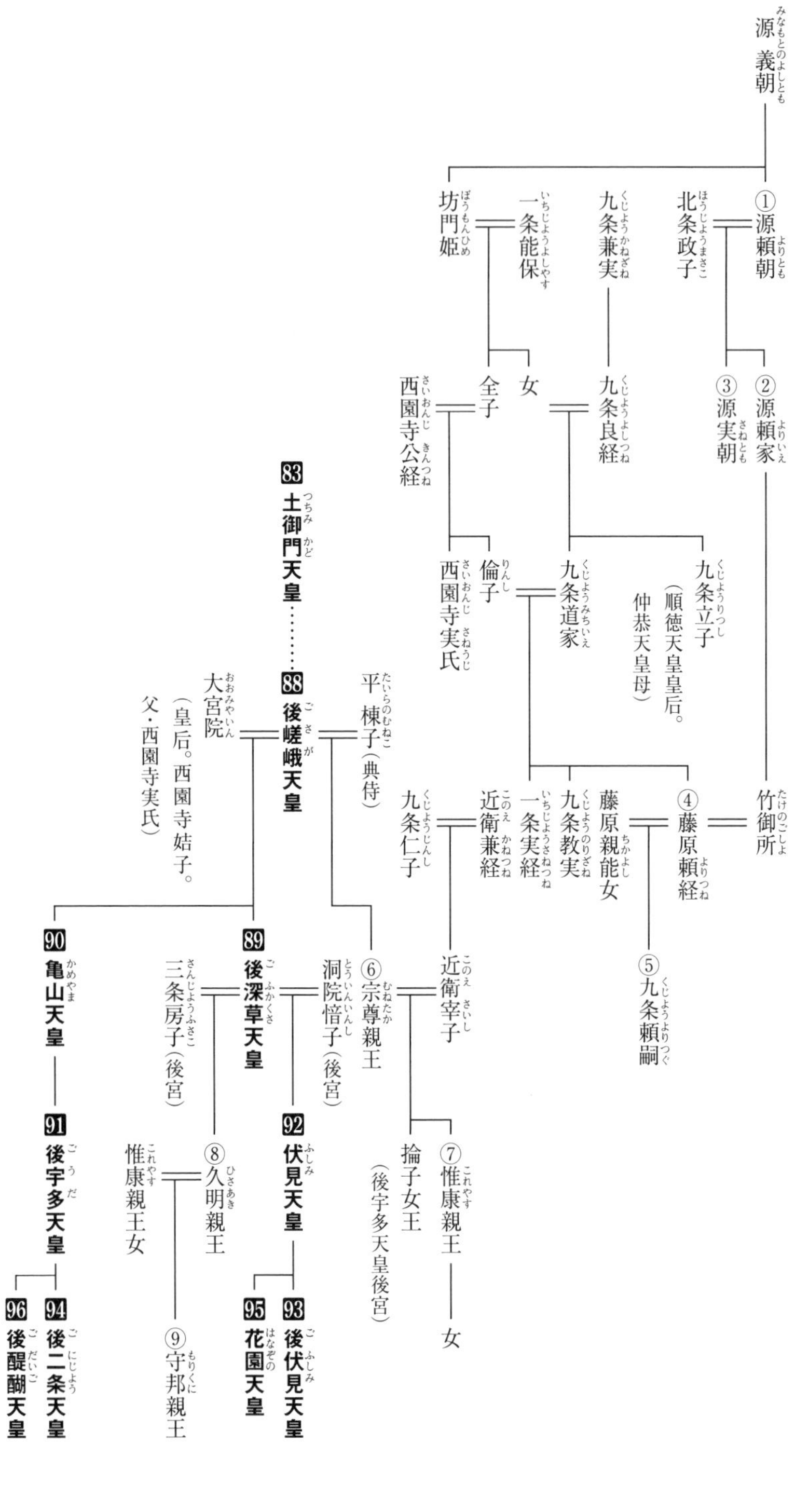

源義朝《みなもとのよしとも》
①源頼朝《よりとも》
北条政子《ほうじょうまさこ》
九条兼実《くじょうかねざね》
一条能保《いちじょうよしやす》
坊門姫《ぼうもんひめ》
②源頼家《よりいえ》
③源実朝《さねとも》
九条良経《くじょうよしつね》
女
全子
西園寺公経《さいおんじきんつね》
九条立子《くじょうりっし》（順徳天皇皇后。仲恭天皇母）
九条道家《くじょうみちいえ》
倫子《りんし》
西園寺実氏《さいおんじさねうじ》
83 土御門《つちみかど》天皇
88 後嵯峨《ごさが》天皇
平棟子《たいらのむねこ》（典侍）
大宮院《おおみやいん》（皇后。西園寺姞子。父・西園寺実氏）
竹御所《たけのごしょ》
④藤原頼経《よりつね》
藤原親能《ちかよし》女
九条教実《くじょうのりざね》
一条実経《いちじょうさねつね》
近衛兼経《このえかねつね》
九条仁子《くじょうじんし》
⑤九条頼嗣《くじょうよりつぐ》
近衛宰子《このえさいし》
⑥宗尊《むねたか》親王
洞院愔子《とういんいんし》（後宮）
89 後深草《ごふかくさ》天皇
三条房子《さんじょうふさこ》（後宮）
90 亀山《かめやま》天皇
⑦惟康《これやす》親王
掄子女王（後宇多天皇後宮）
92 伏見《ふしみ》天皇
⑧久明《ひさあき》親王
惟康《これやす》親王女
91 後宇多《ごうだ》天皇
女
93 後伏見《ごふしみ》天皇
95 花園《はなぞの》天皇
⑨守邦《もりくに》親王
94 後二条《ごにじょう》天皇
96 後醍醐《ごだいご》天皇

# 付図＝西園寺家略系図

- 藤原通季《みちすえ》（西園寺家祖）
  - 藤原公通《きんみち》
    - 藤原実宗《さねむね》
      - 西園寺公経《さいおんじきんつね》（太政大臣）
        - 西園寺実氏《さねうじ》（太政大臣）
          - 公基《きんもと》（右大臣）
          - 公相《きんすけ》（太政大臣）
            - 実兼《さねかね》（太政大臣）
              - 公衡《きんひら》
                - 実衡《さねひら》（内大臣）
                - 寧子《ねいし》（後伏見天皇皇后。光厳天皇、光明天皇母。広義門院）
              - 鏱子《しょうし》（伏見天皇皇后。永福門院）
              - 瑛子《えいし》（亀山天皇後宮。昭訓門院）
              - 禧子《よしこ》（後醍醐天皇皇后。礼成門院、後京極院）
            - 嬉子《きし》（亀山天皇皇后。今出河院）
            - 相子《そうし》（後深草天皇後宮）
          - 姞子《よしこ》（後嵯峨天皇皇后。後深草天皇母。大宮院）
          - 公子《きみこ》（後深草天皇皇后。東二条院）
        - 洞院実雄《とういんさねお》（左大臣。洞院家祖）
          - 公守《きんもり》（太政大臣）
            - 実泰《さねやす》（右大臣）
              - 公賢《きんかた》（太政大臣）
            - 正親町実明《おおぎまちさねあきら》（正親町家祖）
          - 佶子《さねこ》（亀山天皇皇后。後宇多天皇母。京極院）
          - 愔子《いんし》（後深草天皇後宮。伏見天皇母。玄輝門院）
          - 季子《すえこ》（伏見天皇後宮。花園天皇母。顕親門院）
          - 禖子《ばいし》（亀山天皇後宮）
          - 実子（後醍醐天皇後宮）

付図＝持明院統・大覚寺統関係図

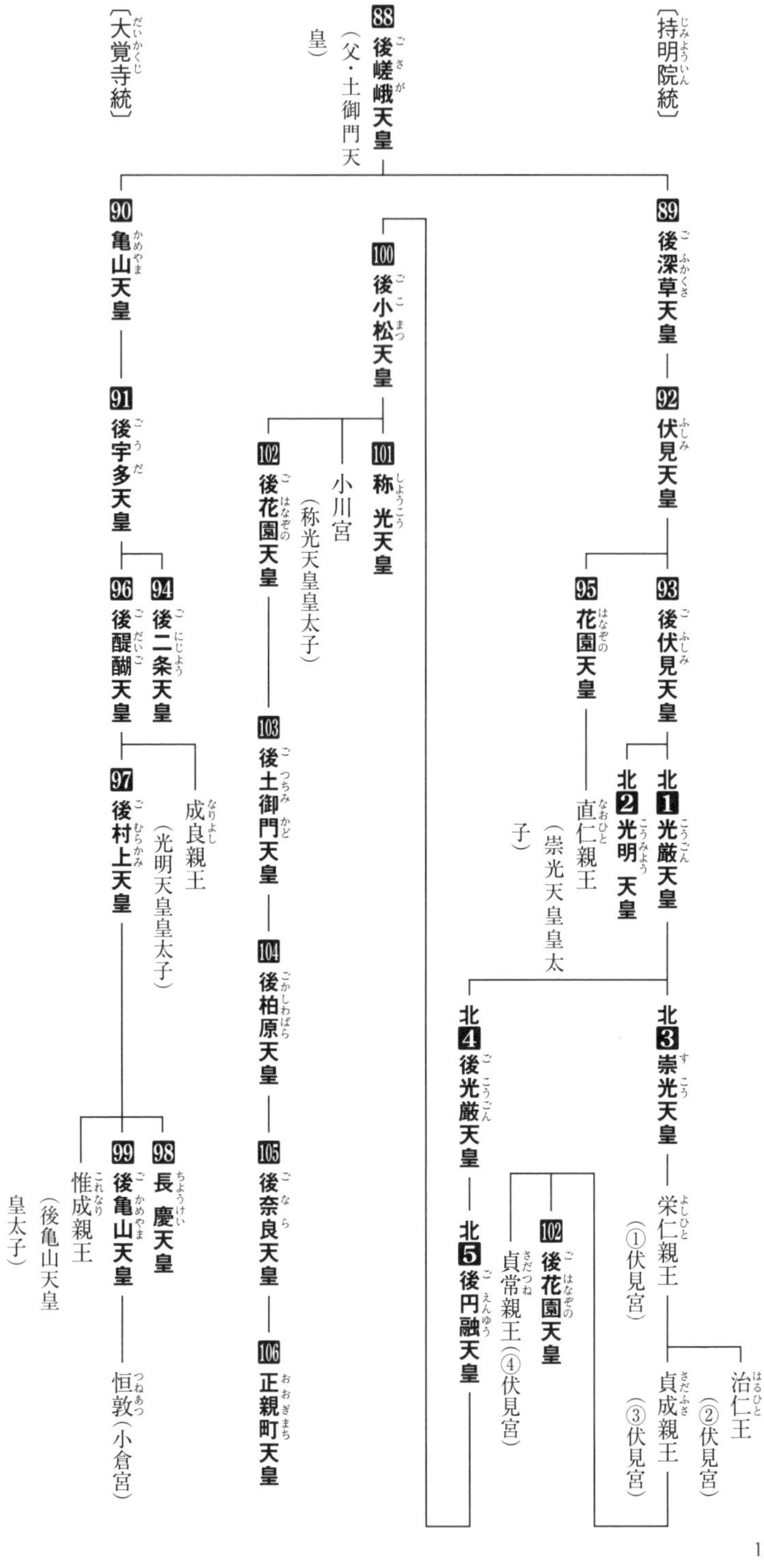

# 第五部　皇室系図——107後陽成天皇——121孝明天皇

107 **後陽成天皇**《ごようぜい》

- 覚深親王《かくしん》（良仁親王。母・藤原親子。仁和寺）
- 聖興女王《しょうこう》（母・藤原前子）
- 承快親王《しょうかい》（母・藤原親子。仁和寺）
- 文高女王《ぶんこう》（母・藤原前子。大聖寺）
- 清子内親王《せいし》（母同前。鷹司信尚室）
- 108 **後水尾天皇**《ごみずのお》
- 尊英女王《そんえい》（母・藤原前子）
- 皇子某（二宮。母同前。近衛信尹養子となり近衛信尋と名のる。関白）
- 尊性親王《そんしょう》（毎敦親王。母・藤原輝子）
- 尭然親王《ぎょうねん》（常嘉親王。母・藤原孝子。妙法院、天台座主）
- 好仁親王《よしひと》（母・藤原前子。高松宮、のち有栖川宮を創立。妃・松平忠直女寧子）
- 良純親王《りょうじゅん》（直輔親王。初め徳川家康猶子。母・源具子。知恩院初代門跡）
- 皇子某（母・藤原前子。一条内基養子となり一条昭良と名のる。摂政関白）
- 貞子内親王《ていし》（母同前。二条康道室）
- 尊覚親王《そんかく》（庶愛親王。母同前。一乗院）
- 永宗女王《えいしゅう》（母・平時子。大聖寺）
- 皇女某（高雲院宮。母同前）
- 皇女某（冷雲院宮。母・清原胤子）
- 道晃親王《どうこう》（母同前。聖護院。照高院。天皇護持僧）
- 道周親王《どうしゅう》（母・大中臣氏。照高院）
- 皇女某（空華院宮。母・清原胤子）
- 尊清女王《そんせい》（母・藤原宣子。光照院）
- 慈胤親王《じいん》（幸勝親王。母・大中臣氏。天台座主）

皇子某（賀茂宮。母・藤原与津子）

文智《ぶんち》女王（母・藤原与津子。鷹司教平室となるものち離婚。円照寺開基）

**109 明正《めいしょう》天皇**〈配偶者なし〉

皇女某（女二宮。母・源和子。近衛尚嗣室。秋月院妙澄大師）

高仁《すけひと》親王（母同前。儲君となるも夭折）

皇子某（若宮。母同前）

昭子《あきこ》内親王（顕子内親王。母同前）

理昌《りしょう》女王（母・藤原隆子。宝鏡寺宮）

賀子《よしこ》内親王（母・源和子。二条光平室）

**110 後光明《ごこうみょう》天皇**

皇子某（霊照院宮。母・藤原隆子）

皇女某（菊宮。母・源和子）

光子《てるこ》内親王（照山元瑶。母・藤原隆子。林丘寺開基）

守澄《しゅちょう》親王（母・藤原光子。初代日光門跡〈輪王寺宮〉。天台座主）

皇女某（秋光院。母同前）

皇女某（新宮。母・藤原氏子）

性承《しょうじょう》親王（母同前。仁和寺御室）

元昌《げんしょう》女王（母・藤原光子）

**111 後西《ごさい》天皇**

宗澄《そうちょう》女王（母・藤原光子。霊鑑寺開基）

孝子《たかこ》内親王（母・庭田秀子。院号・礼成門院）

性真《しょうしん》親王（大覚寺宮。母・藤原隆子。東寺長者）

皇女某（政宮。母同前）

尭恕《ぎょうじょ》親王（母・藤原国子。天台座主三度）

皇子某（蕙宮。母・藤原光子）

理忠《りちゅう》女王（母・藤原隆子。宝鏡寺門跡）

常子《つねこ》内親王（母・藤原国子。近衛基熙室。徳川家重室近衛熙子母）

穏仁《やすひと》親王（母・藤原隆子。3代桂宮〈八条宮〉）

皇女某（涼雲院。母・藤原国子）

尊光《そんこう》親王（知恩院宮。母・藤原継子。徳川家光猶子）

皇子某（梅窓院。母・藤原国子）

道寛《どうかん》親王（聖護院宮。母・藤原隆子。園城寺長吏）

真敬《しんけい》親王（一乗院宮。母・藤原国子。興福寺別当）

尊証《そんしょう》親王（母同前。天台座主二度）

盛胤《せいいん》親王（母・藤原継子。天台座主二度）

**112 霊元《れいげん》天皇**〈次ページへ〉

文察《ぶんさつ》女王（母・藤原継子。尼僧）

永亭《えいこう》女王（母・藤原国子。尼僧）

皇女某（母・明子女王）
誠子《ともこ》親王（母同前）
長仁《おさひと》親王（母同前。4代桂宮〈八条宮〉）
幸仁《ゆきひと》親王（尊統親王。母・藤原共子。3代高松宮〈有栖川宮〉）
- 正仁《ただひと》親王（4代有栖川宮）
- 幸子《ゆきこ》女王（東山天皇皇后。院号・承秋門院）

皇女某（女二宮。母同前）
宗栄《そうえい》（母同前）
永悟《えいご》親王（母・源氏）
高栄《こうえい》（母・藤原共子）
皇女某（常宮。母・藤原氏）
義延《ぎえん》親王（母・藤原共子）

皇女某（母同前）
天真《てんしん》親王（母同前）
皇女某（賀陽宮。母同前）
皇女某（香久宮。母・藤原定子）
聖安《しょうあん》（母同前）
益子《ますこ》内親王（母・藤原共子。九条輔実室）

公弁《こうべん》親王（母・藤原定子。輪王寺門跡。天台座主）
道祐《どうゆう》親王（母同前）
尚仁《なおひと》親王（母同前。5代桂宮〈八条宮〉）
理《り》豊《ほう》女王（母・藤原共子。宝鏡寺門跡）
皇女某（満宮。母・藤原定子）
瑞光《ずいこう》女王（母同前。尼僧）
尊杲《そんこう》女王（母同前。尼僧）
道尊《どうそん》親王（母・菅原氏）
尊勝《そんしょう》　女王（母・藤原定子）
皇子某（権栄院。母・藤原条子）
良応《りようおう》親王（母・藤原定子）
皇子某（涼月院。母同前）

**112 霊元《れいげん》天皇**
- 皇女某（智光院。母・平氏）
- 憲子《のりこ》内親王（母・坊城俊広。近衛家熙室）
- 済深《さいしん》親王（母・小倉実起女。勧修寺）
- 寛隆《かんりゅう》　親王（母・源福子）
- 栄子《まさこ》内親王（母・藤原房子。二条綱平室）
- 皇子某（三宮。母・菅原庸子）
- **113 東山《ひがしやま》天皇**
- 皇子某（綱宮。母・源福子）
- 福子《とみこ》内親王（母・藤原宗子。伏見宮邦永親王妃）

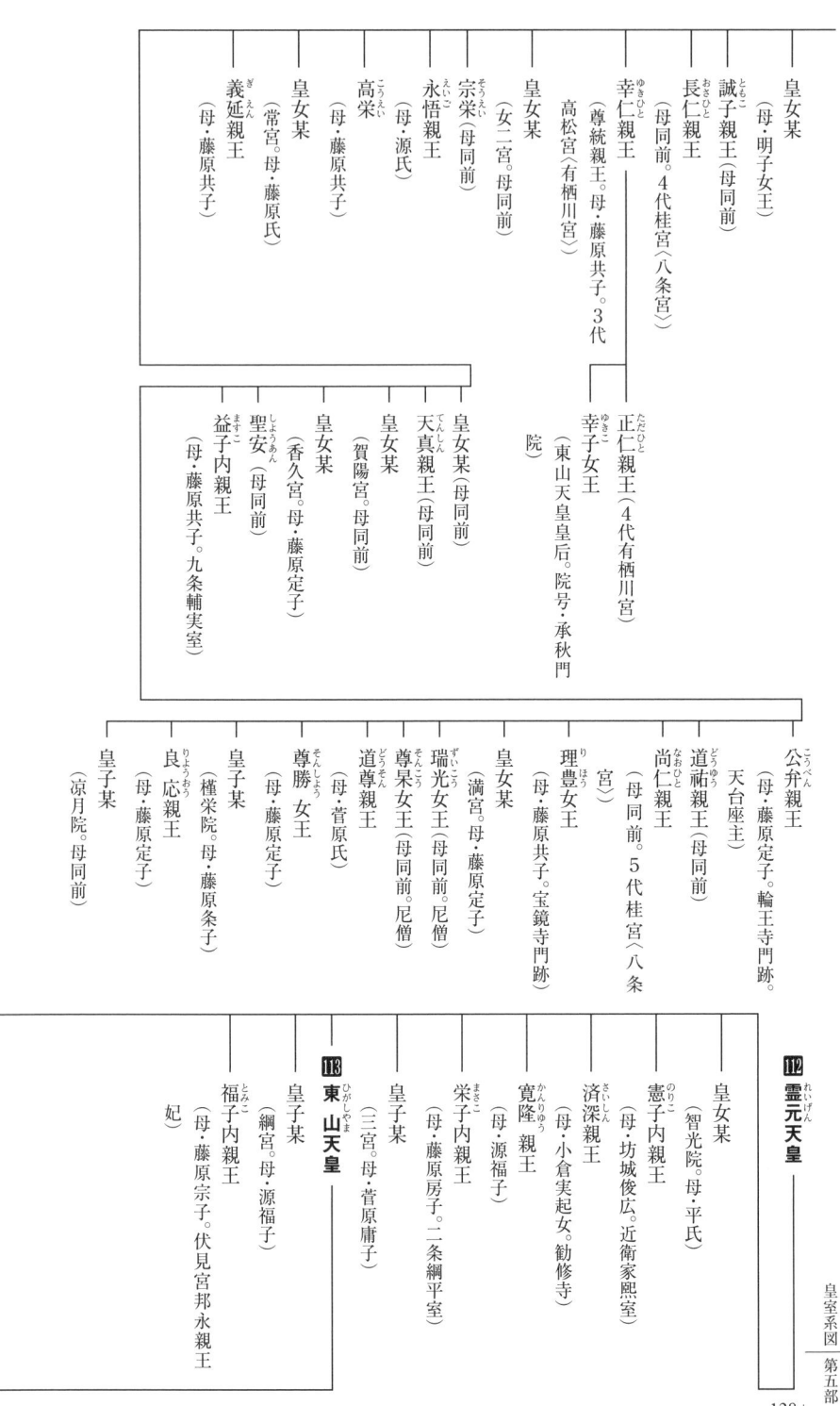

堯延《ぎょうえん》親王（周慶親王。母・菅原庸子。天台座主三度）
永秀《えいしゅう》女王（母・藤原宗子）
皇子某（台嶺院。母・菅原庸子）
文仁《あやひと》親王（母・藤原宗子。6代桂宮〈京極宮〉）
皇女某（梅宮。母同前）
勝子《かつこ》内親王（母同前）
皇子某（清宮。母同前）
皇子某（作宮。母・菅原経子。6代桂宮〈八条宮〉）
性応《しょうおう》親王（母同前。大覚寺）
皇子某（徳宮。母・源博子）

文喜《ぶんき》（母・菅原経子）
元秀《げんしゅう》（母同前）
皇子某（力宮。母・源博子）
尊賞《そんしょう》親王（一条院宮。母・今城定淳女。興福寺別当）
永応《えいおう》女王（母同前。尼僧）
皇子某（嘉智宮。母・入江相尚女）
皇子某（峯宮。母・安倍氏）
皇女某（止宮。母・入江相尚女）
職仁《よりひと》親王（母・秦敦子。5代有栖川宮）
吉子《よしこ》内親王（母同前。徳川家継と婚約も家継死去）

尊胤《そんいん》親王（母・秦仲子。知恩院門跡）
堯恭《ぎょうきょう》親王（母・秦敦子）
皇女某（八重宮。母・秦氏）

皇子某（一宮。母・藤原賀子）
皇子某（二宮。母同前）
公寛《こうかん》親王（母・藤原経子。天台座主）
秋子《あきこ》内親王（母・幸子女王。伏見宮貞建親王〈母・福子内親王〉妃）
皇子某（寿宮。母・藤原賀子）
**114 中御門《なかみかど》天皇**
皇女某（福宮。母・藤原賀子）
直仁《なおひと》親王（母同前。初代閑院宮）
皇女某（母・菅原氏）
聖祝《しょうしゅく》（母同前）

公啓《こうけい》親王（天台座主）
典仁《すけひと》親王（慶光院、慶光天皇。2代閑院宮）
　美仁《はるひと》親王（3代閑院宮）
　**119 光格《こうかく》天皇**〈次ページへ〉
淳宮（鷹司家を継承し鷹司輔平を名のる）
倫子女王（徳川家治室）

- **115 桜町《さくらまち》天皇**
  - 聖珊《しょうさん》女王（母・丹波氏。曇華院）
  - 公遵《こうじゅん》親王（母・藤原石子。天台座主）
  - 忠誉《ちゅうよ》親王（忠篤親王。母・藤原常子。聖護院）
  - 慈仁《じにん》親王（母・丹波氏。曼殊院。仁和寺）
  - 皇女某（女三宮。母・源夏子）
  - 皇女某（女五宮。母・藤原常子）
  - 理秀《りしゅう》女王（母・藤原石子。尼僧）
  - 成子《ふさこ》内親王（母・源夏子。閑院宮典仁親王妃）
  - 尊乗《そんじょう》女王（母・藤原石子。光照院）
  - 永皎《えいこう》女王（母・源夏子。大聖寺）
  - 皇子某（信宮。母同前）
  - 皇女某（周宮。母・藤原石子）
  - 遵仁《じゅんにん》親王（寛全親王。母・菅原寛子。仁和寺）

＊中御門天皇養子に叡仁親王〈有栖川職仁親王第二子〉、公啓親王〈閑院宮直仁親王第二子〉がいる。

- 盛子《もりこ》内親王（母・藤原舎子）
- **117 後桜町《ごさくらまち》天皇**（配偶者なし）
- **116 桃園《ももぞの》天皇**
  - **118 後桃園《ごももぞの》天皇**
    - 欣子《よしこ》内親王（母・藤原維子。院号・新清和院）
  - 貞行《さだもち》親王（母・藤原富子・17代伏見宮）
- **119 光格《こうかく》天皇**
  - 皇子某（開示院。母未詳）
  - 礼仁《うやひと》親王（母・藤原頼子）
  - 皇女某（寿賀宮。母同前）
  - 皇子某（受楽院。母・長橋局）
  - 皇子某（俊宮。母・藤原頼子）
  - 温仁《ますひと》親王（母・欣子内親王。光格天皇儲君となるも早世）

＊後桃園天皇養子に閑院宮典仁親王第六王子兼仁親王〈光格天皇〉がいる。

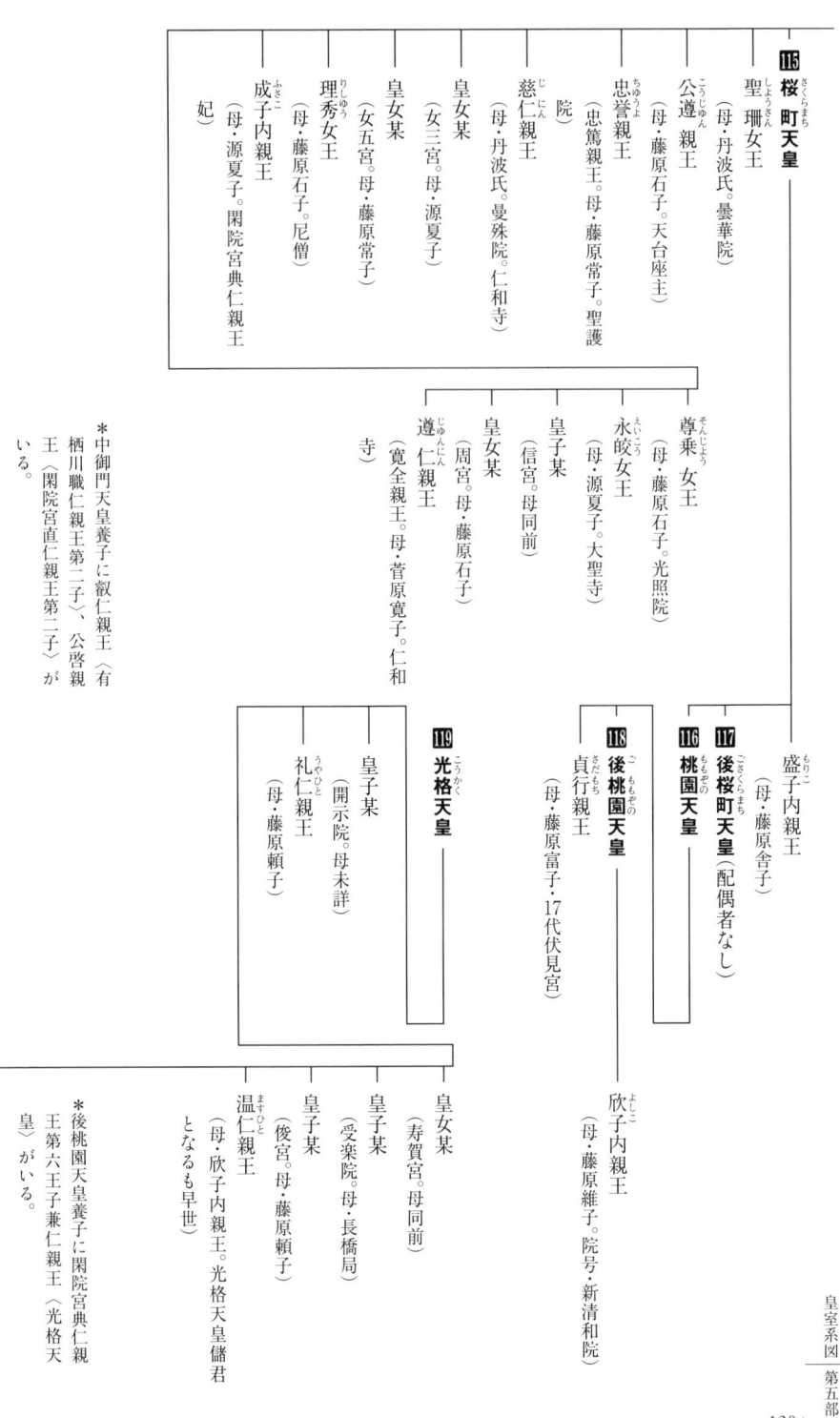

- **120 仁孝天皇《にんこう》**
  - 安仁《しずひと》親王（母・藤原繋子）
  - 皇女某（母同前）
  - 皇子某（鎔宮。母・藤原雅子）
  - 皇女某（成宮。母・藤原妍子）
  - 淑子《すみこ》内親王（母同前。11代桂宮）
  - 皇女某（女二宮。母・藤原祺子）
  - 皇子某（三宮。母・藤原妍子）
  - **121 孝明天皇《こうめい》**
    - 順子《よりこ》内親王（母・藤原夙子）
    - 皇子某（妙香華院。母・藤原伸子）
    - **122 明治天皇《めいじ》**〈第六部へ〉
    - 皇女某（富貴宮。母・藤原夙子）
    - 皇女某（寿万宮。母・藤原紀子）
    - 皇女某（理宮。母同前）
  - 皇子某（常寂光院。母・藤原婷子）
  - 皇女某（総宮。母・藤原妍子）
  - 節仁《みさひと》親王（母・藤原雅子。10代桂宮）
  - 皇女某（経宮。母・藤原妍子）
  - 皇女某（恭宮。母・藤原雅子）
  - 皇子某（胤宮。母・藤原経子）
  - 親子《ちかこ》内親王（和宮。徳川家茂室）
- 皇女某（多祉宮。母・藤原婧子）
- 盛仁《たけひと》親王（母・菅原和子。9代桂宮）
- 皇女某（霊妙心院。母同前）
- 皇子某（猗宮。母・藤原正子）
- 悦仁《としひと》親王（母・欣子内親王）
- 皇女某（娍宮。母・藤原婧子）
- 永潤《えいじゅん》（母・藤原聡子。大聖寺門跡）
- 皇女某（治宮。母・藤原明子）
- 蓁子《もりこ》内親王（母同前。宝鏡寺）
- 聖清《しょうせい》（母・藤原聰子）
- 皇女某（勝宮。母・藤原明子）
- 皇子某（嘉糯宮。母・藤原聡子）

＊仁孝天皇猶子に、伏見宮貞教親王、有栖川宮熾仁親王、久邇宮朝彦親王、小松宮彰仁親王、北白川宮能久親王がいる。

＊孝明天皇の養子・猶子に、三宝院門跡載仁親王（還俗して閑院宮）、伏見宮貞愛親王、知恩院門跡博経親王（還俗して華頂宮）、聖護院門跡智成親王（還俗して北白川宮）がいる。

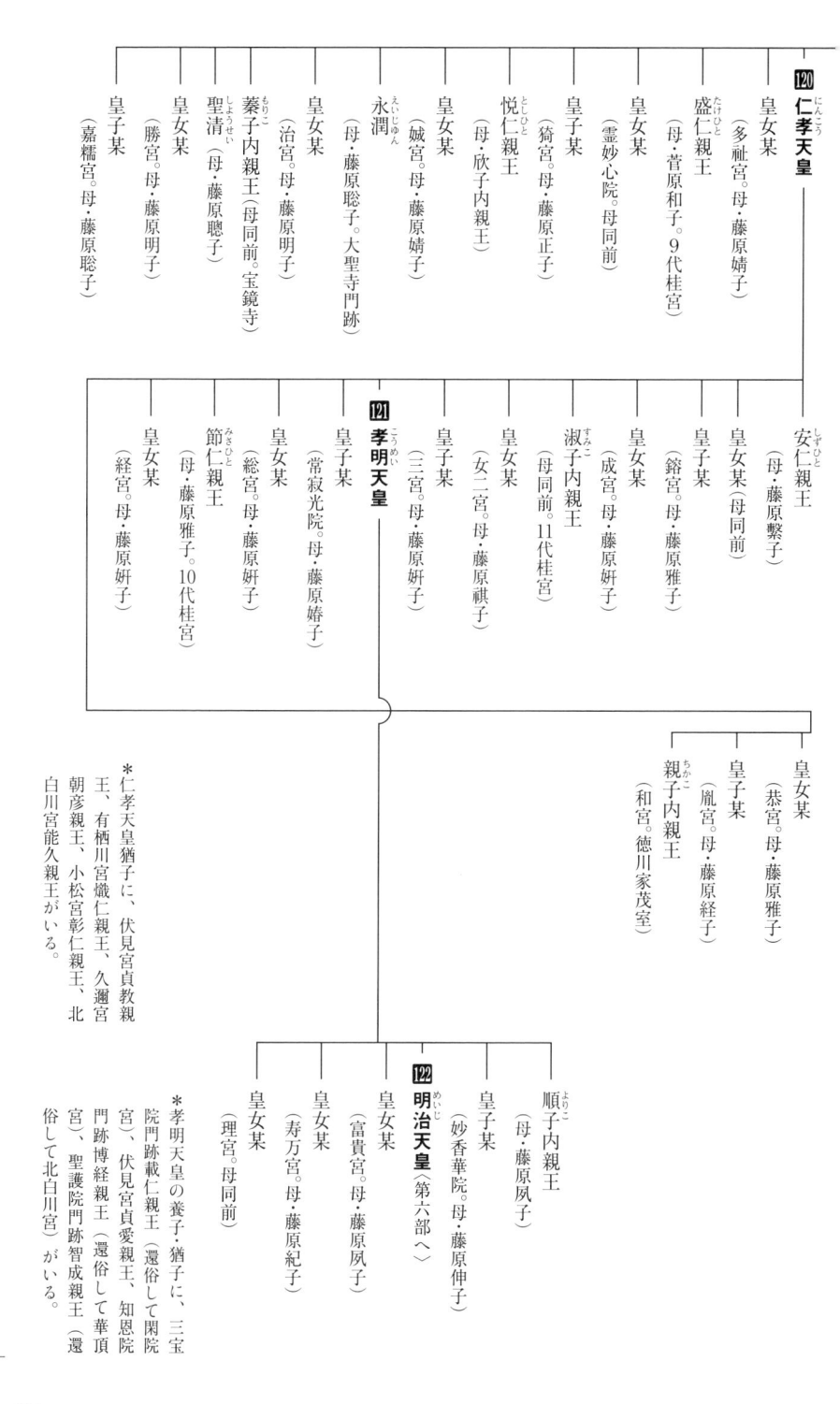

# 付図＝常盤井宮・木寺宮等略系図

- **84 順徳《じゅんとく》天皇**
  - **85 仲恭《ちゅうきょう》天皇**（九条廃帝）
  - 善統《よしむね》親王（四辻宮）——尊雅《たかまさ》王（四辻宮）——善成《よしなり》王（臣籍降下して源〈四辻〉善成）
  - 忠成《ただなり》王（岩倉宮、広御所宮）——尊忠《そんちゅう》（僧）

- **90 亀山《かめやま》天皇**
  - **91 後宇多《ごうだ》天皇**——**94 後二条《ごにじょう》天皇**——①邦良《くによし》親王（初代木寺宮。後醍醐天皇皇太子）——②康仁《やすひと》親王（＊5）——③邦恒《くにつね》王——④世平王
    - 承道《しょうどう》（後小松上皇猶子。仁和寺門跡）
    - 明仁（後小松上皇猶子。妙法院門跡）
    - ⑤邦康《くにやす》親王（後崇光院養子となり親王宣下）
  - ①恒明《つねあき》親王（初代常盤井宮）——②満仁《みつひと》親王——③直仁《なおひと》親王——④全明《ぜんめい》親王——⑤恒直《つねなお》親王
  - 守良《もりよし》親王（五辻宮）——宗覚《そうかく》（五辻宮。僧）

＊5　**北1光厳天皇**皇太子となるも、後醍醐天皇の京都還幸により、光厳天皇践祚、康仁親王は廃された。

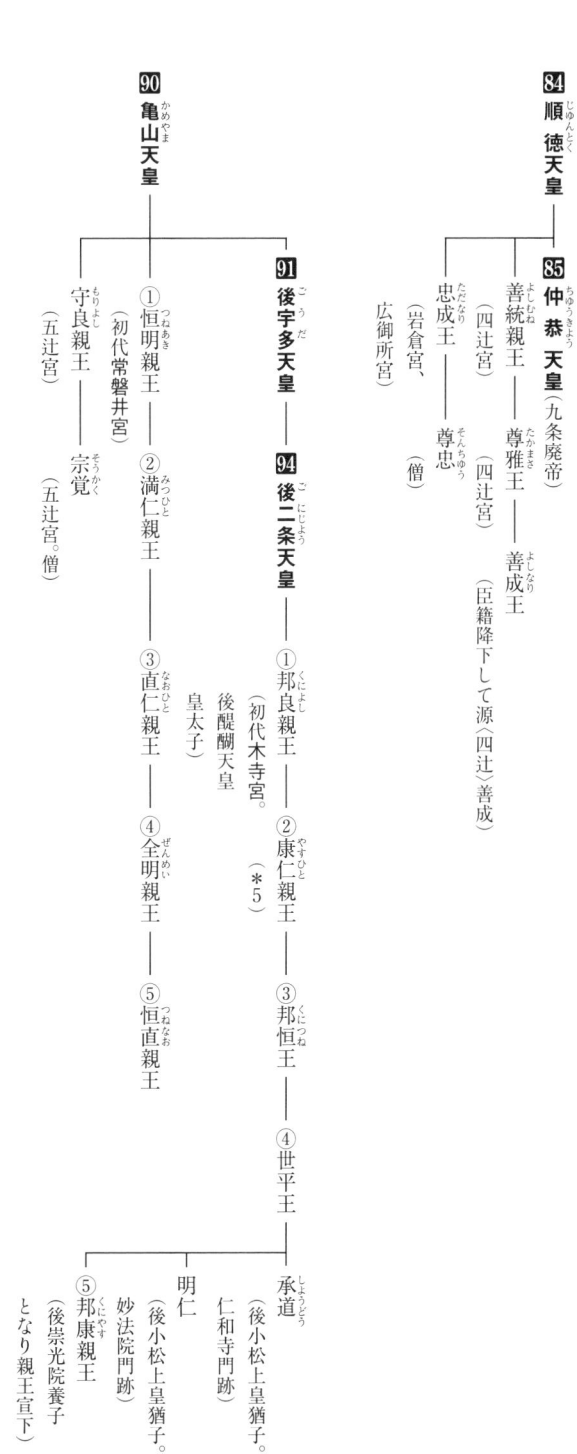

# 付図＝八条宮・常磐井宮・京極宮・桂宮略系図

106 **正親町《おおぎまち》天皇** ― 誠仁《さねひと》親王（陽光院。太上天皇）

誠仁親王の子：
- 107 **後陽成《ごようぜい》天皇** ― 108 **後水尾《ごみずのお》天皇**
- 好仁《よしひと》親王（高松宮）
- ①智仁《としひと》親王（豊臣秀吉猶子、のち解除。天正19年八条宮家創始）

①智仁親王の子：
- ②智忠《としただ》親王（後水尾天皇猶子。寛永6年相続）＝③穏仁《やすひと》親王（後水尾天皇皇子。智忠親王養子。寛文2年相続）＝④長仁《おさひと》親王（後西天皇皇子。寛文6年相続）＝⑤尚仁《なおひと》親王（後西天皇皇子。延宝3年長仁親王後嗣となり相続）
- 良尚《りょうしょう》親王（後水尾天皇猶子。曼殊院門跡。天台座主）
- 忠幸《ただゆき》（広幡家祖）

⑤尚仁親王＝
- ⑥作宮《さく》（霊元天皇皇子。元禄2年相続、八条宮を常磐井宮と改号）＝⑦文仁《あやひと》親王（霊元天皇皇子。有栖川宮幸仁親王養子となるも、解消して元禄9年常磐井宮を相続し、京極宮と改号）
- 文仁《あやひと》親王

⑦文仁親王の子：
- ⑧家仁《やかひと》親王（東山天皇猶子。宝永8年相続）
- 守恕《しゅじょ》親王（霊元天皇養子。仁和寺門跡）

⑧家仁親王の子：
- ⑨公仁《きんひと》親王（桜町天皇猶子。宝暦4年相続）＝寿子（父は紀州徳川宗直。公仁親王妃。嗣子なきため明和7年家主となる）＝⑩盛仁《たけひと》親王（光格天皇皇子。文化7年継嗣となり、京極宮を桂宮と改号）＝⑪節仁《みさひと》親王（仁孝天皇皇子。天保6年桂宮継嗣）＝⑫淑子《すみこ》内親王（仁孝天皇皇女。文久2年相続。継嗣なきため桂宮家断絶）
- 尊峯《そんぽう》親王（桜町天皇養子。徳川家重猶子。知恩院門跡）
- 尊映《そんえい》親王（桃園天皇養子。一条院門跡）

# 付図=伏見宮略系図

- 北3 **崇光《すこう》天皇**
  - ①栄仁《よしひと》親王（応永5年、崇光上皇崩御により皇位継承ならず出家）
    - ②治仁《はるひと》王（応永24年相続）
    - 貞成《さだふさ》親王
    - ＝③貞成《さだふさ》親王（応永24年相続。子の彦仁王〈後花園天皇〉践祚により太上天皇尊号を受け諡号後崇光院）
      - 102 **後花園《ごはなぞの》天皇**
      - ④貞常《さだつね》親王（康正2年相続。親王以後代々伏見宮を号す）
        - ⑤邦高《くにたか》親王（後土御門天皇猶子。文明6年相続）
          - ⑥貞敦《さだあつ》親王（永正13年相続）
          - 海覚《かいかく》親王（後柏原天皇猶子。勧修寺長吏）
        - 尭胤《ぎょういん》親王（後花園天皇猶子。梶井門跡。天台座主）
        - 道永《どうえい》親王（後土御門天皇猶子。仁和寺）
        - 覚円《かくえん》親王（後土御門天皇猶子。勧修寺長吏）
        - 弘助《こうじょ》親王（仁和寺）
        - 興信《こうしん》親王（勧修寺長吏）
        - 覚胤《かくいん》親王（後土御門天皇猶子。妙法院門跡）
        - 慈運《じうん》（後土御門天皇猶子。法性寺座主。曼殊院門跡。天台座主）
        - 道応《どうおう》親王（後土御門天皇猶子。聖護院門跡）

⑦邦輔《くにすけ》親王（天文14年相続。後奈良天皇猶子）

寛欽《かんきん》親王（後奈良天皇猶子。勧修寺長吏）

堯尊《ぎょうそん》親王（後奈良天皇猶子。妙法院門跡。天台座主）

任助《にんじょ》親王（後奈良天皇猶子。仁和寺門跡）

応胤《おういん》親王（後奈良天皇猶子。梶井門跡。天台座主）

⑧貞康《さだやす》親王（正親町天皇猶子。永禄6年相続）

邦房《くにふさ》親王（貞康親王嗣）

常胤《じょういん》親王（正親町天皇猶子。天台座主）

尊朝《そんちょう》親王（正親町天皇猶子。青蓮院門跡。天台座主）

守理《しゅり》親王（正親町天皇猶子。仁和寺）

最胤《さいいん》親王（正親町天皇猶子。梶井門跡。天台座主）

⑨邦房《くにふさ》親王（正親町天皇猶子。永禄11年相続）

⑩貞清《さだきよ》親王（後陽成天皇猶子。元和7年相続か）

⑪邦尚《くになり》親王（相続時不明）

⑫邦道《くにみち》親王（後光明天皇猶子。承応3年相続）

貞致《さだゆき》親王（邦道親王嗣）

⑬貞致《さだゆき》親王（後水尾天皇猶子。承応3年相続）

⑭邦永《くになが》親王（霊元天皇猶子。元禄7年相続。妃は霊元天皇皇女福子内親王）

道仁《どうにん》親王（霊元天皇養子。梶井門跡。天台座主）

英宮《ひでみや》（霊元天皇養子。青蓮院）

円猷《えんゆう》（専修寺堯円養子。専修寺門主）

⑮貞建《さだたけ》親王（東山天皇猶子。享保11年相続。妃は東山天皇皇女秋子内親王）

道承《どうしょう》親王（東山天皇養子。聖護院門跡）

尊祐《そんゆう》親王（霊元天皇養子。青蓮院門跡。天台座主）

尊孝《そんこう》親王（霊元天皇猶子。東大寺別当。聖護院門跡）

義周《ぎしゅう》親王（霊元天皇猶子。実相院門跡）

⑯邦忠《くにただ》親王（桜町天皇猶子。宝暦4年相続）

邦頼《くにより》親王（貞行親王嗣）

尊英《そんえい》親王（桜町天皇養子。青蓮院門跡）

尊真《そんしん》親王（桜町天皇養子。一乗院・青蓮院門跡。天台座主）

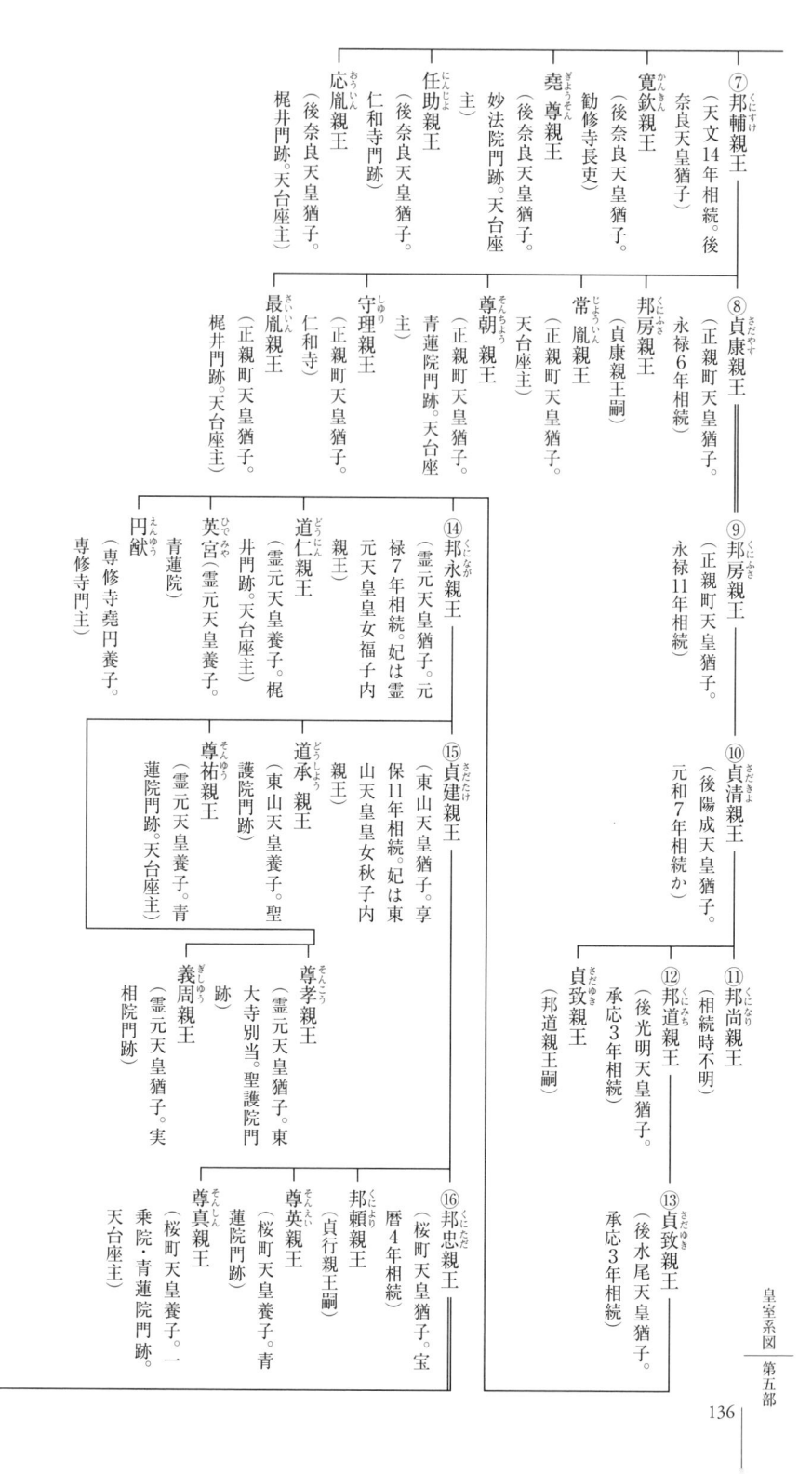

⑰貞行《さだもち》親王（桃園天皇皇子。宝暦10年、1歳で相続）

⑱邦頼《くにより》親王（⑮貞建親王王子。桜町天皇猶子。勧修寺入室得度も安永3年還俗して相続）

⑲貞敬《さだよし》親王（後桃園天皇猶子。享和2年相続）

公澄《こうちょう》親王（後桃園天皇養子。輪王寺門主。天台座主）

⑳邦家《くにいえ》親王（光格天皇猶子。天保13年相続）

尊宝《そんぽう》親王（光格天皇養子。青蓮院門跡。天台座主）

㉑貞教《さだのり》親王（仁孝天皇猶子。天保13年相続）

晃《あきら》親王（初代山階宮）

嘉言《よしこと》親王（聖護院門跡）

譲仁《じょうにん》親王（のち閑院宮孝仁親王実子）

朝彦《あさひこ》親王（仁孝天皇養子。一乗院・青蓮院門跡。初代久邇宮）

尊誠《そんせい》親王（光格天皇養子。勧修寺・一乗院門跡）

晃《あきら》親王（邦家親王王子。光格天皇養子。勧修寺門跡。初代山階宮）

宗諄《そうじゅん》女王（光格天皇養子。霊願寺門跡）

尊常《そんじょう》親王（光格天皇養子。一乗院門跡）

守脩《もりおさ》親王（光格天皇養子。円満院・梶井門跡。天台座主。初代梨本宮）

万《ま》寿《す》宮（光格天皇養子。聖護院門跡付弟）

嘉言《よしこと》親王（邦家親王王子。光格天皇養子。聖護院宮（北白川宮））

譲仁《じょうにん》親王（邦家親王王子。光格天皇養子。曼殊院門跡）

朝彦《あさひこ》親王（邦家親王王子。仁孝天皇養子。初代久邇宮）

成淳《せいじゅん》女王（孝明天皇養子。中宮寺門跡。有栖川宮韶仁親王養女）

喜《き》久《く》宮（仁孝天皇養子。青蓮院門跡。輪王寺宮付弟）

文秀《ぶんしゅう》女王（孝明天皇養子。円照寺門跡）

彰仁《あきひと》親王（仁孝天皇養子。仁和寺宮。東伏見宮。仁和寺門跡。初代小松宮）

能久《よしひさ》親王（仁孝天皇養子。青蓮院・梶井・輪王寺門跡。北白川宮相続）

誠宮《あきみや》（梶井門跡。輪王寺宮門跡付弟）

博経《ひろつね》親王（孝明天皇養子。知恩院門跡。初代華頂宮）

智成《さとなり》親王（孝明天皇養子。聖護院門跡付弟。照高院宮。初代北白川宮）

貞愛《さだなる》親王（孝明天皇猶子。妙法院門跡。㉒伏見宮）

家教《かきょう》（明治21年臣籍降下して清棲伯爵。宮中顧問官）

敦宮《たつのみや》 親王（孝明天皇養子。妙法院門跡。文久2年相続も同4年⑳邦家親王が再相続）

載仁《ことひと》親王（孝明天皇養子。三宝院門跡。閑院宮を相続）

依仁《よりひと》親王（山階宮晃親王養子。明治天皇猶子。円満院門跡。初代東伏見宮）

邦家《くにいえ》親王

㉒貞愛《さだなる》親王（明治5年再相続。陸軍大将。元帥。内大臣。妃は有栖川幟仁親王女利子女王）

㉓博恭《ひろやす》王（明治16年、華頂宮相続。明治37年伏見宮復帰。大正12年相続。海軍大将。元帥。海軍軍令部長、軍令部総長）

邦芳《くにか》王（貴族院議員）

昭徳《しょうとく》王（夭折）

博義《ひろよし》王（海軍大佐）

㉔博明《ひろあき》（昭和21年相続。同22年、皇籍離脱して伏見を姓とする）

博忠《ひろただ》王（明治37年華頂宮相続）

博信《ひろのぶ》王（大正15年、臣籍降下して華頂侯爵）

敦子《あつこ》女王（伯爵清棲幸保妃）

知子《ともこ》女王（久邇宮朝融王妃）

博英《ひろひで》王（昭和11年、臣籍降下して伏見侯爵）

# 付図＝有栖川宮等略系図〈高松宮・桃園宮・花町宮・有栖川宮〉

- **107 後陽成《ごようぜい》天皇**
  - **108 後水尾《ごみずのお》天皇**
    - **109 明正《めいしょう》天皇**
    - **110 後光明《ごこうみょう》天皇**
    - **111 後西《ごさい》天皇**
      - 長仁《おさひと》親王（④桂宮）
      - 幸仁《ゆきひと》親王（③有栖川宮）
      - 尚仁《なおひと》親王（⑤桂宮）
    - **112 霊元《れいげん》天皇**
      - **113 東山《ひがしやま》天皇**
      - 文仁《あやひと》親王（⑦桂宮）
      - 作《さく》宮
      - 職仁《よりひと》親王（⑥桂宮）
    - 穏仁親王（③桂宮）
  - ①好仁《よしひと》親王（寛永2年高松宮創始〈有栖川宮創始〉。子の明子女王は良仁親王妃）
    - ②良仁《ながひと》親王（後水尾天皇皇子。正保4年相続し花町宮・桃園宮とも称するも、承応2年践祚し**111後西天皇**となる）
      - ③幸仁《ゆきひと》親王（後西天皇第二皇子。寛文7年相続。寛文12年、高松宮を有栖川宮に改号）
        - ④正仁《ただひと》親王（元禄12年相続。東山天皇猶子）
          - ⑤職仁《よりひと》親王（霊元天皇皇子。享保元年相続）
        - 文仁《あやひと》親王（霊元天皇皇子。幸仁親王養子。桂宮相続）
        - 尊統《そんとう》親王（霊元天皇養子。徳川綱吉猶子。知恩院門跡）
        - 幸子《ゆきこ》女王（東山天皇皇后）

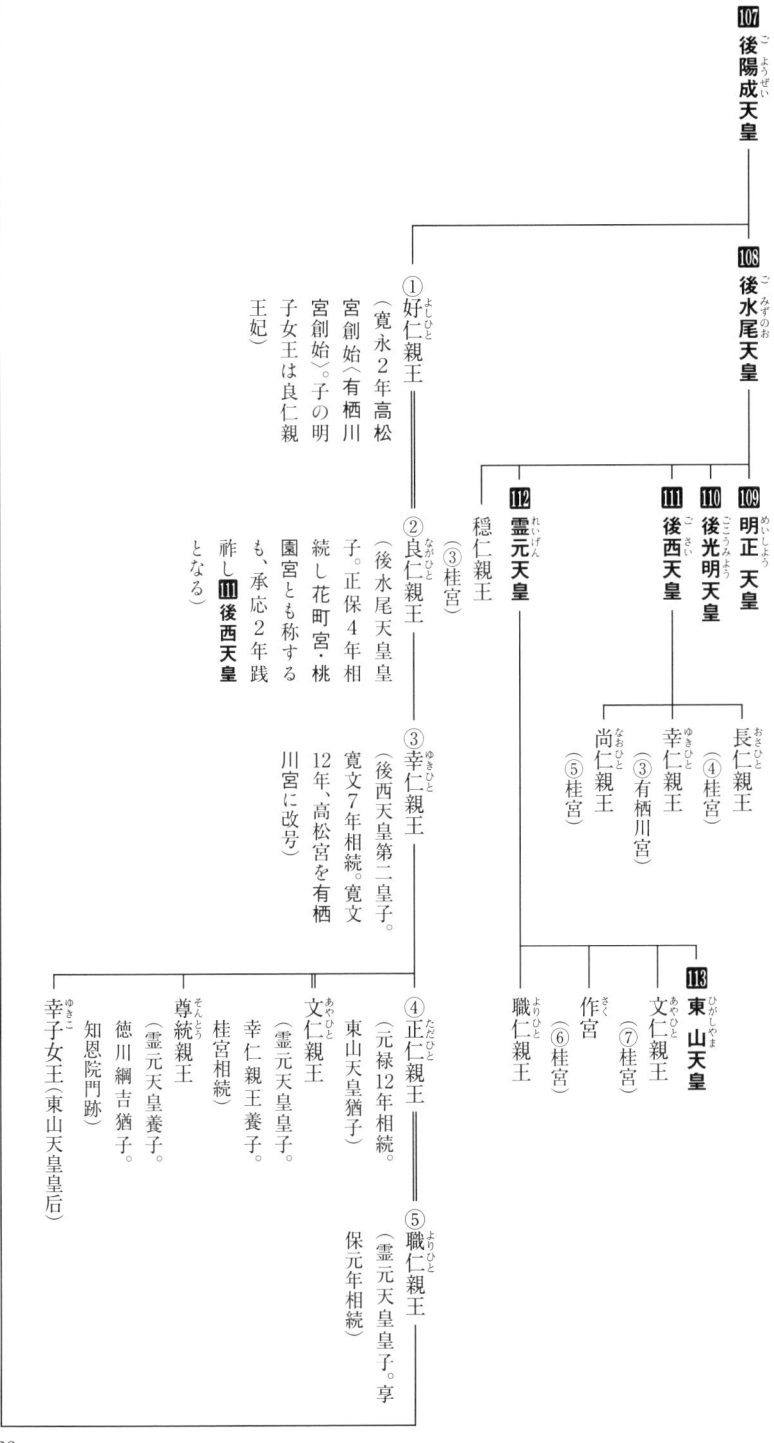

⑥織仁《おりひと》親王（明和6年相続。桃園天皇猶子）

音仁《おとひと》親王（桜町天皇猶子）

叡仁《えいにん》親王（中御門天皇養子。梶井門跡）

覚仁《かくにん》親王（桜町天皇養子。仁和寺門跡）

増賞《ぞうしょう》親王（桜町天皇猶子。聖護院門跡）

円遵（音仁親王。専修寺門主）

常仁《じょうにん》親王（桃園天皇養子。梶井門跡。天台座主）

⑦韶仁《つなひと》親王（文化9年相続。光格天皇猶子。妃は閑院宮美仁親王王女宣子女王）

文乗《ぶんじょう》女王（光格天皇養子。円照寺門跡）

承真《しょうしん》親王（光格天皇養子。梶井門跡。天台座主）

舜仁《しゅんにん》親王（光格天皇養子。輪王寺門跡。天台座主）

清宮（父は円遵）

円祥《えんしょう》（父は鷹司輔平。専修寺門主）

済仁《せいにん》親王（光格天皇養子。勧修寺・仁和寺門跡）

尊超《そんちょう》親王（光格天皇養子。徳川家斉猶子。知恩院門跡）

⑧幟仁《たかひと》親王（光格天皇猶子。弘化2年相続。国事御用掛。神祇事務総督）

慈性《じしょう》親王（光格天皇養子。大覚寺・輪王寺門跡。天台座主）

公紹《こうしょう》親王（光格天皇養子。輪王寺門跡）

公潔《きんずみ》（西園寺家相続）

円禧《えんき》（父は円祥。専修寺門主）

洁宮（仁孝天皇養子。幟仁親王王子。青蓮院門跡）

長宮《たけのみや》（幟仁親王王子。知恩院門跡付弟）

堯熙《ぎょうき》（父は近衛忠熙。初め幟仁親王養子。のち専修寺円禧子。専修寺門主。男爵）

⑨熾仁《たるひと》親王（仁孝天皇養子。総裁。東征大総督。元老院議長。陸軍大将。参謀総長）

洁宮

長宮《たけのみや》

堯熙《ぎょうき》

威仁《たけひと》親王（熾仁親王嗣）

利子《としこ》女王（伏見宮貞愛親王妃）

⑩威仁《たけひと》親王（幟仁親王王子。明治天皇養子。海軍大将。元帥）

栽仁《たねひと》王（海軍少尉。明治41年早世のため宮家断絶）

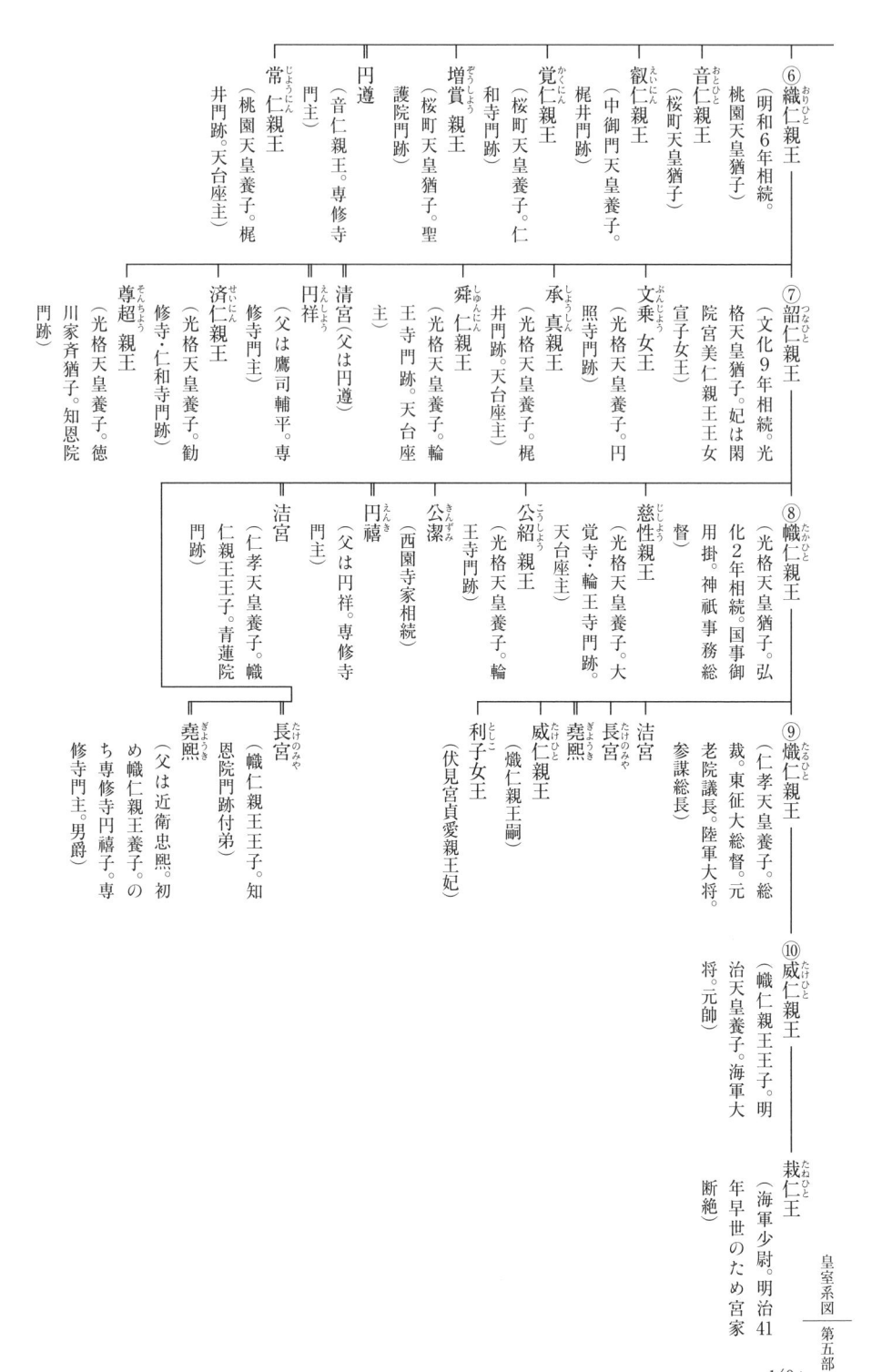

# 付図＝閑院宮略系図（宝永7年〈1710〉8月創始）

- 113 東山天皇《ひがしやま》
  - 114 中御門天皇《なかみかど》 — 115 桜町天皇《さくらまち》
  - ①直仁親王《なおひと》（宝永7年宮家創始。享保3年閑院宮賜号）
    - ②典仁親王《すけひと》（桜町天皇猶子。宝暦3年相続。子の兼仁親王〈光格天皇〉が天皇となり慶光天皇と追諡）
      - ③美仁親王《はるひと》（桃園天皇猶子。寛政6年相続）
        - ④孝仁親王《たつひと》（光格天皇猶子。文政元年相続。妃吉子、愛仁親王没後、家主同格となる）
          - ⑤愛仁親王《なるひと》（光格天皇猶子。文政7年相続）
          - 教仁親王《きょうにん》（光格天皇養子。妙法院門跡。天台座主）
          - 譲仁親王《じょうにん》（伏見宮邦家親王王子。光格天皇養子。曼殊院門跡）
          - ＝⑥載仁親王《ことひと》（伏見宮邦家親王王子。孝明天皇養子。三宝院門跡。明治5年相続。陸軍大将。元帥）
            - ⑦春仁王《はるひと》（のち純仁。陸軍少将。昭和22年皇籍離脱。閑院を姓とする）
        - 喜久宮《きく》（仁和寺門跡付弟）
        - 富宮《とみ》（曼殊院門跡）
        - 宣子女王《のぶこ》（有栖川宮韶仁親王妃）
      - 深仁親王《しんにん》（桃園天皇養子。仁和寺門跡）
      - 公璋親王《こうしょう》（桃園天皇養子。輪王寺門跡）
      - 公延親王《こうえん》（桃園天皇養子。輪王寺門跡。天台座主）
      - 真仁親王《しんにん》（桃園天皇養子。妙法院門跡。天台座主）
      - 119 光格天皇《こうかく》
        - 盈仁親王《えいにん》（聖護院門跡）
        - 精宮（曼殊院門跡）
        - 鍥宮《かたのみや》（仁和寺宮深仁親王付弟）
        - 健宮（実相院門跡）
    - 公啓親王《こうけい》（中御門天皇養子。輪王寺門跡。天台座主）
    - 輔平《すけひら》（桜町天皇猶子。一条兼香養子となり鷹司家相続）

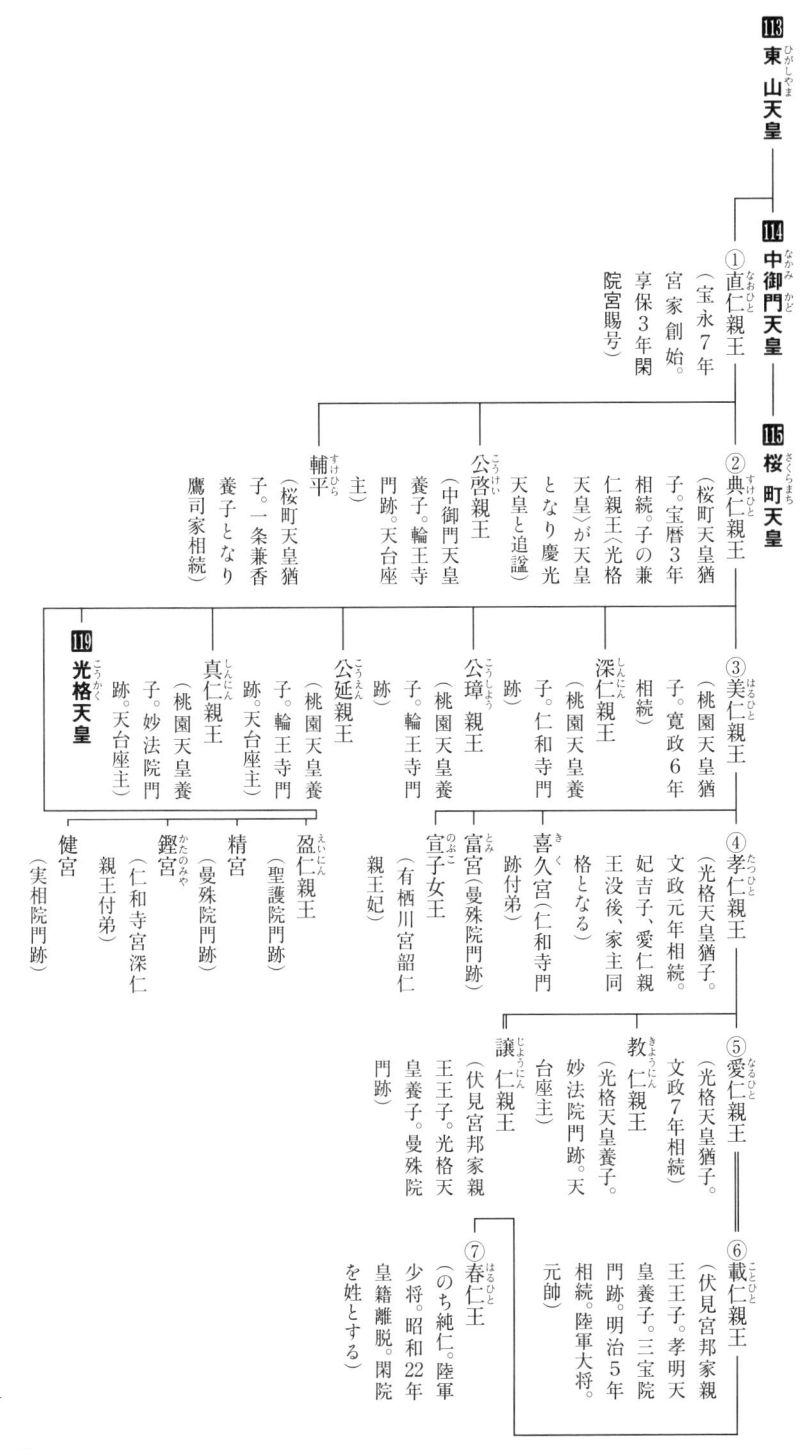

# 付図＝久邇宮〈中川宮・賀陽宮〉（文久3年〈1863〉創始）・東久邇宮（明治39年創始）略系図

- 邦家《くにいえ》親王（⑳伏見宮）
  - ①朝彦《あさひこ》親王（仁孝天皇養子。天台座主。文久3年還俗し中川宮。明治3年伏見宮復帰、同5年賀陽宮、同8年、久邇宮賜号。一乗院・青蓮院門跡。神宮祭主）
    - ②邦彦《くによし》王（明治24年相続。陸軍大将。元帥）
      - ③朝融《あさあきら》王（昭和4年相続。海軍中将。昭和22年皇籍離脱、久邇を姓とする。子の正子女王は龍田徳彦夫人）
      - 邦久《くにひさ》王（陸軍大尉。大正12年臣籍降下し久邇侯爵）
      - 良子《ながこ》女王（昭和天皇皇后。香淳皇后）
      - 邦英《くにひで》王（昭和6年臣籍降下し東伏見慈治伯爵。青蓮院門跡）
    - 邦憲《くにのり》王（①賀陽宮。明治25年賜号。神宮祭主。子の佐紀子女王は山階宮武彦王妃）
    - 守正《もりまさ》王（明治18年、③梨本宮相続）
    - 多嘉《たか》王（神宮祭主）
      - 賀彦《よしひこ》王（夭逝）
      - 家彦《いえひこ》王（昭和17年臣籍降下し宇治伯爵）
      - 徳彦《のりひこ》王（昭和18年臣籍降下し龍田伯爵。昭和41年、梨本伊都子養子）
    - 鳩彦《やすひこ》王（①朝香宮。明治39年賜号。夫人は明治天皇皇女允子内親王。陸軍大将。昭和22年皇籍離脱、朝香を姓とする）
      - 孚彦《たかひこ》王（陸軍中佐。昭和22年皇籍離脱、朝香を姓とする）
      - 正彦《ただひこ》王（昭和11年臣籍降下し音羽侯爵）
    - 稔彦《なるひこ》王（①東久邇宮。明治39年賜号。陸軍大将。陸軍大臣。内閣総理大臣。夫人は明治天皇皇女聰子内親王。昭和22年皇籍離脱、東久邇を姓とする）
      - 盛厚《もりひろ》王（陸軍少佐。夫人は昭和天皇皇女成子内親王。昭和22年皇籍離脱、東久邇を姓とする）
      - 師正《もろまさ》王（夭折）
      - 彰常《あきつね》王（昭和15年臣籍降下し粟田侯爵。陸軍大将）
      - 俊彦《としひこ》王（昭和22年皇籍離脱。のち多羅間キヌ養子）

## 付図＝山階宮（元治元年〈1864〉創始）略系図

- 邦家《くにいえ》親王（⑳伏見宮）
  - ①晃《あきら》親王（光格上皇養子。孝明天皇猶子。元治元年還俗、伏見宮に復帰し山階宮賜号。勧修寺門跡。議定。外国事務局督）
    - ②菊麿《きくまろ》王（梨本宮守脩親王養子となるも明治18年復籍し晃親王継嗣。海軍大佐）
      - ③武彦《たけひこ》王（海軍少佐。昭和22年皇籍離脱、山階を姓とする）
      - 芳麿《よしまろ》（大正9年臣籍降下し山階侯爵。陸軍中尉。山階鳥類研究所創設）
      - 藤麿《ふじまろ》（昭和3年臣籍降下し筑波侯爵。靖国神社宮司）
      - 萩麿《はぎまろ》（昭和3年臣籍降下し鹿島伯爵。海軍大尉）
      - 茂麿《しげまろ》（昭和4年臣籍降下し葛城伯爵。陸軍中佐）
    - ＝定麿《さだまろ》王（邦家親王王子。のち依仁親王となり、後小松宮彰仁親王嗣。東伏見宮初代。海軍大将。元帥）
  - 定麿王

## 付図＝小松宮（慶応3年〈1867〉創始）・東伏見宮（明治36年創始）・賀陽宮（明治25年創始）略系図

- 邦家《くにいえ》親王（⑳伏見宮）
  - ①彰仁《あきひと》親王（仁孝天皇養子。仁和寺門跡。慶応3年還俗し仁和寺宮、ついで東伏見宮と称するも明治15年小松宮と改称。議定。陸軍大将。元帥。継嗣なきため、侯爵小松輝久が祭祀を継承）
    - ＝依仁《よりひと》親王（⑳伏見宮邦家親王王子定麿王。初め山階宮晃親王養子。ついで彰仁親王養子。明治18年、明治天皇養子となり立親王。明治36年、東伏見宮創始。海軍大将。元帥。嗣子なく断絶。久邇宮邦彦王王子邦英王〈東伏見慈治〉が祭祀を継承）

- 朝彦《あさひこ》親王（①久邇宮）
  - ①邦憲《くにのり》王（明治25年賀陽宮賜号。神宮祭主）
    - ②恒憲《つねのり》王（明治42年賀陽宮相続。陸軍中将。昭和22年皇籍離脱し久邇を姓とする）

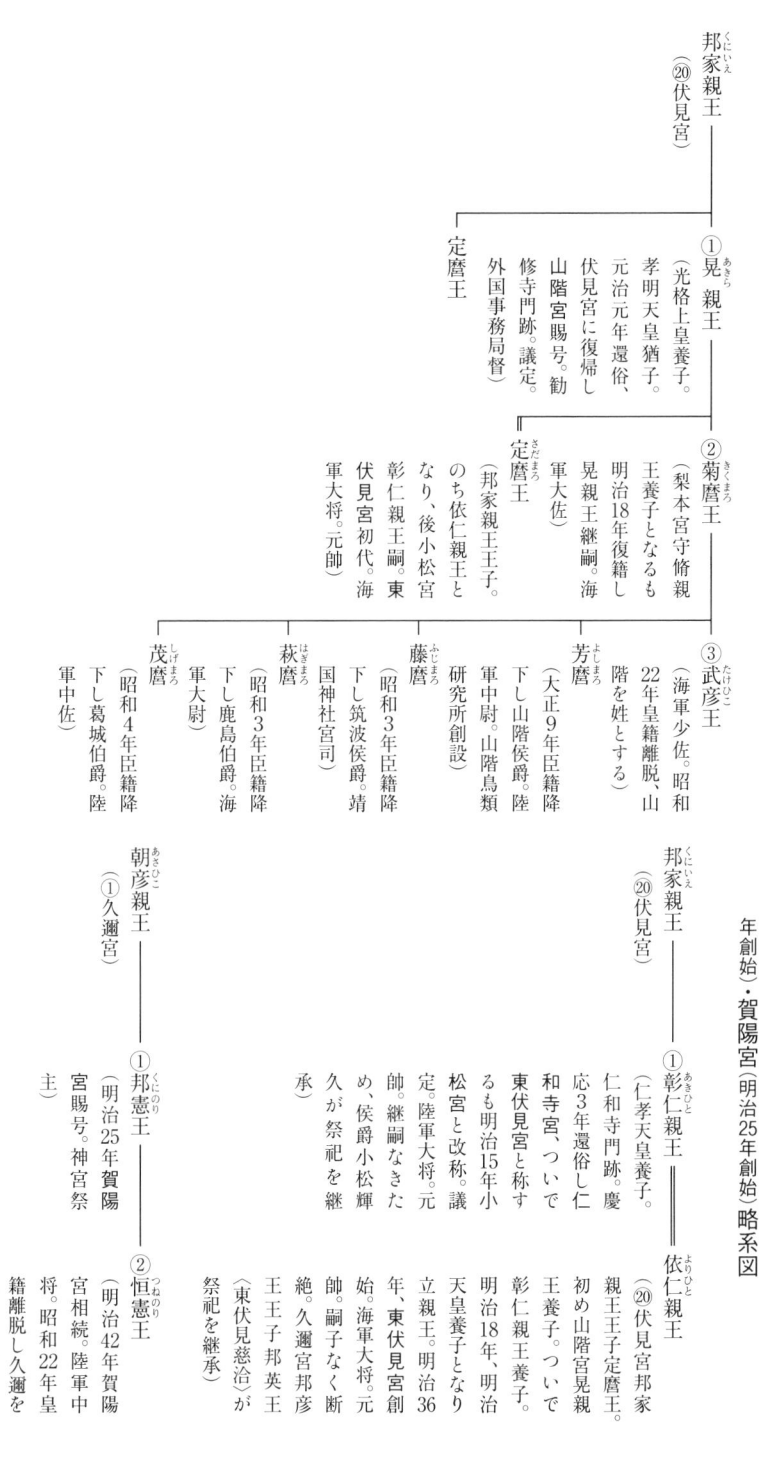

# 付図＝華頂宮（明治元年創始）・北白川宮（明治元年創始）・梨本宮（明治3年創始）・竹田宮（明治39年創始）略系図

邦家《くにいえ》親王（⑳伏見宮）
- ①博経《ひろつね》親王（孝明天皇養子。徳川家茂猶子〈明治元年止〉。知恩院門跡。明治元年華頂宮賜号。海軍少将）
  - ＝②博厚《ひろあつ》親王（明治天皇養子。明治9年相続）
  - ＝③博恭《ひろやす》王（㉒伏見宮貞愛親王王子。明治16年相続。同37年㉓伏見宮として復帰。海軍少佐）
    - ④博忠《ひろただ》王（明治37年相続。海軍中尉。嗣子なく廃絶。弟博信が祭祀を継承）
    - 博義王（伏見宮入籍）
- 嘉言《よしこと》親王（光格天皇養子。聖護院門跡。明治元年還俗し聖護院宮を称するも没。弟宮智成親王が聖護院宮を継承）
  - ＝①智成《さとなり》親王（邦家親王王子。孝明天皇養子。明治元年照高院宮〈同3年北白川宮と改号〉と称する）
  - ＝②能久《よしひさ》親王（邦家親王王子。仁孝天皇養子。明治5年相続。青蓮院・梶井門跡。輪王寺門主。陸軍中将）
    - ③成久《なるひさ》王（明治20年相続。夫人は明治天皇皇女房子内親王）
      - ④永久《ながひさ》王（大正12年相続。陸軍少佐）
        - ⑤道久《みちひさ》（昭和15年相続。同22年皇籍離脱し北白川姓）
    - ①恒久《つねひさ》王（明治39年竹田宮賜号。陸軍少将。夫人は明治天皇皇女昌子内親王）
      - ②恒徳《つねよし》王（大正8年相続。陸軍中佐。昭和22年皇籍離脱し竹田を姓とする）
    - 輝久《てるひさ》王（明治43年臣籍降下し小松侯爵。小松宮祭祀を継承）
    - 芳之《よしゆき》（明治30年臣籍降下し二荒伯爵）
    - 正雄《まさお》（明治30年臣籍降下し上野伯爵）

貞敬《さだよし》親王（⑲伏見宮）
- ①守脩《もりおさ》親王（光格天皇養子。円満院・梶井門跡。天台座主。明治元年還俗。同3年梶井宮を梨本宮と改称）
  - ＝②菊麿《きくまろ》王（山階宮晃親王王子。明治14年相続。同18年山階宮に復帰）
  - ＝③守正《もりまさ》王（久邇宮朝彦親王王子。明治18年相続。陸軍大将。元帥。昭和22年皇籍離脱し梨本を姓とする。夫人は鍋島〈梨本〉伊都子）
    - 方子《まさこ》女王（李垠王妃。母は伊都子）
    - 規子《のりこ》女王（伯爵広橋真光夫人）
    - 龍田《たつた》徳彦《のりひこ》（父は久邇宮多嘉王。夫人は久邇宮朝彦王王女正子女王。昭和18年臣籍降下し龍田侯爵。梨本伊都子養子となり、久邇宮家祭祀を継承）

# 付図＝徳川宗家略系図

①徳川家康《とくがわいえやす》（父は松平広忠）

②秀忠《ひでただ》（正室は織田信雄女小姫、継室は浅井長政女江）
義直《よしなお》（尾張徳川家祖）
頼宣《よりのぶ》（紀州徳川家祖）
頼房《よりふさ》（水戸徳川家祖）

③家光《いえみつ》（正室は鷹司孝子）
千姫《せんひめ》（豊臣秀頼室、のち本多忠刻室）
和子《まさこ》（後水尾天皇中宮。東福門院）
保科正之《ほしなまさゆき》（会津松平家初代）
亀姫《かめひめ》（父・松平忠直。高松宮好仁親王妃）

④家綱《いえつな》（正室は伏見宮貞清親王女顕子女王。実子なし）
綱重《つなしげ》（初代甲府藩主）
綱吉《つなよし》（館林藩主。母・桂昌院）

⑤綱吉《つなよし》（正室は鷹司信子）
綱豊《つなとよ》（家宣。甲府藩主）

⑥家宣《いえのぶ》（父・綱重。正室は近衛基熙女熙子）

⑦家継《いえつぐ》（夭折）

⑧吉宗《よしむね》（紀州藩主。父は徳川光貞。正室は伏見宮貞致親王女理子女王）

⑨家重《いえしげ》（正室は伏見宮邦永親王女増子女王）
宗武《むねたけ》（田安徳川家初代）
宗尹《むねただ》（一橋徳川家初代）

⑩家治《いえはる》（正室は閑院宮直仁親王女倫子女王）
重好《しげよし》（清水徳川家初代）

⑪家斉《いえなり》（父・一橋徳川治済。正室は近衛寔子〈広大院〉）

⑫家慶《いえよし》（正室は有栖川宮織仁親王女喬子女王）
淑姫《ひでひめ》（尾張徳川斉朝正室）
敬之《けいの》助《すけ》（尾張徳川宗睦養子）
峰姫《みねひめ》（水戸徳川斉脩正室）
斉順《なりゆき》（紀州徳川治宝養子）

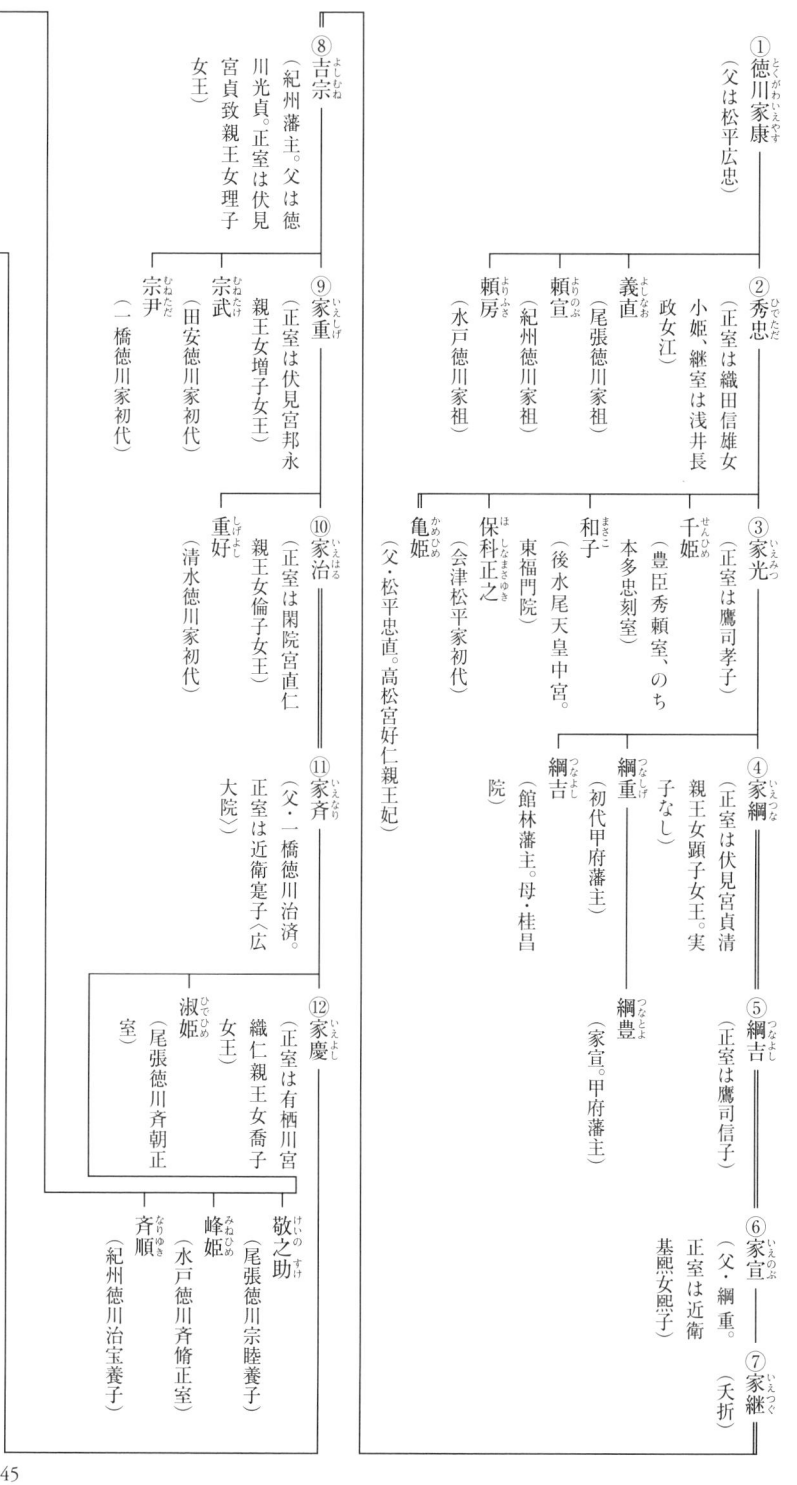

虎千《とらち》代《よ》（紀州徳川治宝養子）

斉荘《なりたか》（尾張徳川斉温養子）

元姫《もとひめ》（会津藩主松平容衆正室）

斉彊《なりかつ》（紀州徳川斉順養子）

永姫《ながひめ》（一橋徳川斉位正室）

斉温《なりはる》（尾張徳川斉朝養子）

⑬家正《いえまさ》（正室に鷹司政煕女任子、一条忠良女秀子、島津家出身近衛敬子〈篤姫・天璋院〉）

慶昌《よしまさ》（一橋徳川斉位末期養子）

輝姫《てるひめ》（田安徳川慶頼婚約者）

⑭家茂《いえもち》（父は紀州徳川斉順。正室は和宮親子内親王。実子なし）

⑮慶喜《よしのぶ》（父は水戸徳川斉昭。公爵）

慶久《よしひさ》（夫人は有栖川宮威仁親王女実枝子女王）

慶光《よしみつ》（夫人は会津松平保夫女和子）

喜久子《きくこ》（高松宮宣仁親王妃）

⑯家達《いえさと》（父は田安徳川慶頼。夫人は近衛忠房女泰子。静岡藩藩主、貴族院議長、華族会館館長。公爵）

⑰家正《いえまさ》（貴族院議長。公爵）

⑱恒孝《つねなり》（父・会津松平分家松平一郎。秩父宮妃勢津子は妹）

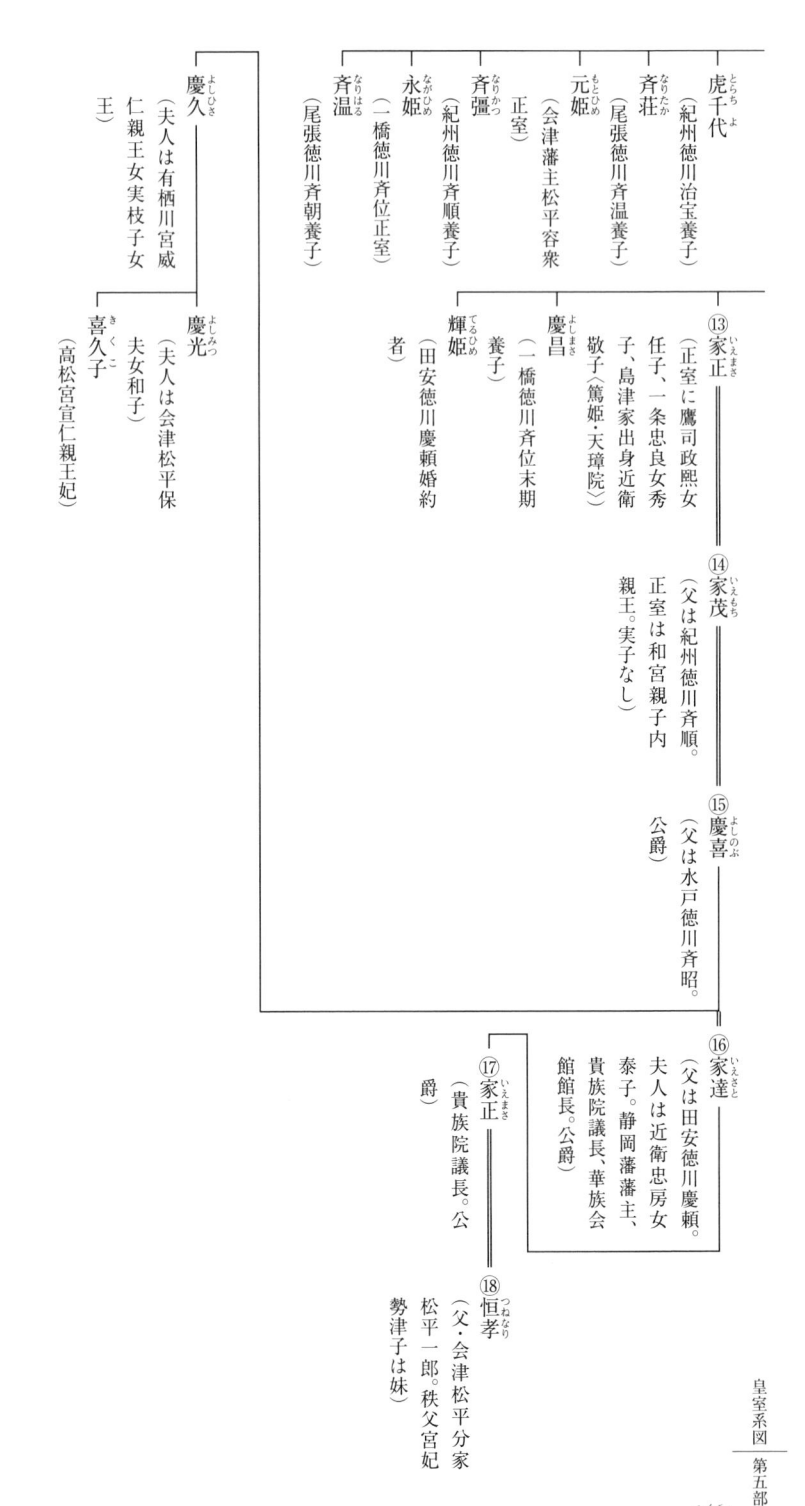

# 第六部　皇室系図——122明治天皇——125「明仁」天皇

**122 明治《めいじ》天皇**

稚瑞照彦《わかみずてるひこ》尊（１８７３死産。母・葉室光子）

稚高依姫《わかたかよりひめ》尊（１８７３死産。母・橋本夏子）

薫子《しげこ》内親王（梅宮。１８７５〜７６。母・柳原愛子）

敬仁《ゆきひと》親王（建宮。１８７７〜７８。母同前）

韶子《あきこ》内親王（滋宮。１８８１〜８３。母・千種任子）

章子《ふみこ》内親王（増宮。１８８３。母・千種任子）

静子《しずこ》内親王（久宮。１８８６〜８７。母・園祥子）

猷仁《みちひと》親王（昭宮。１８８７〜８８。母・園祥子）

昌子《まさこ》内親王（常宮。１８８８〜１９４０。母・園祥子。明治41年、竹田宮恒久王と結婚）

房子《ふさこ》内親王（周宮。１８８８〜１９７４。母・園祥子。明治42年、北白川宮成久王と結婚）

允子《のぶこ》内親王（富美宮。１８９１〜１９３３。母・園祥子。明治43年、朝香宮鳩彦王と結婚）

輝仁《てるひと》親王（満宮。１８９３〜９４。母・園祥子）

聰子《としこ》内親王（泰宮。１８９６〜１９７８。母・園祥子。大正4年、東久邇宮稔彦王と結婚）

多喜子《たきこ》内親王（貞宮。１８９７〜９９。母・園祥子）

**123 大正《たいしょう》天皇**

**124 昭和《しょうわ》天皇**

雍仁《やすひと》親王（淳宮。１９０２〜５３。秩父宮。母・貞明皇后。昭和３年、松平勢津子と結婚）

宣仁《のぶひと》親王（光宮。１９０５〜８７。高松宮。母・貞明皇后。昭和５年、徳川喜久子と結婚）

崇仁《たかひと》親王（澄宮。１９１５〜２０１６。三笠宮。母・貞明皇后。昭和16年、高木百合子と結婚）

125「明仁《あきひと》」天皇

成子《しげこ》内親王（照宮。1925～61。母・香淳皇后。昭和18年、東久邇宮盛厚王と結婚）

祐子《さちこ》内親王（久宮。1927～28。母・香淳皇后）

和子《かずこ》内親王（孝宮。1929～89。母・香淳皇后。昭和25年、鷹司平通と結婚）

厚子《あつこ》内親王（順宮。1931～。母・香淳皇后。昭和27年、池田隆政と結婚）

正仁《まさひと》親王（義宮。1935～。常陸宮。母・香淳皇后。昭和39年、津軽華子と結婚）

貴子《たかこ》内親王（清宮。1939～。母・香淳皇后。昭和35年、島津久永と結婚）

徳仁《なるひと》親王（浩宮。1960～。母・皇后美智子。昭和55年成年式。平成元年立太子、同3年立太子礼。同5年小和田雅子と結婚）

愛子《あいこ》内親王（敬宮。2001～。母・皇太子妃雅子）

文仁《ふみひと》親王（礼宮。1965～。母・皇后美智子。昭和60年成年式。平成2年川嶋紀子と結婚、秋篠宮家創立）

眞子《まこ》内親王（1991～。母・紀子）

佳子《かこ》内親王（1994～。母・紀子）

悠仁《ひさひと》親王（2006～。母・紀子）

清子《さやこ》内親王（紀宮。1969～。母・皇后美智子。平成17年、黒田慶樹と結婚。神宮祭主）

## 付図＝秩父宮家・高松宮家略系図

123 大正《たいしょう》天皇 ＝ 貞明《ていめい》皇后（九条節子）

松平恒雄《つねお》（会津藩藩主松平容保4男）＝ 鍋島信子《のぶこ》（父・佐賀藩藩主、侯爵鍋島直大）

雍仁《やすひと》親王（明治35年6月25日誕生。淳宮。大正11年6月25日秩父宮賜号。昭和3年、松平節子と結婚。陸軍少将。昭和28年1月4日没。墓は豊島岡墓地）
＝ 勢津子《せつこ》（明治42年9月9日誕生。松平保男養女。旧名松平節子〈貞明皇后と同名ゆえ勢津子と改名〉。平成7年8月25日没。墓は豊島岡墓地。子女なく秩父宮断絶）

123 大正《たいしょう》天皇 ＝ 貞明《ていめい》皇后

徳川慶久《よしひさ》（公爵。父・将軍徳川慶喜）＝ 実枝子《みえこ》（父・有栖川宮威仁親王）

宣仁《のぶひと》親王（明治38年1月3日誕生。光宮。大正2年7月6日高松宮賜号。昭和5年2月4日、徳川喜久子と結婚。海軍大佐。同62年2月3日没。墓は豊島岡墓地）
＝ 喜久子《きくこ》（明治44年12月26日誕生。平成16年12月18日没。墓は豊島岡墓地。子女なく高松宮家断絶）

# 付図＝三笠宮家・高円宮家略系図

123 **大正《たいしょう》天皇**
＝貞明《ていめい》皇后

崇仁《たかひと》親王（大正4年12月2日誕生。澄宮。昭和10年12月2日三笠宮賜号。同16年10月22日結婚。平成28年10月27日没。墓は豊島岡墓地）
＝高木百合子《たかぎゆりこ》（大正12年6月4日誕生）

高木正得《たかぎまさなり》（父・河内丹内藩藩主高木正善は昆虫学者、子爵、貴族院議員）
＝入江邦子《いりえくにこ》（父・冷泉〈入江〉為守。母は柳原前光女信子。弟に侍従長入江相政）

寛仁《ともひと》親王（昭和21年1月5日誕生。同55年11月7日結婚、寛仁親王家創始。平成24年6月6日没。墓は豊島岡墓地）
＝麻生信子《あそうのぶこ》（昭和30年4月9日誕生。父は麻生多賀吉、祖父は吉田茂。兄に麻生太郎。男子なきため親王没後、三笠宮に合流）

- 彬子《あきこ》女王（昭和56年12月20日誕生）
- 瑶子《ようこ》女王（昭和58年10月25日誕生）

甯子《やすこ》内親王（昭和19年4月26日誕生。同41年12月18日結婚）
＝近衛忠煇《このえただてる》（昭和14年5月8日誕生。父は細川護貞、母は近衛文麿女信子。兄に細川護熙。日本赤十字社社長。近衛家養子となり当主）

容子《まさこ》内親王（昭和26年10月23日誕生。同58年10月14日結婚）
＝千宗室《せんのそうしつ》（昭和31年6月7日誕生。裏千家家元）

憲仁《のりひと》親王（昭和29年12月29日誕生。同59年12月6日結婚、高円宮賜号。平成14年11月21日没。墓は豊島岡墓地）
＝鳥取久子《とっとりひさこ》（昭和28年7月10日誕生。父は実業家鳥取滋次郎）

- 承子《つぐこ》女王（昭和61年3月8日誕生）
- 典子《のりこ》女王（昭和63年7月22日誕生。平成26年10月5日結婚）
  ＝千家国麿《せんげくにまろ》（昭和48年9月2日誕生。父は出雲大社宮司千家尊祐。出雲大社権宮司）
- 絢子《あやこ》女王（平成2年9月15日誕生。同30年10月29日結婚）
  ＝守谷慧《もりやけい》（昭和61年3月24日誕生。父は実業家守谷治）

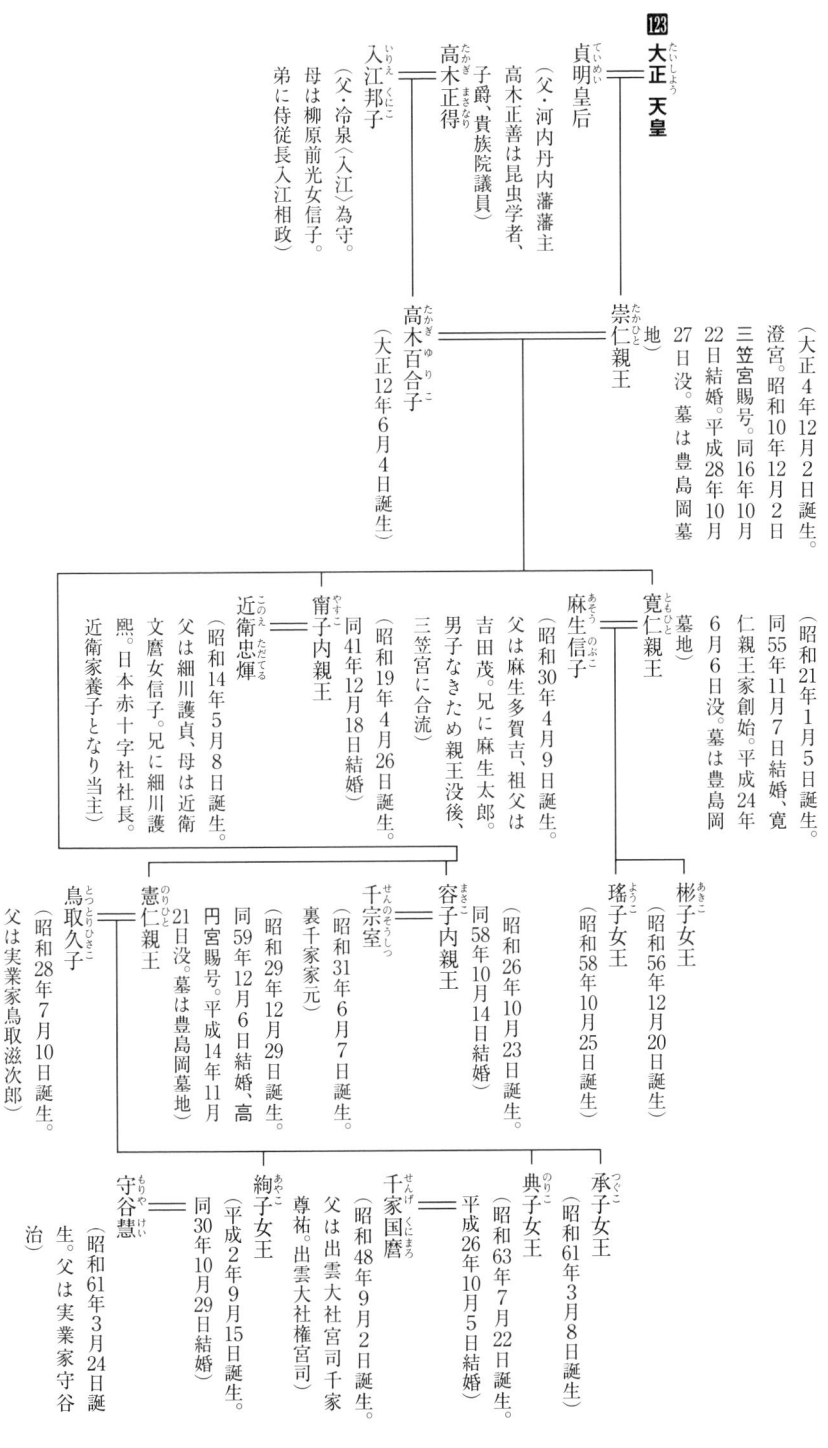

# 付図Ⅱ九条家・一条家略系図

九条兼実《くじょうかねざね》（摂政関白太政大臣）……輔嗣《すけつぐ》（父・二条治孝）＝尚忠《ひさただ》（父・二条治孝。関白左大臣）

- 尚忠の子
  - 幸経《ゆきつね》（父・鷹司政通。権大納言）
    - ＝道孝《みちたか》（父・尚忠。左大臣。掌典長）
      - 道実《みちざね》（掌典長）
        - 道秀《みちひで》（掌典）—道弘《みちひろ》
        - 敏子《としこ》（賀陽宮恒憲王妃）
      - 範子《のりこ》（山階宮菊麿王妃）
      - 節子《さだこ》（大正天皇皇后。貞明皇后）
    - ＝日栄《にちえい》（父・伏見宮邦家親王。瑞龍寺門跡）
  - 夙子《あさこ》（孝明天皇女御。明治天皇嫡母。英照皇太后）
  - 道孝《みちたか》
  - 熙通《ひろみち》（鷹司輔熙嗣）

一条実経《いちじょうさねつね》（摂政関白左大臣）……忠良《ただよし》（関白左大臣）

- 忠良の子
  - 実通《さねみち》（権中納言）＝忠香《ただか》（父・忠良。左大臣。夫人は伏見宮邦家親王女順子）
    - 実良《さねよし》（右大臣。夫人は近衛忠熙女總子）
      - ＝忠貞《ただささだ》（父・醍醐忠順）＝実輝《さねてる》（父・四条隆謌。海軍大佐。東宮大夫。夫人は実良女良子）
        - 実孝《さねたか》（父・大炊御門師前。海軍大佐。夫人は実輝女経子）—実文《さねふみ》（海軍主計大尉）
        - 経子《つねこ》
        - 朝子《ときこ》（伏見宮博義王妃）
      - 良子《よしこ》
    - 美賀子《みかこ》（徳川慶喜正室）
    - 美子《はるこ》（明治天皇皇后。昭憲皇太后）
  - 崇子《たかこ》（鷹司輔熙夫人）
  - 秀子《ひでこ》（徳川家定正室）

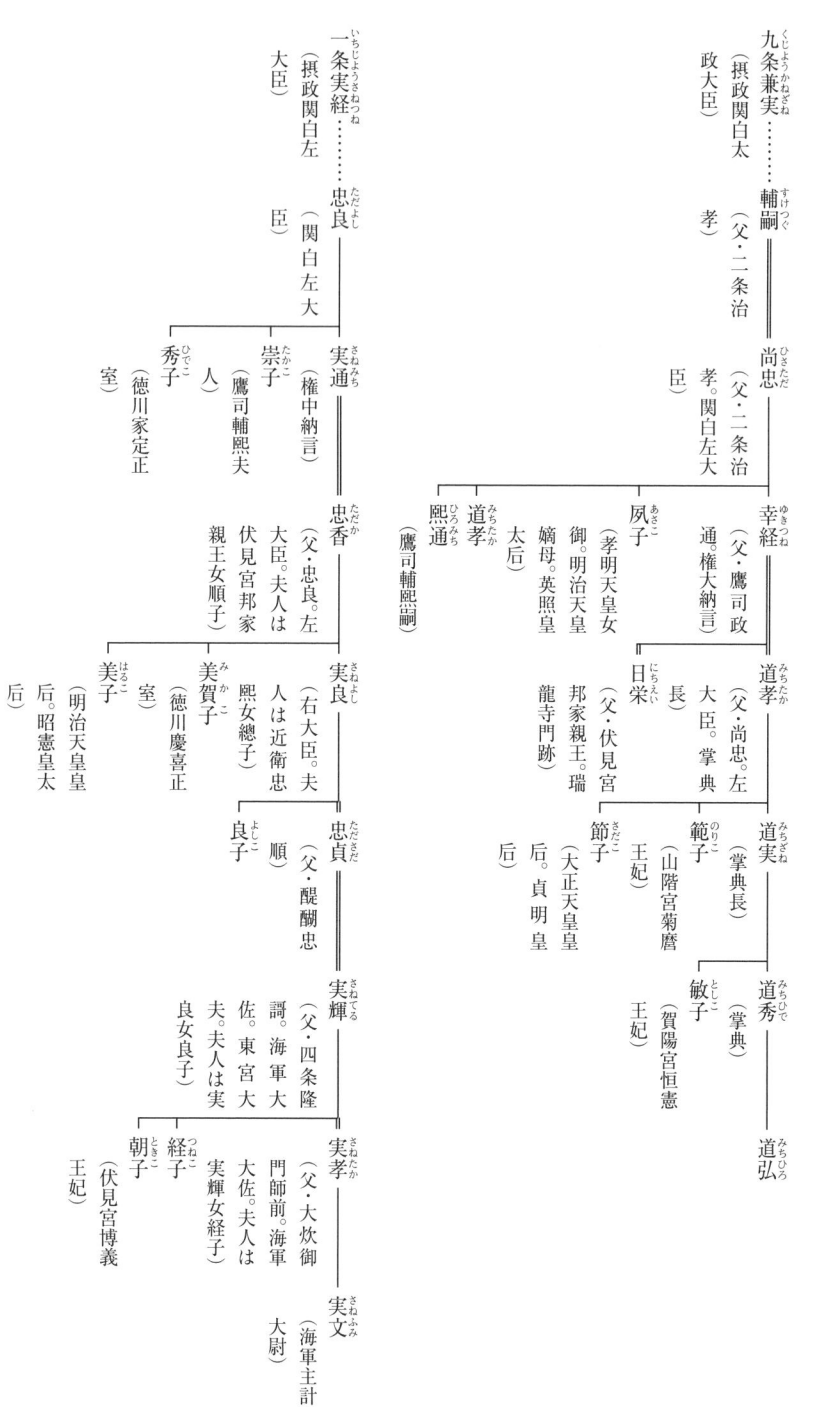

# 付図＝会津松平家・高木家略系図

保科正之《ほしなまさゆき》（父・徳川秀忠。会津松平家初代）……松平《まつだいら》容住《かたおき》

- 容衆《かたひろ》（夫人は徳川家斉女幸子）＝容敬《かたたか》（父・容住）＝容保《かたもり》（父・高須松平義建。京都守護職。東照宮宮司。夫人は容敬女敏）
  - 容大《かたはる》（陸軍大尉。貴族院議員。子爵）＝保男《もりお》（父・容保。子爵。海軍少将。貴族院議員）
    - 保定《もりさだ》（子爵）
    - 勢津子《せつこ》（父・恒雄。秩父宮雍仁親王妃）
  - 保男《もりお》
  - 恒雄《つねお》（宮内大臣。子に勢津子。夫人・鍋島直大女信子。信子の姉は伊都子）
- 容敬《かたたか》

高木《たかぎ》正剛《まさかた》（小幡松平忠福。河内丹南藩藩主）―正明《まさあき》＝正坦《まさひら》（父・津山松平維賢。子爵）＝正善《まさよし》（父・高木守庸。子爵）―正得《まさなり》（子爵。昆虫学者。貴族院議員。夫人は入江為守女邦子〈弟に侍従長入江相政〉）

- 正順《まさより》（父・木越安綱。夫人・正得女衣子。掌典）
- 衣子
- 百合子《ゆりこ》（三笠宮崇仁親王妃）

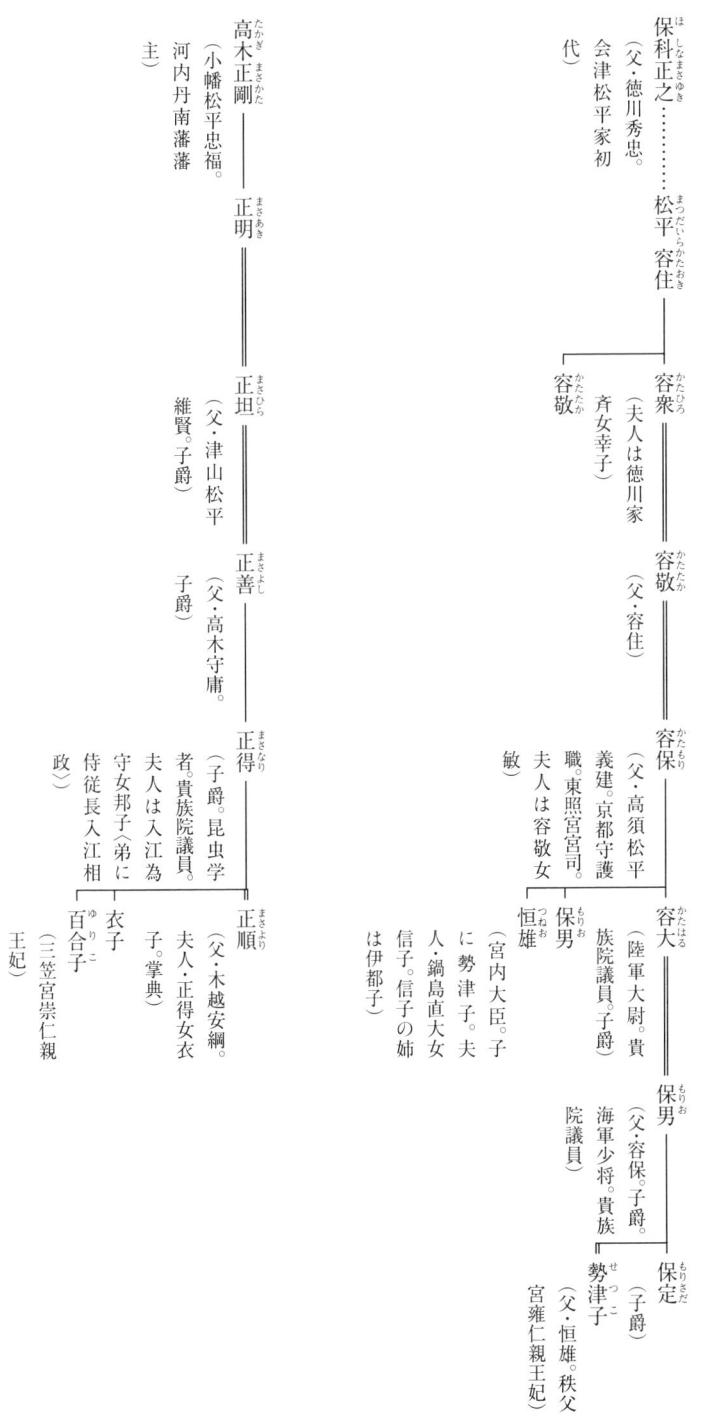

## 付図＝鷹司家略系図

鷹司兼平《たかつかさかねひら》（父・関白近衛家実。関白太政大臣。鷹司家祖）……＝輔平《すけひら》（父・閑院宮直仁親王。関白左大臣）

- 輔平の子
  - 政煕《まさひろ》（関白左大臣）
  - 昌子《まさこ》（伏見宮邦頼親王妃）
  - 福子《ふくこ》（有栖川宮織仁親王妃）
  - 円祥《えんしょう》（専修寺〈常磐井〉住職）

- 政煕の子
  - 政通《まさみち》（関白太政大臣）
  - 吉子《よしこ》（閑院宮孝仁親王妃）
  - 繋子《つなこ》（仁孝天皇女御。贈皇后。新皇嘉門院）
  - 祺子《やすこ》（仁孝天皇女御。新朔平門院）
  - 景子《けいこ》（伏見宮邦家親王妃）
  - 任子《あつこ》（徳川家定正室）

- 政通の子
  - 輔煕《すけひろ》（関白右大臣。夫人・一条忠良女崇子）
  - 介子（専修寺〈常磐井〉円禧夫人）
  - 積子《つみこ》（伏見宮貞教親王妃）

- 輔煕の子
  - 輔政《すけまさ》（権大納言）
  - 明子《あけこ》（伏見宮貞教親王妃）

輔政＝煕通《ひろみち》（父・九条忠男。公爵。陸軍少将。侍従長）—信輔《のぶすけ》（明治神宮宮司。公爵。夫人・徳川家達女綏子）—平通《としみち》（鉄道研究家。夫人・昭和天皇皇女和子）＝尚武《なおたけ》（父・岩村松平乗武。和子養子）

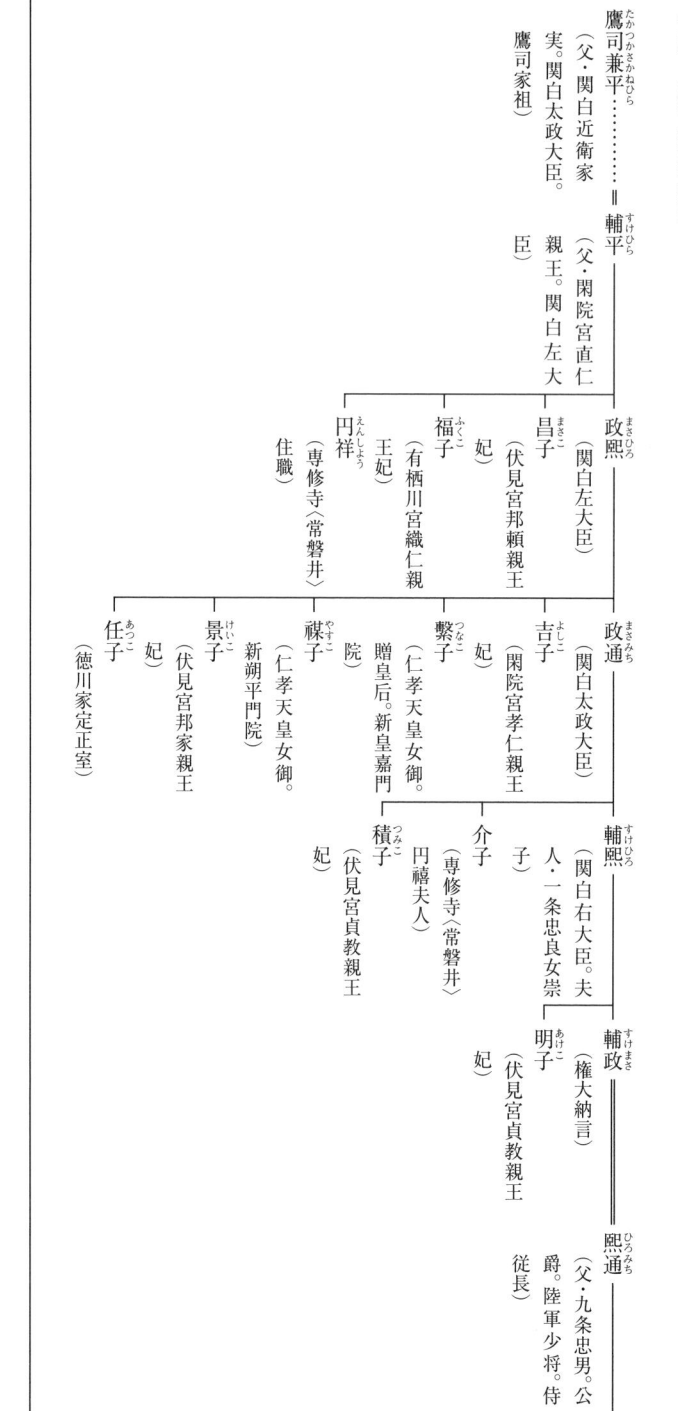

# 付図＝姫路池田家・弘前津軽家略系図

池田《いけだ》輝政《てるまさ》（播磨姫路藩初代藩主）……斉政《なりまさ》（父・池田治政）＝斉敏《なりとし》（父・島津斉興。夫人は斉政女金子）＝慶政《よしまさ》（父・奥平昌高。夫人は斉敏女宇多子）＝茂政《もちまさ》（父・水戸徳川斉昭。夫人は慶政女万寿子）＝章政《あきまさ》（父・相良頼之）―詮政《のりまさ》（侯爵。夫人・久邇宮朝彦親王女安喜子）

- 詮政の子：禎政《ただまさ》（侯爵）―宣政《のぶまさ》（侯爵）―隆政《たかまさ》（侯爵。夫人・昭和天皇皇女厚子）
- 詮政の子：博子《ひろこ》（細川護立夫人）

津軽《つがる》為信《ためのぶ》（弘前藩初代藩主）……＝寧親《やすちか》（父・弘前藩分家津軽著高）―信順《のぶゆき》＝順承《ゆきつぐ》（父・吉田大河内信明）＝承昭《つぐあきら》（父・細川斉護。伯爵。夫人は順承女常姫及び近衛忠煕女尹子）

- 承昭の子：英麿《ふさまろ》（父・近衛忠房。伯爵。貴族院議員）＝義孝《よしたか》（父・徳川義恕。伯爵）―華子《はなこ》（常陸宮正仁親王妃。母・毛利元雄女久子）
- 承昭の子：寛子（徳川義恕夫人）

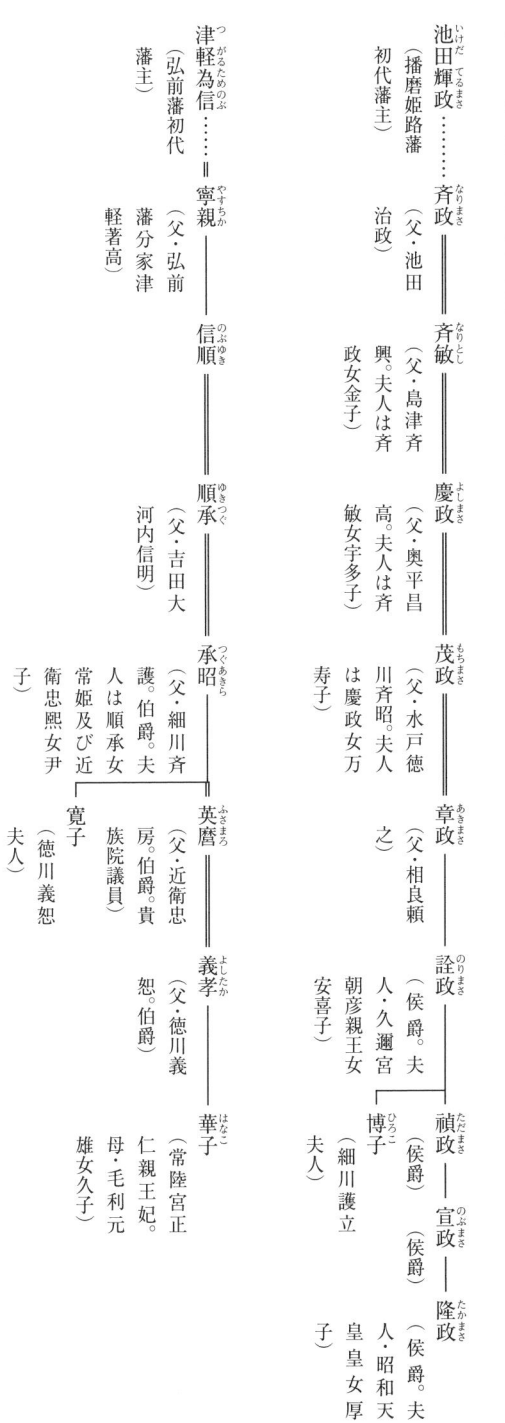

# 付図＝近衛家略系図

- 近衛《このえ》基実《もとざね》（摂政関白左大臣。近衛家祖。父・摂政関白太政大臣藤原忠通）……経熙《つねひろ》（右大臣。夫人・有栖川宮職仁親王女董子）
  - 基前《もとさき》（左大臣。夫人静子は名古屋徳川治行女で徳川宗睦養女、夫人維姫も徳川宗睦養女）
    - ＝寔子《ただこ》（父・島津重豪。徳川家斉正室）
    - 忠熙《ただひろ》（関白。夫人・島津斉興女興子）
      - ＝定子《さだこ》（父・鷹司政熙。名古屋徳川斉温夫人）
      - ＝増子《ますこ》（父・伏見宮貞敬親王。大谷光浄夫人）
      - 忠房《ただふさ》（左大臣。神宮祭主。夫人・島津久長女光子（島津斉彬養女））
        - 總子《ふさこ》（一条実良夫人）
        - ＝綱子（父・鷹司政熙。伊達慶邦夫人）
        - 尹子《ただこ》（津軽承昭夫人）
        - ＝敬子《すみこ》（篤姫。島津斉彬養女。徳川家定正室）
        - 篤麿《あつまろ》（貴族院議員。公爵）
          - 文麿《ふみまろ》（内閣総理大臣。公爵。夫人・毛利高範女千代子）
            - 文隆《ふみたか》（陸軍少尉。夫人・大谷光明女正子）＝＝忠煇《ただてる》（父・細川護貞。正子養子。夫人・三笠宮崇仁親王女甯子内親王）
            - 温子《よしこ》（細川護貞夫人）
        - 泰子《ひろこ》（徳川家達夫人）
        - 英磨《ひでまろ》（津軽承昭養子）

# 付図＝佐土原島津家・千家家略系図

島津《しまづ》以久《もちひさ》（鹿児島藩分流日向佐土原藩初代藩主）……忠持《ただもち》――忠徹《ただゆき》――忠寛《ただひろ》――忠亮《ただあきら》（貴族院議員。伯爵）――忠麿《ただまろ》（貴族院議員。伯爵）＝久範《ひさのり》（父・島津忠義。伯爵。夫人・忠麿女随子及び同秀子）

久範の子：
- 忠韶《ただあき》（伯爵）
- 久永《ひさなが》（夫人・昭和天皇皇女貴子内親王）

千家《せんげ》尊之《たかゆき》（第77代出雲国造）――尊孫《たかひこ》（第78代出雲国造）――尊澄《たかずみ》（第79代出雲国造）――尊福《たかとみ》（第80代出雲国造。司法大臣。出雲大社教設立。男爵）＝尊紀《たかのり》（父は尊澄。第81代出雲国造。男爵）――尊統《たかむね》（第82代出雲国造。男爵）――尊祀《たかとし》（第83代出雲国造）――興麿《おきまろ》（尊祐。第84代出雲国造）――国麿《くにまろ》（出雲大社権宮司。夫人・高円宮憲仁親王女典子女王）

# 解説

# 凡例

一、「解説」ページでは、各天皇の御名・異称、父母名、生没年、親王宣下年、元服年、在位年、太上天皇宣下年、院政、出家、年号、皇居、御陵、著作等を列挙した。「皇位継承」では、即位前後の事情を、「事蹟・事件」では、在位中の治績・主な出来事を簡略に示し、「皇位継承」「事蹟・事件」だけ読んでも、当該天皇および当代の歴史が分かるようにした。

一、「生没年」の末尾の〔○歳〕は宝算（享年）を、「親王宣下」「元服」等の末尾の〔○歳〕は、その年の年齢（数え）を示した。また「在位」の末尾の〔○年〕は在位年数（数え）を示した。

一、なお、歴代天皇に列せられなかった「追尊天皇」「太上天皇」については275ページ以下に示した。

## ❶ 神武天皇《じんむ》

**御名・異称**　狭野尊《さの》、彦火火出見尊《ひこほほでみ》、神日本磐余彦尊《かんやまといわれひこ》、宇《う》禰備能可志婆良能宮《ねびのかしはらのみや》　御宇《あめのしたしろしめす》　天皇、始馭天下《はつくにしらす》之天皇

**父母**　父＝彦波瀲武鸕鷀草葺不合尊《ひこなぎさたけうがやふきあえず》、母＝玉依姫命《たまよりひめ》

**生没年**　庚午年（前711）1月1日～神武天皇76年（前585）3月11日〔127歳〕

**立太子**　甲申年（前697）〔15歳〕

**在位**　神武天皇元年（前660）1月1日～同76年3月11日〔76年〕

**皇居**　畝傍《うねび》橿原《かしはら》宮

**御陵**　畝傍山東北陵《うねびやまのうしとらのすみ》（円丘、堀。高さ5・5メートル。所在地＝奈良県橿原市大久保町〈旧字名・みさんざい〉）

**由縁神社**　橿原神宮（奈良県橿原市）、竈山《かまやま》神社（和歌山市。配祀）

**皇位継承**　天孫瓊瓊杵尊《ににぎ》が日向に降臨、彦火火出見尊を生み、彦火火出見尊は彦波瀲武鸕鷀草葺不合尊《ひこなぎさたけうがやふきあえず》を生んだ。神日本磐余彦尊（神武天皇）は、この彦波瀲武鸕鷀草葺不合尊の第四子である。磐余彦尊は3人の兄とともに日向を発ち、大和で苦心惨憺のすえ諸豪族を平定するが、戦いの途中で兄3人を亡くしたため、辛酉年（前660）に橿原の地に宮を構え、ここで即位し、初代天皇となった。

**事蹟・事件**　①神武東征　磐余彦尊は、甲寅の年（前667）、兄3人と日向を出航し、筑紫、安芸、吉備（3年間も滞在）を経て戊午の年（前662）に難波に到り、河内の白肩の津より上陸した。②大和平定　磐余彦尊は、難波に上陸したものの土豪長髄彦《ながすねひこ》に敗れ、海路紀伊熊野に迂回して再上陸し大和を目指した。途中、土地の豪族と激しく戦うも、霊剣韴霊《ふつのみたま》を献上されたり、天照大神のお告げで八咫烏《やたがらす》を授かったりしてようやく大和の宇陀に到った。そして土豪長髄彦と再度戦うことになるが、戦果が得られないところ、金色の鵄《とび》が尊の弓弭《ゆはず》にとまり、その光によって敵の眼をくらました。それを見て、長髄彦に奉じられていた饒速日命《にぎはやひ》が、尊は天神の子にちがいないと認め、長髄彦を誅して帰順したという。このあとも、数々の土豪を亡ぼし、畝傍山の東南の地橿原に宮を設け、土地の娘媛蹈鞴五十鈴媛命《ひめたたらいすずひめ》を正妃に迎え、辛酉年に帝位に即《つ》いたのである。③即位年の設定　中国には讖《しん》緯《い》説があり、60年を1元、21元を1蔀《ぼう》（1260年）といい、1蔀を経た辛酉年には大変革が起こるという。そこで、記紀編纂者が、その頃中国から伝わってきた暦および讖緯説を利用し、推古天皇9年（辛酉年。西暦60

0年）から1蔀さかのぼった辛酉年（前660）に即位年を設定したのではないかといわれている。中国の史書に鑑み、日本でも正史の編纂が急がれ、他国との比較もあり、国の起源は古いほうがよいとの発想からか、前660年は縄文時代であったにもかかわらず、辛酉年であることを重んじて即位年にしたとも考えられる。そのため、代々の大王（天皇）を無理に1260年の間に割りふったことにより、神武天皇以降十数代の宝算が異常に長くなったと考えられている。しかし、神武天皇以降初期の天皇が伝承に基づくものにせよ、編纂者の作為があったにせよ、いろいろ問題点はあるものの神武天皇の実在も非在も証明しようがないといわれる現状だが、確かにこのような時代があったと想像することは否定できない。

### ❷ 綏靖《すいぜい》天皇

**御名・異称**　神渟《かんぬ》名《な》川耳《かわみみ》尊

**父母**　父＝神武天皇、母＝媛蹈韛《ひめたたら》五十《い》鈴媛《すずひめ》命

**生没年**　神武天皇29年（前632）〜綏靖天皇33年（前549）5月10日〔84歳〕

**立太子**　神武天皇42年（前619）1月3日〔14歳〕

**在位**　綏靖天皇元年（前581）1月8日〜同33年5月10日〔33年〕

**皇居**　葛城《かつらぎの》　高丘《たかおか》宮

**御陵**　桃花鳥田丘上《つきだのおかのえ》陵（円丘。古墳名＝塚山古墳。所在地＝奈良県橿原市四条町）

**皇位継承**　綏靖天皇は神武天皇第四皇子。長兄は東征以前に妻とした吾《あ》平津《ひらつ》媛との間に生まれた手《た》研耳《ぎしみみ》命で、東征に同行し、神武天皇亡きあと、その皇后媛蹈韛五十鈴媛を皇后とし、皇位継承するため、2人の異母弟を抹殺しようとした。これを知った次兄神八《かむや》井《い》耳《みみ》命と神渟名川耳尊（綏靖天皇）は先手を打ったものの、神八井耳命は恐れて矢を射ることができず、代わりに神渟名川耳尊が弓をとって手研耳尊を射殺した。次兄はこれを恥じ、神渟名川耳尊が皇位を践《ふ》むべきで、自分は神祇を奉斎するとし、尊が皇位に即《つ》くことになった。

**欠史八代**　綏靖天皇以下八代の天皇の事蹟はほとんど記録されず、系譜（父子相承）、即位の経緯、宮処、立后、立太子、崩御と、記述内容がほとんど同じであり、そのため「欠史八代」といわれるようになった。神武天皇の項でも見たように、辛酉年（前660）即位と決めたことから無理があり、全く伝わっていない天皇をでっちあ

げることもできず、さりとて直近のよく知られている天皇の治世、宝算を延ばすわけにもいかないため、神武以降の天皇の治世、宝算を長くしたと理解せざるを得ない。故に以下第九代開化天皇までの皇位継承、事蹟・事件については割愛した。

### 3 安寧天皇《あんねい》

御名・異称　磯城《しき》津《つ》彦《ひこ》玉《たま》手《で》看《み》尊
父母　父＝綏靖天皇、母＝五十《い》鈴依《すずより》媛《ひめ》命
生没年　綏靖天皇5年（前577）～安寧天皇38年（前511）12月6日〔67歳〕
立太子　綏靖天皇25年（前557）1月7日〔21歳〕
在位　綏靖天皇33年（前549）7月3日～安寧天皇38年（前511）12月6日〔39年〕
皇居　片塩　浮穴《かたしおのうきあな》宮
御陵　畝傍山西　南《うねびやまのひつじさるのみ》御陰井上《ほどのいのえ》陵（楕円形山形。所在地＝奈良県橿原市吉田町）

### 4 懿徳天皇《いとく》

御名・異称　大日本彦耜友《おおやまとひこすきとも》尊
父母　父＝安寧天皇、母＝渟《ぬ》名底仲《なそこなかつ》媛《ひめ》命
生没年　綏靖天皇29年（前553）～懿徳天皇34年（前477）9月8日〔77歳〕
立太子　安寧天皇11年（前538）1月1日〔16歳〕
在位　懿徳天皇元年（前510）2月4日～同34年9月8日〔34年〕
皇居　軽曲峡《かるのまがりお》宮
御陵　畝傍山南繊沙渓上《うねびやまのみなみのまさごのたにのえ》陵（小円丘。所在地＝奈良県橿原市西池尻町）

### 5 孝昭《こうしょう》天皇

御名・異称　観《み》松《まつ》彦《ひこ》香《か》殖《え》稲《しね》尊
父母　父＝懿徳天皇、母＝天豊津《あまとよつ》媛《ひめ》命
生没年　懿徳天皇5年（前506）～孝昭天皇83年（前393）8月5日〔114歳〕
立太子　懿徳天皇22年（前489）2月12日〔18歳〕
在位　孝昭天皇元年（前475）1月9日～同83年8月5日〔83年〕
皇居　掖上　池心《わきのかみのいけごころ》宮
御陵　掖上　博多山上《わきのかみのはかたのやまのえ》陵（円丘。所在地＝奈良県御所《ごせ》市大字三室字博多山）

## ❻ 孝安天皇《こうあん》

御名・異称　日本足彦国押人尊《やまとたらしひこくにおしひと》
父母　父＝孝昭天皇、母＝世襲足媛命《よそたらしひめ》
生没年　孝昭天皇49年（前４２７）～孝安天皇１０２年（前２９１）１月９日（１３７歳）
立太子　孝昭天皇68年（前４０８）１月14日（20歳）
在位　孝安天皇元年（前３９２）１月７日～同１０２年１月９日（１０２年）
皇居　室秋津島宮《むろのあきつしま》
御陵　玉手丘上陵《たまてのおかのえ》（円丘。所在地＝奈良県御所市大字玉手〈字名・宮山〉）

## ❼ 孝霊天皇《こうれい》

御名・異称　大日本根子彦太瓊尊《おおやまとねこひこふとに》
父母　父＝孝安天皇、母＝押媛命《おしひめ》
生没年　孝安天皇51年（前３４２）～孝霊天皇76年（前２１５）２月８日（１２８歳）
立太子　孝安天皇76年（前３１７）１月５日（26歳）
在位　孝霊天皇元年（前２９０）１月12日～同76年２月８日（76年）
皇居　黒田廬戸宮《くろだのいおと》
御陵　片丘馬坂陵《かたおかのうまさか》（方形。所在地＝奈良県北葛城郡王寺町本町）
由縁神社　吉備津彦神社（岡山市。相殿）

## ❽ 孝元天皇《こうげん》

御名・異称　大日本根子彦国牽尊《おおやまとねこひこくにくる》
父母　父＝孝霊天皇、母＝細媛命《くわしひめ》
生没年　孝霊天皇18年（前２７３）～孝元天皇57年（前１５８）９月２日（１１６歳）
立太子　孝霊天皇36年（前２５５）１月１日（19歳）
在位　孝元天皇元年（前２１４）１月14日～同57年９月２日（57年）
皇居　軽境原宮《かるのさかいはら》
御陵　劒池嶋上陵《つるぎのいけのしまのえ》（前方後円〈丘陵上の群集墳〉。古墳名＝中山塚１～３号墳。所在地＝奈良県橿原市石川町）
由縁神社　吉備津彦神社（岡山市。相殿）

## ❾ 開化天皇《かいか》

御名・異称　稚日本根子彦大日日尊《わかやまとねこひこおおひび》
父母　父＝孝元天皇、母＝鬱色謎命《うちしこめ》
生没年　孝元天皇７年（前２０８）～開化天皇60年（前

98）4月9日〔111歳〕
立太子　孝元天皇22年（前193）1月14日〔16歳〕
在位　孝元天皇57年（前158）11月12日〜開化天皇60年（前98）4月9日〔61年〕
皇居　春日率川宮《かすがのいざかわのみや》
御陵　春日率川坂上陵《かすがのいざかわのさかのえのみささぎ》（前方後円墳、堀。古墳名＝念仏寺山古墳。所在地＝奈良市油阪町）
由縁神社　吉備津彦《きびつひこ》神社（岡山市。相殿）

## 10 崇神《すじん》天皇

御名・異称　御間城入彦五十瓊殖尊《みまきいりひこいにえのみこと》、御肇国《はつくにしらす》天皇、御真木《みまき》天皇、美万貴《みまき》天皇、「所知初国《はつくにしらしし》」天皇
父母　父＝開化天皇、母＝伊香色謎命《いかがしこめのみこと》
生没年　開化天皇10年（前148）〜崇神天皇68年（前30）12月5日〔119歳〕
立太子　開化天皇28年（前130）1月5日〔19歳〕
在位　崇神天皇元年（前97）1月13日〜同68年12月5日〔68年〕
皇居　磯城瑞籬宮《しきのみずがきのみや》
御陵　山辺道勾岡上陵《やまのべのみちのまがりのおかのえのみささぎ》（前方後円墳、堀。主軸の長さ約237メートル。古墳名＝柳本行燈山《やなぎもとあんどんやま》古墳、ニサンザイ古墳。所在地＝奈良県天理市柳本町字向山アンド）
由縁神社　吉備津彦《きびつひこ》神社（岡山市、相殿）
皇位継承　開化天皇は竹野媛《たかのひめ》との間に彦湯産隅命《ひこゆむすみのみこと》、姥津媛《うばつひめ》との間に彦坐王《ひこいますのおう》をもうけたが、開化天皇6年（前152）、皇后に冊立された伊香色謎命との間に生まれたのが御間城入彦五十瓊殖尊（崇神天皇）である。開化天皇28年に立太子（時に19歳）、父天皇崩御の翌年に即位した。名前は「御肇国天皇」で、訓《よ》みは「ハツクニシラススメラミコト」とあり、これは神武天皇の名「始馭天下之天皇《はつくにしらすすめらみこと》」と同じである。崇神天皇が初めて天下を治めたともいえるが、皇室および日本国家の起源をより古い時代に設定するため神武天皇を設定したとも解されている。真偽のほどは分からないが、一応の説得力はあるといわれる。
事蹟・事件　①祭祀　崇神天皇6年（前92）、大殿に天照大神・倭大国魂神を祀るが、天照大神を豊鍬入姫命《とよすきいりひめのみこと》（崇神天皇皇女）に託し倭の笠縫邑《かさぬいむら》に遷し、倭大国魂神を渟《ぬ》名城入姫命《なきいりひめのみこと》に託して祀らせた。同7年、災害が多かったため、天皇が神浅茅原《かむあさじはら》に行幸、皇女倭迹迹日百襲姫命《やまとととひももそひめのみこと》も従い、大物主神の神託を受ける。ついで大物主神の夢告により、大田田根子《おおたたねこ》を大物主の祭主に、長尾市《ながおち》を倭大国

魂神の祭主とする。また八十万《やそよろず》の群神を祀り、天社《あまつやしろ》・国社《くにつやしろ》および神地《かんどころ》・神戸《かんべ》を定めたところ疫病が終息、五穀豊穣し、国が治まったという。②四道将軍の派遣　崇神天皇10年（前88）、天皇は大彦《おおびこ》命を北陸、武渟名川別《たけぬなかわわけ》を東海、吉備津彦《きびつひこ》を西道、丹羽道主《たにわのちぬし》命を丹波に遣わし、地方の平定、王権の拡大を図った。③崇神天皇62年（前36）、天皇、「農は天下の大きなる本なり」と詔し、依網《よさみ》池などの池や溝を造らせた。

## 11 垂仁《すいにん》天皇

御名・異称　活目《いくめ》入彦《いりひこ》五十《い》狭茅《さち》尊

父母　父＝崇神天皇、母＝御間城《みまき》姫

生没年　崇神天皇29年（前69）1月1日～垂仁天皇99年（70）7月14日〔139歳〕

立太子　崇神天皇48年（前50）4月19日〔20歳〕

在位　垂仁天皇元年（前29）1月2日～同99年7月14日〔99年〕

皇居　纒向珠城《まきむくのたまき》宮

御陵　菅原伏見東《すがわらのふしみのひがし》　陵（前方後円墳、堀。長軸の長さ224メートル、前方部幅119メートル、後円部径123メートル、高さは前方部12・5メートル、後円部18・5メートル。古墳名＝尼辻宝来山《あまがつじほうらいさん》古墳。所在地＝奈良市尼辻《あまがつじ》西町）

皇位継承　崇神天皇は、長子の豊城入彦《とよきいりひこ》命と次子活目入彦五十狭茅尊（垂仁天皇）に勅し、その夢をもって皇嗣を決めるとした。兄は御諸山《みもろやま》に登り、東に向かって8回槍を突き上げ、刀を8回振り回したという。弟は、御諸山に登り、縄を四方に張り粟を食べる雀を追いやったという。天皇はこれを聞き、兄は東国を治めよ、弟は四方に君臨するのが良いとして皇嗣を決めたという。

事蹟・事件　①垂仁天皇4年（前26）、皇后狭穂《さほ》姫の兄狭《さ》穂彦《ほひこ》王（彦坐《ひこいます》王の子で垂仁天皇の従兄弟）が謀反し、皇后に天皇暗殺をそそのかすが、皇后は弑殺できず、翌年、事を天皇に打ち明け、兄とともに稲城の中で火攻めにあい焼かれる（このとき子の誉津別《ほむつわけ》は助け出される）。このあと日葉酢媛《ひばすひめ》命を皇后とする。②天照大神鎮座　垂仁天皇25年（前5）、天皇、日葉酢媛の子倭姫《やまとひめ》命に天照大神を託す。命は鎮座地を求めて近江、美濃を経て伊勢に至り、このとき大神の託宣により、五十鈴川上に祠を建てて祭った（伊勢内宮の起源）。③殉死の禁止　垂仁天皇28年（前2）、崇神天皇皇子倭彦命が亡くなり、殉死の近習者を生きながら埋めたところ、昼夜泣吟するのを天皇が聞き、傷ましいので以後殉死を禁じる詔を出す。垂仁天皇32年（3）、皇后日葉酢媛が亡くなったとき、野見宿禰の進言を入れ、殉死にかえて埴輪を陵墓に立てることにする（埴輪の起源）。なお、野見宿禰は、垂仁天皇7年7月7日、当麻蹶速《たいまのけはや》と相撲をとり、蹶速を踏み殺している（相撲の起源で、後世長く、7月7日は相撲節会の日となった）。

## ⑫ 景行天皇《けいこう》

**御名・異称** 大足彦忍代別尊《おおたらしひこおしろわけ》、大足日子天皇

**父母** 父＝垂仁天皇、母＝日葉酢媛命《ひばすひめ》

**生没年** 垂仁天皇17年（前13）～景行天皇60年（130）11月7日〔143歳〕

**立太子** 垂仁天皇37年（8）1月1日〔21歳〕

**在位** 景行天皇元年（71）7月11日～同60年11月7日〔60年〕

**皇居** 纒向日代宮《まきむくのひしろ》

**御陵** 山辺道上陵《やまのべのみちのえ》（前方後円墳、堀。長さ290メートル、後円部径170メートル、前方部幅165メートル、高さ22・3メートル、高さ36・1メートル。古墳名＝渋谷《しぶたに》向山古墳《むかいやま》。所在地＝奈良県天理市渋谷町）

**皇位継承** 垂仁天皇30年（1）、天皇は長子五十瓊敷命《いにしき》と次子大足彦忍代別尊（景行天皇）に何を願うかと問い、兄は弓矢、弟は皇位をというので兄には弓矢を与え、弟（景行天皇）を皇嗣とし、垂仁天皇崩御翌年に即位した。

**事蹟・事件** ①九州遠征　景行天皇12年（82）、熊襲がそむき朝貢しないため、天皇は九州に遠征し、熊襲、土蜘蛛等を討ち平定する（同19年、日向より大和に還幸）。②日本武尊の九州遠征　景行天皇27年（97）、熊襲がそむいたため、天皇は子の小碓尊《おうす》（日本武尊）を九州に派遣する。尊は、祝宴のとき童女の姿となり川上梟帥《かわかみのたける》を刺し殺す（川上梟帥、死に臨み、尊に対し「日本武皇子《やまとたけるのみこ》」と名づける）。③日本武尊の東国遠征　景行天皇40年（110）、蝦夷がそむいたため、天皇、日本武尊に東国を討たせる。尊は、東国への途中、伊勢神宮に参拝、叔母倭姫命より神剣（草薙剣）を授かり、東国平定後、病を得て尾張に神剣を置き、伊勢能褒野《のぼの》で亡くなる。そのため神剣は熱田神宮に祀られるという。記紀で日本武尊説話は異なるが、いずれにせよ、編纂者は、天皇による全国平定をこの時代に置こうとしたと思われ、景行天皇57年（127）には諸国に田部《たべ》、屯倉《みやけ》を定めさせている。

## 13 成務《せいむ》天皇

**御名・異称**　稚足彦尊《わかたらしひこ》

**父母**　父＝景行天皇、母＝八《や》坂入姫《さかいりひめ》命

**生没年**　景行天皇14年（84）～成務天皇60年（190）6月11日〔107歳〕

**立太子**　景行天皇51年（121）8月4日〔38歳〕

**在位**　成務天皇元年（131）1月5日～同60年6月11日〔60年〕

**皇居**　志賀高穴穂《しがのたかあなほ》宮

**御陵**　狭城盾列池後《さきのたたなみのいけじり》陵（前方後円墳、堀。長軸の長さ215メートル、前方部幅109メートル、後円部径131メートル、高さ前方部16メートル、後円部23メートル。古墳名＝佐紀石塚山古墳。所在地＝奈良市山陵《みささぎ》町）

**皇位継承**　景行天皇のあとは第二子日本武尊が継承するはずであったが尊が亡くなったため、第四子の稚足彦尊（成務天皇）が立太子し、天皇崩御後、翌年即位した。

**事蹟・事件**　①成務天皇3年（133）、武内宿禰を大臣《おおおみ》とする。宿禰は景行以後仁徳天皇まで歴朝に奉仕したと伝えられる。②地方支配確立のため国造・県主（稲置《いなぎ》）を置き国々の境界を画定したといわれるが、他の事蹟に乏しく、景行と応神天皇以降の系譜を結びつけるために立てられた天皇ともされる。

## 14 仲哀《ちゅうあい》天皇

**御名・異称**　足仲彦《たらしなかつひこ》尊、帯中津彦《たらしなかつひこ》命、帯中比子《たらしなかつひこ》尊

**父母**　父＝日本武尊、母＝両道入《ふたじのいり》姫《びめ》命

**生没年**　？～仲哀天皇9年（200）2月6日〔？歳〕

**立太子**　成務天皇48年（178）3月1日〔？歳〕

**在位**　仲哀天皇元年（192）1月11日～同9年2月6日〔9年〕

**皇居**　角鹿笥飯《つぬがのけい》宮、穴門豊浦《あなとのとゆら》宮、橿日《かしひ》宮

**御陵**　恵我長野西《えがのながののにし》陵（前方後円墳、堀。長軸の長さ240メートル、前方部幅174メートル、後円部径138メートル、前方部高さ15・5メートル、後円部高さ18・8メートル。古墳名＝岡ミサンザイ古墳、岡古墳。所在地＝大阪府藤井寺市藤井寺四丁目）

**由縁神社**　忌宮《いみのみや》神社（山口県下関市）、帯中比子尊として鹿児島神宮（鹿児島県霧島市）、香椎《かしい》宮（福岡市）、帯中津彦命として気比《けひ》神宮（福井県敦賀市）、千栗《ちりく》八幡宮（佐賀県三養基郡みやき町）、柞原《ゆすはら》八幡宮（大分市）

**皇位継承**　成務天皇に皇子なく、日本武尊第二子足仲彦尊（仲哀天皇）を皇嗣とし、天皇崩御の翌12年に即位した

（長子に稲依別王《いなよりわけ》がいたが、母の出自により第二子が選ばれたと考えられている）。

**事蹟・事件**　①仲哀天皇2年（193）、熊襲が朝貢しないことにより、熊襲征討に向かうが、神功皇后に神託あるも、天皇これに従わず失敗し、仲哀天皇9年、急病により崩御する。②神功皇后の三韓征討　皇后は神託に従い、熊襲を討ち、新羅に向かい天神地祇の助けにより新羅を征し、また高麗・百済をも服従させたのち、九州に帰って皇子（応神天皇）を産んだ。③従兄弟の謀反　皇后は天皇の霊柩を奉じて皇子ともども京に向かった。これを知った麛坂《かごさか》皇子と忍熊《おしくま》皇子が反したが、皇后これを討ち大和に帰還した（皇子幼少のため皇后が摂政となり、この年を神功皇后摂政元年〈201〉とする。「紀」では皇后を摂政として天皇に準じた扱いをし、また卑弥呼に擬した存在であるかのようにみえる）。なお、仲哀天皇と神功皇后を祀る香椎宮が創建されたのは神亀元年（724）であり、当代に対する記紀編纂者の意識の反映がみられる。

## ⑮ 応神《おうじん》天皇

**御名・異称**　去来紗別《いざさわけ》尊、誉田別《ほんだわけ》尊、品陀和気尊、誉田《ほむだの》天皇《みかど》、胎中《たいちゅう》天皇

**父母**　父＝仲哀天皇、母＝気長足姫《おきながたらしひめ》尊（神功皇后）

**生没年**　仲哀天皇9年（200）12月14日～応神天皇41年（310）2月15日〔111歳〕

**立太子**　神功皇后摂政3年（203）1月3日〔4歳〕

**在位**　応神天皇元年（270）1月1日～同41年2月15日〔41年〕

**皇居**　軽島豊明《かるしまのとよあきら》宮

**御陵**　恵我藻伏岡《えがのもふしのおか》陵（前方後円墳、堀。主軸の長さ415メートル、後円部径267メートル、高さ36メートル。古墳名＝誉田山《こんだやま》古墳、誉田御廟山《ごびょうやま》古墳。所在地＝大阪府羽曳野市誉田《こんだ》六丁目）

**由縁神社**　忌宮《いみのみや》神社（山口県下関市）、宇佐神宮（大分県宇佐市）、品陀和気尊として鹿児島神宮（鹿児島県霧島市）、香椎宮（福岡市、配祀）、竈門《かまど》神社（福岡県太宰府市）、誉田別尊として気比神宮（福井県敦賀市）、住吉神社（山口県下関市）、千栗《ちりく》八幡宮（佐賀県三養基郡みやき町）、鶴岡八幡宮（神奈川県鎌倉市）、筥崎宮《はこざきぐう》（福岡市）、藤崎八幡宮（熊本市）、扶余《ふよ》神宮（未鎮座のまま廃絶）、柞原《ゆすはら》八幡宮（大分市）。なお、御陵の南に、応神天皇を祀る誉田《こんだ》八幡宮が鎮座。

**皇位継承**　神功皇后が新羅から帰途、異腹の兄麛坂《かごさか》皇子と忍熊《おしくま》王が「吾等何ぞ兄を以て弟に従はむ」として反し、皇后がこれらを討ったため、弟の誉田別尊（応神天皇）が立太子し、皇后が亡くなった翌年に即位した。

**事蹟・事件**　帰化人が渡来、弓月君《ゆづきのきみ》、王仁《わに》などが来朝、文物・技術が導入される（王仁は『論語』『千字文』を献じる。また、秦氏もこの頃渡来し、機織等の技術を伝来。また渡来人に「韓人池」などの池を造らせる）。なお天皇は軍神として崇められ、のち八幡宮の祭神となった。

## 16 仁徳《にんとく》天皇

**御名・異称**　大雀《おおさざき》、大鷦鷯尊《おおさざき》、難波天皇

**父母**　父＝応神天皇、母＝仲姫《なかつひめ》命

**生没年**　神功皇后摂政57年（257）〜仁徳天皇87年（399）1月16日（143歳）

**在位**　仁徳天皇元年（313）1月3日〜同87年1月16日〔87年〕

**皇居**　難波高津《なにわのたかつ》宮

**御陵**　百舌鳥《もず》耳原中《のみみはらのなか》陵（前方後円墳、三重堀。主軸の長さ475メートル、後円部径245メートル、後円部高さ約30メートル、前方部幅300メートル、前方部高さ約27メートル。古墳名＝大山《だいせん》古墳、大仙陵古墳。所在地＝大阪府堺市大仙町）

**皇位継承**　応神天皇40年、天皇は大山守《おおやまもり》皇子と大鷦鷯皇子（仁徳天皇）を召し、年長者と年少者のどちらが勝れているかと問うたところ、大山守皇子は「長子に如《し》かず」と答え、大鷦鷯皇子は将来に可能性がある若い皇子がよいと答えたので、天皇は第四子の菟道稚郎子《うじのわきいらつこ》を皇太子とし、大鷦鷯皇子には皇太子を輔佐せしめた。応神天皇崩御後、皇太子は兄の大鷦鷯皇子に譲ると称して皇位には即《つ》かなかった。二人の譲り合いの中、大山守皇子が皇位をねらって反を起こしたが二人に討ちとられてしまった。しかしなお譲り合いが続いたため3年の空位となり、弟の菟道稚郎子は意を決して自殺したため、大鷦鷯皇子が皇位に即いた。

**事蹟・事件**　①仁徳天皇4年（316）、天皇は高台に登り民の家から炊煙の上がらないのを見て、その窮乏を知り、民の課役を3年間免除する（3年後、民の富めるのを確認し初めて課役）。②大阪平野の開発　仁徳天皇11年、難波宮の北に堀江を造り、また茨田堤《まんたのつつみ》を築く。以後多くの池や堤を築き、水害をなくしたり田の開発に励んだ。③仁徳天皇30年、八田《やた》皇女（応神天皇皇女）を妃と

するも皇后磐之媛《いわのひめ》の猛反対にあい、皇后は別居する。天皇は面会を求めるも拒否される。皇后は同35年に亡くなり、同38年、八田皇女を皇后とする。

## 17 履中天皇《りちゅう》

御名・異称　去来穂別《いざほわけ》天皇、大兄去来穂別尊《おおえのいざほわけ》

父母　父＝仁徳天皇、母＝磐之媛命《いわのひめ》

生没年　?～履中天皇６年（４０５）３月15日〔?歳〕

立太子　仁徳天皇31年（３４３）１月15日〔?歳〕

在位　履中天皇元年（４００）２月１日～同６年３月15日
〔６年〕

皇居　磐余稚桜《いわれのわかざくら》宮

御陵　百舌鳥《もず》耳原南《のみみはらのみなみ》陵（前方後円墳、堀。主軸の長さ３６３メートル、前方部幅２３２メートル・高さ26・３メートル、後円部直径２０４メートル・高さ29メートル。古墳名＝百舌鳥陵山古墳、ミサンザイ古墳、石津丘古墳。所在地＝大阪府堺市石津ヶ丘）

皇位継承　父仁徳天皇は八田皇女を妃としようとするも、皇后磐之媛が激怒。その御機嫌をとるためか、天皇は磐之媛の子大兄去来穂別尊（履中天皇）を皇太子とした。父天皇崩御後、尊は黒媛を妃に迎えようと弟の住吉仲皇子を派遣するが、皇子は自らを皇太子と偽り黒媛を犯してしまい、皇位をも簒奪して、尊をなきものにしようとした。尊は弟の瑞歯別尊（反正天皇）の協力もあって皇子を誅殺し即位した。

事蹟・事件　①磐余市磯池《いわれのいちしいけ》に船を浮かべて遊んでいたところ、桜の花が盞《さかずき》に落ちたことから宮の名を磐余稚桜宮と名づける。②履中天皇４年に国史《ふみひと》（書記官）を置き、また同６年、初めて蔵職を置き、蔵部を定める。

## 18 反正天皇《はんぜい》

御名・異称　多遅比瑞歯別尊《たじひのみずはわけ》

父母　父＝仁徳天皇、母＝磐之媛命

生没年　?～反正天皇５年（４１０）１月23日〔?歳〕

立太子　履中天皇２年（４０１）１月４日〔?歳〕

在位　反正天皇元年（４０６）１月２日～同５年１月23日
〔５年〕

皇居　丹比柴籬宮《たじひのしばがき》

御陵　百舌鳥《もず》耳原北《のみみはらのきた》陵（前方後円墳、堀。長さ１４８メートル、前方部幅１１２メートル、後円部径76メートル、高さ前方部15・３メートル・後円部14メートル。古墳名

＝田出井山古墳、楯井古墳。所在地＝大阪府堺市北三国ヶ丘町〈旧字名・田出井〉）

皇位継承　反正天皇は、仁徳天皇の子で、履中天皇の弟。履中天皇には皇子がいたが、履中天皇即位の翌年に皇太子に立てられ（履中天皇を殺そうとした住吉仲皇子誅殺に功があったためとも）、履中天皇崩御翌年に即位した。

事蹟・事件　「五穀実り民は豊かにして天下太平」と記されるほか事蹟はほとんど伝わらない。「倭の五王」の珍にあてる説が有力だが、もしそうだとしたら外交にも力を注いだものと思われる。

## ⑲ 允恭《いんぎょう》天皇

御名・異称　雄《お》朝津《あさづ》間《ま》稚子宿禰《わくごのすくね》尊

父母　父＝仁徳天皇、母＝磐之媛命

生没年　？～允恭天皇42年（453）1月14日〔？歳〕

在位　允恭天皇元年（412）12月～同42年1月14日〔42年〕

皇居　遠飛鳥《とおつあすか》宮

御陵　恵我長野北《えがのながののきた》陵（前方後円墳、堀。長さ約227メートル、前方部幅158メートル、後円部径約136メートル・高さ約22メートル。古墳名＝市野山古墳。所在地＝大阪府藤井寺市国府《こう》。なお、陵墓参考地津堂城山《つどうしろやま》古墳〈藤井寺市大字津堂〉を允恭天皇陵とする説もある）

皇位継承　反正天皇は皇嗣を定めずに崩御したため、群卿はその弟の雄朝津間稚子宿禰尊（允恭天皇）に三種の神宝（鏡、剣、曲玉）を奉り即位を請うたが、尊は病身等を理由に再三辞退。妃の忍坂大中姫《おしさかおおなかつひめ》命（のち皇后）は群卿の嘆き悲しむ様子を眼にして凍死を覚悟で尊に懇願したところ、ようやく即位したという。

事蹟・事件　①允恭天皇3年（414）1月、使を新羅に派遣し良医を求め、8月に良医来日すると、いくばくもなく天皇は平癒した。②允恭天皇7年、皇后の妹弟姫《おとひめ》（衣通郎姫《そとおりのいらつめ》）を妃とする。天皇は姫のために藤原宮を造り、しばしば行幸するが、皇后御産のときにも幸したため、皇后はこれをうらみ産殿を焼き死のうとするが、天皇の慰撫により事なきをえた。しかし、姫への行幸はやまず、宮を茅渟《ちぬ》に造り移したが、皇后の奏言により百姓の苦を察し、茅渟宮への行幸は少なくなったという。③天皇は「倭の五王」の済にあてる説が有力だが、もし済なら外交にも力を注いだことになる。

## ⑳ 安康《あんこう》天皇

御名・異称　穴穂《あなほ》尊、穴穂皇子
父母　父＝允恭天皇、母＝忍坂大中姫《おしさかおおなかつひめ》命
生没年　履中天皇2年（401）〜安康天皇3年（456）8月9日〔56歳〕
在位　允恭天皇42年（453）12月14日〜安康天皇3年（456）8月9日〔4年〕
皇居　石上穴穂《いそのかみあなほ》宮
御陵　菅原伏見西《すがわらのふしみのにし》陵（不整形〈中世城郭跡〉、堀。菅原伏見陵、伏見山陵、菅原伏見野中陵とも記す。所在地＝奈良市宝来）
皇位継承　允恭天皇は長子木梨軽皇子《きなしのかるのみこ》を皇太子とするが、同母妹軽大娘皇女《かるのおおいらつめのひめみこ》と相姦したため皇女は伊予に流され、以後、群臣は皇太子から離反することになる。允恭天皇が崩御すると、群臣はその弟穴穂尊（安康天皇）に従ったため、皇太子は尊を襲うも破れて自殺し（「記」では伊予に流される）、尊が即位することになる。
事蹟・事件　①安康天皇元年（454）、天皇、根使主《ねのおみ》の讒言を信じ、叔父大草香《おおくさか》皇子を殺し、その妃中蒂《なかし》姫《ひめ》命を妃とする。②安康天皇3年、天皇、大草香皇子と中蒂姫命との間の子眉輪《まよわ》王に殺される（このあと大泊瀬幼武皇子〈雄略天皇〉、眉輪王を殺す）。

## ㉑ 雄略《ゆうりゃく》天皇

御名・異称　大泊瀬《おおはつせ》幼武《わかたけ》尊、大長谷《おおはつせ》命
父母　父＝允恭天皇、母＝忍坂大中姫命
生没年　允恭天皇7年（418）12月〜雄略天皇23年（479）8月7日〔62歳〕
在位　安康天皇3年（456）11月13日〜雄略天皇23年（479）8月7日〔24年〕
皇居　泊瀬朝倉《はつせのあさくら》宮
御陵　丹比高鷲原《たじひのたかわしのはら》陵（円墳、堀。古墳名＝高鷲丸山古墳＋平塚古墳。所在地＝大阪府羽曳野市島泉）
皇位継承　兄安康天皇が眉輪王に殺されたため、大泊瀬皇子（雄略天皇）は兄の境黒彦《さかいのくろひこ》皇子、八釣白彦《やつりのしらひこ》皇子、そして眉輪《まよわ》王を殺害した。安康天皇は皇子がいなかったので履中天皇皇子磐坂市辺押磐《いわさかのいちのべのおしわ》皇子を皇嗣にしようと思っていたこともあり、大泊瀬皇子は市辺押磐皇子を狩りに誘い射殺し、皇位継承候補者をことごとく排除したうえで即位した。なお、市辺押磐皇子は『播磨国風土記』に「市辺天皇命」と記されているように一時は皇位にあったともされている。なお、市辺押磐皇子の子がのちに顕宗天皇、仁賢天皇となったことから「於市辺宮治天下天万国万押磐《あめよろずくによろずおしわ》尊」の尊号が贈られたという。

**事蹟・事件**　①雄略天皇6年（462）、天皇、后妃に蚕を飼うことを勧め、この年、皇后草香幡梭姫《くさかはたひひめ》皇女、宮中で養蚕を始める（のち各地に桑を植えさせる）。②雄略天皇8年、新羅、高麗に攻められ、任那日本府に援助を求める（天皇は百済の再興につとめ、中国の呉にも遣使する）。③雄略天皇22年、倭王武、宋に使を派遣し、方物を献じて上表する（「昔より祖禰《そでい》、躬《みずか》ら甲冑を擐《つらぬ》き、寧処《ねいしょ》に遑《いとま》あらず」と記し、父祖の功業を記す。これにより、倭王が軍事王の側面を持っていたことがわかる）。④雄略天皇22年、御饌都神《みけつ》として、等由気大神《とゆけのおおかみ》（豊受大神）を丹波国から伊勢山田の地に迎える（伊勢外宮の起源）。⑤天皇は、自らを是とし、他人に相談せず、誤って次々と人を殺すため「大悪天皇」と呼ばれたり、一方、「一事《ひとこと》〈言〉主神《ぬし》」と出会い共に遊猟したことから「有徳の天皇」と呼ばれたりした。また、『万葉集』巻頭「籠《こ》もよ　み籠持ち　掘串《ふくし》もよ　み掘串持ち　この岡に菜採《なつ》ます児　家告《の》らせ　名告《なの》らさね」は天皇の歌とされる。⑥天皇は、「倭の五王」の武（大泊瀬稚武天皇）で、埼玉県行田市稲荷山古墳出土鉄剣銘「獲加多支鹵大王」、熊本県玉名市江田船山古墳出土鉄剣銘「獲□□□鹵大王」は雄略天皇とされ、この時代、大和王権の勢力が関東から九州にまで及んでいたことが推測される。

## 22 清寧《せいねい》天皇

**御名・異称**　白髪武広国押稚日本根子《しらがたけひろくにおしわかやまとねこ》尊、白髪皇子

**父母**　父＝雄略天皇、母＝葛城韓《かつらぎのから》媛

**生没年**　允恭天皇33年（444）～清寧天皇5年（484）1月16日〔41歳〕

**立太子**　雄略天皇22年（478）1月1日〔35歳〕

**在位**　清寧天皇元年（480）1月15日～同5年1月16日〔5年〕

**皇居**　磐余甕栗宮《いわれのみかくり》

**御陵**　河内坂門原陵《こうちのさかどのはら》（前方後円墳、堀。長軸の長さ111メートル、前方部幅120メートル、後円部径48メートル、高さ前方部10・6メートル・後円部9・5メートル。古墳名＝西浦白髪山古墳。所在地＝大阪府羽曳野市西浦）

**皇位継承**　雄略天皇崩御後、星川皇子は皇位をのぞみ、母吉備上道稚《きびのかみつみちのわか》媛の言う通り大蔵を占拠した。これを憂えた大伴室屋大連は兵を動員し、大蔵に火を放ち星川皇子

母子を焼き殺し、皇太子白髪武広国押稚日本根子尊（清寧天皇）に皇位の璽《しるし》を奉り、皇太子が即位した。

事蹟・事件　清寧天皇2年（481）、天皇は子どものないのを嘆き、大伴室屋大連を諸国に遣わし、白髪部舎人《しらかべのとねり》、白髪部膳夫《かしわで》、白髪部靫負《ゆげい》を置き、その名を遺すことにした。同年、雄略天皇に殺された市辺押磐皇子の子億計《おけ》王と弘計《をけ》王が播磨国で発見され、翌年、億計王を皇太子、弘計王を皇子とする。

## 23 顕宗天皇《けんぞう》

御名・異称　弘計《をけ》、来目稚子尊《くめのわくご》、袁祁之石巣別尊《をけのいわすわけ》
父母　父＝磐坂市辺押磐《いわさかいちのべのおしわ》皇子、母＝荑媛《はえ》
生没年　允恭天皇39年（450）〜顕宗天皇3年（487）4月25日〔38歳〕
在位　顕宗天皇元年（485）1月1日〜同3年4月25日〔3年〕
皇居　近飛鳥八釣宮《ちかつあすかのやつり》
御陵　傍丘磐坏丘南陵《かたおかのいわつきのおかのみなみ》（形のくずれた前方後円墳〈丘陵上の円墳か〉。長軸の長さ69メートル、高さ約8メートル。所在地＝奈良県香芝《かしば》市北今市《いまいち》）
皇位継承　清寧天皇崩御後、皇太子億計王（仁賢天皇）は、弟がふさわしいと皇位に即《つ》かず、弟弘計王（顕宗天皇）も兄が即くべきと皇位を譲りあった。空位の間、履中天皇皇女飯豊青皇女（磐坂市辺押磐皇子王女とも）が政務をとったが数ヵ月で亡くなったため、また譲り合いとなり、皇太子億計王の辞退の意志強く、やむなく弟の弘計王が皇位に即いた。なお、飯豊青皇女を「飯豊天皇」と記した記録もあるが、実態としては「称制」であり、神功皇后と同様の意味合いから歴代には加えられていない。
事蹟・事件　顕宗天皇2年（486）、天皇は父の悲運を嘆き、雄略天皇陵に報復せんとするも、皇太子億計王はこれを諫めたという。

## 24 仁賢天皇《にんけん》

御名・異称　億計尊《おけ》、大脚《おおし》、大為《おおす》、大石《おおし》、嶋郎《しまのいらつこ》、島稚子《しまのいらつこ》
父母　父＝磐坂市辺押磐皇子、母＝荑媛
生没年　允恭天皇38年（449）〜仁賢天皇11年（498）8月8日〔50歳〕
立太子　清寧天皇3年（482）4月7日〔34歳〕
在位　仁賢天皇元年（488）1月5日〜同11年8月8日〔11年〕
皇居　石上広高宮《いそのかみのひろたか》

御陵　埴生坂本陵《はにゅうのさかもと》（前方後円墳、堀。長軸の長さ110メートル、前方部幅107メートル、後円部径65メートル、高さ前方部12・4メートル・後円部11・5メートル。古墳名＝野中ボケ山古墳。所在地＝大阪府藤井寺市青山〈旧大字名・野中字ボケ山〉）

皇位継承　皇太子億計王（仁賢天皇）は、弟の顕宗天皇が即位しても皇太子のままであったが、顕宗天皇に子なきまま崩御したため、億計王が即位した。

事蹟・事件　仁賢天皇2年（489）、顕宗天皇皇后難波小野王、天皇に対する礼がなかったことで誅せられることを恐れて自殺する。天皇の治世中は、五穀豊穣・天下太平で事蹟の記述は少ない。

## 25 武烈《ぶれつ》天皇

御名・異称　小泊瀬稚鷦鷯尊《おはつせのわかさざき》

父母　父＝仁賢天皇、母＝春日大娘《かすがのおおいらつめ》皇女

生没年　仁賢天皇2年（489）〜武烈天皇8年（506）12月8日〔18歳〕

立太子　仁賢天皇7年（494）1月3日〔6歳〕

在位　仁賢天皇11年（498）12月〜武烈天皇8年（506）12月8日〔9年〕

皇居　泊瀬列城宮《はつせのなみき》

御陵　傍丘磐杯丘北陵《かたおかのいわつきのおかのきた》（山形墳、前面堀。長さ250メートル、高さ前部約10メートル・後部約20メートル。所在地＝奈良県香芝市今泉〈旧字名・ダイゴ〉）

皇位継承　仁賢天皇崩御後、大臣平群真鳥《へぐりのまとり》が国政を自由にし、王たらんと欲した。またその子の平群鮪《しび》も皇太子小泊瀬稚鷦鷯尊（武烈天皇）に恥をかかせ無礼をする始末であった。これに腹をすえかねた皇太子は、大伴金村連と計り、真鳥父子を乃楽山《ならやま》に誅殺し、即位した。

事蹟・事件　「書紀」では、天皇は妊婦の腹を割いてその胎児を見るなど悪逆非道の天皇とし、「頻造二諸悪一、不レ修二一善一」とした。天皇に継嗣なく、悪行を行なったために応神、仁徳王朝が断絶したという中国的王朝交代思想があると指摘されている。

## 26 継体《けいたい》天皇

御名・異称　男大迹《おおど》、袁本杼《おおど》、乎富等《おおど》、彦太尊《ひこふと》

父母　父＝彦主人王《ひこうし》、母＝振媛命《ふるひめ》

生没年　允恭天皇39年（450）〜継体天皇25年（531）2月7日〔82歳〕

在位　継体天皇元年（507）2月4日〜同25年2月7日

〔25年〕
**皇居**　樟葉《くすは》宮、筒城《つつき》（筒木）宮、弟国《おとくに》宮、磐余玉穂《いわれのたまほ》宮
**御陵**　三嶋藍野《みしまのあいの》陵（前方後円墳、堀。長さ226メートル、前方部幅147メートル、後円部径136メートル、高さ前方部19・8メートル・後円部19・2メートル。古墳名＝太田茶臼山古墳。所在地＝大阪府茨木市太田。しかし、今城塚《いましろづか》古墳〈大阪府高槻市郡家新町〉を継体天皇陵とする説が有力）
**皇位継承**　武烈天皇に継嗣なく、大伴金村大連らは、大和に該当する王は不在のため、仲哀天皇五世孫の倭彦《やまとひこ》王を迎えるため兵士を派遣した。ところが王は兵士に攻められると怖れて山に身をかくしてしまった。そこで金村らは、越前にいた応神天皇五世孫の男大迹《おおど》王（継体天皇）に白羽の矢を立て皇嗣として迎えるため使を派遣した。王はすぐに了承したのではなかったが、要請が強く、ようやく河内の樟葉《くすは》宮で即位した。こののち5年を経て山背の筒城《つつき》、さらに7年後に山背の弟国に都を遷し、さらに即位後20年にして初めて大和の磐余玉穂《いわれのたまほ》宮に遷ったのである。これらは、大和に反対する勢力が根強く、多くの抵抗があったことをうかがわせる。なお、天皇が仁賢天皇皇女手白香皇女を皇后としたことにより、近江の豪族が王権を簒奪したのではなく、仁徳天皇の皇統と結んだことで皇位継承の正当性を主張したのではないかと考えられている。
**事蹟・事件**　①任那四県割譲　この頃、新羅などの朝鮮勢力の国力が増し、継体天皇6年（512）には百済武寧王の要請に応じ、任那四県を割譲した。②磐井《いわい》の反乱　継体天皇21年、任那復興のため、近江の毛野臣を新羅に派遣する。ところが、筑紫国造の磐井は新羅に通じ、火国・豊国に拠り新羅派遣軍をさえぎった。翌22年、大将軍物部麁鹿火《あらかび》大連に詔して、磐井を討たせ、同年末に磐井を斬殺する。継体天皇の時代にようやく九州への支配力が強まり、のちの大宰府設置につながるといわれる。③天皇崩御　「紀」には、勾大兄《まがりのおおえ》皇子（安閑天皇）を天皇に立てて、継体天皇が崩御したと記されるが、「紀」所引『百済本記』には「日本天皇及太子皇子倶崩薨」とあり、政変があったことを匂わせている。

## 27 安閑《あんかん》天皇

**御名・異称**　勾大兄《まがりのおおえ》尊、広国押武金日《ひろくにおしたけかなひ》尊
**父母**　父＝継体天皇、母＝尾張目子媛《おわりのめのこ》
**生没年**　雄略天皇10年（466）～安閑天皇2年（53

5）12月17日〔70歳〕

立太子　継体天皇7年（513）12月8日〔48歳〕

在位　継体天皇25年（531）2月7日～安閑天皇2年（535）12月17日〔5年〕

皇居　勾金橋宮《まがりのかなはし》

御陵　古市高屋丘陵《ふるいちのたかやのおか》（前方後円墳、堀。前方部幅100メートル、長径120メートル、高さ後円部13メートル余・前方部12メートル余。中世、畠山氏居城高屋城の本丸が置かれた。古墳名＝高屋築山古墳。所在地＝大阪府羽曳野市古市。皇妹神前《かむさき》皇女を合葬）

皇位継承　「紀」には、継体天皇25年（531）2月7日、継体天皇は勾大兄皇子（安閑天皇）を天皇に立てたうえで崩御と記される。これは、これまでの崩御践祚ではなく、初の譲位践祚ということになるが、事実かどうかは疑問視されている。また、「紀」所引の『百済本記』には、このとき天皇・皇太子・皇子がそろって亡くなると記され、崩御前後に内紛があったことが示唆されており、『上宮聖徳法王帝説《じょうぐうしょうとくほうおうていせつ》』では、崩御後に欽明天皇が即位したと記されている。これらのことから、欽明朝と安閑・宣化朝が並立していたのではないかとの説も出されている。

事蹟・事件　安閑天皇元年（534）、武蔵国造笠原直《かさはらのあたい》使主《おみ》と小杵《おき》が国造をめぐって同族争いが起こる。朝廷は、使主を国造として小杵を殺したところ、使主から武蔵の四屯倉が献上されたという（この頃、諸国に多くの屯倉が置かれ、皇室の経営基盤が強化される）。

## 28 宣化《せんか》天皇

御名・異称　武小広国押盾《たけおひろくにおしたて》尊、檜隈高田《ひのくまのたかだ》皇子、檜前天皇

父母　父＝継体天皇、母＝尾張目子媛《おわりのめのこ》

生没年　雄略天皇11年（467）～宣化天皇4年（539）2月10日〔73歳〕

在位　安閑天皇2年（535）12月～宣化天皇4年（539）2月10日〔5年〕

皇居　檜隈廬入野《ひのくまのいおりのの》宮

御陵　身狭《むさ》桃花鳥《つき》坂上《さかのえ》陵（前方後円墳、堀。長軸の長さ138メートル、前方部幅77メートル、後円部径83メートル、高さ前方部18・9メートル・後円部18メートル。古墳名＝鳥屋ミサンザイ古墳。所在地＝奈良県橿原市鳥屋町。皇后　橘仲《たちばなのなかつ》皇女との合葬陵）

皇位継承　先帝安閑天皇が後継とする嗣を定めることなく崩御したため、群臣等の勧めにより、実弟の武小広国押

盾尊（宣化天皇）が即位した。
事蹟・事件　宣化天皇元年（536）、天皇、「食は天下の本」とし、筑紫那津《なのつ》に各地の屯倉から食糧を運ばせ非常時に備える。同2年、新羅が任那に侵入したため、大伴金村大連が、その子磐《いわ》と狭《さ》手《で》彦《ひこ》に任那救援を命じる。同3年、百済の聖明王《せいめい》が仏像・経論などを献じる（「紀」では欽明天皇13年とする）。

## 29 欽明天皇《きんめい》

御名・異称　天国排開広庭尊《あめくにおしはるきひろにわ》、志《し》帰《き》島《しま》天皇
父母　父＝継体天皇、母＝手《た》白香《しらか》皇女
生没年　継体天皇3年（509）〜欽明天皇32年（571）4月15日〔63歳〕
在位　宣化天皇4年（539）12月5日〜欽明天皇32年（571）4月15日〔33年〕
皇居　磯城島金刺宮《しきしまのかなさし》
御陵　檜隈坂合陵《ひのくまのさかあい》（檜隈陵とも。前方後円墳、堀。長軸の長さ約140メートル、前方部幅約110メートル、後円部直径約75メートル・高さ約15メートル。古墳名＝平田梅山古墳。所在地＝奈良県高市郡明日香村大字平田）
皇位継承　先帝に継嗣なきため、宣化天皇崩御後、群臣等が協議して異母弟の天国排開広庭尊（欽明天皇）に皇位に即《つ》くよう要請した。尊は、自分は年若く見識浅く政務に慣れていないとして辞退し、安閑天皇皇后山田皇女が政務に明るいとして推薦した。しかし、皇后もまた辞退し、尊の聡明さと人柄をほめて推挙したため、尊が即位することになった。
　なお、継体天皇25年崩御の年が辛亥年で、欽明天皇元年も辛亥年であり、『上宮聖徳法王帝説』の記事などから、継体天皇崩御後ただちに欽明天皇が即位したものの、これに反対する勢力が、安閑天皇、ついで宣化天皇を立て（安閑、宣化と欽明の両朝並立）、宣化天皇崩御後、両朝が欽明天皇の許に統一されたのではないかという説がある。
事蹟・事件　①大伴金村の失脚　欽明天皇元年（540）、新羅征討問題で、大連の大伴金村が失脚する。同3年、天皇、百済の聖明王に詔し任那復興を図る。同12年、聖明王、高麗を討ち旧領を回復。同15年、聖明王敗死、同23年任那滅亡など、欽明朝での朝鮮関係の記事はすこぶる多く、内容も錯綜している。なお、同32年、天皇の皇太子への遺詔は「新羅を打ちて任那を封し建つべし」であった。②仏教伝来　同13年（552）、聖明王が、仏像・経論等をもたらしたため、天皇は、群臣に仏法を礼拝すべきか否かを問う（蘇我氏ら崇仏派が勝利。蘇我氏が台頭）。なお、「元興寺縁起」『上宮聖徳法王帝説』では宣化天皇3年（538）に仏教が伝来したとする。

## 30 敏達《びだつ》天皇

**御名・異称**　訳語田渟中倉太珠敷《おさだのぬなくらふとたましき》尊、他田《おさだ》天皇

**父母**　父＝欽明天皇、母＝石姫《いしひめ》皇女

**生没年**　宣化天皇3年（538）〜敏達天皇14年（585）8月15日〔48歳〕

**立太子**　欽明天皇15年（554）1月7日〔17歳〕

**在位**　敏達天皇元年（572）4月3日〜同14年8月15日〔14年〕

**皇居**　百済大井宮、訳語田《おさだの》（他田）幸玉宮《さきたま》

**御陵**　河内磯長中尾《こうちのしながのなかのお》陵（前方後円墳、空堀。長さ94メートル、前方部幅70メートル、高さ前方部12メートル・後円部12・9メートル。古墳名＝太子西山古墳。所在地＝大阪府南河内郡太子町大字太子〈旧字名・奥城〉。欽明天皇皇后石姫と同一墳）

**皇位継承**　敏達天皇は欽明天皇第二皇子で、長男の箭田珠《やたのたま》勝大兄《かつのおおえ》皇子が死去したことにより立太子、先帝崩御後即位した。欽明天皇は、崩御前に「汝、新羅を打ちて任那を封し建つべし」と遺詔したという。

**事蹟・事件**　①敏達天皇4年（575）、広姫を皇后とするも、同年、皇后が亡くなり、翌年、欽明天皇皇女・異母妹豊御食炊屋姫《とよみけかしきやひめ》（のち推古天皇）を皇后とする。②敏達天皇7年、六斎日にあたり、殺生禁制の日を定める（放生会《ほうじょうえ》の初めといわれる）。③敏達天皇12年、任那復興のため百済の日羅《にちら》を召す。しかし日羅は、国内基盤の確立を優先するよう進言したという。④敏達天皇13年、百済から仏像二軀が将来する。蘇我馬子は仏像を請い、仏殿を造り、少女三人を得度させる（「仏法これより起こる」と記され、少女の得度は「出家の初め」といわれる）。しかし、疫病流行のため、物部守屋《もりや》等の奏上により、天皇は仏教を禁じ、守屋は仏像・仏殿等を焼いたところ、天皇と守屋が疱瘡にかかった。これにより天皇は馬子に仏法崇拝を許した。なお、「敏達即位前紀」には「天皇仏法を信ぜずして文史を愛す」と記されている。

## 31 用明《ようめい》天皇

**御名・異称**　大兄《おおえ》、橘豊日《たちばなのとよひ》尊、池辺《いけべ》皇子、池辺天皇

**父母**　父＝欽明天皇、母＝蘇我堅塩《きたし》媛

生没年　欽明天皇元年（５４０）～用明天皇２年（５８７）４月９日〔48歳〕

在位　敏達天皇14年（５８５）９月５日～用明天皇２年（５８７）４月９日〔３年〕

皇居　磐余池辺双槻《いわれのいけのへのなみつき》宮

御陵　河内磯長原《こうちのしながのはら》陵（初め磐余池上《いわれのいけのえ》陵に葬り、のち当陵に改葬。「記」では科長中《しながのなか》陵。方墳、空堀。東西64メートル、南北約60メートル、高さ10メートル。古墳名＝春日《かすが》向山《むかいやま》古墳。所在地＝大阪府南河内郡太子町大字春日）

皇位継承　先帝崩御後、欽明天皇皇子穴穂部《あなほべ》皇子は皇位をのぞみ、殯宮の豊御食炊屋姫《とよみけかしきやひめ》を犯さんと侵入しようとしたが、寵臣三輪君逆《みわのきみさかう》に妨げられた。これをうらんだ皇子は、物部守屋《もりや》に討伐を命じ、逆を殺してしまった（「紀」の一説には、皇子自ら弓で射たとある）。用明天皇は在位２年弱であり、天皇は即位せず「臨朝」しただけで、穴穂部皇子の指示で、物部守屋により殺されたのではないかとの説もある。

事蹟・事件　①即位の年、皇女酢香手《すかで》姫を伊勢に遣わし日神の祭祀に奉仕させる（「ある本」では37年間奉仕し、のち自ら引退とある）。②用明天皇元年、天皇、病気平癒のため、法隆寺建立を発願する。③同２年、天皇、磐《いわ》余《れ》の河上で新嘗の儀（大嘗祭か？）を行なうも、病気となり、三宝に帰依することを詔し、群臣にその是非を問う。排仏派の物部守屋と中臣勝海《かつみ》らは国つ神にそむき、なぜ異国の神に従うのかと反対し、「三宝に依るべし」とする蘇我氏と激しく対立した。用明天皇は、天皇として初めて崇仏の考えを示し、この意向は、子の聖徳太子らに受けつがれたといわれる。

## 32 崇峻《すしゅん》天皇

御名・異称　泊瀬部《はつせべ》皇子、長谷部若雀《はつせべのわかさざき》尊、倉橋《くらはし》天皇

父母　父＝欽明《きんめい》天皇、母＝蘇我小姉君《おあねのきみ》

生没年　？～崇峻天皇５年（５９２）11月３日〔？歳〕

在位　用明天皇２年（５８７）８月２日～崇峻天皇５年（５９２）11月３日〔６年〕

皇居　倉梯柴垣《くらはしのしばがき》宮

御陵　倉梯岡《くらはしのおか》陵（柴垣宮伝承地を陵として修営。円丘。所在地＝奈良県桜井市大字倉橋）

皇位継承　崇峻天皇は、敏達・用明両天皇の異母弟。用明天皇崩御後、穴穂部皇子を擁立せんとする物部守屋と、これに反対する蘇我馬子との間で戦いが始められ、結果、穴穂部皇子は討たれ、物部守屋とその子らも殺され物部

氏は滅亡した。このあと、皇位継承順位は高くなかったが、炊屋姫尊・群臣らに推され、泊瀬部皇子（崇峻天皇）が即位した。

**事蹟・事件**　①蘇我氏側についた廏戸《うまやど》皇子は、この戦いに勝ったら、四天王の像を造り、寺を建てると誓う（四天王寺の建立。排仏派の物部氏滅亡により、初の本格的寺院法興寺〈飛鳥寺〉が建立されるなど、仏教興隆）。②崇峻天皇5年（592）10月、蘇我馬子の専権をうとましく思っていた天皇は、献上された猪を指し、「いずれの時にか、この猪の首を切るように、私を妬ましく思うものの首を切り落とす」といった。蘇我馬子は、これを聞いて身の危険を感じ、ひと月後、東漢直駒《やまとのあやのあたいこま》に天皇を暗殺させた（不思議なことに、天皇は十分な葬礼も行なわれずに倉梯岡陵に葬られ、また、臣下による天皇殺害という前代未聞の事件の当事者蘇我馬子が追及された記録はない）。

## ㉝ 推古《すいこ》天皇

**御名・異称**　額田部《ぬかたべ》、豊御《とよみ》食《け》炊屋姫《かしきやひめ》尊、小治田《おわりだ》天皇

**父母**　父＝欽明天皇、母＝蘇我堅塩《きたし》媛

**生没年**　欽明天皇15年（554）～推古天皇36年（628）3月7日〔75歳〕

**在位**　崇峻天皇5年（592）12月8日～推古天皇36年（628）3月7日〔37年〕

**皇居**　豊浦《とゆら》宮、小墾田《おわりだ》宮

**御陵**　磯長山田《しながのやまだ》陵（方墳、空堀。東西約60メートル、南北約55メートル、高さ約11メートル。古墳名＝山田高塚古墳。所在地＝大阪府南河内郡太子町大字山田。竹田皇子との合葬陵）

**皇位継承**　推古天皇は崇峻天皇の異母姉。崇峻天皇が暗殺された約1年後、叔父蘇我馬子の再三の推挙によりようやく皇位に即《つ》く。史上初の女帝であった。

**事蹟・事件**　①推古天皇元年（593）4月10日、廏戸皇子（聖徳太子）を皇太子とし、摂政とする（実際は、皇太子と蘇我馬子との共同統治で、のちの摂政とは異なる）。②同年、四天王寺を難波の荒陵《あらはか》に造り始める。③同2年2月1日、皇太子と馬子に対し、三宝興隆の詔が下される（臣・連ら、競って仏舎を造る）。④同4年11月、法興寺（飛鳥寺・元興寺）完成（同14年4月8日、鞍作鳥《くらつくりのとり》作製の丈六仏が完成し、金堂に安置。以後、4月8日と7月15日に斎会が始められ、灌仏会と盂蘭盆会の初めかといわれる）。⑤同7年4月27日、地震により

家屋ことごとく倒壊（全国に地震神《ないのかみ》を祭らせる）。⑥同8年、『「隋書」倭国伝』に遣隋使が送られ、倭王の姓は「阿毎《あめ》」、字《あざな》は「多利思比古《たりしひこ》」、号は「阿輩鶏彌《おほきみ》」と記される（当時は「大王《おおきみ》」であり、天皇の語が正式に用いられるのは「大宝律令」〈701〉からといわれる）。⑦同9年、この年は辛酉年。記紀編纂者はこの年を起点にした1260年前に神武天皇即位年を定めたと推測されている。⑧同10年、来目皇子《くめのみこ》（用明天皇皇子）を撃新羅将軍とするも、皇子の病により新羅征討中止（ついで同11年、来目皇子の兄当麻皇子《たぎまのみこ》を征新羅将軍とするも、その妻の死により頓挫）。⑨同10年10月、百済僧観勒《かんろく》、来朝して暦本・天文地理書・遁甲《とんこう》方術書を献じる。⑩同11年12月5日、初めて冠位を定める（冠位十二階の制定）。⑪同12年1月1日、初めて暦日（元嘉暦《げんかれき》）を用いる。⑫同年4月3日、皇太子、「憲法十七条」を作る（わが国初の成文法。法律というより、支配層への訓示、政治的・思想的・宗教的理念の表明に近い）。⑬同15年2月1日、壬生部《みぶべ》を置く（皇子・皇女の地位に付属したもので、この年、国ごとに屯倉《みやけ》が置かれ、皇室の経済基盤が強化される）。⑭同年2月9日、神祇拝礼の詔を下す（皇太子以下大臣ら、神々を祭り礼拝）。⑮同年7月3日、小野妹子《おののいもこ》を隋《ずい》に派遣（『「隋書」倭国伝』所収の国書に「日出ずる処の天子、書を日没する処の天子に致す、恙《つつが》無きや」とあり、煬帝《ようだい》の不興を買う。翌年、再び小野妹子を大使とし、高向玄理《たかむこのくろまろ》・僧旻《みん》・南淵請安《みなみぶちのしょうあん》らを留学生として隋に派遣する。この時の国書にも「東の天皇《すめらみこと》、敬《つつし》みて西の皇帝に白《もう》す」とあり、隋への対等外交の姿勢が見られる）。なお推古天皇15年、法隆寺が創建とされる。⑯同17年4月8日、皇太子、この日から「勝鬘経義疏《しょうまんきょうぎしょ》」を製する（続いて「維摩経《ゆいまきょう》義疏」「法華経《ほけきょう》義疏」を撰述。偽撰説もある）。⑰同26年5月、隋が滅亡し、唐が興る。⑱同28年、聖徳太子・蘇我馬子、「天皇記」「国記」等を記させる（伝存せず）。⑲同29年2月5日、聖徳太子、斑鳩宮にて没（「天寿国曼荼羅繍帳銘《てんじゅこくまんだらしゅうちょうめい》」等によると同30年2月22日夜半没とある）、磯長《しなが》陵に葬られる（妃 橘《たちばなの》大郎女《おおいらつめ》、太子のために「天寿国曼荼羅繍帳」を造る）。⑳同31年3月、鞍作鳥《くらつくりのとり》、太子の冥福を祈り、太子等身の仏像（法隆寺金堂釈迦三尊像）を造る。㉑同32年4月17日、僧が祖父を斧でなぐるという事件があり、僧尼監督のため、僧正《そうじょう》・僧都《そうず》・法頭《ほうず》を任命する（僧綱制度の初め。ついで9月、寺と僧尼を詳細に調査）。㉒同34年5月20日、蘇我馬子没（桃原《ももはら》墓に葬られる〈石舞台古墳か〉)。㉓同36年3月6日、天皇病重く、田村皇子(舒明天皇)に天子の位を継ぎ国政にあたり、また民衆を養うことは難しいことであるから言動は慎しむようにと、また同日、山背大兄王《やましろのおおえ》にも年が若いので言動を慎しみ、群臣の言葉に従うよう遺詔した(同年3月7日、天皇崩御、9月24日、遺詔により竹田皇子の陵に合葬された)。

## 34 舒明《じょめい》天皇

**御名・異称** 田村《たむら》皇子、息長足日広額《おきながたらしひひろぬか》天皇、高市《たけち》天皇、岡《おか》本《もと》天皇

**父母** 父＝押坂《おしさかのひこひとのおおえ》彦人大兄皇子、母＝糠手姫皇女《ぬかでひめのひめみこ》

**生没年** 推古天皇元年(593)〜舒明天皇13年(641)10月9日〔49歳〕

**在位** 舒明天皇元年(629)1月4日〜同13年10月9日〔13年〕

**皇居** 飛鳥岡本宮、田中宮、廏坂宮《うまやさか》、百済宮

**御陵** 押坂内陵《おしさかのうち》(上円下方墳。三段築成で下方部の下段の幅は約105メートル、三段の高さは約15メートル。上円部の高さ約12メートル、間口・奥行とも約45メートル。「延喜式」諸陵寮には、陵内に田村皇女押坂墓、陵域内に大伴皇女押坂内墓、陵域内東南に鏡女王押坂墓があると記される。所在地＝奈良県桜井市大字忍阪《おつさか》)

**皇位継承** 推古天皇は、聖徳太子の死後、皇太子を立てず、皇嗣を決めずに崩御した。大臣蘇我蝦夷は、群臣の意見を聴くも決着せず、田村皇子(舒明天皇)への遺詔「天下を治めることは大任」を盾に、山背大兄王(父は聖徳太子)を推す境部摩理勢《さかいべのまりせ》を殺し、田村皇子が即位した。これにより、蘇我蝦夷の勢力は拡大し、舒明天皇自身の事蹟の記録はあまり残されていない。

**事蹟・事件** ①舒明天皇2年(630)、犬上三田耜《いぬがみのみたすき》らを唐に派遣する(初の遣唐使。同4年帰国。同12年、入唐の南淵請安《みなぶちのしょうあん》・高向玄理《たかむこのくろまろ》帰国)。②天皇は、同3年の有間温湯(有間温泉)を皮切りに、同10年有間温湯、同11年伊予温湯(道後温泉)とたびたび温泉に行幸した。③同11年、「大宮と大寺を造らしむ」と勅し、百済河畔に百済宮、百済大寺(天皇家最初の寺)の造営が開始される。

## 35 皇極《こうぎょく》天皇

**御名・異称** 宝《たから》皇女、天豊財重日足姫《あめとよたからいかしひたらしひめ》尊、飛鳥《あすか》天皇、後岡本《のちのおかもと》天皇

**父母** 父＝茅渟《ちぬ》王(敏達天皇皇孫)、母＝吉備姫王《きびのひめみこ》

生没年　推古天皇2年（594）～斉明天皇7年（661）7月24日〔68歳〕
在位　皇極天皇元年（642）1月15日～同4年6月14日〔4年〕
皇居　飛鳥板蓋《あすかいたぶき》宮
御陵　越智崗上《おちのおかのえ》陵（小市崗上《おちのおかのえ》陵とも。円丘。高さ約11メートル、長径51メートル。古墳名＝車木《くるまき》ケンノウ古墳。所在地＝奈良県高市郡高取町大字車木。孝徳天皇皇后間人《はしひと》皇女を合葬。なお、天智天皇皇子建王《たけるのみこ》墓も当陵に定められている（明日香村にある牽牛子《けんごし》塚《づか》古墳を皇極天皇陵とする説も有力）。
皇位継承　舒明天皇は皇嗣を決めず崩御。このとき古人大《ふるひとのおお》兄《え》皇子、山背大兄《やましろのおおえ》王ら何人かの皇位継承候補がいたため、皇位をめぐる争いを避けるためか、舒明天皇皇后が即位し、皇極天皇となった。天皇はのち重祚して斉明天皇となる。
事蹟・事件　①皇極天皇元年（642）、6月以来の旱で百姓大いに困るも、8月1日、天皇、南淵の河上で四方を拝して祈ると大雨が降り地が潤う（四方拝の初見で、「至徳の天皇」といわれる）。②同2年、蘇我蝦夷《えみし》病となり、子の入鹿《いるか》に勝手に紫冠を授け大臣に擬した。入鹿は、舒明天皇皇子古人大兄皇子擁立を企て、もう一人の天皇候補である山背大兄王を襲い、自殺させる。③その後も、甘檮岡《うまかし》に豪邸を建てるなど入鹿の専横が眼にあまり、中《なか》臣鎌子《とみのかまこ》（のち藤原鎌足《かまたり》）は軽《かる》皇子、中大兄《なかのおおえ》皇子に近づき蘇我氏打倒を目論んだ。大化元年（645）6月12日、中大兄皇子らは飛鳥板蓋《いたぶき》宮で、天皇の眼前で入鹿を殺した。翌13日、蝦夷は自邸に火を放って自刃し、蘇我本宗家は滅亡するに至った（誅殺説もある。乙巳《いっし》の変。このとき、「天皇記」「国記」などを焼くが、火中から「国記」が取り出され、中大兄皇子に献じられる）。

## 36 孝徳《こうとく》天皇

御名・異称　軽《かる》皇子、天万豊日尊《あめよろずとよひ》
父母　父＝茅渟《ちぬ》王（敏達天皇皇孫）、母＝吉備姫王
生没年　推古天皇4年（596）～白雉《はくち》5年（654）10月10日〔59歳〕
在位　皇極天皇4年（645）6月14日～白雉5年（654）10月10日〔10年〕
年号　大化《たいか》＝皇極天皇4年（645）6月19日改元、白雉《はくち》＝大化6年2月15日～白雉5年（654）
皇居　難波長柄豊碕《なにわのながらのとよさき》宮

御陵　大阪磯長陵《おおさかのしながのみささぎ》（円墳。直径40メートル、高さ7メートル。古墳名＝山田上ノ山古墳。所在地＝大阪府南河内郡太子町大字山田）

皇位継承　乙巳の変で蘇我氏本宗家が滅ぶと、皇極天皇は皇位を子の中大兄皇子（天智天皇）に譲ろうとした。皇子は中臣鎌子の意見により軽皇子《かる》（孝徳天皇）を推したが、軽は年長の古人大兄皇子を推した。しかし、古人大兄皇子は、軽皇子こそふさわしいとし、自分は出家して吉野に入ると言ったため、軽皇子が即位することになった（古人大兄皇子の出家は、皇位継承資格者初の出家）。軽皇子は即位するや中大兄皇子を皇太子とし、中臣鎌子を内臣《うちつおみ》とし、皇極天皇は皇祖母尊《すめみおやのみこと》との尊号を受けた。孝徳朝の国政改革は、主に皇太子中大兄皇子と内臣中臣鎌子の主導によって行なわれることになる。

事蹟・事件　①皇極天皇4年（645）6月19日、天皇・皇祖母尊・皇太子は、飛鳥寺に群臣を集め、ともに天神地祇に盟《ちかい》を立て、また、皇極天皇4年を改めて大化元年（最初の年号）とした。②大化元年7月14日、蘇我石川麻呂、天皇に「先づもつて神祇を祭ひ鎮《いわ》《しず》めて、しこうして後に政事《まつりごと》を議《はか》るべし」と具申する。③同年8月5日、「鍾匱《しょうき》の制」の詔を出す。④同年9月、古人大兄皇子の謀反が発覚したため、皇子は殺される（一説に11月とも）。⑤同年12月、都を飛鳥から難波の長柄豊碕宮《ながらのとよさき》に遷す。⑥同2年1月1日、「改新の詔」が出され、公地公民、班田収授法、国郡里制、税制等が定められる。⑦同年3月、墳墓薄葬の制が定められる。⑧同5年、蘇我石川麻呂による皇太子殺害の讒言《ざんげん》があり、石川麻呂は自殺に至る（誣告《ぶこく》であったとされる）。⑨大化6年2月15日、大化を改め白雉《はくち》とする（このあとしばらく年号は立てられず）。⑩白雉4年、天皇と皇太子が不和となり、皇太子、皇祖母尊以下公卿百官、飛鳥に移る。このあと、天皇は皇位を退こうとするが、病を得て崩御する。

## 37　斉明天皇《さいめい》（35　皇極天皇重祚）

御名・異称・父母・生没年・御陵　35皇極天皇の項参照

在位　斉明天皇元年（655）1月3日～同7年7月24日〔7年〕

皇居　飛鳥板蓋宮、飛鳥川原宮、後飛鳥岡本宮

皇位継承　孝徳天皇崩御後、皇太子中大兄皇子が皇位に即《つ》かなかったため、皇祖母尊《すめみおやのみこと》（皇極天皇）が重祚して斉明天皇となる（重祚の初例）。

事蹟・事件　①斉明天皇2年（656）、天皇は瓦覆宮闕《かわらぶきのおおみや》

を造ろうとしたり、後飛鳥岡本宮《のちのあすかおかもとのみや》や石垣をめぐらした両《ふた》槻宮《つきのみや》を建てたりした。このとき、香具山《かぐやま》と石上山の間に運河を掘って石上山の石を運んで石垣とするなど民衆の負担大であった。人々は天皇の数々の造営を非難し、この運河を「狂心渠《たぶれごころのみぞ》」と呼んだ。②斉明天皇4年、中大兄皇子の子建王《たけるのみこ》が亡くなり（享年8）、天皇は皇孫の死を嘆き、自分が死んだら建王と合葬してほしいと命じる。③同4年11月、天皇・中大兄皇子、紀温湯に行幸していると、留守官蘇我赤兄《あかえ》が有間皇子《ありまのみこ》（孝徳天皇皇子）に天皇の失政をあげ、謀反をそそのかす。口車にのせられた皇子は、中大兄皇子に訊問され、藤白坂《ふじしろざか》で絞首刑となる。④同6年、新羅が唐と組んで百済を滅ぼすも、百済の鬼《き》室福信《しつふくしん》、百済救援を求める。翌年1月、天皇、中大兄皇子・大海人皇子らを率いて難波を出帆し、5月、朝倉《あさくらの》橘広庭宮《たちばなのひろにわのみや》に遷るも、7月、「鬼火」（疫病か）により、ここで崩御する。

## 38 天智天皇《てんじ》

**御名・異称** 葛城皇子《かつらぎ》、開別皇子《ひらかすわけ》、中大兄皇子《なかのおおえ》、天命《あめみこと》開別尊《ひらかすわけ》、近江天皇《おうみ》、淡海（近江）大津宮天皇

**父母** 父＝舒明天皇、母＝宝皇女（皇極・斉明天皇）

**生没年** 推古天皇34年（626）～天智天皇10年（671）12月3日〔46歳〕

**立太子** 皇極天皇4年（645）6月14日〔20歳〕

**称制** 斉明天皇7年（661）7月24日

**在位** 天智天皇7年（668）1月3日～同10年12月3日〔4年〈称制7年〉〕

**皇居** 近江大津宮

**御陵** 山科《やましな》陵（山階陵、山階山陵とも記される。上円下方墳。上円部の裾の径は約42メートル、高さ約7メートル。下方部は二段築成で上段の一辺の長さ約45メートル、下段の南辺の長さ約62メートル。古墳名＝山科御廟野《ごびょうの》古墳。所在地＝京都市山科区御陵上御廟野町）

**皇位継承** 皇極天皇は子の中大兄皇子に皇位を譲ろうとしたが辞退。ついで孝徳天皇崩御のさいにも皇子は皇位に即《つ》かず斉明天皇重祚となった。斉明天皇崩御のさいにも、中大兄皇子はすぐには皇位に即かず称制の形をとり、称制7年を経て、都を飛鳥から大津に遷したうえで初めて即位した。

**事蹟・事件** ①斉明天皇7年、天皇が朝倉橘広庭宮で崩御するも、中大兄皇子は皇位に即かず称制を行なう（称制とは、天皇不在のとき、天皇に代わって政務をみるこ

と)。②先帝崩御後も百済救援を続けていたが、称制2年(663)、日本・百済軍は唐・新羅軍と白村江《はくすきのえ》の戦いで敗退する。そのため、中大兄皇子は、国防の強化につとめ、防人《さきもり》・烽《とぶひ》を置き、朝鮮式山城や水城を築き、唐の侵攻に備えた。③称制6年、中大兄皇子は唐の侵攻に備えるため、都を飛鳥から近江国大津に遷し、翌年、ようやく即位、大海人《おおあま》皇子(天武天皇)を皇太子とする。④天智天皇7年、近江令が定められる(律は作られなかったが、法整備がすすみ、中央集権国家に近づく)。⑤同8年、中臣鎌足没(天皇慟哭)。亡くなる前、大織冠と藤原姓を授ける。⑥同9年、初の全国的戸籍である庚《こう》午年籍《ごねんじゃく》が作られる(地方の役人まで漢字を習得できていた証とされるも、戸籍自体は残存せず)。⑦同9年4月、法隆寺全焼。⑧同10年1月、大友皇子(天智天皇皇子)を太政大臣とする(同年10月、天皇、大海人皇子を召し、皇位を譲ろうとするも、皇子は固辞し、剃髪して出家し、吉野に向かう。同月、大友皇子を皇太子とする)。

## 39 弘文《こうぶん》天皇

**御名・異称** 大友《おおとも》皇子・伊賀《いが》

**父母** 父=天智天皇、母=伊賀采女《いがのうねめ》宅子娘《やかこのいらつめ》

**生没年** 大化4年(648)~天武天皇元年(672)7月23日〔25歳〕

**立太子** 天智天皇10年(671)10月?〔24歳?〕

**在位** 天智天皇10年(671)12月5日~天武天皇元年(672)7月23日〔8ヵ月〕

**皇居** 近江大津宮

**御陵** 長等山前陵《ながらのやまさき》(円丘。径約22メートル。古墳名=亀丘古墳、平松亀山古墳。所在地=大津市御陵町)

**皇位継承** 天智天皇10年(671)10月、天皇は病気のため大海人皇子(天武天皇)を召して皇位を譲ろうとするも皇子は固辞し、吉野に出家した。ために天皇の子で太政大臣の大友皇子(弘文天皇)に諸政を行なわせ、皇太子とし、天皇崩御後2日目に即位したとされる。しかし、正史である『日本書紀』には立太子も即位も記されていない。これは、「紀」編纂者舎人親王が父天武天皇(大海人皇子)が皇位を簒奪した印象をなくすために記録しなかったのではないかと言われている。平安時代以降の書(『扶桑略記』ほか)に立太子、即位のことが記されているため、明治3年、弘文天皇の諡号を賜い、歴代に加えられることになった。なお、天智天皇皇后倭姫の即位説や大友皇子称制説もある。

事蹟・事件　天武天皇元年（672）6月、大海人皇子が吉野を脱出して挙兵し、7月、大津宮を陥落させ、大友皇子（弘文天皇）は山前《やまざき》で縊死《いし》した。

## 40 天武天皇《てんむ》

御名・異称　大海人《おおあま》皇子、天渟中原瀛真人尊《あまのぬなはらおきのまひと》、浄御原《きよみはら》天皇

父母　父＝舒明天皇、母＝宝皇女（皇極・斉明天皇）

生没年　?～朱鳥元年（686）9月9日〔?歳〕

立太子　天智天皇7年（668）2月23日〔?歳〕

在位　天武天皇2年（673）2月27日～朱鳥元年（686）9月9日〔14年〕

大嘗祭　天武天皇2年11月16日

年号　朱鳥《しゅちょう》＝天武天皇15年（686）7月20日～同年9月?

皇居　飛鳥浄御原《あすかきよみはら》宮

御陵　檜隈大内《ひのくまのおおうち》陵（天武天皇・持統天皇合葬陵。不整円丘。高さ約9メートル、径南北約45メートル、東西約36メートル。古墳名＝野口皇ノ墓古墳、野口王墓古墳。所在地＝奈良県高市郡明日香村大字野口）

皇位継承　大海人皇子（天武天皇）は、天智天皇7年（668）、兄天智天皇の皇太弟となる。しかし、天皇との間にわだかまりが生じ、大友皇子が太政大臣となる。天智天皇は死の直前、大海人皇子に皇位を譲ろうとするも、皇子は出家するからと、これを断わり吉野に引退した。ところが、天皇崩御ののち、天武天皇元年、皇子は吉野を脱し美濃に行き、東国の兵を集め、大友皇子（弘文天皇）の近江朝廷を倒し（壬申の乱）、大友皇子は縊死《いし》するに至った。翌年、大海人皇子は、飛鳥浄御原で即位し、天武天皇となった。これは、戦争により王位を奪った稀有の例であった。

事蹟・事件　天皇は、「改新の詔」の実現を目指し、中央集権国家体制の整備につとめた。①天武天皇2年（673）4月、皇女大来皇女《おおくのひめみこ》を泊瀬斎宮で潔斎させ、伊勢神宮に奉仕させる（斎宮の初め）。②同年11月下の卯日（16日）、天皇が大嘗祭《だいじょうさい》（「おおにえのまつり」とも）を行なったと推定されている。③同4年2月、祈年祭《きねんさい》が始まったといわれる（のち「飛鳥浄御原令」で規定）。④同5年8月、放生会《ほうじょうえ》が行なわれる（「放生」の語の初見）。⑤同8年5月、天皇・皇后はじめ草壁・大津・高市・川島・忍壁・施基諸皇子、吉野に集まり相互の親和と扶助を誓う（吉野会盟）。⑥同10年2月、天皇、律令（飛鳥浄御原律令）の編纂を命じる。⑦同年3月、天皇、帝

紀・上古諸事《じょうこのしょじ》（旧辞）を記すよう命じる（『日本書紀』編纂の始まりか。一方、稗田阿礼に勅して「帝紀」と「旧辞」を誦習させる〈『古事記』編纂〉）。⑧同年7月、初めて天下大解除《おおはらえ》（大祓）を行なう。⑨同13年10月、八《や》色《くさ》の姓《かばね》を定める。

## 41 持統《じとう》天皇

**御名・異称**　鸕野讃良皇女《うののさらら》、高天原広野姫尊《たかまのはらひろのひめ》、大倭根子天《おおやまとねこあめ》之広野日女尊《のひろのひめ》、藤原宮御宇天皇《ふじわらのみやあめのしたしろしめす》

**父母**　父＝天智天皇、母＝蘇我遠智娘《おちのいらつめ》

**生没年**　大化元年（645）～大宝2年（702）12月22日〔58歳〕

**称制**　朱鳥元年（686）9月9日

**在位**　持統天皇4年（690）1月1日～同11年8月1日〔8年〈称制4年〉〕

**大嘗祭**　持統天皇5年11月24日

**皇居**　飛鳥浄御原宮、藤原宮

**御陵**　檜隈大内陵（**40天武天皇**の項参照）

**皇位継承**　皇后鸕野讃良皇女（持統天皇）は、天武天皇をよく輔佐し、その政治を推進したといわれる。天皇崩御後、皇后は皇太子草壁皇子とともに政治を行なった（称制）。皇子を皇位に即《つ》けるには障害があったようで、朱鳥元年（686）、川嶋皇子の密告（誣告？）により大津皇子の謀反が発覚、逮捕して自害させた。しかし、わが子草壁皇子は持統天皇（称制）3年4月に急死したため、同4年1月1日、正式に即位し、持統天皇となった（草壁皇子の子軽〈珂瑠〉王子（文武天皇）の成長を待つためだといわれる）。

**事蹟・事件**　①持統天皇（称制）元年（687）9月、皇后は天武天皇一周忌に国忌《こき》を設け、京の諸寺で追善供養を行なう（「国忌」の初見）。②同3年6月、「飛鳥浄御原令」成り、諸国に班賜する（この令により「天皇」「皇后」「皇太子」の称号が確定したとされる）。③同4年7月、皇子の中で最年長の高市《たけち》皇子を太政大臣とする（同10年7月、皇子没し、翌年、軽皇子が皇太子となり、皇位継承が行なわれる）。④同6年3月、天皇は、農事を妨げるとして中止を諫言されるも伊勢に行幸した（天皇の直接伊勢の神宮への行幸は稀有）。⑤同8年12月、天皇は飛鳥浄御原宮から藤原宮に遷る。

## 42 文武《もんむ》天皇

**御名・異称**　珂瑠《かる》（軽）皇子、倭根子《やまとねこ》豊祖父《とよおおじ》天皇、天之《あまの》真《ま》

宗豊祖父《むねとよおおじ》天皇、後藤原宮御宇《のちのふじわらのみやあめのしたしろしめす》天皇

**父母**　父＝草壁皇子（天武天皇皇子）、母＝阿閇《あべ》皇女

**生没年**　天武天皇12年（683）～慶雲4年（707）6月15日〔25歳〕

**立太子**　持統天皇11年（697）2月16日〔15歳〕

**在位**　文武天皇元年（697）8月1日～慶雲4年（707）6月15日〔11年〕

**大嘗祭**　文武天皇2年11月23日

**年号**　大宝《たいほう》＝文武天皇5年（701）3月21日改元。慶雲《けいうん》＝大宝4年5月10日改元

**皇居**　藤原宮

**御陵**　檜隈安古岡上陵《ひのくまのあこのおかのえ》（檜隈安古山陵、安古山陵、檜前安古岡上陵とも記される。円丘。径15メートル、高さ約3・5メートル。古墳名＝栗原塚穴古墳、ジョウセン古墳。所在地＝奈良県高市郡明日香村大字栗原字塚穴）

**皇位継承**　天武天皇の後継は皇太子草壁皇子であったが、諸般の事情で天武天皇皇后（持統天皇）が称制した。しかし、草壁皇子が持統天皇3年に亡くなったため（時に珂瑠王子7歳）、翌年、皇子の母鸕野讃良《うののさらら》皇女が即位し持統天皇となる。持統天皇は草壁皇子の子珂瑠王子を皇位に即《つ》けようとし、持統天皇11年、王子を皇太子に冊立し、その6ヵ月後、祖母持統天皇の譲りを承け、15歳で即位し文武天皇となる（立太子から即位というプロセスは史上初といわれる）。一方、退位した持統天皇は太上天皇（上皇）と称され、これも史上初といわれる。

なお、皇位継承候補の一人高市皇子が亡くなったあと、『懐風藻』には、後継者を誰にするかの会議が開かれ、葛野《かどの》王（天智天皇皇子大友皇子〈弘文天皇〉と天武天皇皇女十市《とおち》皇女の間の子）の「子孫相承」すべしとの言が優り、皇位が決まったと記されている。

**事蹟・事件**　①文武天皇4年（700）、僧道昭没（初めて火葬される）、天皇、これを悼む。②大宝元年1月1日、天皇、大極殿で朝を受ける（朝賀の儀が整い、「文物の儀、是に備われり」と記録される）。③同年2月、大学寮で釈奠《せきてん》が行なわれる（釈奠の初見）。④対馬から金の貢進があり、大宝の年号が立てられる（これまでも年号はあったが、以後絶えることなく今日まで存続）。⑤大宝元年8月、刑部《おさかべ》親王・藤原不比等らにより大宝律令が撰定完成する。⑥同2年、大伴安麻呂ら五人を「朝政に参議」させる（参議の初見）。⑦同年、遣唐使を33年ぶりに派遣（唐との国交再開）。⑧同年、薩摩・多褹《たね》が不服従のため、兵を遣わして征服する（領土の拡大）。

⑨同3年、刑部親王を知太政官事《ちだじょうかんじ》とする（知太政官事の初見）。⑩慶雲3年、五世王を皇親とし、その承嗣者を王とする（皇親の拡大）。

## 43 元明天皇《げんめい》

御名・異称　阿閇《あべ》（阿陪）、日本根子《やまとねこ》天津《あまつ》御代《みしろ》豊国成姫《とよくになりひめ》天皇

父母　父＝天智天皇、母＝蘇我姪娘《めいのいらつめ》

生没年　斉明天皇7年（661）〜養老5年（721）12月7日〔61歳〕

在位　慶雲4年（707）7月17日〜和銅8年（715）9月2日〔9年〕

大嘗祭　和銅元年11月21日

年号　慶雲《けいうん》＝大宝4年（704）5月10日改元。和銅《わどう》＝慶雲5年（708）1月11日改元。和銅8年（715）9月2日、霊亀《れいき》と改元

皇居　藤原宮、平城宮

御陵　奈保山東陵《なほやまひがし》（山形の丘陵を陵所とする。所在地＝奈良市奈良阪町。字は養老ヶ峯）

皇位継承　文武天皇の後は、子の草壁皇子が継ぐはずであったが、皇子が若くして亡くなったため、文武天皇は、草壁皇子妃阿閇皇女（元明天皇）が継ぐべしと遺詔した。慶雲4年6月15日崩御後、同24日、阿閇皇女は、「万機を摂する」ことを詔し、同7月17日、即位の宣命を述べた。これは、天智天皇の定めた「天地と共に長く日月と共に遠く改《あらた》めまじき常の典」（「不改常典」と呼ばれる）を理由として、嫡子相続のため文武天皇の子（首皇子《おびと》、聖武天皇。この時7歳）への中継ぎを宣したものと考えられている。

事蹟・事件　①和銅元年2月、平城京遷都の詔が出される（和銅3年3月遷都）。②同年、和銅開珎が発行される（和銅元年1月11日、和銅が献上され、和銅と改元）。③同5年、太安万侶、『古事記』（初のまとまった史書）を撰上する。④同6年4月、丹後国・美作国・大隅国を新たに置く（前年の出羽国、この大隅国の設置により、南北の辺境が決定）。⑤同6年5月、諸国の郡郷名に好字をあてさせ、また、『風土記』撰進を命じる。⑥文武天皇の嬪《ひん》の石川刀子娘《いしかわとすのいらつめ》と紀竈門娘《きのかまどのいらつめ》の嬪号を剝奪する（石川刀子娘に広成《ひろなり》、広世《ひろよ》の皇子があったため、皇位継承権を奪うためといわれる。ついで、同7年6月に首皇子が立太子、また翌年6年長《なが》親王、ついで7月穂積親王が亡くなり、首親王の皇位継承が固まった）。

## 44 元正《げんしょう》天皇

御名・異称　氷高《ひだか》、日高、新家《にいのみ》、日本根子《やまとね》高瑞浄足姫《こたかみずきよたらしひめ》天皇
父母　父＝草壁皇子（天武天皇皇子）、母＝元明天皇
生没年　天武天皇９年（６８０）～天平20年（７４８）４月21日〔69歳〕
在位　霊亀元年（７１５）９月２日～養老８年（７２４）２月４日〔10年〕
大嘗祭　霊亀２年11月19日
年号　霊亀《れいき》＝和銅８年（７１５）９月２日改元。養老《ようろう》＝霊亀３年（７１７）11月17日改元。養老８年（７２４）２月４日、神亀《じんき》と改元
皇居　平城宮
御陵　奈保山西《なほやまにし》陵（丘陵を陵所とし、元明天皇の奈保山東陵と並んである。山形。所在地＝奈良市奈良阪町）
皇位継承　元明天皇は、首親王（聖武天皇）への継承を慎重に計ったうえで、子の氷高内親王（元正天皇）に譲位し、その後見に回った。このとき、譲位の宣命で「親王は年歯が幼稚で、未だ深宮を離れず」とした。首親王は当時15歳になっていたが、政務に慣れていないため、元正天皇を中継ぎとしたと思われる。いずれにせよ、文武天皇から聖武天皇への継承には、藤原不比等が娘（藤原宮子）所生の子（首親王）を皇位に即《つ》けんとする策略があったとされる。
事蹟・事件　①霊亀２年２月、出雲国造出雲果安《はたやす》、朝廷で神賀詞《かんよごと》を奏上する（神賀〈寿〉詞の初見）。②同年、藤原不比等女安宿媛《あすかべひめ》（光明子、光明皇后）が皇太子首親王（聖武天皇）のもとに入る。③養老２年、藤原不比等ら、養老律令を撰進する。④同４年、舎人親王、『日本書紀』を奏上する。⑤同５年９月、使を遣わし、伊勢神宮に幣帛を奉る（伊勢例幣使の初見。以後、毎年９月11日に派遣）。⑥開墾推進のため、「三世一身の法」が出される。

## 45 聖武《しょうむ》天皇

御名・異称　首《おびと》、勝宝感神聖武《しょうほうかんじんしょうむ》皇帝、天璽国押開豊桜彦《あめしるしくにおしはらきとよさくらひこ》尊
父母　父＝文武天皇、母＝藤原宮子
生没年　大宝元年（７０１）～天平勝宝８年（７５６）５月２日〔56歳〕
立太子・元服　和銅７年（７１４）６月25日〔14歳〕
在位　神亀元年（７２４）２月４日～天平感宝元年（７４９）７月２日〔26年〕
大嘗祭　神亀元年11月23日

出家　譲位後
年号　神亀《じんき》＝養老8年（724）2月4日改元。天平《てんぴょう》＝神亀6年（729）8月5日改元。天平感宝《かんぽう》＝天平21年（749）4月14日改元。天平感宝元年（749）7月2日、天平勝宝《しょうほう》と改元
皇居　平城宮、恭仁《くに》宮
御陵　佐《さ》保山南《ほやまのみなみ》陵（佐保丘陵を陵所とする。東大寺では本願山陵と称した。所在地＝奈良市法蓮町）
著作　聖武天皇宸翰『雑集』
皇位継承　天智天皇が定めた「不改常典」により、文武天皇の子である首皇子（聖武天皇）が後継するのは既定の路線であった。しかし、文武天皇崩御時はまだ7歳であり、祖母に当たる元明天皇が即位し、元明天皇が譲位する際には15歳になっていたが、政務に慣れていないとして伯母の元正天皇が即位したため、首皇子は24歳にしてようやく大極殿で即位した。
事蹟・事件　①神亀元年、聖武天皇は即位してすぐに夫人藤原宮子に大夫《だいぶ》人《にん》の尊称を奉る勅を発するが、左大臣長屋王が、「公式令」に皇太夫人の名が定められているのだから、宮子に大夫人の尊称を奉った勅に従えば「令」に反するし、「令」に従って皇太夫人を奉れば違勅になると異を唱えた（天皇は勅を回収、文には皇太夫《こうたいぶ》人《にん》とし、語には大御《おおみ》祖《おや》といわせる）。②同年、橿日宮跡に仲哀天皇の山陵が完成、神功皇后を合祀する（香椎宮〈廟〉の創建）。③同4年閏9月、光明子に基王（某王か）誕生し、11月には皇太子とする（生誕3ヵ月での立太子は違例も、翌年9月夭逝）。④天平元年2月、左大臣長屋王が左道を学び国家を傾けようとしていると密告があり、天皇これを信じ、長屋王を自尽に追い込む（長屋王の変。室吉備内親王および諸王も自殺。しかし、山背王らは母が藤原氏のため不死。これは、光明子を皇后とするための藤原氏の策謀で、誣《ぶ》告《こく》であったとされる。実際、この年8月に皇后となる。皇族以外からの立后は初）。⑤天平元年8月、背に「天平貴平知百年」の文字がある亀が出現、これを瑞祥として「天平」に改元する。⑥同5年4月、第九次遣唐使が難波を出発する（持ち帰った唐の国書に「勅日本国主主明楽美御徳《すめらみこと》」とあり、この頃には「日本」「天皇」号が確立していたと思われる）。⑦同9年、藤原房前《ふささき》（北家の祖）、藤原麻呂《まろ》（京家の祖）、藤原宇合《うまかい》（式家の祖）が疫病により相次いで死去（このうち北家は冬嗣・良房が出て藤原氏の主流となる）。なお、天平7年から9年にかけて未曾有の凶作、疫病の流行に

より全国的に死者多数。この頃、皇后の病が僧玄昉により治癒したこともあり、天皇・皇后ともに仏教に傾斜、国分二寺建立の詔につながったといわれる。⑧同12年9月、藤原広嗣は上表文が入れられず、西国にて挙兵も10月には捕らえられ、11月に斬られる（藤原広嗣の乱）。⑨同年10月、天皇、「朕《われ》、意《おも》ふところ有」りとして、平城京を脱出する（このあと東国を転々とし、恭仁《くに》宮、紫香楽宮、難波宮を皇居とし、同17年平城京に還幸する）。⑩同13年3月（2月か）、諸国に国分寺・国分尼寺建立の詔を発する。⑪同15年5月、「墾田永年私財法」を定める。⑫同15年10月、天皇、紫香楽宮で「大仏造立の詔」を出す（天平感宝元年4月、天皇・皇后ら、東大寺に行幸、大仏に礼拝し、陸奥での黄金出土を報告、天皇自ら「三宝の奴」と称する。大仏の開眼供養は譲位後の天平勝宝4年のこと）。⑬天平感宝元年1月、天皇、行基を導師として菩薩戒を受け、勝満と称する（出家した最初の天皇）。

## 46 孝謙《こうけん》天皇

**御名・異称**　阿倍《あべ》、上台宝字称徳孝謙《じょうだいほうじしょうとくこうけん》皇帝、高野《たかの》姫《ひめ》尊、高野天皇、法基《ほうき》尼

**父母**　父＝聖武天皇、母＝光明皇后（安宿媛《あすかべひめ》）

**生没年**　養老2年（718）～神護慶雲4年（770）8月4日〔53歳〕

**立太子**　天平10年（738）1月13日〔21歳〕

**在位**　天平勝宝元年（749）7月2日～天平宝字2年（758）8月1日〔10年〕

**大嘗祭**　天平勝宝元年11月25日

**出家**　天平宝字6年6月

**年号**　天平勝宝《しょうほう》＝天平感宝元年（749）7月2日改元。天平宝字《ほうじ》＝天平勝宝9歳（757）8月18日改元。天平宝字9年（765）1月7日、天平神護《じんご》と改元

**皇居**　平城宮

**御陵**　高野《たかの》陵（形のくずれた前方後円墳、堀。成務天皇陵の南に隣接。古墳名＝佐紀高塚古墳。所在地＝奈良市山陵《みささぎ》町）

**皇位継承**　光明皇后の子基王（某王か）が夭折したため、皇后の子の阿倍内親王（孝謙天皇）が女性として初めて皇太子となり、聖武天皇の譲りを承けて大極殿で即位し、孝謙天皇となった。なお、在世中、聖武天皇が上皇として政務をみ、上皇崩御後は母の光明皇太后が後見した。

**事蹟・事件**　①即位により天平勝宝と改元したが、この年

は4月1日に陸奥国からの黄金献上で天平感宝と改元しており、1年2度の改元は違例であった。②天平勝宝4年4月9日、天皇は百官を率いて東大寺大仏開眼供養に臨幸、盛大な法会が営まれる（翌年後半に正倉院建立か）。③同6年4月、この年来京の唐僧鑑真、東大寺大仏殿前に戒壇を築き、聖武上皇・光明皇太后・孝謙天皇に菩薩戒を授ける。④天平勝宝8歳5月2日、聖武上皇崩御。新田部親王（父は天武天皇）の王子道祖《ふなと》王が皇太子に立てられる。しかし翌年3月、侍童に通じ機密を洩らすなどの理由で廃太子となる（藤原仲麻呂の策略といわれ、事実、翌4月には自分と近しい大炊《おおい》王が皇太子に立てられる）。⑤同年7月、橘奈良麻呂らが藤原仲麻呂排除を謀るが発覚し、奈良麻呂・道祖《ふなと》王らが処刑される。

## 47 淳仁《じゅんにん》天皇

**御名・異称**　大炊《おおい》、淡路《あわじ》公《こう》、淡路《あわじ》廃帝

**父母**　父＝舎人《とねり》親王（天武天皇皇子）、母＝当麻山背《たいまのやましろ》

**生没年**　天平5年（733）～天平神護元年（765）10月23日〔33歳〕

**立太子**　天平宝字元年（757）4月4日〔25歳〕

**在位**　天平宝字2年（758）8月1日～同8年10月9日〔7年〕

**大嘗祭**　天平宝字2年11月23日

**年号**　天平宝字《ほうじ》＝天平勝宝9歳（757）8月18日改元。天平宝字9年（765）1月7日、天平神護《じんご》と改元

**皇居**　保良《ほら》宮、平城宮

**御陵**　淡路《あわじ》陵（周囲約900メートル、高さ二十数メートルの小丘、堀。所在地＝兵庫県あわじ市賀集《かしゅう》）

**皇位継承**　皇太子道祖王が廃され、数ある王から「過ちを聞かない」という理由で大炊王（淳仁天皇。父は舎人親王）が立太子し、翌年8月、孝謙天皇は「天皇位の重圧に耐えがたいこと及び母光明子に孝養を尽くしたい」として譲位、大炊王が即位し淳仁天皇となった。

**事蹟・事件**　①天平宝字2年8月、即位のことを伊勢神宮に奉告する（即位由奉幣《そくいよしのほうべい》の初めか）。②同年同月、天皇、藤原仲麻呂の忠誠に対し、太保《たいほう》（右大臣）とし、恵《え》美押《みのおし》勝《かつ》の名を賜う（押勝は、官名・省名を唐風に改称する）。③同3年6月、天皇、父舎人親王に「崇道尽敬皇帝」号を、母当麻夫人《たいまのおおとじ》に「大夫人《おおみおや》」号を追贈する。また船王・池田王・室《むろ》女王・飛鳥田女王の兄弟姉妹を親王とする（親王宣下の初め。なお天皇は、即位してすぐ草壁皇子に「岡宮御宇天皇」〈岡宮天皇〉号を追尊）。④同5年10

月、上皇・天皇、近江国保良宮《ほら》に行幸する。上皇は病となり僧道鏡が看病、上皇は道鏡を鍾愛し天皇と不和となる。⑤同6年6月、上皇は法華寺にて出家、「皇権分離の宣命」（「常の祀《まつり》小事《いささけきこと》は今の帝《みかど》行ひ給へ。国家《みかど》の大事《おおきこと》賞罰二つの柄《もと》は朕《われ》行はむ」）を発する。⑥同7年8月、儀鳳暦を廃し、大衍暦《たいえんれき》を用いることにする（どちらも中国暦の一つ）。⑦同8年9月、恵美押勝が朝廷を傾けんとしていることが密奏され、押勝は近江に逃亡するも追討軍に斬られる（押勝敗北により、唐名の官名等を元にもどす）。10月、天皇は廃位ののち親王とされ、淡路に流され奇怪な死をとげる。「淡路半帝」などと称されたが、明治3年になり、淳仁天皇として歴代天皇に加えられた。⑧なお、この頃、歴代天皇の漢風諡号を淡海三船らが撰進したとされる。

## 48 **称徳《しょうとく》天皇**（46 **孝謙天皇**重祚）

**御名・異称・父母・生没年・立太子・御陵** 46 **孝謙天皇**の項参照

**在位** 天平宝字8年（764）10月9日～神護景雲4年（770）8月4日〔7年〕

**大嘗祭** 天平神護元年（765）11月22日

**年号** 天平宝字《ほうじ》＝天平勝宝9歳（757）8月18日改元。天平神護《じんご》＝天平宝字9年（765）1月7日改元。神護景雲《けいうん》＝天平神護3年（767）8月16日改元

**皇居** 平城宮

**皇位継承** 淳仁天皇を廃したことにより、孝謙天皇が重祚して称徳天皇となる（出家した天皇が皇位に復帰〈重祚〉した例はない。また『続日本紀』に即位の記事はない）。

**事蹟・事件** ①天平神護元年閏10月、天皇、弓削《ゆげ》行宮にて道鏡を太政大臣禅師（臣下最高位）とする（弓削は道鏡の出身地。翌年10月、道鏡を法王とする）。②同3年、「道鏡を皇位に即《つ》かせよ」との宇佐八幡神の神託が伝えられ、9月、天皇は和気清麻呂を遣わしたところ、「日嗣は必ず皇儲《こうちょ》を立てよ」との託宣を報告。これを聞いた道鏡は怒り、広虫・清麻呂姉弟を配流した（天皇は、道鏡を皇位に即けることなく病となり崩御。道鏡は下野国薬師寺別当という形で左遷）。

## 49 **光仁《こうにん》天皇**

**御名・異称** 白壁《しらかべ》、天宗高紹《あめむねたかつぎ》天皇、後田原《のちのたわら》天皇

**父母** 父＝施基《しき》親王（志貴皇子とも。天智天皇皇子）、母

＝紀橡姫《きのとちひめ》

生没年　和銅2年（709）10月13日～天応元年（781）12月23日〔73歳〕

立太子　神護景雲4年（770）8月4日〔62歳〕

在位　宝亀元年（770）10月1日～天応元年（781）4月3日〔12年〕

大嘗祭　宝亀2年11月21日

年号　宝亀《ほうき》＝神護景雲4年（770）10月1日改元。天応《てんおう》＝宝亀12年（781）1月1日改元。天応2年8月19日、延暦《えんりやく》と改元

皇居　平城宮

御陵　田原東陵《たわらのひがし》（初め広岡山陵に葬るも延暦5年〈786〉、田原陵に改葬。後田原陵とも。円墳、空堀。径約50メートル、高さ約8メートル。所在地＝奈良市日笠町〈旧添上郡田原村で字はヲヲノツカ〉）

皇位継承　称徳天皇は皇嗣を定めず亡くなったため、崩御の日に左大臣藤原永手《ながて》らによって白壁王《しらかべ》（光仁天皇）が皇太子に立てられ、2ヵ月後、皇位に即《つ》いた。天皇の父は施基親王（子の即位により春日宮天皇と追尊）、その父は天智天皇であることから、これまで百年ほど続いた天武天皇系から皇統が天智天皇の子孫に継承されることになる。

事蹟・事件　①宝亀3年3月、皇后井上内親王、巫蠱《ふこ》の罪により廃される（5月には皇太子他戸《おさど》親王も廃され幽閉、同6年4月、同じ日に二人とも死去〈毒殺説も〉。山部親王〈桓武天皇〉の立太子を目論む藤原百川《ももかわ》らの陰謀とされる。実際、同4年1月、山部親王が皇太子となる）。
②同6年9月11日、天皇、「10月13日は朕が生まれし日なり」とし、この日を天長節とする（天長節の初見）。

## 50 桓武《かんむ》天皇

御名・異称　山部《やまべ》、日本根子《やまとねこ》皇統弥照尊《あまつひつぎいやてらす》、延暦《えんりやく》帝、柏《かし》原《わら》帝、柏原天皇

父母　父＝光仁天皇、母＝高野新笠《たかののにいがさ》

生没年　天平9年（737）～延暦25年（806）3月17日〔70歳〕

親王宣下　宝亀元年（770）11月6日〔34歳〕

立太子　宝亀4年1月2日〔37歳〕

在位　天応元年（781）4月3日践祚（即位は同年4月15日）～延暦25年（806）3月17日〔26年〕

大嘗祭　天応元年11月13日

年号　天応《てんおう》＝宝亀12年（781）1月1日改元。延暦《えんりやく》＝天

応2年（782）8月19日改元。延暦25年（806）5月18日、大同《だいどう》と改元
**皇居**　平城宮、長岡宮、平安宮
**御陵**　柏原陵《かしわばら》（扁平な円丘。所在地＝京都市伏見区桃山町永井久太郎）
**皇位継承**　山部親王（桓武天皇）の母は高野新笠で百済系渡来人の出身であることからその立太子に反対の意見もあったが、藤原百川らの力で皇太子となり、光仁天皇の譲りを承けて践祚、次いで即位式を挙げた（桓武天皇のときから践祚の儀と即位式が分離）。
**事蹟・事件**　『日本後紀』には、天皇「文華を好まず」「宸極に登りてより心を政治に励まし、内に興作を事とし、外に夷狄《いてき》を攘《はら》ふ」と記される。①延暦元年閏1月、氷上川継《ひかみのかわつぐ》の謀反が発覚する（川継とその母不破《ふわ》内親王は配流、与党も処分。川継は塩焼王の子で天武天皇の皇統につながるため宮廷から排除されたと考えられている）。②同4年9月、長岡京遷都推進の中心人物藤原種継《たねつぐ》が暗殺された。皇太子早良《さわら》親王（天皇の実弟）が関与したとされ廃される（親王、飲食を断ち、淡路に移送中に没）。ついで11月、桓武天皇皇子安殿《あて》親王（平城天皇）を皇太子とする。親王の母は藤原乙牟漏《おとむろ》（父は藤原良継）で、種継暗殺は早良親王排除、安殿親王擁立の絶好の機会であった。③同11年6月、皇太子安殿親王の病、天皇夫人藤原旅子、母高野新笠、皇后藤原乙牟漏の相次ぐ死を亀卜させたところ早良親王の祟りと出る。同19年、早良親王を桓武天皇皇太子とし崇道《すどう》天皇と追尊（井上内親王も皇后に復される）、同24年、その山陵を淡路から大和に改葬するなど、早良親王の鎮魂につとめる。④同13年10月、天皇、新京に遷る（平安京遷都。以後「千年の都」として栄える。平安神宮の時代祭はこの日に行なわれる）。⑤同16年11月、坂上田村麻呂を征夷大将軍とする（同20年、田村麻呂、四万の軍勢を率いて東下、蝦夷を征討。天皇は3度、蝦夷征討を行なう）。⑥同23年7月、第16次遣唐使を派遣する（最澄・空海・橘逸勢《はやなり》ら同行）。

## 51 平城《へいぜい》天皇

**御名・異称**　小殿《おて》、安殿《あて》、日本根子《やまとねこ》天推国高彦《あめおしくにたかひこ》尊、奈良《なら》帝
**父母**　父＝桓武天皇、母＝藤原乙牟漏《おとむろ》
**生没年**　宝亀5年（774）8月15日～天長元年（824）7月7日〔51歳〕
**立太子**　延暦4年（785）11月25日〔12歳〕
**元服**　延暦7年1月15日〔15歳〕

**在位**　延暦25年（806）3月17日践祚（即位は大同元年5月18日）～大同4年（809）4月1日〔4年〕
**大嘗祭**　大同3年11月14日
**出家**　大同5年9月12日
**年号**　延暦《えんりやく》＝天応2年（782）8月19日改元。大同《だいどう》＝延暦25年（806）5月18日改元。大同5年（810）9月19日、弘仁《こうにん》と改元
**皇居**　平安宮
**御陵**　楊梅《やまもも》陵（ほぼ円丘、空堀。平城宮大極殿跡の真北。古墳名＝市庭《いちにわ》古墳。所在地＝奈良市佐紀町）
**皇位継承**　安殿《あて》親王（平城天皇）は桓武天皇第一皇子。皇太子であった早良親王が藤原種継暗殺事件に関与したとされ廃太子となり、延暦4年に皇太子となった。同25年、父桓武天皇が崩御したものの、すぐには皇位に即《つ》かず、しばらく皇太子として政務をとったが、群臣等の度重なる要請により、2ヵ月後の大同元年5月、大極殿にて即位し、平城天皇となった。
**事蹟・事件**　①延暦25年5月18日、平城天皇即位し、代始により大同と改元する（『日本後紀』は、即位同日改元は、臣下が1年のうち二君を戴くことになるため「非礼」と批判）。②同2年10月、天皇、大嘗祭のため葛野川で禊する（大嘗祭に先立つ禊の初め）。③同年同月、伊予親王の謀反が発覚する（幽閉され、親王とその母藤原吉子は毒を仰いで自殺。藤原薬子《くすこ》・藤原仲成《なかなり》の陰謀とされる。大嘗祭は翌年に延引）。

## 52 嵯峨《さが》天皇

**御名・異称**　神野《かみの》、賀美能《かみの》
**父母**　父＝桓武天皇、母＝藤原乙牟漏
**生没年**　延暦5年（786）9月7日～承和9年（842）7月15日〔57歳〕
**元服**　延暦18年2月7日〔14歳〕
**立太子**　大同元年（806）5月19日〔21歳〕
**在位**　大同4年（809）4月1日践祚（即位は同年4月13日）～弘仁14年（823）4月16日〔15年〕
**年号**　大同《だいどう》＝延暦25年（806）5月18日改元。弘仁《こうにん》＝大同5年（810）9月19日改元。弘仁15年1月5日、天長《てんちょう》と改元
**皇居**　平安宮
**御陵**　嵯峨山上《さがのやまのえ》陵（円丘。嵯峨野北の御廟山山頂。所在地＝京都市右京区北嵯峨朝原山町）
**著作**　嵯峨遺誡（遺言）、送終（遺言）、新修鷹経

皇位継承　平城天皇は、即位まもなく実弟の神野《かみの》親王（嵯峨天皇）を皇太子に立てた。大同4年4月、平城天皇は病気となり譲位、神野親王践祚し、嵯峨天皇となる。

事蹟・事件　①大同4年11月、病癒えた平城上皇は平城宮造営を命じ、12月には未完成の平城宮に行幸した（上皇はここで政治的な発言を行ない、内裏と仙洞御所がそれぞれ政治の舞台となり「二所朝廷」といわれる。大同5年9月、上皇は、平城遷都を命じる）。②大同5年3月、天皇は上皇勢力と対抗する意味もあり初めて蔵人所《くろうどどころ》を置き、巨勢野足《こせののたり》、藤原冬嗣を蔵人頭に任命する。③弘仁元年9月、藤原仲成・薬子が上皇の重祚を計画するも発覚。仲成は射殺され、薬子は自殺する。また、皇太子高丘（岳）親王は廃され、大伴親王（淳和天皇）を皇太子とする。この事件により「二所朝廷」が解消される（以来、朝廷に平穏が訪れ、『弘仁格』『弘仁式』『内裏式』『凌《りよう》雲集《うんしゅう》』『文華秀麗集』などが編まれ、弘仁文化の華が開く。なお天皇は空海・橘逸勢とともに三筆の一人に挙げられる）。④同年12月、天皇、賀茂斎院を置き、皇女有《う》智子《ちこ》内親王を斎王として奉仕させる（賀茂斎院の初め）。⑤同5年、皇子女多きにより、信《まこと》（嵯峨源氏の祖）はじめ皇子、皇女8名に源朝臣姓を賜う（賜姓源氏の初め）。⑥同7年2月、京中の治安維持・不法行為の取締りのため検非違使《けびいし》を置く。⑦同年7月、天皇、空海に高野山を賜う。⑧同9年4月、平安宮の殿閣・諸門の名称を唐風に改称する（このとき「紫宸殿」の名が付けられたといわれる）。⑨同13年6月、比叡山の戒壇設立を勅許する（勅許の一週間前に最澄没。翌年2月、比叡山寺を改め、延暦寺の名を賜う）。

## 53 淳和《じゅんな》天皇

御名・異称　大伴《おおとも》、日本根子天高譲弥遠尊《やまとねこあめたかゆずるいやとお》、西院《さいいん》帝

父母　父＝桓武天皇、母＝藤原旅子《たびこ》

生没年　延暦5年（786）〜承和7年（840）5月8日〔55歳〕

元服　延暦17年4月17日〔13歳〕

立太子　大同5年（810）9月13日〔25歳〕

在位　弘仁14年（823）4月16日践祚（即位は同年4月27日）〜天長10年（833）2月28日〔11年〕

大嘗祭　弘仁14年11月17日

太上天皇宣下　天長10年3月2日

年号　弘仁《こうにん》＝大同5年（810）9月19日改元。天長《てんちょう》＝弘仁15年（824）1月5日改元。天長11年（834）1

月3日、承和《じょうわ》と改元
皇居　平安宮
御陵　大原野西嶺上《おおはらののにしのみねのえ》陵（火葬、散骨。円丘。大原山山頂に位置。東西50メートル、南北40メートル。所在地＝京都市西京区大原野南春日町。火葬塚＝京都府向日市物集女町出口）
皇位継承　大伴親王（淳和天皇）は桓武天皇第七皇子。高丘（岳）親王が皇太子を廃されたのち立太子。弘仁14年、嵯峨天皇の譲りを承けて践祚し皇位に即《つ》いた。
事績・事件　嵯峨天皇は譲位したときまだ38歳で、淳和天皇在位中、上皇としてすべての政務に関与し、天皇の独自性は発揮されなかった。①天長元年6月、初代天台座主に義真《ぎしん》を任命する。②同2年7月、葛原《かずらわら》親王の上表により、その長男高棟《たかむね》王に平朝臣姓を賜う（桓武平氏といわれ、賜姓平氏の初め）。③同3年、平城天皇皇子阿保《あぼ》親王の子行平《ゆきひら》・業平《なりひら》らに在原朝臣姓を賜う。

## 54 仁明《にんみょう》天皇

御名・異称　正良《まさら》、日本根子《やまとねこ》天璽豊聡慧尊《あめしるしとよさと》、深草《ふかくさ》帝
父母　父＝嵯峨天皇、母＝橘嘉智子《かちこ》
生没年　弘仁元年（810）～嘉祥3年（850）3月21日〔41歳〕
立太子　弘仁14年4月18日〔14歳〕
元服　弘仁14年8月2日〔14歳〕
在位　天長10年（833）2月28日践祚（即位は同年3月6日）～嘉祥3年（850）3月21日〔18年〕
大嘗祭　天長10年11月15日
出家　嘉祥3年3月19日
年号　天長《てんちょう》＝弘仁15年（824）1月5日改元。承和《じょうわ》＝天長11年（834）1月3日改元。嘉祥《かしょう》＝承和15年（848）6月13日改元。嘉祥4年4月28日、仁寿《にんじゅ》と改元
皇居　平安宮
御陵　深草陵《ふかくさ》（方丘、堀。所在地＝京都市伏見区深草東伊達町）
皇位継承　正良親王（仁明天皇）は嵯峨天皇の第一皇子。叔父淳和天皇の皇太子となり、天皇の譲りを承けて践祚・即位した。
事績・事件　①承和7年5月、淳和上皇、出家し崩御（遺命により大原野西山の嶺上に散骨）、同年7月、仁明天皇、初めて政務をみる。②同9年7月、嵯峨上皇崩御2日後、伴健岑《とものこわみね》・橘逸勢《たちばなのはやなり》等が皇太子恒貞《つねさだ》親王（淳和天皇皇子）を奉じて兵を挙げるという謀反が発覚する。健

岑・逸勢は配流、これに伴い、藤原愛発《ちかなり》、藤原吉野《よしの》らも罰され、恒貞親王は廃太子（のち出家）となる（承和の変）。８月には仁明天皇皇子道康親王（文徳天皇）が立太子。これらは、恒貞親王系の官人を除くための藤原良房の陰謀といわれる。良房は、嘉祥元年（８４８）１月、右大臣となり権勢を誇る。

## 55 文徳天皇《もんとく》

**御名・異称**　道康《みちやす》、田邑《たむら》帝、田邑天皇

**父母**　父＝仁明天皇、母＝藤原順子《のぶこ》

**生没年**　天長４年（８２７）８月～天安２年（８５８）８月27日〔32歳〕

**元服**　承和９年（８４２）２月16日〔16歳〕

**立太子**　承和９年８月４日〔16歳〕

**在位**　嘉祥３年（８５０）３月21日践祚（即位は同年４月17日）～天安２年（８５８）８月27日〔９年〕

**大嘗祭**　仁寿元年（８５１）11月23日

**年号**　嘉祥《かしょう》＝承和15年（８４８）６月13日改元。仁寿《にんじゅ》＝嘉祥４年（８５１）４月28日改元。斉衡《さいこう》＝仁寿４年11月30日改元。天安《てんあん》＝斉衡４年（８５７）２月21日改元

**皇居**　平安宮

**御陵**　田邑《たむら》陵（初め真原山陵、のち現陵名に改名。円丘。古墳名＝太秦三尾《うずまささんび》古墳。所在地＝京都市右京区太秦三尾町）

**皇位継承**　道康親王（文徳天皇）は仁明天皇第一皇子。承和の変により、恒貞親王（淳和天皇皇子）にかわり道康親王が立太子、仁明天皇の崩御により践祚・即位した。

**事蹟・事件**　①嘉祥３年３月、大中臣淵魚《ふちな》を祭主に任命する（神宮祭主の初めか）。②同年11月、生後８ヵ月の惟《これ》仁《ひと》親王（清和天皇。外祖父藤原良房）、第一皇子惟喬《これたか》親王を越えて皇太子となる。③仁寿元年２月、仁明天皇皇子常康《つねやす》親王出家、斉衡３年４月、仁明天皇皇子国康《くにやす》親王出家など、皇位継承権を持つ者が出家あるいは亡くなる。④天安元年２月、天皇外祖父藤原良房を太政大臣（人臣としては一応初）、その弟良相《よしみ》を右大臣とする。

なお、天皇は、天安２年（８５８）８月23日に病み、27日に急逝、その死因ははっきりせず、良房に排除されたのではないかとの説もある。

## 56 清和天皇《せいわ》

**御名・異称**　惟仁《これひと》、素真《そしん》、水尾《みずのお》帝、水尾天皇

**父母**　父＝文徳天皇、母＝藤原明子《あきらけいこ》

**生没年**　嘉祥3年（850）3月25日〜元慶4年（880）12月4日〔31歳〕
**立太子**　嘉祥3年11月25日〔1歳〕
**元服**　貞観6年（864）1月1日〔15歳〕
**在位**　天安2年（858）8月27日践祚（即位は同11月7日）〜貞観18年（876）11月29日〔19年〕
**大嘗祭**　貞観元年11月16日
**太上天皇宣下**　貞観18年12月8日
**出家**　元慶3年5月8日
**年号**　天安《てんあん》＝斉衡4年（857）2月21日改元。貞観《じょうがん》＝天安3年（859）4月15日改元。貞観19年（877）4月16日、元慶《がんぎょう》と改元
**皇居**　平安宮
**御陵**　水尾山《みずのおやま》陵（水尾山山腹に円丘。所在地＝京都市右京区嵯峨水尾《みずお》清和。火葬塚＝京都市左京区黒谷町の金戒光明寺裏山）
**皇位継承**　惟仁《これひと》親王（清和天皇）は生後8ヵ月で立太子、文徳天皇の突然の崩御を受けて9歳で践祚・即位（初の幼帝）し、太政大臣・摂政藤原良房に政務を委ねた。
**事蹟・事件**　①貞観5年5月、疫癘《えきれい》防除のため、神泉苑で初めて朝廷による御霊会が行なわれる（御霊として、崇道天皇〈早良親王〉・伊予親王・藤原吉子・藤原仲成・橘逸勢・文室宮田麻呂が祀られ、今日、いずれも御霊神社の祭神）。②同8年8月、応天門に放火あり、9月、伴善男、その子中庸が放火犯として配流（古代からの名門大伴氏〈大伴親王即位に際し同じ名をはばかり伴氏を賜う〉が没落、藤原氏の天下となる。応天門の変）。③貞観に入ると地震が頻発、富士山・阿蘇山等の噴火があり、貞観11年5月には陸奥国に「貞観大地震」が発生、大津波あり死者多数が記録される。天皇は「責め深く予《われ》にあり」とする。

## 57 陽成《ようぜい》天皇

**御名・異称**　貞明《さだあきら》
**父母**　父＝清和天皇、母＝藤原高子《たかいこ》
**生没年**　貞観10年（868）12月16日〜天暦3年（949）9月29日〔82歳〕
**立太子**　貞観11年2月1日〔2歳〕
**元服**　元慶6年（882）1月2日〔15歳〕
**在位**　貞観18年（876）11月29日践祚（即位は翌年1月3日）〜元慶8年（884）2月4日〔9年〕
**大嘗祭**　元慶元年11月18日

太上天皇宣下　元慶8年2月4日
出家　天暦3年9月20日
年号　貞観《じょうがん》＝天安3年（859）4月15日改元。元慶《がんぎょう》＝貞観19年（877）4月16日改元。
皇居　平安宮
御陵　神楽岡東陵《かぐらがおかのひがし》（円丘、八角形の空堀。所在地＝京都市左京区浄土寺真如町〈真如堂門前の小丘〉）
皇位継承　清和天皇第一皇子貞明親王（陽成天皇）も、生後2ヵ月で立太子。清和天皇の譲りを承けて9歳で受禅・即位し、母藤原高子の兄藤原基経が摂政として政務をみた。
事蹟・事件　①元慶4年11月、摂政・右大臣藤原基経を関白とする（人臣関白の初め。関白就任については諸説あり。このあと清和上皇の遺命で基経を太政大臣とする）。②同7年11月、天皇、清涼殿で乳兄弟源益《すすむ》を格殺する（天皇に乱行・奇行多く、翌年、基経により廃立される）。

## 58 光孝天皇《こうこう》

御名・異称　時康《ときやす》、小松《こまつ》帝、小松天皇
父母　父＝仁明天皇、母＝藤原沢子《さわこ》
生没年　天長7年（830）～仁和3年（887）8月26日〔58歳〕
元服　承和12年（845）2月16日〔16歳〕
在位　元慶8年（884）2月4日践祚（即位は同2月23日）～仁和3年（887）8月26日〔4年〕
大嘗祭　元慶8年11月22日
年号　元慶《がんぎょう》＝貞観19年（877）4月16日改元。仁和《にんな》＝元慶9年（885）2月21日改元
皇居　平安宮
御陵　後田邑陵《のちのたむら》（小松山陵とも。仁和寺西南約100メートルにある円丘。所在地＝京都市右京区宇多野馬場町）
著作　仁和御集
皇位継承　時康親王（光孝天皇）は、仁明天皇第三皇子。廃立された陽成天皇の後を承け、立太子することなく受禅・即位した。時に55歳。治世中は太政大臣藤原基経が政務をみた。
事蹟・事件　①元慶8年4月、光孝天皇即位以前の子女定省《さだみ》（宇多天皇）ら、臣籍に降り源朝臣姓を賜わる。②同年6月、天皇、「まず太政大臣藤原基経に諮《はか》り稟《う》けよ」との「奏下諮稟《しりん》」の勅を下す（これが実質的な関白の初めとする説あり）。

## 59 宇多《うだ》天皇

**御名・異称**　定省《さだみ》、亭子《ていじ》院、亭子院帝、六条院、寛平《かんぴょう》帝、寛平法王、朱雀院、朱雀《すざく》太上《だじょう》天皇、空理《くうり》、金剛覚《こんごうかく》、宇多院

**父母**　父＝光孝天皇、母＝班子《なかこ》女王

**生没年**　貞観9年（867）5月5日～承平元年（931）7月19日〔65歳〕

**元服**　元慶年中

**親王宣下**　仁和3年（887）8月25日〔21歳〕

**立太子**　仁和3年8月26日〔21歳〕

**在位**　仁和3年（887）8月26日践祚（即位は同年11月17日）～寛平9年（897）7月3日〔11年〕

**大嘗祭**　仁和4年11月22日

**太上天皇宣下**　寛平9年7月10日

**出家**　昌泰2年（899）10月24日

**年号**　仁和《にんな》＝元慶9年（885）2月21日改元。寛平《かんぴょう》＝仁和5年（889）4月27日改元。寛平10年4月26日、昌泰《しょうたい》と改元

**皇居**　平安宮

**御陵**　大内山《おおうちやま》陵（火葬。仁和寺北一キロメートルにある方丘、空堀。所在地＝京都市右京区鳴滝宇多野谷）

**著作**　宇多天皇御記（寛平御記）、寛平御遺誡（遺言）、十八堂念誦次第、金剛頂蓮華部心念誦次第、胎蔵界念誦次第、円堂御経蔵御自筆御記、亭子院御集、亭子院歌合、周易抄

**皇位継承**　光孝天皇第七皇子の定省《さだみ》（宇多天皇）は、臣籍降下して源定省と名のっていたが、光孝天皇の病により急遽親王に復帰し、立太子、同日崩御により践祚・即位した（臣籍降下した者が即位した事例は他になし）。なお、宇多天皇以後は、崩御後は御在所などの名による追号が贈られた（「宇多院」の宇多は、譲位後の御在所の名。江戸時代になり、光格天皇のときに諡号が復活）。

**事蹟・事件**　①仁和3年11月、太政大臣藤原基経に万機を関白させる（関白の初めか）。このとき、詔文に「宜しく阿《あ》衡《こう》の任を以て卿の任とせよ」との文言があり、藤原佐世《すけよ》が「阿衡の任」には職掌がないとしたことから、基経は出仕拒否。翌年6月、「阿衡」の文は天皇の意に背くとして前勅を改め、重ねて基経を関白とする（このあと「阿衡」文を書いた橘広相《ひろみ》の弁疏《べんそ》もあったが、基経女温子《よしこ》を女御とするなどで結着。阿衡の紛議。基経はこれを利用して天皇親政を抑え、関白の地位が確定）。②寛平元年5月、桓武天皇皇曾孫高望王らに平朝臣姓を賜う

(桓武平氏)。③同3年1月、藤原基経没。天皇、関白を置かず親政に乗り出す（「寛平の治」といわれる）。④同4年5月、勅により『日本三代実録』を編修させる。また、菅原道真が勅を奉じて『類聚国史《るいじゅこくし》』を撰進する。⑤同6年9月、遣唐大使に任命された菅原道真の進言により遣唐使を停止する（以後、国風文化が栄える）。⑥同9年7月、譲位にあたり、藤原時平・菅原道真に新帝を補佐し、奏請・宣行のことを行なうよう詔を出す（内覧の初め）。また、新帝に「寛平御遺誡」を与える。⑦昌泰2年10月、宇多上皇、仁和寺で出家する（このあと御《お》室《むろ》が建てられる。上皇、太上法皇と称する〈法皇の初め〉）。

## 60 醍醐《だいご》天皇

**御名・異称**　維城《これき》、敦仁《あつぎみ》、延喜《えんぎ》帝、延喜聖主、小野帝、小野天皇、後山階太上《のちのやましなだじょう》天皇、金剛宝《こんごうほう》

**父母**　父＝宇多天皇、母＝藤原胤子《たねこ》

**生没年**　元慶9年（885）1月18日～延長8年（930）9月29日〔46歳〕

**親王宣下**　寛平元年（889）12月28日〔5歳〕

**立太子**　寛平5年4月2日〔9歳〕

**元服**　寛平9年7月3日〔13歳〕

**在位**　寛平9年（897）7月3日践祚（即位は同年7月13日）～延長8年（930）9月22日〔34年〕

**大嘗祭**　寛平9年11月20日

**出家**　延長8年9月29日

**年号**　寛平《かんぴょう》＝仁和5年（889）4月27日改元。昌泰《しょうたい》＝寛平10年（898）4月26日改元。延喜《えんぎ》＝昌泰4年（901）7月15日改元。延長《えんちょう》＝延喜23年（923）閏4月11日改元

**皇居**　平安宮

**御陵**　後山科陵《のちのやましな》（山科陵、山階新陵とも記される。円形、堀。所在地＝京都市伏見区醍醐古道町）

**著作**　醍醐天皇御記（延喜御日記）、延喜御集、累代書法目録（図書目録）

**皇位継承**　敦仁《あつぎみ》親王（醍醐天皇）は、宇多天皇第一皇子。父が源定省時代の子で源維城と名のっていたが、天皇即位にしたがい敦仁親王となり、立太子ののち宇多天皇の譲りを承けて践祚・即位した。

**事蹟・事件**　①昌泰2年2月、大納言藤原時平を左大臣、権大納言菅原道真を右大臣とする。②同3年11月、三善《みよし》清行《きよゆき》、明年辛酉《しんゆう》革命の議を奏上する（「革命勘文《かくめいかんもん》」。翌年、

「延喜」と改元）。③延喜元年1月、斉世《ときよ》親王擁立を謀ったとして、菅原道真を大宰権帥《だざいごんのそち》に左遷する（流言にすぎず、これに異を唱える宇多法皇が抗議するも止められる。斉世親王は出家。道真は延喜3年〈903〉没）。④同4年2月、皇子崇象《むねかた》（のち保明《やすあきら》）を親王とし、皇太子とする（このとき、壺切太刀を授け、以後立太子のさいは恒例）。しかし延長元年3月、皇太子が亡くなったため、菅原道真の怨霊のせいとの噂が広がり、同4月道真を右大臣に復し正二位を追贈、左遷詔書も焼却した。同年同月、保明親王王子慶頼《よしより》王を皇太子とする。ところが同3年6月、慶頼王も5歳で夭折、これも道真の怨霊によると噂される。ついで10月、皇子寛明《ゆたあきら》親王（朱雀天皇）が皇太子となる。⑤同5年4月、初の勅撰和歌集『古今和歌集』が撰進される（「読み人しらず」として「わが君は千代に八千代にさゞれ石の巌となりて苔のむすまで」など収録）。⑥延長5年12月、勅により編集された「延喜式」が奏上される（施行は康保4年〈967〉）。

醍醐天皇は、藤原時平の没後は摂政・関白を置かず、子の村上天皇も当代を理想として政治を行なったため、この時代は「延喜天暦の治《ち》」と称された。

## 61 朱雀《すざく》天皇

**御名・異称**　寛明《ゆたあきら》、仏陀寿《ぶつだじゆ》

**父母**　父＝醍醐天皇、母＝藤原穏子《やすこ》

**生没年**　延長元年（923）7月24日～天暦6年（952）8月15日〔30歳〕

**親王宣下**　延長元年11月17日〔1歳〕

**立太子**　延長3年10月21日〔3歳〕

**元服**　承平7年（937）1月4日〔15歳〕

**在位**　延長8年（930）9月22日践祚（即位は同年11月21日）～天慶9年（946）4月20日〔17年〕

**大嘗祭**　承平2年11月13日

**太上天皇宣下**　天慶9年4月26日

**出家**　天暦6年（952）3月14日

**年号**　承平《じょうへい》＝延長9年（931）4月26日改元。天慶《てんぎょう》＝承平8年（938）5月22日改元。天慶10年（947）4月22日、天暦《てんりゃく》と改元

**皇居**　平安宮

**御陵**　醍醐《だいご》陵（火葬。小円丘。醍醐天皇陵を上ノ御陵、当陵は下ノ御陵と称された。所在地＝京都市伏見区醍醐御《ご》陵《りょう》東裏町）

**著作**　朱雀院御集

**皇位継承**　寛明親王（朱雀天皇）は3歳で立太子、父醍醐天皇の病による譲位を承け、8歳で受禅・即位し、左大臣藤原忠平が摂政、次いで関白として実権を振るった。

**事蹟・事件**　①延長8年9月26日、受禅直後、醍醐上皇が「延喜御遺誡」を口授する（9月29日上皇崩御）。②承平5年2月、平将門が常陸で伯父平国香を殺害、次いで伯父平良正・叔父平良兼を破り、同7年4月、上京して陳状、恩赦される。しかし戦いをやめず、坂東8ヵ国および伊豆国を手中に収め、上野国庁に入り「新皇」と称し除目を行なう。天慶3年1月、朝廷は参議藤原忠文を征東大将軍とし、藤原秀郷《ひでさと》らに将門を討たせる。一方、藤原純友が徒党を組み伊予に向かい、天慶2年12月、伊予国、純友の反乱を申上、同4年5月、藤原忠文を征西大将軍とし、小野好古《よしふる》に藤原純友を討たせる（**承平・天慶の乱**）。なお、この頃、出羽国も俘囚の反乱を奏上、富士山噴火、大地震多発もあって承平7年5月には天慶と改元する。一連の乱は、貴族政権に対する武族抗戦と見ることもでき、のちの平氏・源氏政権への端緒を開いたとも考えられる。③同5年4月、天皇、兵乱平定に謝し、賀茂社に行幸する（賀茂社行幸の初め）。

## 62 村上《むらかみ》天皇

**御名・異称**　成明《なりあきら》、天暦《てんりゃく》帝、天暦天皇、覚貞《かくてい》

**父母**　父＝醍醐天皇、母＝藤原穏子《やすこ》

**生没年**　延長4年（926）6月2日〜康保4年（967）5月25日〔42歳〕

**親王宣下**　延長4年11月21日〔1歳〕

**元服**　天慶3年（940）2月15日〔15歳〕

**立太子**　天慶7年4月22日〔19歳〕

**在位**　天慶9年（946）4月20日践祚（即位は同年4月28日）〜康保4年（967）5月25日〔22年〕

**大嘗祭**　天慶9年11月16日

**落飾**　康保4年5月25日

**年号**　天慶《てんぎょう》＝承平8年（938）5月22日改元。天暦《てんりゃく》＝天慶10年（947）4月22日改元。天徳《てんとく》＝天暦11年（957）10月27日改元。応和《おうわ》＝天徳5年（961）2月16日改元。康保《こうほ》＝応和4年（964）7月10日改元

**皇居**　平安宮

**御陵**　村上陵《むらかみ》（円丘。所在地＝京都市右京区鳴滝宇多野谷）

**著作**　村上天皇御記（天暦御記・天徳御記）、清涼記（儀式書）、年中行事、天暦御製詩草、天暦御集

皇位継承　朱雀天皇に男子なく、同母弟の成明《なりあきら》親王（村上天皇）が立太子、朱雀天皇の譲位を承け、21歳で践祚し、藤原忠平を関白とした。忠平の死後は摂関を置かず親政にのぞんだことから、のち醍醐・村上天皇の時代は「延喜天暦の治《ち》」と称された。

事蹟・事件　①天徳2年3月、延喜通宝を改め、乾元大宝を鋳造する（皇朝十二銭の最後。以後、豊臣秀吉まで、日本での鋳造は行なわれなかった）。②同4年（960）9月、内裏が焼亡（平安宮では初）。

## 63 冷泉《れいぜい》天皇

御名・異称　憲平《のりひら》

父母　父＝村上天皇、母＝藤原安子《あんし》

生没年　天暦4年（950）5月24日～寛弘8年（1011）10月24日〔62歳〕

親王宣下　天暦4年7月15日〔1歳〕

立太子　天暦4年7月23日〔1歳〕

元服　応和3年（963）2月28日〔14歳〕

在位　康保4年（967）5月25日践祚（即位は同年10月11日）～安和2年（969）8月13日〔3年〕

大嘗祭　安和元年（968）11月24日

太上天皇尊号宣下　安和2年8月25日

年号　康保《こうほ》＝応和4年（964）7月10日改元。安和《あんな》＝康保5年8月13日改元。安和3年3月25日、天禄《てんろく》と改元

皇居　平安宮

御陵　桜本陵《さくらもと》（火葬。桜下陵とも。円丘。所在地＝京都市左京区鹿《しし》ヶ谷法然院町・鹿ヶ谷西寺ノ前町。火葬塚＝京都市左京区鹿ヶ谷西寺ノ前町）

著作　冷泉院御集

皇位継承　憲平親王（冷泉天皇）は村上天皇の第二皇子で、生まれた年に親王宣下・立太子。先帝崩御により18歳で践祚し、左大臣藤原実頼を関白とした。同母弟守平親王（円融天皇）が立太子するも精神が安定せず、第一皇子為平親王（外祖父は源高明）を望む声があったことから安和の変が惹き起こされた。

事蹟・事件　①康保4年12月、左大臣藤原実頼を太政大臣、右大臣源高明を左大臣、大納言藤原師尹《もろただ》を右大臣とする。②安和2年3月、源（多田）満仲らの密告により、源高明が為平親王の擁立を謀ったとされ、高明を大宰員外《いんがいの》帥《そち》に左遷する（安和の変。他氏排斥が成功し、藤原氏による摂関政治が完成したといわれるが、これにより、今度は藤原氏内部の権力抗争が顕在化していく）。

なお、譲位の宣命に子の師貞《もろさだ》親王（花山天皇）の立太子を記す。

## 64 円融《えんゆう》天皇

御名・異称　守平《もりひら》、天禄帝、覚如《かくにょ》、金剛法《こんごうほう》
父母　父＝村上天皇、母＝藤原安子《あんし》
生没年　天徳3年（959）3月2日～正暦2年（991）2月12日〔33歳〕
親王宣下　天徳3年10月25日〔1歳〕
立太子　康保4年（967）9月1日〔9歳〕
元服　天禄3年（972）1月3日
在位　安和2年（969）8月13日践祚（即位は同年9月23日）～永観2年（984）8月27日〔16年〕
大嘗祭　天禄元年11月17日
太上天皇宣下　永観2年9月9日
出家　寛和元年（985）8月29日
年号　安和《あんな》＝康保5年（970）8月13日改元。天禄《てんろく》＝安和3年（970）3月25日改元。天延《てんえん》＝天禄4年（973）12月20日改元。貞元《じょうげん》＝天延4年（976）7月13日改元。天元《てんげん》＝貞元3年（978）11月29日改元。永観《えいかん》＝天元6年（983）4月15日改元。永観3年（985）4月27日、寛和と改元
皇居　平安宮
御陵　後村上《のちのむらかみ》陵（火葬。仁和寺西方約600メートルに所在。円丘。所在地＝京都市右京区宇多野福王子町。火葬塚＝京都市右京区龍安寺朱山〈龍安寺内〉）
著作　円融院御集
皇位継承　円融天皇は、兄冷泉天皇の譲りを承けて11歳で受禅・即位。幼帝により太政大臣藤原実頼が摂政となり政務をみた。摂関政治が確立されたものの、当代頃からは、藤原氏内部の権力抗争が目立つようになり、天皇もまた、それに翻弄されるようになる。
事蹟・事件　①天禄2年11月、右大臣藤原伊尹《これただ》を太政大臣とする（翌年11月伊尹没）。②同3年11月、権中納言藤原兼通を内大臣とする（天延2年2月、兼通を太政大臣、同年3月関白とする）。③天延2年6月、初めて祇園御霊会が行なわれる（のちの祇園祭）。④貞元元年5月、内裏焼亡（7月、天皇、藤原兼通の堀河院に遷る。これが里内裏の初めといわれる）。⑤同2年10月、藤原頼忠を関白とする（翌年10月太政大臣）。

## 65 花山《かざん》天皇

御名・異称　師貞《もろさだ》、入覚《にゅうかく》
父母　父＝冷泉天皇、母＝藤原懐子《ちかこ》
生没年　安和元年（968）10月26日～寛弘5年（1008）2月8日〔41歳〕
親王宣下　安和元年12月22日〔1歳〕
立太子　安和2年8月13日〔2歳〕
元服　天元5年（982）2月19日〔15歳〕
在位　永観2年（984）8月27日践祚（即位は同年10月10日）～寛和2年（986）6月23日〔2年〕
大嘗祭　寛和元年11月21日
出家　寛和2年6月23日
太上天皇宣下　寛和2年6月28日
年号　永観《えいかん》＝天元6年（983）4月15日改元。寛和《かんな》＝永観3年（985）4月27日改元。寛和3年（987）4月5日、永延《えいえん》と改元
皇居　平安宮
御陵　紙屋上《かみやのほとり》陵（紙屋川上陵、法音寺北陵とも。円丘、空堀。所在地＝京都市北区衣笠北高橋町）
著作　花山院御集、拾遺抄、書写山上人伝（性空の伝記）
皇位継承　師貞《もろさだ》親王（花山天皇）は、外祖父藤原伊尹《これただ》の力により、生後10ヵ月足らずで立太子、円融天皇の譲りを承けて17歳で受禅・即位した。太政大臣藤原頼忠が前代に引き続き関白となる（実権は天皇の叔父権中納言藤原義懐《よしちか》と左中弁藤原惟成《これしげ》）。しかし、19歳で出家し、あとは仏道修行にいそしみ、西国三十三ヵ所巡礼の祖ともいわれる。
事蹟・事件　寛和元年7月、天皇最愛の女御藤原忯子《よしこ》が亡くなり、翌年6月、天皇は藤原道兼の導きで花山寺（元慶《がんぎょう》寺）で出家する（道兼は一緒に出家するとしていたが直前に京に還り、天皇は、藤原兼家や道兼に謀られたことに気付く）。2年足らずの在位であった。

## 66 一条《いちじょう》天皇

御名・異称　懐仁《やすひと》、精進覚《しょうじんかく》、妙覚《みょうがく》
父母　父＝円融天皇、母＝藤原詮子《あきこ》
生没年　天元3年（980）6月1日～寛弘8年（1011）6月22日〔32歳〕
親王宣下　天元3年8月1日〔1歳〕
立太子　永観2年（984）8月27日〔5歳〕
元服　永祚2年（990）1月5日〔11歳〕
在位　寛和2年（986）6月23日践祚（即位は同年7月

22日）～寛弘8年（1011）6月13日〔26年〕

**大嘗祭**　寛和2年11月15日

**出家**　寛弘8年6月19日

**年号**　寛和《かんな》＝永観3年（985）4月27日改元。永延《えいえん》＝寛和3年（987）4月5日改元。永祚《えいそ》＝永延3年（989）8月8日改元。正暦《しょうりゃく》＝永祚2年（990）11月7日改元。長徳《ちょうとく》＝正暦6年（995）2月22日改元。長保《ちょうほ》＝長徳5年（999）1月13日改元。寛弘《かんこう》＝長保6年（1004）7月20日改元

**皇居**　平安宮

**御陵**　円融寺北《えんゆうじのきた》陵（火葬。円丘。所在地＝京都市右京区龍安寺朱山〈龍安寺内で堀河天皇陵と隣接〉。火葬塚＝京都市北区衣笠鏡石町〈三条天皇火葬塚と同所〉）

**著作**　一条院御記（長徳御記・寛弘御記）、一条院御次第（儀式書）、一条院御集

**皇位継承**　懐仁親王（一条天皇）は、円融天皇第一皇子。花山天皇の出家により7歳で受禅・即位する。外祖父藤原兼家が摂政となり、のち兼家の子の道隆、道兼、ついで道長が摂政・関白・内覧として政務をとり、藤原氏全盛時代を迎え、朝政に参加することなく譲位した。しかし、皇后定子《ていし》に仕える清少納言、中宮彰子に仕える紫式部などが輩出し、華やかな平安文化を現出した時代であった。

**事蹟・事件**　①寛和2年6月23日、藤原兼家ら、天皇在位中であるかのようにして（如在《にょざい》の儀）宣命を作成、皇太子懐仁天皇が受禅した。また、外祖父兼家を摂政とする。同年8月、兼家を准三宮とし、7月には摂政を三公の上に列するとする「一座の宣旨」を下す（これにより、太政大臣の地位が摂関と分離し、名誉職的地位となる）。②永延元年8月、菅原道真に「天満大自在天神」の勅号を賜い、初めて勅祭北野祭が行なわれる。③永祚元年3月、天皇、春日社に行幸する（天皇初の春日社行幸。春日社は藤原氏の氏神）。④正暦2年9月、皇太后藤原詮子出家、院号宣下を受け東三条院と号する（女院号の初め）。⑤長徳元年4月関白藤原道隆、5月右大臣・関白藤原道兼が亡くなり、同月藤原道長に内覧宣旨を賜う。⑥同2年1月、内大臣藤原伊周《これちか》・権中納言藤原隆家の従者、花山法皇従者と闘乱、法皇を射る（負傷せず、伊周・隆家は左遷）。⑦寛弘2年11月、内裏焼亡、賢所も焼け、神鏡焼損（神鏡改鋳の可否を議し、翌年7月、道長の意見通り、神鏡をそのまま奉斎することにする）。

## 67 三条《さんじょう》天皇

御名・異称　居貞《おきさだ》、長和《ちょうわ》天皇、金剛浄《こんごうじょう》

父母　父＝冷泉天皇、母＝藤原超子《とおこ》

生没年　天延4年（976）1月3日〜寛仁元年（1017）5月9日〔42歳〕

親王宣下　貞元3年（978）11月20日〔3歳〕

元服・立太子　寛和2年（986）7月16日〔11歳〕

在位　寛弘8年（1011）6月13日践祚（即位は同年10月16日）〜長和5年（1016）1月29日〔6年〕

大嘗祭　寛弘9年11月22日

太上天皇宣下　長和5年2月13日

出家　寛仁元年4月29日

年号　寛弘《かんこう》＝長保6年（1004）7月20日改元。長和《ちょうわ》＝寛弘9年（1012）12月25日改元。長和＝（1017）4月23日、寛仁《かんにん》と改元

皇居　平安宮

御陵　北山陵《きたやま》（火葬。円丘。所在地＝京都市北区衣笠西尊上院町。火葬塚＝京都市北区衣笠鏡石町〈一条天皇火葬塚と同域〉）

皇位継承　居貞親王《おきさだ》（三条天皇）は、外祖父藤原兼家の力により立太子、一条天皇の譲りを承け、36歳で受禅・即位する。藤原道長の全盛期で、皇子敦明《あつあきら》の立太子を条件として譲位した。

事蹟・事件　長和4年8月、天皇、眼病が重く、道長がたびたび譲位を促す（天皇拒否も、11月には皇后藤原妍子《けんし》に「心にもあらてうき世に長らへは恋しかるへき夜半の月かな」を贈る）。

## 68 後一条《ごいちじょう》天皇

御名・異称　敦成《あつひら》

父母　父＝一条天皇、母＝藤原彰子《あきこ》

生没年　寛弘5年（1008）9月11日〜長元9年（1036）4月17日〔29歳〕

親王宣下　寛弘5年10月16日〔1歳〕

立太子　寛弘8年6月13日〔4歳〕

元服　寛仁2年（1018）1月3日〔11歳〕

在位　長和5年（1016）1月29日践祚（即位は同年2月7日）〜長元9年（1036）4月17日〔21年〕

大嘗祭　長和5年11月15日

年号　長和《ちょうわ》＝寛弘9年（1012）12月25日改元。寛仁《かんにん》＝長和6年（1017）4月23日改元。治安《ちあん》＝寛仁5年（1021）2月2日改元。万寿《まんじゅ》＝治安4年（1024）

7月13日改元。長元《ちょうげん》＝万寿5年（1028）7月25日改元

**皇居**　平安宮

**御陵**　菩提樹院《ぼだいじゅいん》陵（火葬。円丘、空堀。所在地＝京都市左京区吉田神楽岡《かぐらおか》町〈後冷泉天皇皇后章子内親王《二条院》の陵と同域・同陵名〉）

**皇位継承**　敦成親王（後一条天皇）は一条天皇の第二皇子であったが、外祖父藤原道長の力で4歳で立太子、9歳で皇位に即《つ》いた。先帝の言うとおり三条天皇第一皇子敦明親王を皇太子とするも道長が「壺切太刀《つぼきりのたち》」を伝授することなくその辞意を導き、敦良《あつなが》親王（後朱雀天皇。母藤原彰子の父は道長）の立太子となった。天皇は道長を摂政とし、ついで子の頼通を摂政・関白とし、皇子なきまま29歳で崩御した。

**事蹟・事件**　①長和5年1月、敦成親王（後一条天皇）受禅と同日に敦明《あつあきら》親王を皇太子とする。しかし、道長の圧力もあって寛仁元年8月、敦明親王は皇太子を辞し、小一条院の院号を賜わり、太上天皇に准じる待遇を受ける。②同2年10月、中宮藤原妍子を皇太后、女御藤原威子を皇后（中宮）とする（太皇太后藤原彰子を含め道長家から三后が並び立ち、「此世をは我世とそ思ふ望月の欠けたることもなしと思へハ」と道長は「我が世の春」を謳歌する）。③万寿3年1月、太皇太后藤原彰子、出家して院号宣下を受け上東門院と号する（道長邸宅土御門殿を上東門第ということから命名。門院号の初め）。

## 69 後朱雀《ごすざく》天皇

**御名・異称**　敦良《あつなが》、精進行《しょうじんこう》

**父母**　父＝一条天皇、母＝藤原彰子《あきこ》

**生没年**　寛弘6年（1009）11月25日～寛徳2年（1045）1月18日〔37歳〕

**親王宣下**　寛弘7年1月16日〔2歳〕

**立太子**　寛仁元年（1017）8月9日〔9歳〕

**元服**　寛仁3年8月28日〔11歳〕

**在位**　長元9年（1036）4月17日践祚（即位は同年7月10日）～寛徳2年（1045）1月16日〔10年〕

**大嘗祭**　長元9年11月17日

**太上天皇宣下**　寛徳2年1月16日

**出家**　寛徳2年1月18日

**年号**　長元《ちょうげん》＝万寿5年（1028）7月25日改元。長暦《ちょうりゃく》＝長元10年（1037）4月21日改元。長久《ちょうきゅう》＝長暦4年（1040）11月10日改元。寛徳《かんとく》＝長久5年（1044）

11月24日改元
皇居　平安宮
御陵　円乗寺陵《えんじょうじ》（火葬。円丘。所在地＝京都市右京区龍安寺朱山〈龍安寺内で、後冷泉・後三条両天皇陵と同域〉。火葬塚＝京都市北区平野上柳町）
著作　後朱雀院御記（長暦御記・長元御記）、御禊行幸記
皇位継承　敦良親王（後朱雀天皇）は、一条天皇第三皇子。皇太子敦明《あつあきら》親王の辞意をうけて立太子、28歳で後一条天皇崩御により践祚・即位した。この時代は、関白左大臣藤原頼通、右大臣藤原実資《さねすけ》、内大臣藤原教通《のりみち》によって政治が行なわれた。
事蹟・事件　長暦3年3月、延暦寺僧の放火により、藤原頼通の高陽院《かやのいん》が焼亡する。同年6月には内裏が焼亡、このあともしばしば内裏炎上する。南都北嶺の強訴も見られるようになり、以後入洛するケースもしばしば見られ、朝廷を困らせる。

## 70 後冷泉《ごれいぜい》天皇

御名・異称　親仁《ちかひと》
父母　父＝後朱雀天皇、母＝藤原嬉子《きし》
生没年　万寿2年（1025）8月3日～治暦4年（1068）4月19日〔44歳〕
親王宣下　長元9年（1036）12月22日〔12歳〕
元服　長暦元年（1037）7月2日〔13歳〕
立太子　長暦元年8月17日〔13歳〕
在位　寛徳2年（1045）1月16日践祚（即位は同年4月8日）～治暦4年（1068）4月19日〔24年〕
大嘗祭　永承元年（1046）11月15日
年号　寛徳《かんとく》＝長久5年（1044）11月24日改元。永承《えいしょう》＝寛徳3年（1046）4月14日改元。天喜《てんき》＝永承8年（1053）1月11日改元。康平《こうへい》＝天喜6年（1058）8月29日改元。治暦《ちりゃく》＝康平8年（1065）8月2日改元
皇居　平安宮
御陵　円教寺陵《えんきょうじ》（火葬。円丘。所在地＝京都市右京区龍安寺朱山〈龍安寺内。後朱雀・後三条両天皇陵と同域〉。火葬塚＝京都市北区紫野下御輿《みこし》町）
著作　後冷泉院御記
皇位継承　親仁親王（後冷泉天皇）は、後朱雀天皇第一皇子。父帝の皇太子となり、父の譲りを承けて21歳で受禅・即位し、弟尊仁《たかひと》親王（後三条天皇）を皇太子とする。関白は、前代に続き左大臣藤原頼通であった。

事蹟・事件　①永承5年1月、伊勢神宮禰宜ら、神民を率いて上京、祭主大中臣永輔等の非法を訴える。②同6年、前九年の役が始まり、源頼義に追討させる（康平5年、安倍貞任を討ち終息）。③永承七年、この年、末法初年に入り、末法思想・浄土思想がさかんになる（翌年、藤原頼通、平等院阿弥陀堂を建立）。

## 71 後三条天皇《ごさんじょう》

御名・異称　尊仁《たかひと》、延久《えんきゅう》帝、延久聖主、金剛行《こんごうぎょう》
父母　父＝後朱雀天皇、母＝禎子《よしこ》内親王（三条天皇皇女）
生没年　長元7年（1034）7月18日～延久5年（1073）5月7日〔40歳〕
親王宣下　長元9年12月22日〔3歳〕
立太子　寛徳2年（1045）1月16日〔12歳〕
元服　永承元年（1046）12月19日〔13歳〕
在位　治暦4年（1068）4月19日践祚（即位は同年7月21日）～延久4年（1072）12月8日〔5年〕
大嘗祭　治暦4年11月22日
太上天皇宣下　延久4年12月12日
出家　延久5年4月21日
年号　治暦《ちりやく》＝康平8年（1065）8月2日改元。延久《えんきゅう》＝治暦5年（1069）4月13日改元
皇居　平安宮
御陵　円宗寺陵《えんそうじ》（火葬。円丘。所在地＝京都市右京区龍安寺朱山〈龍安寺内。後朱雀・後冷泉両天皇陵と同域〉）
著作　後三条天皇御記（延久御記）、禁秘記抄（儀式書）、後三条院年中行事
皇位継承　尊仁親王（後三条天皇）も後朱雀天皇皇子で、兄後冷泉天皇崩御のあと践祚・即位した。生母は禎子内親王（父は三条天皇）で、母が藤原氏以外であったので皇位に即《つ》くことが危ぶまれていたが、後冷泉天皇に皇子なきため24年間もの東宮時代を送った。関白が藤原頼通から教通《のりみち》に移ったことで親政に乗り出し一定の成果を挙げたが、病により皇子尊仁親王に譲位した（譲位の理由としては、実仁親王を早く立太子させるためとか、自ら院政を行なうためとか諸説あるも、譲位ののち半年で崩御）。
事蹟・事件　延久元年2月、「延久の荘園整理令」を下す（同年閏10月には「記録荘園券契所《けんけいじょ》」（記録所）を置き、同4年9月には「延久の宣旨《せんじ》枡《ます》」が定められる）。なお、記録所は、天皇親政を象徴する機関となる。

## 72 白河《しらかわ》天皇

**御名・異称**　貞仁《さだひと》、融観《ゆうかん》、六条《ろくじょう》帝

**父母**　父＝後三条天皇、母＝藤原茂子《もし》

**生没年**　天喜元年（1053）6月19日～大治4年（1129）7月7日〔77歳〕

**元服**　治暦元年（1065）12月9日〔13歳〕

**親王宣下**　治暦4年8月14日〔16歳〕

**立太子**　延久元年（1069）4月28日〔17歳〕

**在位**　延久4年（1072）12月8日践祚（即位は同年12月29日）～応徳3年（1086）11月26日〔15年〕

**大嘗祭**　承保元年（1074）11月21日

**太上天皇宣下**　応徳3年12月2日

**出家**　嘉保3年（1096）8月9日

**院政**　応徳3年11月26日～大治4年7月7日

**年号**　延久《えんきゅう》＝治暦5年（1069）4月13日改元。承保《じょうほ》＝延久6年（1074）8月23日改元。承暦《じょうりやく》＝承保4年（1077）11月17日改元。永保《えいほう》＝承暦5年（1081）2月10日改元。応徳《おうとく》＝永保4年（1084）2月7日改元。応徳4年（1087）4月7日、寛治《かんじ》と改元

**皇居**　平安宮

**御陵**　成菩提院《じょうぼだいいん》陵（方丘、堀。所在地＝京都市伏見区竹田浄菩提院町。火葬塚＝京都市北区衣笠西馬場町）

**著作**　白河院御記、白河院御次第（儀式書）

**皇位継承**　貞仁親王（白河天皇）は後三条天皇第一皇子。父帝の譲りを承けて20歳で受禅、父の意向により、2歳の皇弟実仁《さねひと》親王を皇太子とした。父帝はまた、実仁親王が皇位に即《つ》いたときは、その弟の輔仁親王立太子を願っていたという。ところが立太子することなく実仁親王が亡くなると、白河天皇は、第一皇子敦文《あつふみ》親王を立太子せんとしたが、親王も4歳にして亡くなったため、しばらくは皇太子を置かず、第二皇子善仁《たるひと》親王（堀河天皇）が8歳になると皇太子として即日譲位、自分の皇統を確立せんとし、以後、上皇として君臨した。

**事蹟・事件**　①承暦元年2月、大僧正覚円を天台座主とする（寺門の座主就任に対し延暦寺が騒動したため、勅使は登山せず、同寺講堂に宣命を棄て置く（以後、事あるごとに騒動あり、僧兵の入京・強訴あり）。②永保3年9月、**後三年の役**起こる。寛治元年12月、源義家が清原武衡らの斬首を報告し、終息。③応徳2年11月、皇太子実仁親王、疱瘡により没。これにより、その弟輔仁親王を皇位に即けないよう、翌年、天皇は皇子善仁親王を皇太子とし、即日譲位して、皇位に即かせる（立太子即日

受禅は初。白河上皇の院政開始）。

白河上皇は、以後、堀河・鳥羽・崇徳の三代にわたり「治天の君」として君臨、のち「天下の政をとること五十七年、威は四海に満ち、天下帰服す」と記され、政をほしいままとした。「天下三不如意」として「賀茂川の水、双六の賽《さい》、山法師」を挙げたことは有名。

## 73 堀河《ほりかわ》天皇

御名・異称　善仁《たるひと》
父母　父＝白河天皇、母＝藤原賢子《けんし》
生没年　承暦3年（1079）7月9日〜嘉承2年（1107）7月19日〔29歳〕
親王宣下　承暦3年11月3日〔1歳〕
立太子　応徳3年（1086）11月26日〔8歳〕
元服　寛治3年（1089）1月5日〔11歳〕
在位　応徳3年（1086）11月26日践祚（即位は同年12月19日）〜嘉承2年（1107）7月19日〔22年〕
大嘗祭　寛治元年11月19日
年号　応徳《おうとく》＝永保4年（1084）2月7日改元。寛治《かんじ》＝応徳4年（1087）4月7日改元。嘉保《かほう》＝寛治8年（1094）12月15日改元。永長《えいちょう》＝嘉保3年（1096）12月17日改元。承徳《じょうとく》＝永長2年（1097）11月21日改元。康和《こうわ》＝承徳3年（1099）8月28日改元。長治《ちょうじ》＝康和6年（1104）2月10日改元。嘉承《かしょう》＝長治3年（1106）4月9日改元
皇居　平安宮
御陵　後円教寺陵《のちのえんきょうじ》（火葬。円丘。所在地＝京都市右京区龍安寺朱山〈龍安寺内。一条天皇陵西に隣接〉。火葬塚＝京都市北区等持院東町）
著作　堀河院御記、堀河院御笛譜
皇位継承　善仁《たるひと》親王（堀河天皇）は白河天皇第二皇子。天皇の意向で立太子して即日践祚。8歳で即位し29歳で崩御。「末代の賢王」ともいわれ、政務にも熱心であったが、白河上皇の院政が次第に強化されていった。
事蹟・事件　①寛治4年1月、白河上皇、初めて熊野に参詣する（以後九回参詣）。②同7年8月、興福寺僧徒、春日社神木を奉じて入京・強訴する（神木動座の初例か）。③嘉保2年10月、延暦寺僧徒、日吉社神輿を奉じて入京・強訴する（神輿動座の初め）。④永長元年8月、白河上皇皇女郁芳門院没（上皇、悲しみのあまり出家する）。⑤康和元年1月、白河法皇、出家した皇子覚行《かくぎょう》を親王とする（法親王の初め）。⑥同4年9月、東大寺僧

徒、興福寺僧徒の乱行を訴え、手向山《たむけやま》八幡宮神輿を奉じて入京する。⑦長治2年5月、鴨川・桂川氾濫、白河法皇御所鳥羽殿が浸水。

## 74 鳥羽《とば》天皇

**御名・異称**　宗仁《むねひと》、空覚《くうかく》

**父母**　父＝堀河天皇、母＝藤原苡子《いし》

**生没年**　康和5年（1103）1月16日～保元元年（1156）7月2日〔54歳〕

**親王宣下**　康和5年6月9日〔1歳〕

**立太子**　康和5年8月17日〔1歳〕

**元服**　天永4年（1113）1月1日〔11歳〕

**在位**　嘉承2年（1107）7月19日践祚（即位は同年12月1日）～保安4年（1123）1月28日〔17年〕

**大嘗祭**　天仁元年（1108）11月21日

**太上天皇宣下**　保安4年2月2日

**院政**　大治4年（1129）7月7日～保元元年7月2日

**出家**　保延7年（1141）3月10日

**年号**　嘉承《かしょう》＝長治3年（1106）4月9日改元。天仁《てんにん》＝嘉承3年（1108）8月3日改元。天永《てんえい》＝天仁3年（1110）7月13日改元。永久《えいきゅう》＝天永4年（1113）7月13日改元。元永《げんえい》＝永久6年（1118）4月3日改元。保安《ほあん》＝元永3年（1120）4月10日改元。保安5年（1124）4月3日、天治《てんじ》と改元

**皇居**　平安宮

**御陵**　安楽寿院陵《あんらくじゅいんりょう》（火葬。陵堂〈元治元年《1864》新造〉。所在地＝京都市伏見区竹田内畑町〈安楽寿院旧境内〉）

**著作**　日記抄（後朱雀院・後三条院・藤原資房・藤原為房の日記の抄録）

**皇位継承**　宗仁親王（鳥羽天皇）は堀河天皇第一皇子。誕生して間もなく立太子、父崩御のあとを承け、白河法皇の宣命により践祚（宣命による践祚は新例で、以後、白河法皇の院政が本格化）。天皇に皇子顕仁《あきひと》親王（崇徳天皇）が生まれると、法皇の意向により譲位し、白河法皇の本院に対し新院と呼ばれる。大治4年、法皇崩御により、初めて院政を行なう。天治元年に皇子体仁《なりひと》親王（近衛天皇）が生まれると、崇徳天皇に譲位させた。

**事蹟・事件**　①天仁元年1月、白河法皇、叙位・除目で恣意的な人事を行なう（院から摂政・天皇に人事について書かれた「任人折紙《にんじんおりがみ》」が手渡される）。②永久元年10月、鳥羽天皇生母藤原苡子《いし》のもとに落書が投じられ、天皇暗

殺、輔仁親王擁立計画が発覚する（これにより輔仁親王謹慎等、白河法皇対抗勢力を一掃）。③保安元年11月、藤原忠実、法皇の命じた泰子入内を辞退しながら、天皇に求められると承諾したため、これを怒り、忠実の内覧を停止する（摂関の勢いが低下）。

## 75 崇《す》徳《とく》天皇

御名・異称　顕仁《あきひと》、讃岐《さぬき》院

父母　父＝鳥羽《とば》天皇、母＝藤原璋子《たまこ》

生没年　元永2年（1119）5月28日～長寛2年（1164）8月26日〔46歳〕

親王宣下　元永2年6月19日〔1歳〕

立太子　保安4年（1123）1月28日〔5歳〕

元服　大治4年（1129）1月1日〔11歳〕

在位　保安4年（1123）1月28日践祚（即位は同年2月19日）～永治元年（1141）12月7日〔19年〕

大嘗祭　保安4年11月18日

太上天皇宣下　永治元年12月9日

出家　保元元年（1156）7月12日

年号　保安《ほあん》＝元永3年（1120）4月10日改元。天治《てんじ》＝保安5年（1124）4月3日改元。大治《だいじ》＝天治3年（1126）1月22日改元。天承《てんしょう》＝大治6年（1131）1月29日改元。長承《ちょうしょう》＝天承2年（1132）8月11日改元。保延《ほえん》＝長承4年（1135）4月27日改元。永治《えいじ》＝保延7年（1141）7月10日改元。永治2年（1142）4月28日、康治《こうじ》と改元

皇居　平安宮

御陵　白峯陵《しらみね》（火葬。白峰山〈綾松山〉山頂に所在。方形墳〈高さ約2・4メートル〉。所在地＝香川県坂出市青《おう》海《み》町）

著作　崇徳院御百首、御夢想記、田舎髄脳、拾遺古今問答

皇位継承　顕仁親王（崇徳天皇）は、曾祖父白河法皇の意向により5歳で践祚。ところが、法皇崩御により鳥羽上皇の執政が始まり、その力により譲位となる。天皇は実は白河天皇の子であり、上皇は「叔父子《おじこ》」と呼んだという。天皇は、皇子重仁《しげひと》親王の即位を願ったが、近衛天皇皇太子に雅仁親王（後白河天皇）が立てられ、後白河天皇即位後は守仁《もりひと》親王（二条天皇）が立太子してその望みを断たれた。そのため崇徳上皇は、鳥羽上皇の崩御を機に後白河天皇から皇位を奪うべく兵を挙げたが敗れ、讃岐国に流され、8年後、当地で崩御、讃岐院と追号される（のち崇徳院）。孝明天皇の遺志を継ぎ、明治天皇は

即位のときに崇徳天皇の霊を京都に移し、白峯宮を創建した。

事蹟・事件　大治4年7月、白河法皇崩御により鳥羽上皇の院政が始まり、保延5年5月には上皇皇子（体仁《なりひと》。近衛天皇）が誕生、同年7月親王、同年8月皇太子となり、天皇としての事蹟は見られない。

**76 近衛《このえ》天皇**

御名・異称　体仁《なりひと》

父母　父＝鳥羽天皇、母＝藤原得子《なりこ》

生没年　保延5年（1139）5月18日～久寿2年（1155）7月23日〔17歳〕

親王宣下　保延5年7月16日〔1歳〕

立太子　保延5年8月17日〔1歳〕

元服　久安6年（1150）1月4日〔12歳〕

在位　永治元年（1141）12月7日践祚（即位は同年12月27日）～久寿2年（1155）7月23日〔15年〕

大嘗祭　康治元年（1142）11月15日

年号　永治《えいじ》＝保延7年（1141）7月10日改元。康治《こうじ》＝永治2年（1142）4月28日改元。天養《てんよう》＝康治3年（1144）2月23日改元。久安《きゆうあん》＝天養2年（1145）7月22日改元。仁平《にんぺい》＝久安7年（1151）1月26日改元。仁平4年（1154）10月28日、久寿《きゆうじゆ》と改元

皇居　平安宮

御陵　安楽寿院南《あんらくじゆいんのみなみ》陵（火葬。多宝塔。所在地＝京都市伏見区竹田内畑町〈安楽寿院南側〉。火葬塚＝京都市北区紫野花ノ坊町）

著作　二十八品御歌

皇位継承　体仁親王（近衛天皇）は鳥羽天皇第八皇子。生誕3ヵ月で立太子、崇徳天皇の譲りを承けて3歳で践祚・即位、鳥羽上皇は自らの院政を確固たるものとした。

事蹟・事件　当代は、僧徒の闘争、藤原氏内部の抗争が激しく、鳥羽上皇施政下、天皇は政務をみることなく、また皇子なきまま17歳で病により崩御した。

**77 後白河《ごしらかわ》天皇**

御名・異称　雅仁《まさひと》・行真《ぎようしん》

父母　父＝鳥羽天皇、母＝藤原璋子《たまこ》

生没年　大治2年（1127）9月11日～建久3年（1192）3月13日〔66歳〕

親王宣下　大治2年11月14日〔1歳〕

元服　保延5年（1139）12月27日〔13歳〕

**在位**　久寿2年（1155）7月24日践祚（即位は同年10月26日）～保元3年（1158）8月11日〔4年〕
**大嘗祭**　久寿2年11月23日
**太上天皇宣下**　保元3年8月17日
**院政**　保元3年8月11日～治承3年（1179）11月20日（二条・六条・高倉天皇代）、治承5年1月17日～建久3年（1192）3月13日（安徳・後鳥羽天皇代）
**出家**　嘉応元年（1169）6月17日
**年号**　久寿《きゅうじゅ》＝仁平4年（1154）10月28日改元。保元《ほげん》＝久寿3年（1156）4月27日改元。保元4年（1159）4月20日、平治《へいじ》と改元
**皇居**　平安宮
**御陵**　法住寺《ほうじゅうじ》陵（方形堂〈後白河院法華堂、蓮華王院法華堂、法住寺法華堂、法住寺御影堂などと呼ばれる〉。所在地＝京都市東山区三十三間堂廻り町）
**著作**　梁塵秘抄《りょうじんひしょう》、梁塵秘抄口伝集《くでんしゅう》
**皇位継承**　雅仁親王（後白河天皇）は鳥羽天皇第四皇子。近衛天皇崩御により、その翌日、立太子を経ず践祚した。天皇は、それまで「天皇の器量ではない」と思われていたが、鳥羽法皇らの意向により、崇徳上皇皇子重仁親王即位をはばむため、また、天皇皇子守仁《もりひと》（二条天皇）への中継ぎとされた。ところが天皇は、内乱の時代にあってその力を発揮し、その院政は、二条・六条・高倉・安徳・後鳥羽各天皇代三十余年におよび、源頼朝をして「日本国第一の大天狗」と称させた。
**事蹟・事件**　①保元元年3月、堀河天皇皇子最雲を天台座主とする（皇子の天台座主の初め）。②同年7月、鳥羽法皇崩御。崇徳上皇は、後白河即位・守仁立太子により子重仁親王即位の芽が摘まれたため、法皇崩御を機に藤原頼長と組み兵を集めるも、平清盛・源義朝に機先を制され敗れる（保元の乱）。崇徳上皇は讃岐国に配流。清盛・義朝は昇殿を許される。これに伴い摂関家の権威が失墜、武家が台頭）。天皇はこのあと「新制七ヶ条」を諸国に下し、また記録所を復置する。

## 78 二条《にじょう》天皇

**御名・異称**　守仁《もりひと》
**父母**　父＝後白河天皇、母＝藤原懿子《よしこ》
**生没年**　康治2年（1143）6月17日～永万元年（1165）7月28日〔23歳〕
**親王宣下・立太子**　久寿2年（1155）9月23日〔13歳〕

**元服**　久寿2年12月9日〔13歳〕

**在位**　保元3年（1158）8月11日践祚（即位は同年12月20日）～永万元年（1165）6月25日〔8年〕

**大嘗祭**　平治元年（1159）11月23日

**太上天皇宣下**　永万元年6月29日

**年号**　保元《ほげん》＝久寿3年（1156）4月27日改元。平治《へいじ》＝保元4年（1159）4月20日改元。永暦《えいりゃく》＝平治2年（1160）1月10日改元。応保《おうほう》＝永暦2年（1161）9月4日改元。長寛《ちょうかん》＝応保3年（1163）3月29日改元。永万《えいまん》＝長寛3年（1165）6月5日改元

**皇居**　平安宮

**御陵**　香隆寺陵《こうりゆうじ》（火葬。円丘〈径17・5メートル〉。所在地＝京都市北区平野八丁柳町）

**著作**　二条天皇御日記、二条天皇御百首

**皇位継承**　守仁《もりひと》親王（二条天皇）は雅仁親王（後白河天皇）第一王子で、9歳で仁和寺に入室した。ところが、父雅仁親王が思いがけず皇位に即《つ》いたため、呼びもどされて親王宣下、皇太子となり、父帝譲位により16歳で即位した。これにより、後白河上皇の院政が始まるが、親政に乗り出そうとした二条天皇との間に確執が起こり、まだ2歳の皇子（六条天皇）に譲位したうえで、翌年、病により崩御した。なお、太皇太后藤原多子《まさるこ》（近衛天皇皇后）を入内させ、多子は、二代にわたる后となる。

**事蹟・事件**　①平治元年12月、藤原信頼・源義朝、平清盛以下平氏一門が熊野詣に出かけた隙をついて挙兵、後白河上皇・天皇を内裏に幽閉する（平治の乱）。天皇は女装して清盛の六波羅第に、上皇は仁和寺に逃れる。京に戻った清盛は、六条河原で信頼・義朝を破る。信頼は斬首、義朝は近江国に逃れるも殺され、その子頼朝は伊豆に流される。上皇は翌年、二条天皇親政を謀って信頼に与した藤原経宗・藤原惟方《これかた》を解官《げかん》した。②永暦元年10月、上皇、法住寺殿造営にあたり、日吉社を勧請する（新《いま》日吉社）。また、法住寺殿鎮守として熊野神社を勧請する（新《いま》熊野社。両社とも、遠路はるばる日吉社・熊野社に行かずとも都にて参拝できるため）。なお、この月、上皇は初めて熊野御幸に出発した（以後計三十四回も参詣）。③長寛2年12月、上皇、平清盛に造営させた蓮華王院（三十三間堂）を落慶供養する（天皇、臨幸せず）。④永万元年1月、顕広王（花山天皇裔）が神祇伯に任命される（以後、神祇伯は白川家の世襲となり、白川伯王家、白川伯《はっ》家《け》と称されるようになる）。

## 79 六条《ろくじょう》天皇

御名・異称　順仁《のぶひと》

父母　父＝二条天皇、母＝伊岐氏

生没年　長寛2年（1164）11月14日〜安元2年（1176）7月17日〔13歳〕

親王宣下　永万元年（1165）6月25日〔2歳〕

在位　永万元年（1165）6月25日践祚（即位は同年7月27日）〜仁安3年（1168）2月19日〔4年〕

大嘗祭　仁安元年11月15日

太上天皇宣下　仁安3年2月28日

年号　永万《えいまん》＝長寛3年（1165）6月5日改元。仁安《にんあん》＝永万2年（1166）8月27日改元。仁安4年（1169）4月8日、嘉応《かおう》と改元

皇居　平安宮

御陵　清閑寺《せいかんじ》陵（円丘。所在地＝京都市東山区清閑寺歌ノ中山町〈高倉天皇陵と同一墓域内〉）

皇位継承　順仁親王（六条天皇）は二条天皇第二皇子。父帝の病により親王宣下を受け、ただちに受禅（生後1年足らずでの即位は例なし）。後白河上皇が政治を行ない、上皇の意向により5歳で退位し、13歳で病により崩御した（元服以前に太上天皇となった初の天皇）。

事蹟・事件　仁安2年2月、内大臣平清盛を太政大臣とする（同年5月辞任、翌年2月、清盛は病により出家）。

## 80 高倉《たかくら》天皇

御名・異称　憲仁《のりひと》

父母　父＝後白河天皇、母＝平滋子《しげこ》

生没年　永暦2年（1161）9月3日〜治承5年（1181）1月14日〔21歳〕

親王宣下　永万元年（1165）12月25日〔5歳〕

立太子　仁安元年（1166）10月10日〔6歳〕

元服　嘉応3年（1171）1月3日〔11歳〕

在位　仁安3年（1168）2月19日践祚（即位は同年3月20日）〜治承4年（1180）2月21日〔13年〕

大嘗祭　仁安3年11月22日

太上天皇宣下　治承4年2月27日

院政　治承4年（1180）2月21日〜同5年1月14日

年号　仁安《にんあん》＝永万2年（1166）8月27日改元。嘉応《かおう》＝仁安4年（1169）4月8日改元。承安《じょうあん》＝嘉応3年（1171）4月21日改元。安元《あんげん》＝承安5年（1175）7月28日改元。治承《ちしょう》＝安元3年（1177）8月4日改元。治承5年7月14日、養和《ようわ》と改元

皇居　平安宮
御陵　後清閑寺陵《のちのせいかんじ》（高倉院法華堂などと称される。方丘。所在地＝京都市東山区清閑寺歌ノ中山町〈六条天皇陵と同一墓域内〉）
著作　高倉院御記
皇位継承　六条天皇は幼帝で、父二条天皇がすぐに病没したことから、後白河上皇は皇子憲仁《のりひと》（高倉天皇）を皇位に即《つ》けるため、6歳で立太子させ、六条天皇を譲位させた。8歳での高倉天皇誕生である。天皇の母は平滋子で、異母姉の時子の配偶者が平清盛であった。清盛は娘の徳《のり》子《こ》（建礼門院）を天皇の中宮とし権力の基盤を整えた。治世中は後白河上皇（出家して法皇）が実権を握っていたが、「鹿ヶ谷《しし》の陰謀」事件などにより武家政権の成立をみた。病弱であった天皇は、源平の台頭による戦乱のさ中に譲位し、翌年、21歳で病により崩御した。
事蹟・事件　①嘉応元年6月、後白河上皇、法住寺御所で出家する。②承安2年2月、皇后藤原忻子《よしこ》を皇太后、中宮藤原育子《むねこ》を皇后、女御平徳子《たいらののりこ》（父は平清盛）を中宮とする。③治承元年4月、大火により、京都の三分の一が焼尽（安元の大火）。同年4月、再び大火により、大極殿・神祇官・八省院ほか被災、焼死者数千人（太郎焼亡《じょうもう》。大極殿・朝堂院は以後再建されず）。④同年5月、源行綱、藤原成親の平家打倒計画を平清盛に密告する（「鹿ヶ谷の陰謀」が露顕）。清盛、法皇近親の成親ら関係者を捕らえ、配流あるいは処刑する（清盛が初めて法皇に逆らう）。⑤同年7月、讃岐院（崇徳天皇）の怨霊を鎮めるため、崇徳院の諡号を奉り、故藤原頼長に正一位太政大臣を追贈する。⑥同3年11月、清盛、時事に憤り福原より入京、法皇近親三十九人を解官、前太政大臣藤原師長を配流（摂関の流罪は未曾有）、法皇の院政を停止し、鳥羽殿に幽閉する（翌年5月まで。養和元年1月には院政再開）。

## 81 安徳天皇《あんとく》

御名・異称　言仁《ときひと》、西国《さいごく》天皇
父母　父＝高倉天皇、母＝平徳子《のりこ》
生没年　治承2年（1178）11月12日～寿永4年（1185）3月24日〔8歳〕
親王宣下　治承2年12月8日〔1歳〕
立太子　治承2年12月15日〔1歳〕
在位　治承4年（1180）2月21日践祚（即位は同年4月22日）～寿永4年（1185）3月24日〔6年〕

大嘗祭　寿永元年11月24日
年号　治承《ちしょう》＝安元3年（1177）8月4日改元。養和《ようわ》＝治承5年（1181）7月14日改元。寿永《じゅえい》＝養和2年（1182）5月27日改元。寿永3年（1184）4月16日、元暦《げんりゃく》と改元
皇居　福原宮・平安宮
御陵　阿弥陀《あみだ》寺陵（円丘。所在地＝山口県下関市阿弥陀寺町〈赤間神宮の西隣〉）
皇位継承　言仁親王（安徳天皇）の母は平徳子、その父は平清盛で、清盛の意向により、生まれてすぐに親王宣下、生後1ヵ月余で立太子、3歳（生後1年2ヵ月）で践祚・即位した。平清盛は初めて外戚の地位を手に入れ実権を握ったかに見えたが、清盛が没するや、清盛の子宗《むね》盛《もり》に力はなく、源氏に攻められ、天皇も西海に赴き、壇ノ浦に沈み、8歳にして崩御した（歴代最年少の崩御）。なお、安徳天皇を擁する平氏を攻めれば朝敵ともなることから、後白河法皇は、寿永2年7月、平氏一門西走をみて、その8月には後鳥羽天皇を擁立している。
事蹟・事件　①治承4年4月、以仁《もちひと》王、平清盛追討の令旨を諸国の源氏に伝え、決起を促す。「以仁王令旨」が露顕し、同年5月、平重衡《しげひら》らにより、以仁王は戦死する（しかし、すでに令旨は源頼朝・源義仲に届いており、8月頼朝、9月義仲が挙兵）。②同年6月、天皇・法皇・上皇、清盛の奏請により、摂津国福原に出発する（福原遷都）。③同年12月、平重衡に南都の僧徒を討たせる（このとき東大寺・興福寺を焼き、大仏殿焼失）。④養和元年閏2月、平清盛没。⑤寿永2年7月、平宗盛、天皇・建礼門院を奉じて西海に赴く（神鏡・神璽・宝剣等も持っていく。法皇はひそかに延暦寺に逃げ、尊成《たかひら》〈後鳥羽天皇〉の即位を決め、平氏追討の宣旨を下す）。このあと平氏は西国を転々とし、最終的に文治元年3月、壇ノ浦で敗れ、天皇は、按察局《あぜちのつぼね》に抱えられて入水、平氏滅亡となる。なお、神鏡・神璽は奉還されるも神剣は失われる。のち伊勢神宮にあるものを神剣とする。

## 82 後鳥羽《ごとば》天皇

御名・異称　尊成《たかひら》、顕徳院《けんとくいん》、隠岐《おき》院、良然《りょうねん》、金剛理《こんごうり》
父母　父＝高倉天皇、母＝藤原（坊門）殖子《たねこ》
生没年　治承4年（1180）7月14日～延応元年（1239）2月22日〔60歳〕
立太子　寿永2年（1183）8月20日〔4歳〕
元服　文治6年（1190）1月3日

**在位**　寿永2年（1183）8月20日践祚（即位は元暦元年〈1184〉7月28日）～建久9年（1198）1月11日〔16年〕

**大嘗祭**　元暦元年11月18日

**太上天皇宣下**　建久9年1月20日

**院政**　建久9年1月11日～承久3年（1221）7月9日（土御門・順徳・仲恭天皇代）

**出家**　承久3年7月8日

**年号**　寿永《じゆえい》＝養和2年（1182）5月27日改元。元暦《げんりやく》＝寿永3年（1184）4月16日改元。文治《ぶんじ》＝元暦2年（1185）8月14日改元。建久《けんきゆう》＝文治6年（1190）4月11日改元。建久10年（1199）4月27日、正治《しようじ》と改元

**皇居**　平安宮

**御陵**　大原《おおはら》陵（火葬。十三重塔。所在地＝京都市左京区大原勝林院町〈三千院北隣〉。火葬塚＝島根県隠岐郡海士《あま》町中里）

**著作**　御遺誡（遺言）、後鳥羽院御記（林鳥御記）、世俗浅深秘抄、閑院指図、御鞠之書、無常講式、後鳥羽院御集、後鳥羽天皇御百首、御製三十首、御自歌合、水無瀬釣殿当座御歌合、遠島御歌合、時代不同歌合、新古今和歌抄、後鳥羽院御口伝（歌学書）、御琵琶合、遠薫集、八代集秀逸、最勝四天王院名所障子和歌

**皇位継承**　尊成《たかひら》親王（後鳥羽天皇）は、高倉天皇第四皇子。兄の安徳天皇、守貞《もりさだ》親王が平氏とともに西行したため、「三種の神器」なしに践祚（安徳・後鳥羽両天皇並立の異常事態。このとき、安徳天皇がいるわけなので、後白河法皇の「太上法皇詔書〈伝国の詔宣〉と「如在の儀」により立太子、ただちに閑院にて践祚）。後白河法皇が崩御すると、天皇親政に乗り出し（実権は摂政九条兼実、のち源〈土御門〉通親）、当初は公武の融和につとめた。しかし源頼朝没後、次第に執権北条氏が実権を握り、天皇との折り合いが悪くなり、ついには討幕を決意し、北条義時追討の宣旨を下して挙兵した。戦いは幕府側の完勝に終わり、天皇は出家し、隠岐に流され、この地で崩御した。初め隠岐院、のち顕徳院と呼ばれ、仁治3年（1242）、後鳥羽院と改められた。天皇は和歌に秀れ、また文武にわたり才があった。なお、天皇は菊紋を好み、衣服・調度に使用、のち他の者が菊紋使用をはばかったことから天皇家の紋章として定着したといわれる。

**事蹟・事件**　①寿永2年9月、後白河法皇、源義仲に平氏追討を命じる（閏10月にも）。11月、義仲は法皇の法住

寺殿を襲い、京都を制圧し、法皇に源頼朝追討の院宣を下させる（翌年1月、義仲、源範頼・義経軍により敗死。法皇、次いで源頼朝に平氏を討伐させる）。②文治元年3月、源平両軍が壇ノ浦で戦い、平氏敗れ、安徳天皇入水する（このとき神器も海に沈む。神鏡・神璽は奉還されるが、神剣は失われ、のち伊勢神宮にあるものを神器とする）。③同年10月、法皇、源義経・行家の奏請により頼朝追捕の院宣を下す（翌11月、頼朝が京都に大軍を進め、法皇に頼朝追討の宣旨を撤回させ、今度は義経・行家追捕の院宣を下させる。また、頼朝を日本国惣追捕使・日本国惣地頭に任命し、国地頭の設置を勅許する（実質的な鎌倉幕府の成立）。④建久2年閏12月、法皇の病気平癒のため、崇徳天皇・安徳天皇・藤原頼長を祀り、その怨霊を鎮める（崇徳天皇の白峯陵付近に御堂を、安徳天皇崩御地近くに阿弥陀御影堂を建てる。法皇、翌年3月崩御し、後鳥羽天皇の親政が始まる）。⑤同3年7月、源頼朝を征夷大将軍とする（頼朝、娘の大姫入内を計るが大姫死去により頓挫）。⑥同7年11月、源（土御門）通親、上卿《しょうけい》として関白九条兼実を更迭する。

## 83 土御門《つちみかど》天皇

**御名・異称**　為仁《ためひと》、土佐《とさ》院、阿波《あわ》院、行源《ぎょうげん》

**父母**　父＝後鳥羽天皇、母＝源在子《ありこ》

**生没年**　建久6年（1195）12月2日（または11月1日）～寛喜3年（1231）10月11日〔37歳〕

**立太子**　建久9年1月11日〔4歳〕

**元服**　元久2年（1205）1月3日〔11歳〕

**在位**　建久9年（1198）1月11日践祚（即位は同年3月3日）～承元4年（1210）11月25日〔13年〕

**大嘗祭**　建久9年11月22日

**太上天皇宣下**　承元4年12月5日

**出家**　寛喜3年10月6日

**年号**　建久《けんきゅう》＝文治6年（1190）4月11日改元。正治《しょうじ》＝建久10年（1199）4月27日改元。建仁《けんにん》＝正治3年（1201）2月13日改元。元久《げんきゅう》＝建仁4年（1204）2月20日改元。建永《けんえい》＝元久3年（1206）4月27日改元。承元《じょうげん》＝建永2年（1207）10月25日改元。承元5年（1211）3月9日、建暦《けんりゃく》と改元

**皇居**　平安宮

**御陵**　金原《かねがはら》陵（火葬。八角丘、空堀。所在地＝京都府長岡京市金ヶ原金原寺《こんげんじ》。火葬塚＝徳島県鳴門市大麻町池谷）

**著作**　土御門院御集、土御門院御百首

**皇位継承**　後鳥羽天皇には三人の皇子がおり、第一皇子の為仁（土御門天皇）が親王宣下なく皇太子となり、4歳で践祚・即位した（宝剣は清涼殿の御剣を代用）。為仁の母在子の養父源（土御門）通親の意向が働いたといわれる。後鳥羽上皇の院政が始まり、その意向により皇弟順徳天皇に譲位した。承久の乱には直接関与しなかったため、流罪とならなかったが、後鳥羽・順徳両天皇が配流されたため、ひとり京都にいることを潔しとせず、自ら配流を望み、土佐、ついで阿波に遷り、当地で崩御した。

**事蹟・事件**　①正治元年1月、鎌倉幕府初代征夷大将軍源頼朝没（建仁2年7月、源頼家を第二代将軍とする。元久元年（1204）7月、頼家が暗殺され実朝が将軍となるも、北条時政が執権となり、次第に将軍の地位が形骸化）。②元久2年3月、後鳥羽上皇の命による『新古今和歌集』ほぼ成る。

## 84　順徳天皇《じゅんとく》

**御名・異称**　守成《もりなり》、佐渡《さど》院

**父母**　父＝後鳥羽天皇、母＝藤原重子《じゅうし》

**生没年**　建久8年（1197）9月10日～仁治3年（1242）9月12日〔46歳〕

**親王宣下**　正治元年（1199）12月16日〔3歳〕

**立太子**　正治2年4月15日〔4歳〕

**元服**　承元2年（1208）12月25日〔12歳〕

**在位**　承元4年（1210）11月25日践祚（即位は同年12月28日）～承久3年（1221）4月20日〔12年〕

**大嘗祭**　建暦2年（1212）11月13日

**太上天皇宣下**　承久3年4月23日

**年号**　承元《じょうげん》＝建永2年（1207）10月25日改元。建暦《けんりゃく》＝承元5年（1211）3月9日改元。建保《けんぽう》＝建暦3年（1213）12月6日改元。承久《じょうきゅう》＝建保7年（1219）4月12日改元。承久4年（1222）4月13日、貞《じょう》応《おう》と改元

**皇居**　平安宮

**御陵**　大原《おおはら》陵（火葬。後鳥羽天皇陵と同域の円丘。所在地＝京都市左京区大原勝林院町。火葬塚〈真《ま》野御陵《ののみささぎ》〉＝新潟県佐渡市真野）

**著作**　順徳院御記（人左記）、禁秘抄（儀式書）、順徳天皇御集、順徳院御百首、内裏名所御百首、百首御歌合、四十番御歌合、古今和歌集御歌合、八《や》雲御抄《くもみしょう》（歌学書）、

野辺昔《のべのむかし》

**皇位継承**　守成親王（順徳天皇）は後鳥羽天皇第三皇子。後鳥羽上皇の命により14歳で践祚・即位した。上皇の院政下で政治は行なわなかったが、有職（識）故実・歌道の研究にいそしみ、『禁秘抄』等を著した。上皇の討幕計画に参与し、敗戦後、佐渡に配流され、当地で崩御したため佐渡院と呼ばれたが、のち順徳院と追諡された。

**事蹟・事件**　①建暦2年3月、高倉天皇第二皇子守貞《もりさだ》親王（後堀河天皇の父。後高倉院）、出家する。②承久元年1月、将軍源実朝、暗殺される（このあと第四代将軍として皇子を請われるも、後鳥羽上皇これを拒否。しかし左大臣九条道家の子三《み》寅《とら》〈頼経《よりつね》〉が第四代将軍となる）。

## 85 仲恭天皇《ちゅうきょう》

**御名・異称**　懐成《かねなり》、九条《くじょう》廃帝、半帝、後廃帝

**父母**　父＝順徳天皇、母＝藤原（九条）立子《りっし》

**生没年**　建保6年（1218）10月10日〜天福2年（1234）5月20日〔17歳〕

**親王宣下**　建保6年11月21日〔1歳〕

**立太子**　建保6年11月26日〔1歳〕

**在位**　承久3年（1221）4月20日践祚（即位礼なし）〜同年7月9日（4ヵ月で廃帝）

**年号**　承久《じょうきゅう》＝建保7年（1219）4月12日改元。承久4年（1222）4月13日、貞応《じょうおう》と改元

**皇居**　平安宮

**御陵**　九条《くじょう》陵（東福寺南の小円丘。所在地＝京都市伏見区深草本寺山町）

**皇位継承**　懐成親王（仲恭天皇）は順徳天皇第四皇子。生後まもなく立太子、先帝の譲りを承けて4歳で践祚した。ところが、承久の乱で敗れたため、幕府の意向により、即位礼も大嘗祭も行なわれないまま、在位77日で退位させられ、17歳で崩御した。在位があまりに短いため、半帝とか後廃帝とか九条廃帝と呼ばれ、歴代にも加えられていなかったが、明治3年になって、仲恭天皇と諡号が贈られた。

**事蹟・事件**　①承久3年4月、順徳天皇譲位により、史上初の三上皇が誕生、後鳥羽上皇を本院、土御門上皇を中院、順徳上皇を新院と称する。②同年5月、後鳥羽上皇、北条義時追討、全国の守護・地頭を院庁の統制下に置く旨の宣旨を下し、挙兵する（承久の乱。6月、幕府軍に敗れ、北条義時追討の宣旨を撤回。後鳥羽上皇は出家し、仲恭天皇は廃位となる）。

## 86 後《ご》堀河《ほりかわ》天皇

御名・異称　茂仁《ゆたひと》

父母　父＝守貞親王（高倉天皇皇子）、母＝藤原（持明院《じみょういん》）陳子《ちんし》

生没年　建暦2年（1212）2月18日〜天福2年（1234）8月6日〔23歳〕

元服　承久4年（1222）1月3日〔4歳〕

在位　承久3年（1221）7月9日践祚（即位は同年12月1日）〜貞永元年（1232）10月4日〔12年〕

大嘗祭　貞応元年（1222）11月23日

太上天皇宣下　貞永元年10月7日

院政　貞永元年10月4日〜天福2年8月6日（四条天皇代）

年号　承久《じょうきゅう》＝建保7年（1219）4月12日改元。貞応《じょうおう》＝承久4年（1222）4月13日改元。元仁《げんにん》＝貞応3年（1224）11月20日改元。嘉禄《かろく》＝元仁2年（1225）4月20日改元。安貞《あんてい》＝嘉禄3年（1227）12月10日改元。寛喜《かんき》＝安貞3年（1229）3月5日改元。貞永《じょうえい》＝寛喜4年（1232）4月2日改元。天福《てんぷく》＝貞永2年（1233）4月15日、天福と改元

皇居　平安宮

御陵　観音寺陵《かんおんじ》（土葬。円丘。所在地＝京都市東山区今熊野泉山町〈泉涌寺内〉）

著作　後堀河院御集

皇位継承　承久の乱により、鎌倉幕府は、仲恭天皇を廃し、新たに守貞親王王子茂仁（後堀河天皇）を皇位に即《つ》けた。親王宣下なく、践祚の儀も略式であった。守貞親王は高倉天皇第二皇子で、平氏西行の折、安徳天皇とともに西国にあったため第四皇子後鳥羽天皇の即位となり、その子たちが相次いで皇位に即いたことから践祚の可能性がなくなり、出家して行助を名のった。その守貞親王が、天皇の父として院政をとった。天皇は父守貞親王没後、親政に臨んだが、2歳の秀仁《みつひと》親王（四条天皇）に譲位し院政をしくも、2年後に崩御した。

事蹟・事件　嘉禄2年1月、関白九条道家の子三寅《みとら》（頼経）を鎌倉幕府第四代征夷大将軍とする（執権政治が確立していたため、以降将軍に実権なし）。

## 87 四条《しじょう》天皇

御名・異称　秀仁《みつひと》

父母　父＝後堀河天皇、母＝藤原（九条）竴子《しゅんし》

生没年　寛喜3年（1231）2月12日〜仁治3年（12

４２）１月９日〔12歳〕
親王宣下　寛喜３年４月11日〔１歳〕
立太子　寛喜３年10月28日〔１歳〕
元服　仁治２年１月５日〔11歳〕
在位　貞永元年（１２３２）10月４日践祚（即位は同年12月５日）～仁治３年（１２４２）１月９日〔11年〕
大嘗祭　嘉禎《かてい》元年（１２３５）11月20日
年号　貞永《じょうえい》＝寛喜４年（１２３２）４月２日改元。天福《てんぷく》＝貞永２年（１２３３）４月15日改元。文暦《ぶんりゃく》＝天福２年（１２３４）11月５日改元。嘉禎《かてい》＝文暦２年（１２３５）９月19日改元。暦仁《りゃくにん》＝嘉禎４年（１２３８）11月23日改元。延応《えんおう》＝暦仁２年（１２３９）２月７日改元。仁治《にんじ》＝延応２年（１２４０）７月16日改元。仁治４年（１２４３）２月26日、寛元《かんげん》と改元
皇居　平安宮
御陵　月輪《つきのわ》陵（九重塔。所在地＝京都市東山区今熊野泉山町。四条天皇以下二十方の陵名で泉涌寺後背の月輪山の山裾に所在）
皇位継承　秀仁親王（四条天皇）は、生まれた年に親王、ついで皇太子となり、父帝の譲りを承けて２歳で受禅・即位した。幕府の反対もあったが、外祖父たらんとする九条道家の意向が強く働いた。後堀河天皇は院政をとるまもなく２年後に崩御、母方の九条道家・西園寺公経《きんつね》が権勢を振るったが、天皇は殿舎で転倒して崩御、まだ12歳であった。
事蹟・事件　事故で夭折のため特になし。

## 88 後嵯峨《ごさが》天皇

御名・異称　邦仁《くにひと》、寛元《かんげん》帝、素覚《そかく》
父母　父＝土御門天皇、母＝源（土御門）通子《つうし》
生没年　承久２年（１２２０）２月26日～文永９年（１２７２）２月17日〔53歳〕
元服　仁治３年（１２４２）１月20日〔23歳〕
在位　仁治３年（１２４２）１月20日践祚（即位は同年３月18日）～寛元４年（１２４６）１月29日〔５年〕
大嘗祭　仁治３年11月13日
院政　寛元４年１月29日～文永９年２月17日
太上天皇宣下　寛元４年２月13日
出家　文永５年10月５日
年号　仁治《にんじ》＝延応２年（１２４０）７月16日改元。寛元《かんげん》＝仁治４年（１２４３）２月26日改元。寛元５年（１２４７）２月28日、宝治《ほうじ》と改元

**皇居**　平安宮

**御陵**　嵯峨南《さがのみなみ》陵（火葬。嵯峨殿法華堂、嵯峨陵とも称した。方形法華堂。亀山天皇陵と隣り合う。所在地＝京都市右京区嵯峨天龍寺芒《すすき》ノ馬場町〈天龍寺域内〉。火葬塚＝京都市右京区嵯峨亀ノ尾町〈亀山公園内にあり、亀山・後伏見天皇火葬塚と同所〉）

**著作**　後嵯峨院御記、朝覲行幸次第、後嵯峨院御集、後嵯峨院御三百首、後嵯峨院御百首（三種あり）、後嵯峨院御五十首

**皇位継承**　邦仁《くにひと》親王（後嵯峨天皇）は土御門天皇第三皇子。四条天皇が突然崩御したため、九条道家は外戚たらんと順徳天皇の子忠成《ただなり》王を推したが幕府側が拒否、幕府は、承久の乱で中立的であったと思われる邦仁親王を擁立し、立太子を経ずに践祚となった。以後、皇位継承者の選定は、幕府に委ねられることになった（以後、後水尾天皇譲位を除き江戸幕府末期まで）。天皇は、在位4年で皇子（後深草天皇）に譲位し次の亀山天皇の二代26年にわたり院政をしいた。なお、後嵯峨上皇は、晩年、後深草天皇皇子を差しおいて亀山天皇皇子を立太子させたことから持明院統（後深草天皇の系統）と大覚寺統（亀山天皇の系統）の対立を招いた。

**事蹟・事件**　寛元2年（1244）、源空《げんくう》（法然《ほうねん》）に通明国師号を勅諡する（国師号の初め）。

## 89 後《ご》深草《ふかくさ》天皇

**御名・異称**　久仁《ひさひと》、常磐井殿《ときわいどの》、富小路殿《とみのこうじどの》、素実《そじつ》

**父母**　父＝後嵯峨天皇、母＝藤原（西園寺）姞子《よしこ》

**生没年**　寛元元年（1243）6月10日～嘉元2年（1304）7月16日〔62歳〕

**親王宣下**　寛元元年6月28日〔1歳〕

**立太子**　寛元元年8月10日〔1歳〕

**元服**　建長5年（1253）1月3日〔11歳〕

**在位**　寛元4年（1246）1月29日践祚（即位は同年3月11日）～正元元年（1259）11月26日〔14年〕

**大嘗祭**　寛元4年11月24日

**太上天皇宣下**　正元元年12月2日

**院政**　弘安10年（1287）10月21日～正応3年（1290）2月11日

**出家**　正応3年2月11日

**年号**　寛元《かんげん》＝仁治4年（1243）2月26日改元。宝治《ほうじ》＝寛元5年（1247）2月28日改元。建長《けんちょう》＝宝治3年（1249）3月18日改元。康元《こうげん》＝建長8年（1256）

10月５日改元。正嘉《しょうか》＝康元２年（１２５７）３月14日改元。正元《しょうげん》＝正嘉３年（１２５９）３月26日改元。正元２年（１２６０）４月13日、文応《ぶんおう》と改元

**皇居**　平安宮

**御陵**　深草北《ふかくさのきた》陵（火葬。方形堂。後深草院法華堂、深草法華堂、安楽行院法華堂、安楽行院御骨堂とも称した。深草北陵は後深草天皇以下十二天皇などの納骨堂。所在地＝京都市伏見区深草坊町）

**著作**　後深草院御記（水草宸記）

**皇位継承**　久仁親王（後深草天皇）は後嵯峨天皇第二皇子。誕生の年に立太子、父帝の譲りを承け、４歳で受禅・即位する。後嵯峨上皇が院政をしき、その意向により、弟の亀山天皇に譲位した。その皇子世仁親王（後宇多天皇）を皇太子とした（このとき、後深草天皇にも皇子がいたのだが）。

**事蹟・事件**　①寛元４年11月、初めて「院評定」（上皇御所で議事を決定）が行なわれる。②建長４年２月、執権北条時頼、九条家が幕府転覆謀議に加担したとして、将軍九条頼嗣を更迭。４月、後嵯峨上皇皇子宗尊《むねたか》親王を将軍とする（以後、鎌倉幕府滅亡まで親王将軍が続く）。

## 90 亀山《かめやま》天皇

**御名・異称**　恒仁《つねひと》、禅林寺殿《ぜんりんじどの》、万里小路殿《までのこうじどの》、文応《ぶんおう》皇帝、金《こん》剛源《ごうげん》

**父母**　父＝後嵯峨天皇、母＝藤原（西園寺）姞子《よしこ》

**生没年**　建長元年（１２４９）５月27日～嘉元３年（１３０５）９月15日〔57歳〕

**親王宣下**　建長元年８月14日〔１歳〕

**立太子**　正嘉２年（１２５８）８月７日〔10歳〕

**元服**　正元元年（１２５９）８月28日〔11歳〕

**在位**　正元元年（１２５９）11月26日践祚（即位は同年12月28日）～文永11年（１２７４）１月26日〔16年〕

**大嘗祭**　文応元年（１２６０）11月16日

**太上天皇宣下**　文永11年２月２日

**院政**　文永11年１月26日～弘安10年（１２８７）10月21日（後宇多天皇代）

**出家**　正応２年（１２８９）９月７日

**年号**　正元《しょうげん》＝正嘉３年（１２５９）３月26日改元。文応《ぶんおう》＝正元２年（１２６０）４月13日改元。弘長《こうちょう》＝文応２年（１２６１）２月20日改元。文永《ぶんえい》＝弘長４年（１２６４）２月28日改元。文永12年（１２７５）４月25日、建治《けんじ》と改元

皇居　平安宮

御陵　亀山《かめやま》陵（火葬。亀山殿法華堂とも称した。方形堂。所在地＝京都市右京区嵯峨天龍寺芒《すすき》ノ馬場町〈天龍寺域内で、後嵯峨天皇陵と並ぶ〉。火葬塚＝京都市右京区嵯峨亀ノ尾町〈亀山公園内で、後嵯峨天皇・後伏見天皇火葬塚と同所〉。分骨所＝京都市左京区南禅寺福地町南禅寺内および京都市右京区北嵯峨朝原山町蓮華峯寺陵内）

著作　極楽直道抄（仏事）、亀山院御集、亀山院御百首

皇位継承　恒仁《つねひと》親王（亀山天皇）は後嵯峨天皇第四皇子（第三皇子なども）、後深草天皇の実弟。父後嵯峨上皇・母大宮院（藤原姞子《よしこ》）の意向により、後深草天皇の譲りを承けて11歳で受禅・即位した。後嵯峨上皇の意向により子の世仁親王（後宇多天皇）を皇太子とする（後深草上皇の不満を招く）。天皇は親政に乗り出し、譲位後は院政を行なった。幕府は、後宇多天皇のあとを伏見天皇（持明院統）とし、伏見天皇皇子（胤仁《たねひと》。後伏見天皇）を皇太子としたため、亀山上皇は失意のうちに禅林寺殿（のち南禅寺）にて出家した。

事蹟・事件　①文応元年１月、園城寺への戒壇設立勅許に対し、延暦寺僧徒、神輿を奉じて入京・強訴したため、勅許を撤回する。②文永３年７月、執権北条時宗、謀反を理由に将軍宗尊《むねたか》親王を廃し、その子惟康《これやす》親王を将軍とする。③同４年１月、「内裏和歌御会始」が行なわれる（歌会始の初めか）。④同５年２月、幕府が蒙古の国書を奏上したため、後嵯峨上皇、国書報答の可否を議論させる（返牒せずとする）。

## 91 後宇多《ごうだ》天皇

御名・異称　世仁《よひと》、大覚寺殿《だいかくじどの》、万里小路殿《までのこうじどの》、建治《けんじ》帝、後宇多院、金剛性《こんごうしょう》

父母　父＝亀山天皇、母＝藤原（洞院《とういん》）佶子《さねこ》

生没年　文永４年（１２６７）12月１日～元亨４年（１３２４）６月25日〔58歳〕

親王宣下　文永５年６月25日〔２歳〕

立太子　文永５年８月25日〔２歳〕

元服　建治３年（１２７７）１月３日〔11歳〕

在位　文永11年（１２７４）１月26日践祚（即位は同年３月26日）～弘安10年（１２８７）10月21日〔14年〕

大嘗祭　文永11年11月19日

太上天皇宣下　弘安10年11月15日

院政　正安３年（１３０１）１月21日～徳治３年（１３０８）８月25日（後二条天皇代）、文保２年（１３１８）

2月26日～元亨元年12月9日（後醍醐天皇代）
**出家**　徳治2年7月26日
**年号**　文永《ぶんえい》＝弘長4年（1264）2月28日改元。建治《けんじ》＝文永12年（1275）4月25日改元。弘安《こうあん》＝建治4年（1278）2月29日改元。弘安11年（1288）4月28日、正応《しょうおう》と改元
**皇居**　平安宮
**御陵**　蓮華《れんげ》峯寺《ぶじ》陵（法華堂、五輪塔。後宇多天皇生母藤原佶子との合葬陵。亀山天皇、姈子《れいし》内親王、後二条天皇の分骨をも合葬。所在地＝京都市右京区北嵯峨朝原山町〈広沢池の北〉）
**著作**　後宇多院御記、中山内府院中事、後宇多院御遺告（遺言）、伝法灌頂御授与御記、石清水伝法灌頂御記、伝法灌頂注、弘法大師伝、慈恵大師講式、宝珠抄、後宇多院御千首、後宇多院御百首（三種あり）、後宇多院御五十首、奥砂子《おさし》平口決《ひょうくけつ》、勅撰口伝抄
**皇位継承**　世仁親王（後宇多天皇）は亀山天皇第二皇子。誕生の翌年に立太子、父帝の譲りを承けて8歳で受禅・即位、亀山上皇が院政をしいた。後深草上皇は不満であったため、幕府はその皇子熙仁《ひろひと》親王（伏見天皇）を皇太子に立て（後深草天皇系の持明院統と亀山天皇系の大覚寺統の両統迭立が始まる）、伏見天皇即位後、後深草上皇が院政を行なった。その後、後宇多上皇は、子の後二条・後醍醐両天皇の二代にわたり院政をしいたが、皇后遊義門院（姈子《さとこ》内親王）が死去すると白河法皇以来二百余年続いた院政を停止、出家して大覚寺を住まいとした（「大覚寺統」の名はこれによる）。
**事蹟・事件**　①文永11年10月、元・高麗軍、筑前国に上陸する（風雨により撤退。文永の役）。②弘安4年6月に元・高麗軍が筑前国に再び来襲、閏7月、風雨等により元軍撤退する（弘安の役）。

## 92 伏見《ふしみ》天皇

**御名・異称**　熙仁《ひろひと》、素融《そゆう》、持明院殿《じみょういんどの》
**父母**　父＝後深草天皇、母＝藤原（洞院）愔子《いんし》
**生没年**　文永2年（1265）4月23日～文保元年（1317）9月3日〔53歳〕
**親王宣下**　建治元年（1275）10月14日〔11歳〕
**立太子**　建治3年11月5日〔13歳〕
**元服**　建治3年12月19日〔13歳〕
**在位**　弘安10年（1287）10月21日践祚（即位は翌年3月15日）～永仁6年（1298）7月22日〔12年〕

**大嘗祭**　正応元年（１２８８）11月22日
**太上天皇宣下**　永仁6年8月3日
**院政**　永仁6年7月22日～正安3年（１３０１）1月21日（後伏見天皇代）、徳治3年（１３０８）8月26日～正和2年（１３１３）10月14日（花園天皇代）
**出家**　正和2年10月17日
**年号**　弘安《こうあん》＝建治《けんじ》4年（１２７８）2月29日改元。正応《しょうおう》＝弘安11年（１２８８）4月28日改元。永仁《えいにん》＝正応6年（１２９３）8月5日改元。永仁7年（１２９９）4月25日、正安《しょうあん》と改元
**皇居**　平安宮
**御陵**　深草北陵（**89後深草天皇**の項参照）
**著作**　伏見院御記（天聴御記）、行幸御幸日数（日記）、伏見院御次第（儀式書）、伏見院御集、伏見院御百首（三種あり）、伏見院御消息（歌学書）
**皇位継承**　熙仁《ひろひと》親王（伏見天皇）は後深草天皇第二皇子。後宇多天皇が即位すると、幕府の意向により立太子、譲りを承けて受禅し、翌年即位式を挙げる。皇子胤仁《たねひと》親王（後伏見天皇）が皇太子となり、後深草上皇出家により親政に乗り出す。しかし「永仁の徳政令」で執権北条貞時と対立したため、幕府の干渉により後伏見天皇に譲位し、後伏見・花園両天皇時代に院政を行なった。なお、伏見天皇の住まいが持明院殿であったことから、この系統（後深草天皇系）を持明院統と呼ぶ。
**事蹟・事件**　①弘安10年、この年、亀山上皇に倒幕の陰謀があると噂され、上皇、執権北条貞時宛に弁解の使者を送る。ついで正応3年3月、浅原為頼父子、天皇殺害を図るも失敗する（背景に亀山上皇の影が見えるといわれる）。②正応元年3月、天皇、関白二条師忠《もろただ》より「即位之時秘印」を伝受する（即位灌頂の初めか。三条天皇が初例とも）。③正応2年4月、幕府の意向により皇子胤仁親王を皇太子とする（これにより持明院統と大覚寺統の対立激化。亀山上皇、出家する）。④同5年7月、「新制十三ヶ条」を下す。⑤同年9月、惟康親王（宗尊親王王子）、将軍職を逐《お》われる。10月、後深草上皇皇子久明《ひさあき》親王を征夷大将軍とする。⑥永仁5年3月、幕府、「永仁の徳政令」を発する（初の徳政令）。

## 93 後伏見《ごふしみ》天皇

**御名・異称**　胤仁《たねひと》、理覚《りかく》、行覚《ぎょうかく》、持明院殿《じみょういんどの》
**父母**　父＝伏見天皇、母＝藤原（五辻《いつつじ》）経子《つねこ》
**生没年**　弘安11年（１２８８）3月3日～延元元年＝建武

3年（1336）4月6日〔49歳〕

**親王宣下**　正応元年（1288）8月10日〔1歳〕

**立太子**　正応2年4月25日〔2歳〕

**元服**　正安2年（1300）1月3日〔13歳〕

**在位**　永仁6年（1298）7月22日践祚（即位は同年10月13日）～正安3年（1301）1月21日〔4年〕

**大嘗祭**　永仁6年11月20日

**太上天皇宣下**　正安3年1月29日

**院政**　正和2年（1313）10月14日～文保2年（1318）2月26日（花園天皇代）、元弘元年＝元徳3年（1331）9月20日～元弘3年＝正慶2年（1333）5月25日（光厳天皇代）

**出家**　元弘3年6月26日

**年号**　永仁《えいにん》＝正応《しょうおう》6年（1293）8月5日改元。正安《しょうあん》＝永仁7年（1299）4月25日改元。正安4年（1302）11月21日、乾元《けんげん》と改元

**皇居**　平安宮

**御陵**　深草北陵（89**後深草天皇**の項参照。火葬塚＝京都市右京区嵯峨亀ノ尾町〈亀山公園内にあり、後嵯峨天皇・亀山天皇と同所〉）

**著作**　後伏見院御記（心日御記）、後伏見院御抄（有職故実書）、後伏見院御集

**皇位継承**　胤仁親王（後伏見天皇）は伏見天皇第一皇子。伏見天皇の皇太子となり、父の譲りを承けて11歳で受禅・即位する（伏見上皇の院政開始）。しかし、後宇多天皇皇子邦治《くにはる》親王が立太子、在位4年にして皇太子（後二条天皇）に譲位した。ついで弟の富仁《とみひと》親王（花園天皇）が皇位に即《つ》いたため父伏見上皇が院政をしいたが、その出家後、後伏見上皇が院政をしいた。のち後醍醐天皇が隠岐に流され、子の量仁《かずひと》親王（光厳天皇）が即位して2年間院政を行なったが、光厳天皇廃位にともない後伏見上皇の院政も止められた。

**事蹟・事件**　永仁6年8月、後宇多上皇皇子邦治親王を皇太子とする（大覚寺統の巻き返し）。

## 94 後二条《ごにじょう》天皇

**御名・異称**　邦治《くにはる》

**父母**　父＝後宇多天皇、母＝源（堀川）基子《もとこ》

**生没年**　弘安8年（1285）2月2日～徳治3年（1308）8月25日〔24歳〕

**親王宣下**　弘安9年10月25日〔2歳〕

**元服**　永仁6年（1298）6月27日〔14歳〕

**立太子**　永仁6年8月10日〔14歳〕

**在位**　正安3年（1301）1月21日践祚（即位は同年3月24日）～徳治3年（1308）8月25日〔8年〕

**大嘗祭**　正安3年11月20日

**年号**　正安《しょうあん》＝永仁7年（1299）4月25日改元。乾元《けんげん》＝正安4年（1302）11月21日改元。嘉元《かげん》＝乾元2年（1303）8月5日改元。徳治《とくじ》＝嘉元4年（1306）12月14日改元

**皇居**　平安宮

**御陵**　北白河陵《きたしらかわ》（円墳、空堀。所在地＝京都市左京区北白川追分町。後宇多天皇蓮華峯寺陵に分骨される）

**著作**　後二条院御集、後二条院御百首

**皇位継承**　邦治《くにはる》親王（後二条天皇）は後宇多天皇第一皇子。後伏見天皇の譲りを承けて践祚・即位する（後宇多上皇院政開始）。伏見上皇の意向により、富仁《とみひと》親王（花園天皇）を後伏見上皇猶子（持明院統を分裂させないため）として皇太子とする。

**事蹟・事件**　①正安3年11月、幕府から「皇位は持明院統・大覚寺統の二皇統に受け継がれるべき」との「関東状」が京都に送られる（両統迭立）。②嘉元3年8月、深草法華堂の落慶供養が行なわれ、後深草天皇の遺骨を移納する（以後、深草法華堂は持明院統と北朝系代々の墓所となる）。

## 95 花園天皇《はなぞの》

**御名・異称**　富仁《とみひと》、遍行《へんぎょう》、萩原殿《はぎわらどの》、萩原院

**父母**　父＝伏見天皇、母＝藤原（洞院《とういん》）季子《すえこ》

**生没年**　永仁5年（1297）7月25日～正平3年＝貞和4年（1348）11月11日〔52歳〕

**親王宣下**　正安3年（1301）8月15日〔5歳〕

**立太子**　正安3年8月24日〔5歳〕

**元服**　延慶4年（1311）1月3日〔15歳〕

**在位**　徳治3年（1308）8月26日践祚（即位は同年11月16日）～文保2年（1318）2月26日〔11年〕

**大嘗祭**　延慶2年11月24日

**太上天皇宣下**　文保2年3月10日

**出家**　建武2年（1335）11月22日

**年号**　徳治《とくじ》＝嘉元4年（1306）12月14日改元。延慶《えんきょう》＝徳治3年（1308）10月9日改元。応長《おうちょう》＝延慶4年（1311）4月28日改元。正和《しょうわ》＝応長2年（1312）3月20日改元。文保《ぶんぽう》＝正和6年（1317）2月3日改元。元応《げんおう》＝文保3年（1319）4月28日、元応と改元

**皇居**　平安宮
**御陵**　十楽院上《じゅうらくいんのうえ》陵（円丘。青蓮院と知恩院の間に位置。所在地＝京都市東山区粟田口三条坊町）
**著作**　誡太子書、学道之御記、花園院御記（等閑記）、後深草院御記目録（日記抄録、有職故実書）、法華品釈、三巻抄（仏教関係書）、七箇法門口決、論語抄出（注釈書）、花園院御集、花園院御百首（二種あり）
**皇位継承**　富仁親王（花園天皇）は伏見天皇第四皇子（第二とも第三とも）。父伏見上皇が持明院統分裂を避けるため、親王は兄後伏見上皇猶子として後二条天皇皇太子となり、その崩御により12歳で践祚・即位した（伏見上皇が再び院政をしき、大覚寺統の尊治《たかはる》親王〈後醍醐天皇〉を皇太子とした）。伏見上皇出家後は後伏見上皇が院政を行なった。後醍醐天皇に譲位後は兄後伏見上皇皇子量仁《かずひと》親王（光厳天皇）の教育を託され、「誡太子書」を書き、戦乱の中での君主のあるべき姿勢を説いた。
**事蹟・事件**　延慶元年閏8月、後宇多法皇、遺書「処分状案」を記す（後二条天皇遺子邦良親王を正式の後継者とし、尊治親王〈後醍醐天皇〉は兄後二条天皇に代わって財産を相続するが、それは一代限りで、邦良親王に譲られるものとする。翌9月、尊治親王立太子）。

## 96 後醍醐《ごだいご》天皇

**御名・異称**　尊治《たかはる》、吉野《よしの》院
**父母**　父＝後宇多天皇、母＝藤原（五辻）忠子《ちゅうし》
**生没年**　正応元年（1288）11月2日〜延元4年＝暦応2年（1339）8月16日〔52歳〕
**親王宣下**　正安4年（1302）6月16日〔15歳〕
**元服**　嘉元元年（1303）12月20日〔16歳〕
**立太子**　徳治3年（1308）9月19日〔21歳〕
**在位**　文保2年（1318）2月26日践祚（即位は同年3月29日）〜延元4年＝暦応2年（1339）8月15日〔22年〕
**大嘗祭**　文保2年11月22日
**年号**　文保《ぶんぽう》＝正和6年（1317）2月3日改元。元応《げんおう》＝文保3年（1319）4月28日改元。元亨《げんこう》＝元応3年（1321）2月23日改元。正中《しょうちゅう》＝元亨4年（1324）12月9日改元。嘉暦《かりゃく》＝正中3年（1326）4月26日改元。元徳《げんとく》＝嘉暦4年（1329）8月29日改元。元《げん》弘《こう》＝元徳3年（1331）8月9日改元。建武《けんむ》＝元弘4年（1334）1月29日改元。延元《えんげん》＝建武3年（1336）2月29日改元
**皇居**　平安宮、吉野行宮

**御陵**　塔尾陵《とうのおのみささぎ》（延元陵とも。円丘〈直径約22メートル、高さ約4メートル〉。所在地＝奈良県吉野郡吉野町大字吉野山字塔ノ尾〈如意輪寺内〉）

**著作**　後醍醐天皇御記、建武年中行事、日中行事、後醍醐院御百首、後醍醐天皇御五十首、十種勅問（仏教関係書）、十種疑滞（仏教関係書）

**皇位継承**　尊治《たかはる》親王（後醍醐天皇）は後宇多天皇第二皇子。花園天皇の皇太子となり、譲りを承けて受禅・即位する。父後宇多上皇は院政を行ない、後二条天皇皇子邦良親王を皇太子に立て、後醍醐天皇は邦良親王即位までの中継ぎと考えた。ところが、天皇は院政を廃止し、記録所を再興するなど親政に乗り出した。天皇は自ら「後醍醐」と名乗ったように、醍醐・村上両天皇の治世を理想とし、鎌倉幕府と闘い、敗れて吉野に南朝を樹《た》てたが、皇位を義良《のりよし》（憲良《のりよし》）親王（後村上天皇）に譲り崩御した。

**事蹟・事件**　①元亨元年12月、幕府の同意を得て院政を止め、天皇親政を始める（同月、記録所を再興し親裁する）。②正中元年9月、天皇の倒幕計画が発覚する（土岐頼兼・多治見国長が殺され、日野資朝・俊基が捕らえられる。正中の変。天皇は釈明の告文を幕府に呈する）。③嘉暦元年3月、皇太子邦良親王（後二条天皇皇子）没（東宮の座をめぐり、後醍醐天皇皇子尊良《たかよし》、邦良親王同母弟邦省《くにみ》、後伏見天皇皇子量仁《かずひと》、亀山天皇皇子恒明《つねあき》の各親王が争うも、7月、幕府の支持により量仁親王〈光厳天皇〉立太子〈持明院統の勝利〉）。④同2年12月、皇子尊雲法親王（護良《もりよし》親王）を天台座主とする（討幕の一環として比叡山を味方につけるためといわれ、天皇は寺社にたびたび行幸し、その勢力を糾合しようとする）。⑤元弘元年＝元徳3年8月、天皇、神器を奉じて京都を出奔、笠置《かさぎ》寺本堂を皇居とする（9月、楠木正成等挙兵。天皇が京都にいないため、皇太子量仁親王践祚。後醍醐天皇は捕らえられ、12月、隠岐流罪に決定）。⑥同2年＝正慶元年11月、護良親王、吉野に挙兵する。翌年閏2月、後醍醐天皇、隠岐を脱出、3月、「王道再興の綸旨」を発する。4月、足利高（尊）氏、後醍醐天皇の詔命を受け討幕を決意し挙兵、5月には六波羅を攻略、光厳天皇、後伏見・花園両上皇、近江に逃げる。これにより、後醍醐天皇は光厳天皇を廃し、正慶の年号を廃し元弘に復し、6月、冷泉富小路内裏に還御する（建武新政開始。康仁親王廃太子）。この月、「個別安堵法」を発するも武士の反発を招き、7月「諸国平均安堵法」を発する。⑦建武元年1月、後醍醐天皇皇子恒良《つねよし》親王を皇太子とする

（延元2年＝建武4年3月、金崎《かながさき》城陥落により親王は捕らえられ、翌年4月、毒殺される）。⑧同2年11月、足利尊氏・直義、鎌倉で叛旗を翻す（翌年5月、兵庫湊川で新田義貞・楠木正成を破り、入京して光厳上皇を「治天の君」とし、8月には光明天皇を践祚させ、後醍醐天皇皇子成良《なりよし》親王を皇太子とする）。⑨同年12月、後醍醐天皇、神器を奉じて吉野に向かう（南北朝分裂。これにより成良親王廃太子）。

## 97 後村上《ごむらかみ》天皇

**御名・異称**　義良《のりよし》、憲良《のりよし》、吉野《よしの》殿、賀名生《あのう》殿、住吉《すみよし》殿

**父母**　父＝後醍醐天皇、母＝藤原（阿野《あの》）廉子《やすこ》

**生没年**　嘉暦3年（1328）～正平23年＝応安元年（1368）3月11日〔41歳〕

**親王宣下**　建武元年（1334）5月23日〔7歳〕

**元服**　延元元年＝建武3年（1336）3月10日〔9歳〕

**立太子**　延元4年＝暦応2年（1339）3月〔12歳〕

**在位**　延元4年＝暦応2年（1339）8月15日践祚～正平23年＝応安元年（1368）3月11日〔30年〕

**年号**　延元《えんげん》＝建武3年（1336）2月29日改元。興国《こうこく》＝延元5年（1340）4月28日改元。正平《しょうへい》＝興国7年（1346）12月8日改元

**皇居**　吉野行宮、賀名生《あのう》行宮、天野行宮、住吉行宮

**御陵**　檜尾《ひのお》陵（小円丘。所在地＝大阪府河内長野市寺元〈字名檜尾。観心寺裏山に所在〉）

**著作**　後村上院御百首、年中行事御百首

**皇位継承**　義良親王（のち憲良。後村上天皇）は後醍醐天皇第七皇子。生まれてこの方、生涯戦乱の渦中にあり、ひとつ処に安住することはなかった。延元3年、宗良《むねよし》親王とともに吉野から奥州に行く途中、暴風に遭い、吉野に帰還して皇太子となり、天皇の病により譲りを承けて受禅。一時は「正平一統」を成しとげたものの足利勢に敗れて賀名生《あのう》、河内天野《あまの》（金剛寺）、河内観心寺、摂津住吉と転々とし、いつ譲位したかも定かならず、住吉で崩御した。

**事蹟・事件**　①延元4年＝暦応2年10月、光厳上皇、足利尊氏らの奏請により、後醍醐天皇追福のため亀山殿を禅刹とする（天龍寺創建）。②正平3年＝貞和4年1月、高師直《こうのもろなお》軍、吉野を攻略（これに先立ち、後村上天皇、紀伊に脱出）。③同6年＝観応2年10月、南朝、足利尊氏・義詮《よしあきら》の帰順を許す（南北朝一時和議。光厳上皇の院政停止）。11月、天皇、北朝の天皇（崇光）、皇太子（直

仁親王）、年号（観応）を廃止する（正平一統。しかし、天皇入京前に和平が崩れ、天皇は賀名生に帰る。公卿の多くも賀名生に参じる）。天皇はこのあと住吉に入るも、上洛を図り、翌年閏2月、光厳上皇・光明法皇・崇光上皇・皇太子直仁親王を石清水に迎え、3月、河内国東条に移す。5月、南朝方の石清水行宮が陥落、天皇はかろうじて脱出、賀名生に帰る。6月、楠木正儀《まさのり》ら京都を回復するも、9月、足利尊氏・義詮、後光厳天皇を奉じて京に入る。翌年10月、天皇、賀名生から河内天野に入り金剛寺を行宮とする。

## 98 長慶《ちょうけい》天皇

**御名・異称**　寛成《ゆたなり》、吉野《よしの》帝、崎山殿、覚理《かくり》、金剛理《こんごうり》、慶寿《けいじゅ》院《いん》

**父母**　父＝後村上天皇、母＝藤原氏（嘉喜門院）

**生没年**　興国4年＝康永2年（1343）〜応永元年（1394）8月1日〔52歳〕

**在位**　正平23年＝応安元年（1368）3月11日後村上天皇崩御前後〜弘和3年＝永徳3年（1383）10月末以後〔約16年〕

**太上天皇宣下**　弘和3年＝永徳3年

**年号**　正平《しょうへい》＝興国7年（1346）12月8日改元。建徳《けんとく》＝正平25年（1370）7月24日？改元。文中《ぶんちゅう》＝建徳3年改元（月日不明）。天授《てんじゅ》＝文中4年（1375）5月27日改元。弘和《こうわ》＝天授6年（1380）6月以降、同7年6月以前に改元。弘和4年11月5日以前、元中《げんちゅう》に改元

**皇居**　住吉行宮、吉野行宮など

**御陵**　嵯峨東《さがのひがし》陵（円丘。所在地＝京都市右京区嵯峨天龍寺角倉町〈天龍寺方丈北側〉）

**著作**　仙源抄（源氏物語注釈書）、源氏類語抄、長慶院御千首

**皇位継承**　寛成親王（長慶天皇）は、後村上天皇第一皇子。父帝のあとを承けて践祚も、後村上天皇の崩御後か崩御前かは判然としない。また譲位についても弘和元年末か翌年と推定され、また譲位後の生活についてもほとんど判っていない。そんな事情から不即位説もあったが、八代国治の『長慶天皇御即位の研究』が発表され、大正15年になり、初めて皇統に加列され、第九十八代天皇となった。

**事蹟・事件**　天皇は、住吉行宮で践祚、のち吉野、河内国金剛寺等に遷り、譲位後は院政をしいたといわれるが、『仙源抄』を著すなどのほか、事蹟はあまり伝えられて

いない。

## 99　後《ご》亀山《かめやま》天皇

御名・異称　熙成《ひろなり》、金剛心《こんごうしん》、大覚寺《だいかくじ》殿《どの》、嵯峨《さが》法皇
父母　父＝後村上天皇、母＝藤原氏（嘉喜門院）
生没年　？～応永31年（1424）4月12日〔？歳〕
立太子　正平23年＝応安元年（1368）〔？歳〕
在位　弘和3年＝永徳3年（1383）11月以後践祚～元中9年＝明徳3年（1392）閏10月5日〔10年〕
太上天皇宣下　明徳5年（1394）2月23日
出家　応永4年11月27日以降
年号　弘和《こうわ》＝天授6年（1380）6月以降改元。元中《げんちゅう》＝弘和4年（1384）4月28日？改元
皇居　吉野行宮、栄山寺行宮
御陵　嵯峨《さが》小《お》倉《ぐら》陵（小倉陵、福田寺《ふくでんじ》陵とも称された。五輪塔、空堀。所在地＝京都市右京区嵯峨鳥居本小坂町〈小倉山東麓〉）
著作　後亀山院御千首
皇位継承　後亀山天皇は、兄長慶天皇の皇太子となり、その譲りを承けて践祚した。弘和3年末から翌年にかけての践祚と推測されているが月日は定かでない。元中9年＝明徳3年、天皇は上洛して神器が禁裏に返還され、南北朝合一となった。太上天皇の尊号が贈られるも辞退して出家、その後はほぼ隠棲生活を送った。
事蹟・事件　元中9年＝明徳3年10月、天皇は足利義満の南北朝和睦合体提案を受け入れ、閏10月5日、大覚寺で北朝後小松天皇に神器を譲る（後亀山天皇は譲位し、「大覚寺殿」と呼ばれる。南北朝合一。年号「元中」廃止。大覚寺統消滅）。

## 北1　光厳《こうごん》天皇

御名・異称　量仁《かずひと》、持明院殿《じみょういんどの》、天野殿、小倉殿、勝光智《しょうこうち》、光智《こうち》、無範《むはん》
父母　父＝後伏見天皇、母＝藤原（西園寺）寧子《ねいし》
生没年　正和2年（1313）7月9日～正平19年＝貞治3年（1364）7月7日〔52歳〕
親王宣下　正和2年8月17日〔1歳〕
立太子　嘉暦元年（1326）7月24日〔14歳〕
元服　元徳元年（1329）12月28日〔17歳〕
在位　元弘元年＝元徳3年（1331）9月20日践祚（即位は翌年3月22日）～元弘3年＝正慶2年（1333）5月25日〔3年〕

**大嘗祭**　元弘2年＝正慶元年11月13日
**太上天皇宣下**　元弘3年12月10日
**院政**　延元元年＝建武3年（1336）8月15日〜正平6年＝観応2年（1351）11月7日
**出家**　正平7年＝観応3年8月8日
**年号**　元弘《げんこう》＝元徳3年（1331）8月9日改元。元弘2年4月28日、正慶に改めるも、元弘3年5月17日、正慶の年号を止め、元弘に復す。正慶《しょうきょう》＝元弘2年（1332）4月28日改元。正慶2年（1333）5月17日（25日とも）に廃止され、元弘に復帰
**御陵**　山国陵《やまくに》（円丘。所在地＝京都市右京区京北井戸町〈常照皇寺内にあり、同域内に後花園天皇陵、後土御門天皇分骨所がある〉。分骨所＝大阪府河内長野市天野町の金剛寺内。髪塔〈五輪塔〉＝京都市右京区嵯峨天龍寺北造町〈金剛院内〉）
**著作**　御遺誡、光厳院御記、光厳院御百首、風雅和歌集
**皇位継承**　量仁親王（光厳天皇）は後伏見天皇第一皇子。後醍醐天皇の皇太子はその皇子邦良《くによし》親王であったが亡くなったため、幕府の支持により量仁親王が立太子、後醍醐天皇が京都を出て笠置寺本堂を皇居にすると、後伏見上皇の詔により量仁親王が剣璽渡御なしに践祚・即位、後伏見上皇が院政をしいた。しかし足利高（尊）氏の六波羅攻略等があり、後醍醐天皇により光厳天皇は廃されたが、尊氏が建武政府に反して、入京、光厳上皇を「治天の君」とし、弟の豊仁《とよひと》親王（光明天皇）を上皇猶子として践祚させた。これにより、大覚寺統の後醍醐天皇と持明院統の光明天皇が並立することになった。
**事蹟・事件**　①元弘元年＝元徳3年9月、笠置城陥落。後醍醐天皇、宇治で捕らえられ、10月、剣璽を光厳天皇に渡す。12月、後醍醐天皇は隠岐配流となる。同3年＝正慶2年閏2月、後醍醐天皇、隠岐を脱出。②元弘3年＝正慶2年4月、足利高（尊）氏、後醍醐天皇の詔命を受け討幕を決意し挙兵。5月、六波羅を攻略、光厳天皇、後伏見・花園両上皇、皇太子康仁親王、近江へ逃げる。後醍醐天皇、光厳天皇を廃する。6月、後醍醐天皇、建武新政開始。

## 北❷ 光明《こうみょう》 天皇

**御名・異称**　豊仁《とよひと》、持明院殿《じみょういんどの》、宇治殿《うじどの》、真常恵《しんじょうえ》、真恵《しんえ》
**父母**　父＝後伏見天皇、母＝藤原（西園寺）寧子《ねいし》
**生没年**　元亨元年（1321）12月23日〜天授6年＝康暦2年（1380）6月24日〔60歳〕

親王宣下　元亨2年2月13日〔2歳〕
元服　延元元年＝建武3年（1336）8月15日〔16歳〕
在位　延元元年＝建武3年（1336）8月15日践祚（即位は翌年12月28日）〜正平3年＝貞和4年（1348）10月27日〔13年〕
大嘗祭　延元3年＝暦応元年（1338）11月19日
太上天皇宣下　正平3年＝貞和4年11月25日
出家　正平6年＝観応2年（先の太上天皇尊号宣下を否認し、改めて尊号宣下）
年号　建武《けんむ》＝元弘4年（1334）1月29日改元。暦応《りやくおう》＝建武5年（1338）8月28日改元。康永《こうえい》＝暦応5年（1342）4月27日改元。貞和《じょうわ》＝康永4年（1345）10月21日改元。貞和6年（1350）2月27日、観応《かんのう》と改元
御陵　大光明寺陵《だいこうみょうじ》（小円丘、空堀。所在地＝京都市伏見区桃山町泰長老《たいちょうろう》〈崇光天皇陵と同域〉）
著作　光明院御記、光明院御百首、高野山金剛三昧院短冊
皇位継承　豊仁親王（光明天皇）は後伏見天皇第二皇子。足利尊氏が入京し、後醍醐天皇が延暦寺に逃れたため、豊仁親王は光厳上皇猶子として践祚（剣璽渡御なし）。これにより北朝が成立した（光厳上皇の院政開始）。当初、後醍醐天皇皇子成良《なりよし》親王を皇太子としたが、後醍醐天皇が吉野に出奔したため皇太子を廃し、新たに光厳上皇皇子益仁《ますひと》（のち興仁《おきひと》。崇光天皇）親王を皇太子とし、皇位を譲る。
事蹟・事件　①延元元年＝建武3年11月、後醍醐天皇、光明天皇に神器を渡す（『続史愚抄』では、このときの神器は偽物とする）。②同年同月、足利尊氏「建武式目」を制定。室町幕府の成立とされる。暦応元年8月、尊氏を征夷大将軍とする。

## 北3　崇光《すこう》天皇

御名・異称　益仁《ますひと》、興仁《おきひと》、伏見《ふしみ》殿《どの》、勝円心《しょうえんしん》、大道
父母　父＝光厳天皇、母＝藤原（正親町三条）秀子《ひでこ》
生没年　建武元年（1334）4月22日〜応永5年（1398）1月13日〔65歳〕
親王宣下　延元3年＝建武5年（1338）8月8日〔5歳〕
立太子　延元3年＝建武5年8月13日〔5歳〕
元服　正平3年＝貞和4年（1348）10月27日〔15歳〕
在位　正平3年＝貞和4年（1348）10月27日践祚（即位は翌年12月26日）〜正平6年＝観応2年（1351）

11月7日〔4年〕
太上天皇宣下　正平6年＝観応2年12月28日
出家　明徳3年（1392）11月30日
年号　貞和《じょうわ》＝康永4年（1345）10月21日改元。観応《かんのう》＝貞和6年（1350）2月27日改元。観応3年（1352）9月27日、文和《ぶんな》と改元
御陵　大光明寺《だいこうみょうじ》陵（**北❷光明天皇**の項参照）
著作　崇光院御記（崇暦御記、愚記）、崇光院御百首、崇光院御文類、代々琵琶秘曲御伝受事
**皇位継承**　興仁《おきひと》親王（崇光天皇）は光厳天皇第一皇子。光明天皇の皇太子となり15歳で践祚、父光厳上皇が養父花園上皇の恩に報いるため、その皇子直仁《なおひと》親王を皇太子とした。「観応の擾乱」により足利尊氏が南朝に降伏すると、「正平一統」により、天皇および皇太子は廃され、崇光天皇には太上天皇尊号が贈られる。このあと南朝方に幽閉されるが解放され、伏見に戻り落飾した。帰京後は皇子栄仁《よしひと》親王の皇位継承を幕府に要求したが容れられず、幕府は後光厳天皇への配慮により、崇光天皇の弟彌《いや》仁《ひと》（後光厳天皇）を皇位に即けた。しかし、称光天皇に嗣子なく崩御したため、崇光天皇曾孫（栄仁親王孫）が後花園天皇となった。栄仁親王は皇位に即かなかったものの伏見宮家初代となった。
**事蹟・事件**　①正平3年＝貞和4年10月、崇光天皇践祚とともに直仁親王を皇太子とするが、このとき立太子礼なし（以後天和3年〈1683〉まで立太子礼なし）。剣璽渡御もなく費用不足等により即位式が延期され、天下擾乱により大嘗祭も行なわれなかった。②正平6年＝観応2年10月、南朝が足利尊氏・義詮の帰順を許し、光厳上皇の院政停止。翌月、北朝の天皇（崇光）、皇太子（直仁親王）、年号（観応）を廃止（正平一統）。しかし、後村上天皇入京前に和平は崩れる。

## 北❹後《ご》光厳《こうごん》天皇

御名・異称　彌仁《いやひと》、光融《こうゆう》
父母　父＝光厳天皇、母＝藤原（正親町三条）秀子
生没年　延元3年＝建武5年（1338）3月2日〜文中3年＝応安7年（1374）1月29日〔37歳〕
元服　正平7年＝観応3年（1352）8月17日〔15歳〕
在位　正平7年＝観応3年（1352）8月17日践祚（即位は翌年12月27日）〜建徳2年＝応安4年（1371）3月23日〔20年〕
**大嘗祭**　正平9年＝文和3年11月16日

**太上天皇宣下**　建徳2年＝応安4年閏3月6日

**院政**　建徳2年＝応安4年3月23日〜文中3年＝応安7年（1374）1月29日

**出家**　文中3年＝応安7年1月29日

**年号**　観応《かんのう》＝貞和6年（1350）2月27日改元。文和《ぶんな》＝正平7年（1352）9月27日改元。延文《えんぶん》＝文和5年（1356）3月28日改元。康安《こうあん》＝延文6年（1361）3月29日改元。貞治《じょうじ》＝康安2年（1362）9月23日改元。応安《おうあん》＝貞治7年（1368）2月18日改元

**御陵**　深草北陵（**89後深草天皇**の項参照）

**著作**　後光厳院御記（応安三年四年御記）、後光厳院御百首、貞治度諒闇明大祓之事（有職故実書）

**皇位継承**　彌仁親王（後光厳天皇）は、光厳天皇第二皇子。正平6年＝観応2年、崇光天皇が廃され、翌年、光厳・光明・崇光の三院と直仁廃太子が拉致されたため、急遽、祖母広義門院を「治天の君」として「太上天皇の詔」により15歳で践祚した（神器なし。北朝再建）。しかし南軍による京都進攻が何度もあり、しばしば近江や美濃に難を逃れたが、幕府の体制が整ってくると、皇子緒仁親王（後円融天皇）に譲位した。

**事蹟・事件**　①正平8年＝文和2年6月、南朝軍が京都を回復したため、足利義詮、後光厳天皇を奉じて近江から美濃に逃れる（9月京都還幸。翌年12月にも南軍が京都に迫り近江に逃れ、その翌年京都還幸）。②正平10年＝文和4年8月、南朝に拉致されていた光明法皇が伏見に還る。また、翌々年2月には、光厳法皇・崇光上皇・直仁親王も京都に還御する。③正平15年＝康安元年12月、南軍京都に迫り、後光厳天皇、近江に逃れる（翌年2月還幸）。④正平23年＝応安元年12月、足利義満を征夷大将軍とする。

## 北5　後円融《ごえんゆう》天皇

**御名・異称**　緒仁《おひと》、光浄《こうじょう》

**父母**　父＝後光厳天皇、母＝藤原（紀・広橋）仲子《ちゅうし》

**生没年**　正平13年＝延文3年（1358）12月12日〜明徳4年（1393）4月26日〔36歳〕

**親王宣下**　建徳2年＝応安4年（1371）3月21日〔14歳〕

**元服**　建徳2年＝応安4年3月23日〔14歳〕

**在位**　建徳2年＝応安4年（1371）3月23日践祚（即位は文中3年＝応安7年12月28日）〜弘和2年＝永徳2年（1382）4月11日〔12年〕

**大嘗祭**　天授元年＝永和元年（1375）11月23日

**太上天皇宣下**　弘和2年＝永徳2年4月25日

**院政**　弘和2年＝永徳2年4月11日～明徳4年4月26日

**出家**　明徳4年4月26日

**年号**　応安《おうあん》＝貞治7年（1368）2月18日改元。永和《えいわ》＝応安8年（1375）2月27日改元。康暦《こうりやく》＝永和5年（1379）3月22日改元。永徳《えいとく》＝康暦3年（1381）2月24日改元。永徳4年（1384）2月27日、至徳《しとく》と改元

**御陵**　深草北陵（**89後深草天皇**の項参照）

**著作**　後円融院御記、後円融院御百首

**皇位継承**　緒仁《おひと》親王（後円融天皇）は後光厳天皇第二皇子。父帝の譲りを承けて14歳で践祚（天皇は、立親王・元服・践祚を3日間ですませ、立太子は不明。後光厳上皇の院政開始）。天皇は皇子幹仁《もとひと》（後小松天皇）に譲位し院政を始めるが、幹仁が足利義満の室町邸にて践祚したように、実権は足利義満が握っていた。

**事蹟・事件**　天授4年＝永和4年3月、将軍足利義満、室町新第（花御所）を造営し、ここに移る。

## 100 後小松《ごこまつ》天皇

**御名・異称**　幹仁《もとひと》、素行智《そこうち》

**父母**　父＝後円融天皇、母＝藤原（三条）厳子《たかこ》

**生没年**　永和3年＝天授3年（1377）6月27日～永享5年（1433）10月20日〔57歳〕

**元服**　元中4年＝至徳4年（1387）1月3日〔11歳〕

**在位**　弘和2年＝永徳2年（1382）4月11日践祚（即位は同年12月28日）～応永19年（1412）8月29日〔31年〕

**大嘗祭**　弘和3年＝永徳3年11月16日

**太上天皇宣下**　応永19年9月5日

**院政**　応永19年8月29日～永享5年10月20日（称光・後花園天皇代）

**出家**　永享3年3月24日

**年号**　至徳《しとく》＝永徳4年（1384）2月27日改元。嘉慶《かきよう》＝至徳4年（1387）8月23日改元。康応《こうおう》＝嘉慶3年（1389）2月9日改元。明徳《めいとく》＝康応2年（1390）3月26日改元。応永《おうえい》＝明徳5年（1394）7月5日改元

**皇居**　平安宮

**御陵**　深草北陵（**89後深草天皇陵**参照。灰塚＝京都市東

山区今熊野泉山町〈泉涌寺雲龍院内〉）

**著作**　後小松院御記、御即位日神秘事、後小松院御集、後小松院御百首、後小松院御独吟連句、むくさのたね（薬草書）

**皇位継承**　後小松天皇は後円融天皇第一皇子で、親王宣下なしに6歳で受禅。即位の際には左大臣足利義満が終止幼帝を輔佐し、「稀代のこと」とされた。天皇は北朝第六代であったが、南朝後亀山天皇から神器を受け、南北朝合一となり、第百代天皇となった。後円融上皇が院政をとったが、実権は義満にあった。

**事蹟・事件**　①弘和3年＝永徳3年2月、後円融上皇、持仏堂にこもり、切腹を口走る（足利義満と愛妾按察局の密通を疑い、また上皇配流の噂があったためともいうが、母崇賢門院のなだめに応じる）。②同年6月、義満を准三宮とする（武家としては初めて）。③元中9年＝明徳3年閏10月、後小松天皇、南朝後亀山天皇より神器を受ける（南北朝合一）。④応永元年12月、足利義満を太政大臣とする（上皇待遇となり、翌年6月出家のさいは法皇待遇となる。応永10年には、明が義満を「日本国王」と認める）。⑤同15年3月、天皇、義満の北山第に行幸（禁裏から仙洞への朝覲行幸の形をとる）。4月、義満の子足利義嗣《よしつぐ》が、親王待遇の儀式により内裏で元服。しかし、5月義満没により足利氏の皇位簒奪計画？はついえる（義満に「太上天皇」尊号が贈られるも足利義持は辞退）。⑥応永17年11月、後亀山法皇、幕府が両統迭立を守らなかったことを不満として吉野に潜幸（6年間滞在）。

## 101 称光《しょうこう》天皇

**御名・異称**　躬仁《みひと》、実仁《みひと》、大宝寿《たいほうじゅ》

**父母**　父＝後小松天皇、母＝藤原（日野西）資子《すけこ》

**生没年**　応永8年（1401）3月29日～正長元年（1428）7月20日〔28歳〕

**親王宣下**　応永18年11月25日〔11歳〕

**元服**　応永18年11月28日〔11歳〕

**在位**　応永19年（1412）8月29日践祚（即位は同21年12月19日）～正長元年7月20日〔17年〕

**大嘗祭**　応永22年11月21日

**年号**　応永《おうえい》＝明徳5年（1394）7月5日改元。正長《しょうちょう》＝応永35年（1428）4月27日改元

**皇居**　平安宮

**御陵**　深草北陵（89**後深草天皇**の項参照）

皇位継承　躬仁親王（称光天皇）は後小松天皇第一皇子で、父帝の譲りを承けて践祚・即位。南北朝合一の条件として、後小松天皇の次は後亀山天皇皇子が皇位に即《つ》くはずであったが、足利義満の意向により即位となった（後小松上皇院政開始）。

事蹟・事件　称光天皇の代は後小松上皇が院政をしき、足利氏が権勢を振るい、また生来の病弱のため、その事蹟はあまりない。

## 102 後《ご》花園《はなぞの》天皇

御名・異称　彦仁《ひこひと》、円満智《えんまんち》、後文徳院

父母　父＝貞成親王（崇光天皇皇孫）、母＝源（庭田）幸《ゆき》子《こ》

生没年　応永26年（1419）6月18日〜文明2年（1470）12月27日〔52歳〕

元服　永享5年（1433）1月3日〔15歳〕

在位　正長元年（1428）7月28日践祚（即位は翌年12月27日）〜寛正5年（1464）7月19日〔37年〕

大嘗祭　永享2年11月18日

太上天皇宣下　寛正5年8月9日

院政　寛正5年7月19日〜文明2年12月27日（後土御門天皇代）

出家　応仁元年（1467）9月20日

年号　正長《しょうちょう》＝応永35年（1428）4月27日改元。永享《えいきょう》＝正長2年（1429）9月5日改元。嘉吉《かきつ》＝永享13年（1441）2月17日改元。文安《ぶんあん》＝嘉吉4年（1444）2月5日改元。宝徳《ほうとく》＝文安6年（1449）7月28日改元。享徳《きょうとく》＝宝徳4年（1452）7月25日改元。康正《こうしょう》＝享徳4年（1455）7月25日改元。長禄《ちょうろく》＝康正3年（1457）9月28日改元。寛正《かんしょう》＝長禄4年（1460）12月21日改元。寛正7年（1466）2月28日、文正《ぶんしょう》と改元

皇居　平安宮

御陵　後山国《のちのやまくに》陵（宝篋印塔。所在地＝京都市右京区京北井戸町〈常照皇寺内にあり光厳天皇陵、後土御門天皇分骨所と同域〉。分骨所＝京都市上京区般舟院前町〈般舟院陵域内〉。火葬塚＝京都市上京区扇町〈大応寺内〉）

著作　後花園院御消息（教訓書）、後花園院御記、後花園院御集、後花園院御百首、後花園院御五十首、法皇御独吟百韻（連歌）

皇位継承　彦仁王（後花園天皇）は貞成《さだふさ》親王王子。称光天皇に皇子なく、後小松上皇のもう一人の皇子（小川宮）

も急死したため、足利義満支持のもと上皇猶子となり、立太子なく践祚・即位。後小松上皇崩御後は親政に臨み、皇子成仁《ふさひと》（後土御門天皇）に譲位して院政をしいた。父貞成親王は伏見宮第三代、初代栄仁《よしひと》親王は崇光天皇皇子で、皇統が持明院統嫡流に戻ったことを喜び、後花園天皇に『椿葉記《ちんようき》』を記し、君徳の涵養をさとした。また、後花園天皇も、皇子（後土御門天皇）に「後花園院御消息」を記し君主の心構えを説いた。

**事蹟・事件**　①永享5年8月、足利義教《よしのり》の執奏により、天皇、中納言飛鳥井雅世に『新続古今和歌集』を撰ばせる（最後の勅撰集。同11年完成）。②嘉吉元年6月、赤松満祐、将軍足利義教を誘殺（**嘉吉の乱**）。③同3年9月、南朝後裔尊秀王ら、天皇を害せんと土御門内裏を襲うもかなわず（神璽・宝剣を奪うも、宝剣は返される。神璽は不明であったが、長禄2年〈１４５８〉、赤松遺臣が南朝より奪取）。このあとも南朝後胤がたびたび挙兵。④康正2年8月、貞成親王没（追号後崇光院。天皇の叡慮によりその王子貞常親王、以後伏見宮と号することを許される）。⑤寛正3年12月、伊勢内宮遷宮が行なわれる（外宮遷宮ならず。このあと天正13年〈１５８５〉まで遷宮途絶）。

## 103 後土御門《ごつちみかど》天皇

**御名・異称**　成仁《ふさひと》、正等観《しょうとうかん》
**父母**　父＝後花園天皇、母＝藤原（大炊御門《おおいのみかど》）信子《のぶこ》
**生没年**　嘉吉2年（１４４２）5月25日～明応9年（１５００）9月28日〔59歳〕
**親王宣下**　長禄元年（１４５７）12月19日〔16歳〕
**元服**　長禄2年4月17日〔17歳〕
**在位**　寛正5年（１４６４）7月19日践祚（即位は翌年12月27日）～明応9年（１５００）9月28日〔37年〕
**大嘗祭**　文正元年（１４６６）12月18日
**年号**　寛正《かんしょう》＝長禄4年（１４６０）12月21日改元。文正《ぶんしょう》＝寛正7年（１４６６）2月28日改元。応仁《おうにん》＝文正2年（１４６７）3月5日改元。文明《ぶんめい》＝応仁3年（１４６９）4月28日改元。長享《ちょうきょう》＝文明19年（１４８７）7月20日改元。延徳《えんとく》＝長享3年（１４８９）8月21日改元。明応《めいおう》＝延徳4年（１４９２）7月19日改元
**皇居**　平安宮
**御陵**　深草北陵（**89 後深草天皇**の項参照。分骨所＝京都市上京区般舟院前町〈般舟院陵域内〉および京都市右京区京北井戸町丸山〈後山国陵内〉、灰塚＝京都市東山区今熊野泉山町〈月輪陵域内〉）

**著作**　御神楽記、御神膳次第（故実書）、後土御門院御集、後土御門院御百首部類、いその玉藻（和歌集）、御独吟連歌、両吟御百韻、十二文字鎖、御点取類聚、紅塵灰集（歌集）

**皇位継承**　成仁親王（後土御門天皇）は後花園天皇第一皇子。父帝の譲りを承けて23歳で践祚・即位、後花園上皇が院政をしいた。乱により政務ままならず、一再ならず出家・譲位を望んだが、これもかなわずに崩御した。

**事蹟・事件**　①応仁元年5月、細川勝元、山名持豊、それぞれの与党を招集する（応仁・文明の乱の初め）。8月、天皇・上皇、乱を避け足利義政の室町第を仮御所とする（約10年間）。乱により寺社等が焼かれ京都荒廃する。天皇は政務が意の如くならないためしばしば隠居宣言をする。文明9年11月になり、応仁・文明の乱、形の上では終息。②文明11年7月、小倉宮王子、越後から越前に到る（後南朝関係の最後の記事か）。③明応2年5月、細川政元、上原元秀に足利義材《よしき》（のち義稙《よしたね》）を龍安寺に幽閉させる（天皇、烈火の如く怒るも、伝奏甘露寺親長、武家の申すままにするのが「古来の事」として諫める）。

## 104 後柏原天皇《ごかしわばら》

**御名・異称**　勝仁《かつひと》

**父母**　父＝後土御門天皇、母＝源（庭田）朝子《あさこ》

**生没年**　寛正5年（1464）10月20日～大永6年（1526）4月7日〔63歳〕

**親王宣下**　文明12年（1480）12月13日〔17歳〕

**元服**　文明12年12月20日〔17歳〕

**在位**　明応9年（1500）10月25日践祚（即位は永正18年〈1521〉3月22日）～大永6年（1526）4月7日〔27年〕

**年号**　明応《めいおう》＝延徳4年（1492）7月19日改元。文亀《ぶんき》＝明応10年（1501）2月29日改元。永正《えいしょう》＝文亀4年（1504）2月30日改元。大永《だいえい》＝永正18年（1521）8月23日改元

**皇居**　平安宮

**御陵**　深草北陵（89後深草天皇の項参照。灰塚＝京都市東山区今熊野泉山町〈月輪陵域内〉）

**著作**　後柏原院御記、四方拝次第、後柏原院御集（柏玉《はくぎょく》集《しゅう》）、後柏原院御百首部類、後土御門後柏原両院御百韻、北野御法楽御連歌、伊勢物語百韻、金歌集

**皇位継承**　勝仁親王（後柏原天皇）は後土御門天皇第一皇

子。父帝崩御のあとを承けて践祚。財政逼迫《ひっぱく》のため、先帝大喪も崩御後43日目に行なわれ、即位式も践祚後22年目に行なわれるほどであった。
事蹟・事件　大永元年3月、天皇、足利義稙《よしたね》などの献金により紫宸殿にて即位礼を挙げる（践祚以来22年ぶり。大嘗祭は行なわれず。以後即位式場は紫宸殿となる）。当代は財政難のため諸儀式、諸行事も思うにまかせず中止することもしばしばであった。また、この頃前後からしばらく、改元の頻度は少なくなる。

## 105 後奈良《ごなら》天皇

御名・異称　知仁《ともひと》
父母　父＝後柏原天皇、母＝藤原（勧修寺《かじゅうじ》）藤子《ふじこ》
生没年　明応5年（1496）12月23日～弘治3年（1557）9月5日〔62歳〕
親王宣下　永正9年（1512）4月8日〔17歳〕
元服　永正9年4月26日〔17歳〕
在位　大永6年（1526）4月29日践祚（即位は天文5年〈1536〉2月26日）～弘治3年（1557）9月5日〔32年〕
年号　大永《だいえい》＝永正18年（1521）8月23日改元。享禄《きょうろく》＝大永8年（1528）8月20日改元。天文《てんぶん》＝享禄5年（1532）7月29日改元。弘治《こうじ》＝天文24年（1555）10月23日改元
皇居　平安宮
御陵　深草北陵（89後深草天皇の項参照。分骨所＝京都市上京区般舟院前町〈般舟院陵域内〉、灰塚＝京都市東山区今熊野泉山町〈月輪陵域内〉）
著作　後奈良院御記（天聴集、蕢明抄）、後奈良院宸翰御記（儀式書）、後奈良院御集、後奈良院御百首、発句集、奈曾《なぞ》（後奈良院御撰）、慈鎮和上三百年忌経文百首（慈鎮は慈円の諡号）、浄土要文百韻
皇位継承　知仁親王（後奈良天皇）は、後柏原天皇第二皇子で、父帝崩御のあとを承けて践祚した。皇室経済逼迫のときで、践祚および先帝の大喪の儀は崩御後22日目であり、即位式にいたっては践祚後10年目、大嘗祭も行なえなかった。
事蹟・事件　①享禄元年11月、天皇、三条西実隆より古今伝授を受ける。②天文12年8月、種子島に鉄砲が伝えられる。③同20年1月、フランシスコ・シャビエル、入京する。

## 106 正親町《おおぎまち》天皇

御名・異称　方仁《みちひと》
父母　父＝後奈良天皇、母＝藤原（万里小路《までのこうじ》）栄子《えいこ》
生没年　永正14年（１５１７）5月29日～文禄2年（１５９３）1月5日〔77歳〕
親王宣下　天文2年（１５３３）12月9日〔17歳〕
元服　天文2年12月22日〔17歳〕
在位　弘治3年（１５５７）10月27日践祚（即位は永禄3年〈１５６０〉1月27日）～天正14年（１５８６）11月7日〔30年〕
太上天皇宣下　天正14年11月
年号　弘治《こうじ》＝天文24年（１５５５）10月23日改元。永禄《えいろく》＝弘治4年（１５５８）2月28日改元。元亀《げんき》＝永禄13年（１５７０）4月23日改元。天正《てんしょう》＝元亀4年（１５７３）7月28日改元。天正20年12月8日、文禄《ぶんろく》と改元
皇居　平安宮
御陵　深草北陵（89後深草天皇の項参照。灰塚＝京都市東山区今熊野泉山町〈月輪陵域内〉）
著作　正親町院御記、禁中雑事（儀式書）、御拝之事、年中御作法留、寮馬奉納事、御ばいぜんの事（「ばいぜん」は陪膳）、やくそうの事（「やくそう」は役送）、御かぐらの事（「かぐら」は神楽）、正親町院御百首
皇位継承　方仁親王（正親町天皇）は後奈良天皇第二皇子。父帝崩御のあと（1ヵ月空位）を承けて践祚（剣璽渡御なし）。皇室衰微の折、毛利元就の献金により3年後に即位式を挙げた（元就に「陸奥守」を賜与）。ついで織田信長・豊臣秀吉が台頭し、その朝廷政策から皇室経済も回復していくなか、天皇は後陽成天皇に譲位した（天皇の譲位は後花園天皇以来のことで１２０年ぶり）。
事蹟・事件　①永禄5年4月、天皇、三条西公条《きんえだ》より「古今伝授」を受ける。②永禄9年12月、松平家康、天皇に届けたうえで徳川と改め、三河守兼左京大夫に任じられる（この時代、天皇は律令的な国司を任命するように大名に領国に因んだ官途を与え、皇室の資とする）。③天正元年7月、織田信長、足利義昭を逐い、室町幕府滅亡。④同7年11月、天皇第一皇子誠仁《さねひと》親王、信長献上の二条御所に移る（信長は親王を皇位に即《つ》け、意のままにしようと図るも、同10年6月の本能寺の変により自殺。誠仁親王も、同14年7月、受禅間近に没。次の後陽成天皇の父であることから陽光院〈陽光太上天皇〉と追号）。⑤同13年7月、豊臣秀吉を関白に任命する。⑥同年10月、天皇から諸国勧進の綸旨を賜った慶光院周養《けいこういんしゅうよう》などの尽力

により、伊勢内宮遷宮が行なわれる（123年ぶり）。

## 107 後陽成《ごようぜい》天皇

**御名・異称**　和仁《かずひと》、周仁《かたひと》

**父母**　父＝誠仁《さねひと》親王（正親町天皇皇子）、母＝藤原（勧修寺）晴子《はるこ》

**生没年**　元亀2年（1571）12月15日〜元和3年（1617）8月26日〔47歳〕

**親王宣下**　天正14年（1586）9月17日〔16歳〕

**元服**　天正14年9月20日〔16歳〕

**在位**　天正14年（1586）11月7日践祚（即位は同年11月25日）〜慶長16年（1611）3月27日〔26年〕

**太上天皇宣下**　慶長16年4月7日

**院政**　慶長16年3月27日〜元和3年（1617）8月26日

**年号**　天正《てんしょう》＝元亀4年（1573）7月28日改元。文禄《ぶんろく》＝天正20年（1592）12月8日改元。慶長《けいちょう》＝文禄5年（1596）10月27日改元。慶長20年（1615）7月13日、元和《げんな》と改元

**皇居**　平安宮

**御陵**　深草北陵（89 **後深草天皇**の項参照。灰塚＝京都市東山区今熊野泉山町〈月輪陵域内〉）

**著作**　後陽成院御記、小朝拝事、縣召除目次第《あがためしじもくしだい》、女御位次之事、将軍宣下並叙位任大臣等陣儀次第、兼右《かねみぎ》卿日録抜萃、源氏物語聞書（注釈書）、伊勢物語愚案抄、伊勢物語御講釈聞書、百人一首御抄（注釈書）、後陽成院御百首、後陽成院御五十首、御独吟和歌連句、文字鎖《もじぐさり》、詠歌大概御抄（注釈書）、未来記雨中吟御抄（歌学書）、和歌方輿勝覧（歌学書）、親王准后等濫觴《らんしょう》之事

**皇位継承**　父誠仁親王（正親町天皇第一皇子）は皇位に即《つ》くはずであったが亡くなったため、その王子和仁（のち周仁。後陽成天皇）が皇儲に定められ、祖父正親町天皇の譲りを承けて践祚・即位した。後陽成天皇は、智仁《としひと》親王（正親町天皇皇孫。桂宮初代）に譲位を望んだが、徳川家康の意向により後水尾天皇の即位となった。

**事蹟・事件**　①天正16年4月、天皇、豊臣秀吉の聚楽第《じゅらくてい》に行幸する。②同18年、陽光院第六王子智仁親王を秀吉猶子とする（親王に関白職を譲る約束をするが、秀吉の子鶴松誕生により猶子解消、親王は八条宮を賜わる。のち桂宮祖）。③文禄元年1月、秀吉、天皇の名において諸大名に朝鮮・明への出陣を命じる（**文禄・慶長の役**始まる。慶長3年8月、秀吉没により撤兵）。④慶長5年9月、天皇、細川幽斎の死により「古今伝授」が絶えるこ

とを危惧し、使を田辺城に遣わし、幽斎に和睦をすすめる。⑤同8年2月、徳川家康を右大臣・征夷大将軍とする（江戸開幕）。

## 108 後水尾天皇《ごみずのお》

御名・異称　政仁《ことひと》（初訓は「ただひと」）、円浄《えんじょう》
父母　父＝後陽成天皇、母＝藤原（近衛）前子《さきこ》
生没年　文禄5年（1596）6月4日～延宝8年（1680）8月19日〔85歳〕
親王宣下　慶長5年（1600）12月21日〔5歳〕
元服　慶長15年12月23日〔15歳〕
在位　慶長16年（1611）3月27日践祚（即位は同年4月12日）～寛永6年（1629）11月8日〔19年〕
太上天皇宣下　寛永6年11月8日
院政　寛永6年11月8日～慶安元年（1648）～慶安2年（明正・後光明天皇代）、寛文3年（1663）1月26日～寛文9年（1669）（霊元天皇代）
出家　慶安4年5月6日
年号　慶長《けいちょう》＝文禄5年（1596）10月27日改元。元和《げんな》＝慶長20年（1615）7月13日改元。寛永《かんえい》＝元和10年（1624）2月30日改元。寛永21年（1644）12月16日、正保《しょうほう》と改元
皇居　平安宮
御陵　月輪陵（87四条天皇の項参照）
著作　御教訓書（三種あり）、当時年中行事、若宮姫宮様内々御祝儀覚、親王御元服次第、御元服次第、王代年代号略頌、名目抄音訓（注釈書）、逆耳集《ぎゃくじしゅう》（格言の摘録等）、薫物方（故実書）、胡蝶（物語）、聞塵《もんじん》（漢詩文。九種あり）、源氏物語御書入（注釈書）、源氏物語伏屋の塵《ちり》（注釈書）、伊勢物語御抄（注釈書）、伊勢物語不審条々（注釈書）、百人一首御抄（注釈書）、古歌御注（注釈書）、古今集御抄（注釈書）、後撰御注（注釈書）、後水尾院御聞書（故実書）、後水尾院御製詩集、後水尾院御集（鷗《おう》巣集《そうしゅう》）、仙洞御百首、源氏物語文字鎖、撰集之事長歌、三十六人作者覚悟歌、千首和歌集、宸翰新歌集、三十六首花歌仙、曙夕暮百首、和歌一枚起請（歌学書）、御撰賀歌十五首、後水尾院長承老御両吟狂連（狂句集）、後水尾院碧梧御両吟狂句（狂句集）、詠歌大概御抄（注釈書）、玉露稿（歌学書）、一字御抄（和歌集）、類題（和歌集）、類題寄書（和歌の題の目録）、和漢朗詠集御訓点（注釈書）、可秘集（てにをはの事）、後水尾院和歌作法（歌学書）、後水尾院御詞留和歌聞書（歌学書）、後水尾

院御聞書（歌学書）、懐紙短冊閇様之事（歌学書）、書道之書

**皇位継承**　政仁親王（後水尾天皇）は後陽成天皇第三皇子。父帝の譲りを承けて践祚・即位した。しかし、「禁中並公家中諸法度」発布、紫衣事件、ついで無位無官であった春日局の拝謁など度重なる幕府の干渉に対し、憤懣《ふんまん》やるかたなく、幕府に伝えることなく突然譲位した。

**事蹟・事件**　①慶長18年6月、徳川家康、公家諸法度（のち禁中並公家中諸法度）を定める。②同19年11月、**大坂冬の陣**、翌年5月**大坂夏の陣**が起こる。③元和元年7月、代始により元和と改元（以後、年号選定については幕府の同意が必要となる）。④同2年4月、徳川家康没。翌年2月、家康に「東照大権現」の神号を勅賜、4月には家康の霊柩を久能山から日光に移葬し奉幣使を派遣する（日光例幣使の初例）。⑤同6年、天皇、源和子を女御とする。⑥寛永2年10月、後陽成天皇皇子好仁《よしひと》親王、高松宮の称号を賜わる。⑦同3年9月、天皇・中宮和子、大改築成った二条城に行幸する（5日間）。⑧同6年6月に紫衣事件起こり、10月に徳川家光乳母ふく、参内して天皇に拝謁する（無位無官であったが、三条西実条《さねえだ》の猶妹として参内資格を得、称号「春日局」を賜わる）などが重なり、幕府への憤りから、11月に突然譲位する。

## 109 明正《めいしょう》天皇

**御名・異称**　興子《おきこ》、女一《おんないち》宮

**父母**　父＝後水尾天皇、母＝源（徳川）和子《まさこ》

**生没年**　元和9年（1623）11月19日～元禄9年（1696）11月10日〔74歳〕

**内親王宣下**　寛永6年（1629）10月29日〔7歳〕

**髪曾木**　寛永15年6月16日〔16歳〕

**在位**　寛永6年（1629）11月8日践祚（即位は翌年9月12日）～同20年（1643）10月3日〔15年〕

**太上天皇宣下**　寛永20年10月12日

**年号**　寛永《かんえい》＝元和10年（1624）2月30日改元。寛永21年（1644）12月16日、正保《しょうほう》と改元

**皇居**　平安宮

**御陵**　月輪陵（**87四条天皇**の項参照）

**皇位継承**　後水尾天皇は第二皇子高仁《すけひと》親王（母は源和子）に譲位するつもりであったが、夭折したため、第二皇女興子内親王（明正天皇）を皇位に即《つ》けた。その母は皇后和子で、徳川家が外戚となった。女帝の誕生は称徳天皇以来で、859年ぶりであった。後水尾上皇が院政をし

いたので、天皇は政務に携わることなく後光明天皇に譲位した。

事蹟・事件　①寛永18年3月、幕府、慶長造営の内裏を壊し造営に着手し、天皇は翌年6月、新造内裏に遷る。②同年7月、後水尾上皇、山荘を衣笠山麓に求める（修学院離宮となり、上皇はたびたび御幸する）。

## 110 後光明天皇《ごこうみょう》

御名・異称　紹仁《つぐひと》、素鵞《すが》宮

父母　父＝後水尾天皇、母＝藤原（園）光子《みつこ》

生没年　寛永10年（1633）3月12日～承応3年（1654）9月20日〔22歳〕

親王宣下　寛永19年12月15日〔10歳〕

元服　寛永20年9月27日〔11歳〕

在位　寛永20年（1643）10月3日（即位は同年10月21日）～承応3年（1654）9月20日〔12年〕

年号　寛永《かんえい》＝元和10年（1624）2月30日改元。正保《しょうほう》＝寛永21年（1644）12月16日改元。慶安《けいあん》＝正保5年（1648）2月15日改元。承応《じょうおう》＝慶安5年（1652）9月18日改元

皇居　平安宮

御陵　月輪陵（87四条天皇の項参照）

著作　後光明帝御製集

皇位継承　紹仁親王（後光明天皇）は後水尾天皇第四皇子。明正天皇の譲りを承けて11歳で践祚・即位した。父後水尾上皇が前代に続き院政をしいた。

事蹟・事件　①正保4年4月、幕府、朝廷高官の任免は幕府の内意を得るべしと通達する。②同年9月、伊勢例幣使が再興される（応仁・文明の乱以来中絶）。

## 111 後西天皇《ごさい》

御名・異称　秀《ひで》宮、良仁《ながひと》、高松《たかまつ》宮、桃園《ももぞの》宮、花町《はなまち》宮

父母　父＝後水尾天皇、母＝藤原（櫛笥《くしげ》）隆子《たかこ》

生没年　寛永14年（1637）11月16日～貞享2年（1685）2月22日〔49歳〕

親王宣下　慶安元年（1648）7月19日〔12歳〕

元服　慶安4年11月25日〔15歳〕

在位　承応3年（1654）11月28日践祚（即位は明暦2年〈1656〉1月23日）～寛文3年（1663）1月26日〔10年〕

太上天皇宣下　寛文3年2月3日

年号　承応《じょうおう》＝慶安5年（1652）9月18日改元。明暦《めいれき》＝

承応4年（1655）4月13日改元。万治《まんじ》＝明暦4年（1658）7月23日改元。寛文《かんぶん》＝万治4年（1661）4月25日改元。寛文13年（1673）9月21日、延宝《えんぽう》と改元

**皇居**　平安宮

**御陵**　月輪陵（**87四条天皇**の項参照）

**著作**　後西院御記（水日御記）、源氏聞書（注釈書）、伊勢物語御注、百人一首聞書、後西院御集（水日集）、後西院御三十首、十体和歌（歌学書）、集外歌仙（和歌集）、新院女歌仙（和歌集）、山茶花譜、正方（薫香についての故実書）、易然集《えきぜんしゅう》、漢和狂句

**皇位継承**　後西天皇は後水尾天皇第八皇子で、叔父高松宮好仁《よしひと》親王を継いで、桃園宮《ももぞののみや》・花町宮《はなまちのみや》を称して親王宣下。ところが、後光明天皇が22歳で崩御したため、皇弟識仁《さとひと》親王（霊元天皇。このときまだ1歳）の成長までの間として践祚・即位した。

**事蹟・事件**　①明暦元年11月、後水尾法皇、日光門主尊敬入道親王に輪王寺宮の号を賜う（輪王寺宮門跡の初め）。②同3年1月、江戸で明暦の大火起こる。③同年2月、徳川光圀、『大日本史』編纂に着手する。

なお天皇は、侍臣に記録類を筆写させて副本を作成、これらが現在の京都御所東山御文庫の基礎をなしている。

## 112 霊元《れいげん》天皇

**御名・異称**　識仁《さとひと》、高貴《あて》宮、寛文《かんぶん》帝、素浄《そじょう》

**父母**　父＝後水尾天皇、母＝藤原（園）国子《くにこ》

**生没年**　承応3年（1654）5月25日～享保17年（1732）8月6日〔79歳〕

**親王宣下**　明暦4年（1658）1月28日〔5歳〕

**元服**　寛文2年（1662）12月11日〔9歳〕

**在位**　寛文3年（1663）1月26日践祚（即位は同年4月27日）～貞享4年（1687）3月21日〔25年〕

**太上天皇宣下**　貞享4年3月25日

**院政**　貞享4年3月21日～元禄6年（1693）11月26日（東山天皇代）および宝永6年（1709）12月17日～享保2年（中御門天皇代）

**出家**　正徳3年（1712）8月16日

**年号**　寛文《かんぶん》＝万治4年（1661）4月25日改元。延宝《えんぽう》＝寛文13年（1673）9月21日改元。天和《てんな》＝延宝9年（1681）9月29日改元。貞享《じょうきょう》＝天和4年（1684）2月21日改元。貞享5年（1688）9月30日、元《げん》禄《ろく》と改元

皇居　平安宮
御陵　月輪陵（**87四条天皇**の項参照）
著作　霊元院御記、元陵御記《げんりょうぎょき》（行幸等の記録）、院中雑事（儀式書）、御譲位部類等の目録、改元私勘（延宝改元の記録）、公事部類、観音日之事、法華経御聞書、源語詞要（注釈書）、源氏物語詞書（注釈書）、古今集序御注（仮名序注釈）、拾遺和歌集御注（注釈書）、奥尽御抄（伊勢物語注釈書）、百人一首御抄（注釈書）、百人一首よみくせ（注釈書）、霊元院御集、名所御百首、仙洞御百首、法華経二十八品和歌、百首句題、近代和歌集、詠歌大概御講釈聞書、作例初学考（歌学書）、六百番作例（歌学書）、一歩抄（歌論書）、仙洞御添削聞書（歌学書）、和歌聞書（歌学書）、歌書抄録（歌論書）、観象詩歌、乙《おつ》夜随筆《やずいひつ》
皇位継承　識仁《さとひと》親王（霊元天皇）は後水尾天皇第十九皇子。誕生してすぐに後光明天皇養子となり皇嗣に擬せられ、後西天皇の譲りを承けて践祚・即位した。後水尾法皇崩御ののちは親政に臨み、東山天皇に譲位してからは幕府の意向に反し院政をしいた。
事蹟・事件　①寛文12年6月、花町宮幸仁親王（後西天皇第二皇子）、後水尾法皇の叡慮により家号を有栖川宮と改める。②延宝8年8月、後水尾法皇、85歳で崩御。
なお天皇は、廷臣に命じ写本を作製させ、精力的に御文庫の充実に尽くす。

## 113 東山《ひがしやま》天皇

御名・異称　朝仁《あさひと》、五《ご》宮
父母　父＝霊元天皇、母＝藤原（松木《まつのき》）宗子《むねこ》
生没年　延宝3年（1675）9月3日～宝永6年（1709）12月17日〔35歳〕
儲君治定　天和2年（1682）3月25日〔8歳〕
親王宣下　天和2年12月2日〔8歳〕
立太子　天和3年2月9日〔9歳〕
元服　貞享4年（1687）1月23日〔13歳〕
在位　貞享4年（1687）3月21日践祚（即位は同年4月28日）～宝永6年（1709）6月21日〔23年〕
大嘗祭　貞享4年11月16日
太上天皇宣下　宝永6年6月24日
院政　宝永6年6月21日～同年12月17日
年号　貞享《じょうきょう》＝天和4年（1684）2月21日改元。元禄《げんろく》＝貞享5年（1688）9月30日改元。宝永《ほうえい》＝元禄17年（1704）3月13日改元

皇居　平安宮
御陵　月輪陵（**87四条天皇**の項参照）
著作　東山天皇御詠草（和歌集）
皇位継承　朝仁親王（東山天皇）は霊元天皇第四皇子。8歳で儲君《ちょくん》（「もうけのきみ」とも）に治定され、親王宣下、立太子、元服を経て、父帝の譲りを承けて践祚・即位、大嘗祭を行なった。立太子（335年ぶり）および大嘗祭（221年ぶり）は久しく中絶していたものを霊元天皇の尽力により再興したもの。また、儲君の制は天皇が初めてである。幕府の意向により霊元上皇の院政が廃されてのちは親政にあたった。なお、天皇崩御後、新設の閑院宮家に皇子直仁親王が入った。
事蹟・事件　①元禄10年、幕府、「元禄の探陵」に着手する（66陵に竹垣を巡らせ修理などを行なう）。②同14年3月、勅使饗応役浅野長矩《ながのり》、江戸城殿中にて高家吉良義《よし》央《なか》に刃傷《にんじょう》、「勅使登城」の場を汚した不敬により即日切腹。③宝永2年2月、幕府、禁裏御料を一万石余加増し、計三万石余となる。④同4年10月、南海・東海地方大地震発生（宝永大地震）、同年11月、富士山噴火（宝永大噴火）、翌年3月、京都大火で禁裏等焼亡（宝永の大火）、と大災害が続く。

## 114 中御門《なかみかど》天皇

御名・異称　慶仁《やすひと》、長《ます》宮
父母　父＝東山天皇、母＝藤原（櫛笥）賀子《よしこ》
生没年　元禄14年（1701）12月17日～元文2年（1737）4月11日〔37歳〕
儲君治定　宝永4年（1707）3月22日〔7歳〕
親王宣下　宝永4年4月29日〔7歳〕
立太子　宝永5年2月16日〔8歳〕
元服　宝永8年11月11日〔11歳〕
在位　宝永6年（1709）6月21日践祚（即位は翌年11月11日）～享保20年（1735）3月21日〔27年〕
太上天皇宣下　享保20年3月23日
院政　享保20年3月21日～元文2年4月11日
年号　宝永《ほうえい》＝元禄17年（1704）3月13日改元。正徳《しょうとく》＝宝永8年（1711）4月25日改元。享保《きょうほう》＝正徳6年（1716）6月22日改元。享保21年（1736）4月28日、元文《げんぶん》と改元
皇居　平安宮
御陵　月輪陵（**87四条天皇**の項参照）
著作　中御門天皇御記、公事部類（御拝事等）、中御門院御詠草

皇位継承　慶仁《やすひと》親王（中御門天皇）は東山天皇第五皇子。儲君に治定され、親王宣下、立太子ののち父帝の譲りを承けて9歳で受禅・即位した。朝幕関係は良好で、霊元上皇皇女吉子内親王（八十宮）の将軍徳川家継への降嫁が決まったものの家継急逝により実現しなかった。
事蹟・事件　宝永7年、将軍徳川家宣、新井白石の新宮家設立建言を容れて奏請。8月、勅により中御門天皇弟秀宮を親王とし（直仁親王）、宮家を創立する（のち閑院宮号を賜わる。後桃園天皇崩御時、閑院宮から養子をとり、光格天皇誕生となる）。

## 115 桜町《さくらまち》天皇

御名・異称　昭仁《てるひと》、若宮
父母　父＝中御門天皇、母＝藤原（近衛）尚子《ひさこ》
生没年　享保5年（1720）1月1日～寛延3年（1750）4月23日〔31歳〕
儲君治定　享保5年10月16日〔1歳〕
親王宣下　享保5年11月4日〔1歳〕
立太子　享保13年6月1日〔9歳〕
元服　享保20年2月1日〔16歳〕
在位　享保20年（1735）3月21日践祚（即位は同年11月3日）～延享4年（1747）5月2日〔13年〕
大嘗祭　元文3年（1738）11月19日
太上天皇宣下　延享4年5月7日
院政　延享4年5月2日～寛延3年4月23日
年号　享保《きょうほう》＝正徳6年（1716）6月22日改元。元文《げんぶん》＝享保21年（1736）4月28日改元。寛保《かんぽう》＝元文6年（1741）2月27日改元。延享《えんきょう》＝寛保4年（1744）2月21日改元。延享5年（1748）7月12日、寛延《かんえん》と改元
皇居　平安宮
御陵　月輪陵（87四条天皇の項参照）
著作　桜町天皇御記、桜町院御集、桜町院御百首、御製五十首、坊中御会和歌、桃蘂《とうずい》類題（和歌集）、歌道御教訓書（歌学書）
皇位継承　昭仁親王（桜町天皇）は中御門天皇第一皇子。儲君に治定され、親王宣下、立太子ののち父帝の譲りを承けて受禅・即位した。
事蹟・事件　元文3年11月、天皇、幕府の援助により大嘗祭を再興する（これ以降は今日まで継続。翌年11月には御所での新嘗祭を再興）。

## 116 桃園《ももぞの》天皇

御名・異称　八穂宮《やほ》、茶地宮《さち》、遐仁《とおひと》
父母　父＝桜町天皇、母＝藤原（姉小路《あねがこうじ》）定子《さだこ》
生没年　寛保元年（1741）2月29日～宝暦12年（1762）7月12日〔22歳〕
儲君治定　延享3年（1746）1月21日〔6歳〕
親王宣下　延享3年3月16日〔6歳〕
元服　延享4年3月15日〔7歳〕
立太子　延享4年3月16日〔7歳〕
在位　延享4年（1747）5月2日践祚（即位は同年9月21日）～宝暦12年（1762）7月12日〔16年〕
大嘗祭　寛延元年（1748）11月17日
年号　延享《えんきょう》＝寛保4年（1744）2月21日改元。寛延《かんえん》＝延享5年（1748）7月12日改元。宝暦《ほうれき》＝寛延4年（1751）10月27日改元
皇居　平安宮
御陵　月輪陵（**87四条天皇**の項参照）
著作　桃園院御記、七夕七遊宸記（和歌集）、禁中例規御覚書、桃園天皇御製、御著到百首
皇位継承　遐仁親王（桃園天皇）は桜町天皇第一皇子。儲君に治定され、親王宣下、立太子ののち父帝より受禅・即位した。在位中、宝暦事件が起こるなど、尊王論が顕著になっていく。
事蹟・事件　①宝暦8年7月、竹内式部、堂上方への神書講読により幕府に捕らえられる（宝暦事件）。②同12年7月、天皇、儲君英仁親王の成長まで智子内親王が即《つ》くべしと遺詔。幕府の返事がくるまで、その死が伏せられる（12日崩御、21日崩御を発表）。

## 117 後桜町《ごさくらまち》天皇

御名・異称　以茶宮《いさ》、緋宮《あけ》、智子《としこ》（初訓は「さとこ」）
父母　父＝桜町天皇、母＝藤原（二条）舎子《いえこ》
生没年　元文5年（1740）8月3日～文化10年（1813）閏11月2日〔74歳〕
内親王宣下　寛延3年（1750）3月28日〔11歳〕
在位　宝暦12年（1762）7月27日践祚（即位は翌年11月27日）～明和7年（1770）11月24日〔9年〕
大嘗祭　明和元年11月8日
太上天皇宣下　明和7年11月25日
年号　宝暦《ほうれき》＝寛延4年（1751）10月27日改元。明和《めいわ》＝宝暦14年（1764）6月2日改元。明和9年（1772）11月16日、安永《あんえい》と改元。

皇居　平安宮
御陵　月輪陵（**87** **四条天皇**の項参照）
著作　後桜町院宸記、禁中年中之事、洛外御幸御道すじか き付（紀行）、後桜町天皇御製、古今伝授の御記（歌学書）
皇位継承　智子内親王（後桜町天皇）は桜町天皇第二皇女で、桃園天皇の姉にあたる。桃園天皇崩御後、儲君英仁《ひでひと》親王の成長まで皇位を継ぐことになり践祚・即位した。明正天皇以来の女帝で、また最後の女帝である（現「皇室典範」では皇位継承資格者は男系男子に限られる）。天皇は譲位ののち、幼帝の後桃園・光格両天皇をよく輔導したという。
事蹟・事件　明和4年8月、幕府、尊王論により幕政を批判した山県大弐《やまがただいに》を死罪、藤井右門を獄門、竹内式部を八丈島流罪とする（明和事件）。

## 118 後《ご》桃園《ももぞの》天皇

御名・異称　英仁《ひでひと》、二宮
父母　父＝桃園天皇、母＝藤原（一条）富子《とみこ》
生没年　宝暦8年（1758）7月2日～安永8年（1779）10月29日〔22歳〕
儲君治定　宝暦9年1月18日〔2歳〕
親王宣下　宝暦9年5月15日〔2歳〕
立太子　明和5年（1768）2月19日〔11歳〕
元服　明和5年8月9日〔11歳〕
在位　明和7年（1770）11月24日践祚（即位は翌年4月28日）～安永8年（1779）10月29日〔10年〕
大嘗祭　明和8年11月19日
年号　明和《めいわ》＝宝暦14年（1764）6月2日改元。安永《あんえい》＝明和9年（1772）11月16日改元
皇居　平安宮
御陵　月輪陵（**87** **四条天皇**の項参照）
著作　後桃園院宸記、年中さかづきの次第（儀式書）、後桃園天皇御製
皇位継承　英仁親王（後桃園天皇）は桃園天皇第一皇子。誕生の翌年には儲君に治定されたものの父帝崩御時まだ5歳であったので叔母智子内親王（後桜町天皇）が皇位を継承、その皇太子に立てられ、受禅・即位した。体質弱く皇子がいなかったため、典仁親王王子兼仁（光格天皇）を養子として皇嗣に定め崩御した。
事蹟・事件　この頃旱魃、各地で一揆、打ちこわしがあり、明和9年2月には、江戸で大火があり迷惑（明和9）年

とのことから安永に改元される。

## 119 光格《こうかく》天皇

御名・異称　祐宮《さち》、師仁《もろひと》、兼仁《ともひと》
父母　父＝閑院宮典仁親王（慶光天皇）、母＝大江磐代《いわしろ》
生没年　明和8年（1771）8月15日〜天保11年（1840）11月19日〔70歳〕
儲君治定　安永8年（1779）11月8日〔9歳〕
元服　安永10年1月1日〔11歳〕
在位　安永8年（1779）11月25日践祚（即位は翌年12月4日）〜文化14年（1817）3月22日〔39年〕
大嘗祭　天明7年（1787）11月27日
太上天皇宣下　文化14年3月24日
院政　文化14年3月22日〜天保11年11月19日
年号　安永《あんえい》＝明和9年（1772）11月16日改元。天明《てんめい》＝安永10年（1781）4月2日改元。寛政《かんせい》＝天明9年（1789）1月25日改元。享和《きょうわ》＝寛政13年（1801）2月5日改元。文化《ぶんか》＝享和4年（1804）2月11日改元。文化15年（1818）4月22日、文政《ぶんせい》と改元
皇居　平安宮
御陵　後月輪《のちのつきのわ》陵（九重塔。所在地＝京都市東山区今熊野泉山町〈泉涌寺内〉）
著作　光格天皇御日記案（日記）、光格天皇御詠草（和歌集）
皇位継承　祐宮（諱《いみな》は師仁《もろひと》、のち兼仁《ともひと》。光格天皇）は、東山天皇皇孫閑院宮典仁《すけひと》親王第六王子。出家して聖護院門跡を継ぐはずであったが、後桃園天皇の養子となり9歳で践祚、翌年、即位した。崩御後、諡号復活し「光格天皇」と追諡された（光孝天皇以来954年ぶり。この間は院号が贈られていた）。
事蹟・事件　①天明7年、諸国大凶作、各地で打ちこわし起こる。また「御所千度参り」が流行する。②同8年1月、京都大火。内裏も炎上し、天皇、剣璽を奉じて下賀茂社に遷幸する（裏松光世の考証により紫宸殿・清涼殿等造営）。③寛政元年2月、天皇、父閑院宮典仁《すけひと》親王の尊号宣下を幕府に諮《はか》る（幕府これを却下。尊号事件）。④文化7年9月、皇子磐宮《いわのみや》（盛仁《たけひと》親王）に京極宮を嗣がせ、桂宮と改号し、智仁親王を桂宮始祖とする。
　なお当代において、ロシア・アメリカ・イギリス船が日本沿海にしばしば現われ、あるいは薪炭を要求する。

## 120 仁孝天皇《にんこう》

御名・異称　寛《ゆた》宮、恵仁《あやひと》、弘化帝

父母　父＝光格天皇、母＝藤原（勧修寺）婧子《ただこ》

生没年　寛政12年（1800）2月21日〜弘化3年（1846）1月26日〔47歳〕

儲君治定　文化4年（1807）7月18日〔8歳〕

親王宣下　文化4年9月22日〔8歳〕

立太子　文化6年3月24日〔10歳〕

元服　文化8年3月16日〔12歳〕

在位　文化14年（1817）3月22日践祚（即位は同年9月21日）〜弘化3年（1846）1月26日〔30年〕

大嘗祭　文政元年（1818）11月21日

年号　文化《ぶんか》＝享和4年（1804）2月11日改元。文政《ぶんせい》＝文化15年（1818）4月22日改元。天保《てんぽう》＝文政13年（1830）12月10日改元。弘化《こうか》＝天保15年（1844）12月2日改元

皇居　平安宮

御陵　後月輪陵（**119光格天皇**の項参照）

著作　仁孝天皇御製和歌

皇位継承　恵仁親王（仁孝天皇）は光格天皇第四皇子。母は勧修寺経逸《つねとし》女婧子《ただこ》であったが、皇后欣子《よしこ》内親王の実子となり儲君に治定され、親王宣下、立太子ののち受禅・即位。父光格上皇が院政をとった（現行法では「院政」の規定がなく、これが最後の院政となる）。

事蹟・事件　天保8年6月、アメリカ船モリソン号、漂流民を乗せて浦賀に入港する。

## 121 孝明天皇《こうめい》

御名・異称　熙《ひろ》宮、統仁《おさひと》

父母　父＝仁孝天皇、母＝藤原（正親町）雅子《なおこ》

生没年　天保2年（1831）6月14日〜慶応2年（1866）12月25日〔36歳〕

儲君治定　天保6年6月21日〔5歳〕

親王宣下　天保6年9月18日〔5歳〕

立太子　天保11年3月14日〔10歳〕

元服　天保15年3月27日〔14歳〕

在位　弘化3年（1846）2月13日践祚（即位は翌年9月23日）〜慶応2年（1866）12月25日〔21年〕

大嘗祭　嘉永元年（1848）11月21日

年号　弘化《こうか》＝天保15年（1844）12月2日改元。嘉永《かえい》＝弘化5年（1848）2月28日改元。安政《あんせい》＝嘉永7年（1854）11月27日改元。万延《まんえん》＝安政7年（1860）

3月18日改元。文久《ぶんきゅう》＝万延2年（1861）2月19日改元。元治《げんじ》＝文久4年（1864）2月20日改元。慶応《けいおう》＝元治2年（1865）4月7日改元。慶応4年（1868）9月8日、明治《めいじ》と改元
**皇居**　平安宮
**御陵**　後月輪　東　山陵《のちのつきのわのひがしやま》（円丘。径45メートル。所在地＝京都市東山区今熊野泉山町〈泉涌寺内〉）
**著作**　孝明天皇宸記、坊中日次案（日記）、皇居炎上御避難御道中御製和歌御詠草、此花集、此花集詠千首、此花詠標題、宇佐宮御奉納五十首御製、陽明家江行幸之節和歌当座会記、避暑御遊歌、内々月次記、慨然集、幻夢書
**皇位継承**　統仁親王（孝明天皇）は仁孝天皇第四皇子。儲君治定、親王宣下、立太子をへて父帝崩御のあとを承け、16歳で践祚・即位した。時代は幕末動乱期を迎え、幕府の弱体ぶりが目立ち、朝廷が幕府に対し優位に立つに至った。外圧・内圧により国内騒然とするさなか、天皇はにわかに崩御した。公武合体派であったため、倒幕派による毒殺説も噂される。
**事蹟・事件**　①嘉永6年6月、アメリカ使節ペリー、浦賀に来航、7月、ロシア使節プチャーチン、長崎に来航する。12月、朝廷、伊勢神宮以下に国家安穏を祈らせる（以降しばしば）。②安政元年7月、幕府、日章旗を日本国総船印と定める。③同5年6月、幕府、朝廷に日米通商条約調印を報告。翌日、天皇、激怒し、「神州の瑕瑾《かきん》」「天神地祇・皇祖に申しわけない」と譲位の密勅を下す（このあと何度も譲位の意向をもらす）。④同年9月、「安政の大獄」始まる。堂上廷臣にも及び、天皇も動揺する。⑤文久2年2月、皇妹親子《ちかこ》内親王（和宮）、江戸城で将軍徳川家茂と婚儀を挙げる。⑥同年10月、宇都宮藩の建議により「文久の修陵」開始。⑦同年11月、勅使三条実美《さねとみ》、江戸城に登る（このとき勅使が将軍より上座となり、翌日、朝廷高官の任免を幕府が承認するという手続を廃止）。⑧同3年、青蓮院門主尊融《そんゆう》入道親王（朝彦親王）、勅命により還俗（以降明治初期まで国家多難の折、出家した多くの親王が還俗し、国事に当たる）。

## 122 明治《めいじ》天皇

**御名・異称**　祐《さち》宮、睦仁《むつひと》
**父母**　父＝孝明天皇、母＝藤原（中山）慶子《よしこ》
**生没年**　嘉永5年（1852）9月22日～明治45年（1912）7月30日〔61歳〕
**儲君治定**　万延元年（1860）7月10日〔9歳〕

**親王宣下**　万延元年9月28日〔9歳〕
**元服**　慶応4年（1868）1月15日〔17歳〕
**在位**　慶応3年（1867）1月9日践祚（即位は翌年8月27日）～明治45年（1912）7月30日〔46年〕
**大嘗祭**　明治4年11月17日
**年号**　慶応《けいおう》＝元治2年（1865）4月7日改元。明治《めいじ》＝慶応4年（1868）9月8日改元。明治45年（1912）7月30日、大正《たいしょう》と改元
**皇居**　平安宮、東京皇居
**御陵**　伏見桃山《ふしみのももやま》陵（上円下方。所在地＝京都市伏見区桃山町古城山〈伏見城旧本丸の南〉）
**著作**　明治天皇御製（九万三〇三二首所収）
**皇位継承**　睦仁《むつひと》親王（明治天皇）は孝明天皇第二皇子。儲君に治定され、母は藤原（中山）慶子であったが、女御藤原夙子（英照皇太后）の実子となり親王宣下、父帝急死により践祚・即位する。明治新政府の意向により天皇親政・万機親裁を旨とし、「大日本帝国憲法」下では統治権の総攬者と位置づけられ、「神聖にして侵すべからず」「陸海軍を統帥す」とされた。崩御後は、明治神宮が創建され、11月3日の誕生日は「明治節」、第二次大戦後は「文化の日」となった。

**事蹟・事件**　①慶応3年10月、将軍徳川慶喜に大政奉還を勅許する（これまで武家に大政委任したことはなかったが）。同年12月、王政復古の大号令が出される。②明治元年9月、代始により明治と改元する（以後、一世一元とする）。この年3月、「五箇条の御誓文」（これがいわば新政府の成立宣言ともなる）。同年8月、天皇、紫宸殿にて即位（唐風礼式を廃す）。同年10月、天皇、東京に行幸、江戸城を皇居とし、東京城と改称する。翌年3月、天皇、再び東幸し（途中、伊勢神宮親拝。歴代天皇初の親拝）、東京城を皇城と改称する。③同2年6月、東京に招魂場を創建する（のち東京招魂社、ついで靖国神社と改称）。④同5年9月、天皇、新橋から乗車して横浜での鉄道開業式に臨席する。同年11月、太陰暦を廃し太陽暦を採用決定（同年12月3日を明治6年1月1日とする）。⑤同7年1月、天皇、初めて招魂社に行幸する（以後恒例化）。⑥同8年5月、ロシアと樺太千島交換条約調印。⑦同9年6月、天皇、東北巡幸に出発する（初の長期巡幸。以下大正・昭和両天皇も国内各地を巡幸し、地方国民の前に姿を現わす）。⑧同10年2月、陸軍大将西郷隆盛、「西南戦争」をおこす（9月、隆盛自刃により終結）。同年10月、天皇・皇后、華族学校開業

式に臨席、「学習院」の名を下賜する。⑨同13年7月、天皇、泉涌寺に行幸、歴代天皇の位牌が収められる霊明殿も参拝する。同年10月、宮内省式部寮雅楽課、「君が代」新曲（編曲はエッケルト）を試演する（現「君が代」完成）。⑩同15年1月、「軍人勅諭」を下付する。⑪同17年7月、華族令制定。⑫同18年12月、内閣制度創設（初代内閣総理大臣に伊藤博文）。⑬同22年1月、天皇・皇后、新宮殿（明治宮殿）に移る。同年2月、「大日本帝国憲法」発布、「皇室典範」制定。同年6月、伊藤博文、すべての天皇陵確定を建議する。⑭同23年4月、神武天皇・皇后を祭神とする橿原《かしわら》神宮創建。同年10月、「教育勅語」発布。⑮同27年8月、閣議で対清宣戦布告を決定、天皇、これを裁可する（日清戦争。翌年4月、日清講和条約調印）。⑯同37年2月、天皇、ロシアに対する宣戦布告の詔書を発する（日露戦争。翌年9月、ポーツマスで日露講和条約調印。ロシアの南満州での利権を受け継ぎ、樺太の南半分を日本に譲渡等）。⑰同39年3月、竹田宮・朝香宮創立（皇族男子の二、三男クラスに新宮家を創立させ、内親王婚嫁の受け皿とする）。⑱同43年8月、韓国併合に関する日韓条約調印。⑲同44年2月、南北朝問題につき、後醍醐天皇以降を後村上・後亀山・後小松天皇とし、北朝天皇は歴代に記載しないことにする（長慶天皇については議論が一定するまで歴代に加えないことにする）。

## 123 大正《たいしょう》 天皇

御名・異称　明《はる》宮、嘉仁《よしひと》
父母　父＝明治天皇、母＝柳原愛子《やなぎわらなるこ》
生没年　明治12年（1879）8月31日〜大正15年（1926）12月25日〔48歳〕
親王　明治12年8月31日〔1歳〕
儲君治定　明治20年8月31日〔9歳〕
立太子礼　明治22年11月3日〔11歳〕
在位　大正元年（1912）7月30日践祚（即位は大正4年11月10日）〜大正15年12月25日〔15年〕
大嘗祭　大正4年11月14日
年号　大正《たいしょう》＝明治45年（1912）7月30日以後を大正元年とする。大正15年12月25日以後を昭和《しょうわ》と改元
皇居　東京皇居
御陵　多摩《たま》陵（上円下方。所在地＝東京都八王子市長房町〈武蔵陵墓地内。貞明皇后陵は多摩東陵〉）
著作　大正天皇御製詩集、大正天皇御製和歌

**皇位継承**　嘉仁《よしひと》親王（大正天皇）は明治天皇第三皇子。儲君に治定され、生母は柳原愛子《なるこ》であったが、皇后一条美《はる》子《こ》（昭憲皇后）の実子となり立太子、父帝崩御のあとを承けて践祚・即位した。病弱であったことから大正9年、子の裕仁《ひろひと》親王が摂政となった。

**事蹟・事件**　①大正元年9月、明治天皇大喪が青山練兵場で行なわれる（このあと柩は鉄道で伏見まで運ばれる）。②同3年8月、第一次世界大戦始まり、天皇、ドイツに宣戦の詔書を発する。③同9年3月、天皇の容態について第一回病状発表（崩御までしばしば病状発表が行なわれる）。④同9年11月、明治天皇・昭憲皇太后を祀る明治神宮の遷座祭が行なわれる。⑤同10年3月、皇太子裕仁親王、欧州訪問のため横浜を出港する（同年9月帰国）。⑥同年11月、皇太子が摂政に就任する。⑦同12年9月、関東大震災発生。⑧同14年4月、治安維持法公布。

## 124 昭和《しょうわ》天皇

**御名・異称**　迪《みち》宮、裕仁《ひろひと》

**父母**　父＝大正天皇、母＝貞明《ていめい》皇后（九条節子《さだこ》）

**生没年**　明治34年（1901）4月29日～昭和64年（1989）1月7日〔89歳、満87歳〕

**親王**　明治34年4月29日〔1歳〕

**皇太子**　大正元年（1912）7月30日〔12歳〕

**立太子礼**　大正5年11月3日〔16歳〕

**成年式**　大正8年5月7日〔19歳〕

**在位**　昭和元年（1926）12月25日践祚（即位は昭和3年11月10日）～昭和64年1月7日〔64年〕

**大嘗祭**　昭和3年11月14日

**年号**　昭和《しょうわ》＝大正15年（1926）12月25日改元、この日以後、昭和64年1月7日までを昭和とする。

**皇居**　東京皇居

**御陵**　武蔵野陵（上円下方。所在地＝東京都八王子市長房町〈武蔵陵墓地内。香淳皇后陵は武蔵野東陵〉）

**著作**　みやまきりしま、おほうなばら、昭和天皇御製集、ほかに生物学研究の著書、共同研究書等多数

**皇位継承**　裕仁親王（昭和天皇）は大正天皇第一皇子。皇太子として摂政となり、父帝崩御のあとを承けて践祚・即位する。妃に久邇宮良子《ながこ》女王を迎え、従来にはない一夫一婦制とした。第二次世界大戦ののちは、「日本国憲法」で「国民統合の象徴」とされ、歴代最長の在位（64年）、歴代最長寿（89歳）を記録した。

**事蹟・事件**　①大正15年（昭和元年）12月、大正天皇崩御

により、葉山御用邸内で剣璽渡御の儀が行なわれ、裕仁親王践祚（翌年2月、大正天皇大喪が新宿御苑で行なわれ、柩は鉄道で東浅川仮停車場に送られる）。②昭和3年6月、奉天で張作霖爆殺事件起こる（満州某重大事件、同7年3月、満州国建国）。③同7年5月、5・15事件起こる（同11年2月には2・26事件）。④同8年2月、国際連盟脱退。⑤同10年4月、「天皇機関説」の美濃部達吉、不敬罪で起訴される（のち起訴猶予）。同年8月、岡田啓介内閣、「国体明徴声明」を発表。⑥同12年5月、文部省「国体の本義」発行（天皇は、神勅によりこの国に降臨した万世一系の皇孫とする）。⑦同13年4月、国家総動員法公布。⑧同15年9月、日独伊三国同盟調印。⑨同16年12月、天皇、「米英両国に対する宣戦の詔書」を発する（太平洋戦争開始）。⑩同20年5月、東京大空襲（明治宮殿全焼。天皇は御文庫にて無事）。同年8月、広島・長崎に相次いで原子爆弾投下される。同年8月15日、「戦争終結の詔書」（ポツダム宣言受諾）がラジオで放送される（玉音放送）。⑪同21年1月、天皇、「新日本建設に関する詔書」を発する（天皇を現人神とする説を排したことから「天皇人間宣言」ともいわれる）。⑫同年11月、「日本国憲法」公布（天皇が「日本国民統合の象徴」となり、天皇・皇室が法の下に規定されることになる。翌年5月、新「皇室典範」、「皇室経済法」とともに施行）。⑬同22年10月、十一宮家五十一名が皇籍離脱する。⑭同25年6月、朝鮮戦争起こる（軍需により戦後経済復興の端緒となる）。⑮同26年9月、対日平和条約・日米安全保障条約調印（翌年4月発効し、日本が独立）。⑯同34年4月、皇太子明仁《あきひと》親王と正田美智子、結婚式を挙げる（テレビの普及もあって皇室が身近な話題となる）。⑰同38年8月、天皇、政府主催第一回全国戦没者追悼式に臨席する（以後恒例。第一回は日比谷公会堂、第二回は靖国神社、第三回以降は日本武道館にて開催）。⑱同39年10月、東京オリンピック開催（天皇は大会名誉総裁）。⑲同43年11月、明治宮殿の跡地に昭和新宮殿完成。⑳同46年9月、天皇・皇后、欧州各地を訪問（10月帰国。同50年9月には米国訪問に出発）。㉑同50年11月、天皇、靖国神社終戦三十年記念大祭に臨席・参拝する（戦後八回目。以後は靖国神社への参拝なし。「明仁」天皇も参拝していない）。

### 125 「明仁《あきひと》」天皇

御名・異称　継《つぐ》宮、明仁《あきひと》

父母　父＝昭和天皇、母＝香淳《こうじゅん》皇后（久邇宮良子《ながこ》）
生年　昭和8年（1933）12月23日
親王　昭和8年12月23日〔1歳〕
皇太子　昭和8年12月23日〔1歳〕
立太子礼・成年式　昭和27年11月10日〔20歳〕
即位　昭和64年（1989）1月7日
即位の礼　平成2年11月12日
在位　昭和64年（1989）1月7日即位～平成31年（2019）4月30日退位（予定）〔30年〕
大嘗祭　平成2年（1990）11月22日
年号　平成《へいせい》＝昭和64年1月8日改元
皇居　東京皇居
著作　ともしび―皇太子・同妃両殿下御歌集、道―天皇陛下御即位十年記念記録集、ハゼ科魚類の進化など論文多数
皇位継承　明仁親王は昭和天皇第一皇子。立太子礼ののち父帝崩御のあとを承けて践祚・即位した。皇太子時代に正田美智子と結婚。子どもと同居し、乳母を否定するなど、これまでの天皇家にはなかった家庭的な雰囲気を大切にした。天皇は四十七都道府県すべてを訪問し、また、硫黄島・サイパン島・ペリリュー島（パラオ）やベトナムなどを訪れ、戦没者への追悼の姿勢、あるいは被災地への度重なる訪問、平和への希求が特筆される。
事蹟・事件　①平成2年6月、文仁親王、川嶋紀子と結婚、秋篠宮家を創立する。②同5年、皇太子徳仁《なるひと》親王、小和田雅子と結婚する。③同11年8月、国旗・国歌法公布、施行。④同18年9月、秋篠宮家に悠仁《ひさひと》親王誕生（しばらく皇族に男子なく、「有識者会議」などを設け女性天皇・女系天皇論議がさかんであったが、男子誕生により急速にしぼむ）。⑤同23年3月、東日本大震災発生（天皇・皇后、幾度となく被災地を見舞う）。⑥同28年8月、天皇、退位をにじませたビデオメッセージを発表する（平成31年4月30日退位、皇太子徳仁親王即位が決定している）。

## 皇太子徳仁《なるひと》親王

御名・異称　浩宮、徳仁
父母　父＝「明仁」天皇、母＝皇后美智子
生年　昭和35（1960）年2月23日
親王　昭和35年2月23日〔0歳〕
成年式　昭和55年2月23日〔20歳〕
皇太子　昭和64年1月7日（父の即位による）〔28歳〕

立太子礼　平成3年（1991）2月23日〔31歳〕
結婚式　平成5年6月9日（小和田雅子を妃とする）。
即位　平成31年（2019）4月30日父帝退位の翌日（5月1日）

〈追尊天皇〉岡宮《おかのみや》天皇

御名・異称　岡宮御宇天皇《おかのみやあめのしたしろしめししすめらみこと》、草壁《くさかべ》皇子、日《ひ》並知《なみしの》皇子《みこ》、長岡天皇
父母　父＝天武天皇、母＝持統天皇
生没年　天智天皇元年（662）〜持統天皇称制3年（689）4月13日〔28歳〕
皇太子　天武天皇10年（681）2月25日〔20歳〕
追尊　天平宝字2年（758）8月9日（文武・元正両天皇の父として追尊）
御陵　真弓丘陵《まゆみのおか》（円墳。径約16メートル、高さ約4メートル。所在地＝奈良県高市郡高取町大字森）
事蹟　皇太子となり万機を摂し、天武天皇の病の際には、皇后とともに天下の事を委嘱されるも、持統天皇称制3年、皇太子のまま没する。妃阿閇《あべ》皇女（元明天皇）との間に、文武天皇・元正天皇等をもうける。のちの聖武・孝謙（称徳）各天皇も、その裔である。

〈追尊天皇〉崇道尽敬皇帝《すどうじんきょう》

御名・異称　舎人《とねり》親王
父母　父＝天武天皇、母＝新田部皇女《にいたべのおうじょ》（父は天智天皇）
生没年　天武天皇5年（676）〜天平7年（735）11月14日〔60歳〕
追尊　天平宝字3年（759）6月16日（淳仁天皇の父として追尊）
事蹟　勅命により『日本書紀』を編纂、養老4年（720）5月に完成奏上する。知太政官事をつとめ、淳仁天皇の父でもある。没後、贈太政大臣。
御陵　舎人親王墓の所在地＝奈良市田中町（宮内庁陵墓参考地であるが、時代的には合わないとされる）。方墳。古墳名＝帯解《おびとけ》黄金塚《こがねづか》古墳。

〈追尊天皇〉崇《す》道《どう》天皇

御名・異称　早良《さわら》親王
父母　父＝光仁天皇、母＝高野新笠《たかののにいがさ》

**生没年**　天平勝宝2年（750）～延暦4年（785）10月〔36歳〕
**皇太子**　天応元年（781）4月4日〔32歳〕（延暦4年9月28日廃太子）
**追尊**　延暦19年7月23日（桓武天皇皇太子として、またその霊への鎮謝のため追尊）
**御陵**　八嶋陵（円丘。所在地＝奈良市八島町）
**事蹟**　光仁天皇皇子で桓武天皇の同母弟。延暦4年（785）の藤原種継射殺事件の際、早良親王を天皇としようとする計画があったことにより乙訓寺《おとくにでら》に幽閉され廃太子、淡路への移送中に没した。延暦11年の安殿《あて》親王（平城天皇）の病は、早良親王の祟りとの卜占があったことからその霊への鎮謝が行なわれ尊号を追贈され、貞観5年（863）の神泉苑での御霊会では御霊の一つとして祀られた。

**〈追尊天皇〉**春日宮《かすがのみや》天皇
**御名・異称**　施基《しき》皇子（芝基・志紀・志貴とも書く）、施基親王、田原《たわら》天皇
**父母**　父＝天智天皇、母＝越道君伊羅都売《こしのみちのきみいらつめ》
**生没年**　？～霊亀2年（716）8月11日（異説あり）〔？歳〕
**追尊**　宝亀元年（770）11月6日（光仁天皇の父として追尊）
**御陵**　田原西《たわらのにし》陵（円墳。長径約50メートル、短径約80メートル。所在地＝奈良市矢田原町〈光仁天皇陵田原東陵から約2キロの地〉）
**事蹟**　天智天皇皇子であり、歌人として知られ（『万葉集』に六首収録）、子の白壁王が光仁天皇になったことから尊号を奉られる。

**〈不即位太上天皇〉**後《ご》高倉《たかくら》院
**御名・異称**　守貞《もりさだ》親王、持明院宮、持明院法皇、広瀬院、広瀬宮、行助
**父母**　父＝高倉天皇、母＝藤原殖子《たねこ》
**生没年**　治承3年（1179）2月28日～貞応2年（1223）5月14日〔45歳〕
**親王宣下**　文治5年（1189）11月19日〔11歳〕
**元服**　建久2年（1191）12月26日〔13歳〕
**出家**　建暦2年（1212）3月26日

太上天皇宣下　承久3年（1221）8月16日（後堀河天皇の父として院政を行なう必要から）

院政　承久3年8月16日～貞応2年5月14日

事蹟　承久の乱後、鎌倉幕府は後鳥羽・土御門・順徳各上皇を配流、仲恭天皇も廃帝とした。そこで後鳥羽上皇の兄行助入道親王（守貞《もりさだ》親王）の子茂仁《ゆたひと》親王を後堀河天皇とし、その父親王に太上天皇の尊号をたてまつり、院政をしかせた。親王は幕府との協調路線をとり、以後長く朝廷の武家政権に対する基本的姿勢となった。

著作　後高倉院御記

## 〈不即位太上天皇〉後崇光院《ごすこう》

御名・異称　貞成《さだふさ》親王、道欽

父母　父＝伏見宮初代栄仁《よしひと》親王、母＝三条治子《さんじょうはるこ》

生没年　応安5年（1372）3月25日～康正2年（1456）8月29日〔85歳〕

親王宣下　応永32年（1425）4月16日〔54歳〕

薙髪　応永32年7月5日

太上天皇宣下　文安4年（1447）11月27日（後花園天皇の父として尊号宣下。翌年2月、尊号辞退）

御陵　伏見松林院《ふしみのしょうりんいん》陵（方丘。所在地＝京都市伏見区丹後町）

著作　看聞日記《かんもんにっき》、椿葉記《ちんようき》、崇光院三十三回御仏事次第、後崇光院御集、後崇光院御連歌、沙玉《さぎょく》和歌集

事蹟　正長元年（1428）、称光天皇が没し、親王の長男彦仁王が践祚し後花園天皇となる。当代随一の文化人で、応永23年1月1日から文安5年4月までの記録『看聞日記』は当時の政治的・文化的最重要史料。『椿葉記』を著し、後花園天皇に崇光院流皇統および帝王学を示す。

## 〈追尊太上天皇〉陽光院《ようこう》

御名・異称　誠仁《さねひと》親王、陽光院太上天皇

父母　父＝正親町天皇、母＝藤原（万里小路《までのこうじ》）房子《ふさこ》

生没年　天文21年（1552）4月23日～天正14年（1586）7月24日〔35歳〕

親王宣下　永禄11年（1568）12月〔17歳〕

太上天皇追贈　天正14年11月以降（後陽成天皇の父として尊号宣下）

御陵　月輪陵（**87四条天皇**の項参照）

著作　陽光院御詠草

事蹟　正親町天皇の第一皇子として早くから皇儲となっており、譲位、継承の手筈も整っていたが、病によりにわかに没した。子の後陽成天皇が受禅したため陽光院太上天皇の尊号を贈られる。

〈追尊太上天皇〉慶光《きょうこう》天皇

御名・異称　典仁《すけひと》親王、自在王院
父母　父＝閑院宮初代直仁《なおひと》親王、母＝伊藤氏
生没年　享保18年（１７３３）２月27日〜寛政６年（１７９４）７月６日〔62歳〕
親王宣下　寛保３年（１７４３）９月４日〔11歳〕
元服　延享元年（１７４４）９月26日〔12歳〕
太上天皇追贈　明治17年（１８８４）３月19日（この日、光格天皇の父として慶光天皇号および太上天皇号が贈られる）
御陵　廬《ろ》山寺《さんじ》陵（多宝塔。所在地＝京都市上京区寺町通広小路上ル北之辺町〈廬山寺墓地内〉）
著作　典仁親王御百首
事蹟　光格天皇は、父典仁親王に太上天皇尊号宣下を望んだものの幕府の反対により頓挫（尊号一件・尊号事件）、朝幕関係にひびが入ることになった。しかし明治に入り、親王没後90年に先立って慶光天皇の諡号が贈られた。閑院宮第二代。

# 編集後記

学生時代から、ずいぶん長く日本史に興味を持ち、その編集にも携わってきた。そして「天皇」という存在が、日本の歴史に大きく関わってきたことに、改めて思い知らされている。

本書編集以前から、天皇の歴史を年表の形にしたいと思い、十数年を経てようやく脱稿した（『天皇史年表』として刊行予定）。本書はその姉妹編として企画・編集したものである。が、その編集過程で、多くの先達が、古典籍・古記録をひもとき、あるいは古文書・伝承ほかに分け入り、日本の歴史（「天皇の歴史」でもあろう）を構築してきたことに思い至り、頭の下がる思いで一杯である。

私のような一編集者が、このような大それたことを、それこそ「清水の舞台から飛び降りる」思いでするのは、多くの専門家が日本史のごく一部をのみ専門とするため、全史に及ぶものには「飛び降り」ないためであろうから、あえて挑戦してみたのである。

願わくば、本書および『天皇史年表』を元に、より正確な「天皇史」が実現することを願ってやまない。

最後になり恐縮至極であるが、『天皇史年表』および本書の監修を快諾いただいた米田雄介先生には、編集過程でも校正時にも適確な御教示をいただき感謝しきれないことを結びとしたい。

井筒　清次

# 参考文献（刊行年順）


高柳光寿・竹内理三編『角川日本史辞典』（第二版）角川書店　1974
国史大辞典編集委員会（代表・坂本太郎）編『国史大辞典』（全15巻）吉川弘文館　1979〜97
児玉幸多・小西四郎・竹内理三監修『日本史総覧』（全9巻）新人物往来社　1983〜86
歴史読本臨時増刊『天皇皇族人物事典』新人物往来社　1995（ほかに別冊歴史読本『天皇家系譜総覧』1990、歴史読本臨時増刊『天皇宮家人物総覧』2000などがある）
霞会館編『平成新修　旧華族家系大成』（全2巻）吉川弘文館　1996
笠原英彦『歴代天皇総覧　皇位はどう継承されたか』（中公新書）中央公論新社　2001
米田雄介編『歴代天皇・年号事典』吉川弘文館　2003
山折哲雄監修・日本宗教史年表編纂委員会（代表・井筒清次）編『日本宗教史年表』河出書房新社　2004
藤井譲治・吉岡眞之監修・解説『天皇・皇族実録』（全135巻）ゆまに書房　2005〜10（元本は宮内庁編）
高森明勅監修『歴代天皇事典』（PHP文庫）PHP研究所　2006
角田文衞『日本の女性名　歴史的展望』国書刊行会　2006（元本は教育社歴史新書）
皇室事典編纂委員会（米田雄介・所功ほか）編著『皇室事典』角川学芸出版　2009
清水正健・帝室制度審議会編『皇族世表・皇族考證』（全7冊）1917（吉川弘文館より2011）
＊ほかに『古事記』『日本書紀』『本朝皇胤紹運録』（『群書類従』所収）など多数。

## 【を】

## 【り】



## 【れ】



## 【ろ】



## 【わ】

## 【ゆ】



## 【よ】

## 【や】

## 【め】



## 【も】

## 【む】

## 【ま】



## 【み】

## 【へ】



## 【ほ】

## 【ふ】

## 【ひ】

## 【ぬ】



## 【ね】



## 【の】



## 【は】

## 【に】

## 【な】

## 【と】

## 【ち】

## 【 た 】

## 【せ】



## 【そ】

## 【す】

## 【し】

## 【さ】

## 【け】



## 【こ】

## 【く】

## 【き】

## 【か】

## 【お】

## 【う】



## 【え】

## 【い】

# 索　引

## 【あ】

監修者　米田雄介（よねだ・ゆうすけ）
1936年、兵庫県生まれ。1964年、大阪大学大学院博士課程単位取得退学。同年、大阪大学文学部助手。1966年、宮内庁書陵部に出向、爾後、宮内庁書陵部編修課長、正倉院事務所長を経て、1997年に広島県立広島女子大学、さらに神戸女子大学教授を歴任。現在、公益財団法人古代学協会理事、県立広島女子大学・神戸女子大学名誉教授。文学博士。主要著書、『郡司の研究』（法政大学出版局、1976年）、『歴代天皇の記録』（続群書類従完成会、1992年）、『正倉院宝物の歴史と保存』（吉川弘文館、1998年）、『正倉院と日本文化』（吉川弘文館、1998年）、『摂関制の成立と展開』（吉川弘文館、2006年）、『正倉院宝物と東大寺献物帳』（吉川弘文館、2018年）など。主要編著、『歴代天皇・年号事典』（吉川弘文館、2003年）、『蜷川式胤「八重の残花」』（中央公論美術出版、2018年）など。

編著者　井筒清次（いづつ・せいじ）
1947年、東京都生まれ。早稲田大学政治経済学部卒業。百科事典・歴史雑誌等の編集を経て、フリーの編集者、出版プロデューサー、ライター。主著に『童謡唱歌の故郷を歩く』、『日本宗教史年表』、『昭和天皇かく語りき』（以上、河出書房新社）、『桜の雑学事典』（日本実業出版社）、共著に『江戸・東京　事件を歩く』（アーツアンドクラフツ）、『酔っぱらい大全』（講談社）等。日本さくらの会会員。

**天皇家全系図《てんのうけぜんけいず》**

2018年9月30日　初版発行
2019年5月30日　2刷発行

監修者　米田雄介
編著者　井筒清次
装幀者　岩瀬聡
発行者　小野寺優
発行所　株式会社河出書房新社
〒151-0051　東京都渋谷区千駄ヶ谷2-32-2
電話　03-3404-1201（営業）　03-3404-8611（編集）
http://www.kawade.co.jp/
印　刷　株式会社亨有堂印刷所
製　本　小泉製本株式会社

Printed in Japan
ISBN978-4-309-22747-4